戦後台湾における 対日関係の公的記憶

1945-1970s

深串 徹

国際書院

Taiwan's Official Memory of Relations with Japan :
1945-1970s
by
Fukakushi Toru

Copyright © 2019 by Fukakushi Toru
ISBN978-4-87791-301-4 C3031 Printed in Japan

目　次

戦後台湾における対日関係の公的記憶：

1945 ～ 1970s

目　次

序論 ……………………………………………………………………………… 9

　　1　歴史問題と日台関係　9

　　2　中華民国の対日態度　13

　　3　設問　17

　　4　歴史叙述と公的記憶　20

　　5　資料と構成　26

　　　第一部　関係清算の公的記憶

第一章　中国大陸における対日関係清算論：1945 ～ 49 年 ……………………39

　はじめに　39

　　1　抗日戦争の勝利　42

　　　（1）　8 月 15 日演説の発表　42

　　　（2）　いかに日本人を改心させるか　48

　　　（3）　非国民党系メディアの論調　51

　　2　米国の東アジア政策の変遷　53

　　　（1）　対日占領政策　53

　　　（2）　対日講和問題　56

　　3　中華民国政府による対日関係論の変遷　57

　　　（1）　長期占領論　57

　　　（2）　米国の路線転換への追随　60

　　　（3）　「反米扶日」運動への対応　62

　　　（4）　対日「合作」論の登場　67

　小結　69

目　次　5

第二章　台湾における対日関係清算論：1945 ～ 49 年　………………77

はじめに　77

1　終戦と台湾社会　82

2　台湾の「光復」　86

（1）　在台日本人への寛大論　86

（2）　対日論調の硬化　89

（3）　一般日本人の送還　95

3　日本人技術者の留用　98

（1）　対日論調の緩和　98

（2）　渋谷事件の発生　102

4　対日寛大論の溶暗　105

小結　110

第三章　対日平和条約の締結をめぐって　………………………… 123

はじめに　123

1　対日講和問題の再浮上と中華民国政府の対応　129

（1）　台湾の法的地位問題の登場　129

（2）　「対日講和七原則」への対応　131

（3）　目標の変更　135

（4）　講和会議からの排斥と二国間講和路線への転換　138

2　講和問題と対日関係論　143

（1）　『中央日報』の対日関係論　143

（2）　在野系メディアの対日関係論　147

3　日華平和条約の締結　153

（1）　対日交渉の開始　153

（2）　平和条約締結交渉　157

（3）　日華平和条約の批准　163

小結　168

6

第二部　対日関係史の公的記憶

第四章　被害の記憶と日華関係 …………………………………… 185
　はじめに　185
　1　被害の記憶　187
　　（1）「内戦の国際化」　187
　　（2）近現代の対日関係史　193
　　（3）日本の台湾統治について　198
　2　日華関係と歴史認識　203
　　（1）過去をめぐる問題への基本方針　203
　　（2）日本人の台湾論　209
　　（3）「感謝する日本」　213
　3　＜起源の物語＞の再編　220
　　（1）＜起源の物語＞の動揺　220
　　（2）＜起源の物語＞の再編　225
　小結　228

第五章　日本文化論の変遷 ……………………………………… 241
　はじめに　241
　1　戦後初期の台湾海峡両岸における日本文化論　245
　　（1）台湾　245
　　（2）中国大陸　250
　2　中央政府台湾移転後の日本文化論　253
　　（1）「反共抗ソ」と文化政策　253
　　（2）日本の文化的産品への輸入規制　256
　　（3）日本文化と「赤色の毒」　257
　3　「中日文化合作」の開始　260
　　（1）「東方文化」を共有する日本文化　260
　　（2）日本からの規制緩和要求　264

（3） 規制緩和　269

4　「文化合作」の同床異夢　271

小結　277

第六章　公的記憶の変容と未完の関係清算　………………………………　287

はじめに　287

1　紛争発生時の公的記憶　290

（1）　日華紛争の発生と記憶の動員　290

（2）　記憶動員の背景　294

（3）　日華紛争の収束　298

2　公的記憶の基盤の動揺　303

（1）　国際環境の変化　303

（2）　社会環境の変化　307

3　日華断交と未完の関係清算　309

（1）　日本の対中接近　309

（2）　中華民国政府の対応　313

（3）　日中共同声明の発出　316

（4）　日華断交と公的記憶の変容　320

小結　329

結　論　…………………………………………………………………………　345

1　設問への解答　345

（1）　第一の設問　345

（2）　第二の設問　346

（3）　第三の設問　351

2．　東アジアの歴史問題に対して、本研究から得られた知見　353

あとがき　………………………………………………………………………　367

参考文献　………………………………………………………………………　373

＜凡例＞

一　本文中の（　　）と、引用文中の〔　　〕は、筆者による補足や説明である。

二　引用文中の省略は、箇所により〔前略〕、〔中略〕、または〔後略〕と表記する。

三　引用文中、旧漢字は新漢字に改め、旧仮名遣いはそのままにした。

四　日本語訳の参考として中国語の原文を添える場合は、（　　）または〔　　〕の中に中国語を記し、冒頭に「＝」を付けている。

　　※例、「日華平和条約〔＝中日和約〕」

序 論

1 歴史問題と日台関係

冷戦が終焉し、世界的に自由化・民主化が拡大した 1990 年代以降、日本と
その近隣諸国の間では、歴史問題という新たな争点が顕在化するようになっ
た[1]。今や歴史問題は、東アジアの国際関係や地域協力に負の影響を与えるも
のとして、広範に認識されるまでに至っている。このような状況を反映して、
多くの論者達が、冷戦期に棚上げされていたか、もしくは形式上成立していた
に過ぎない近隣諸国との歴史和解を実質的に達成することが、日本にとっての
重要な課題であると主張して来た[2]。従来、もっぱら戦争終結後いかに国際秩
序が再建されるかという問題に関心を集中させていた国際関係論の研究者達
も[3]、次第に歴史和解という課題に注目するようになり、理論構築の機運も高
まりつつある[4]。

これらの論者達が、歴史和解とは何かについて、具体的な定義付けを行った
上で議論を展開しているわけでは必ずしもない。そのような中で、小菅信子が
行っている以下の説明は、最も簡にして要を得たものであると思われる。

> 「歴史和解」とは、歴史問題の克服を通して、対立の過去から共生の未
> 来を拓く作業である。したがって、そこに関わる全ての人々に最初に必
> 要とされるのは、過去に何があったかを、可能な限り、正確に知る努力
> である。
> 和解のプロセスで核心となるのは、悲惨な過去に根ざした痛みに引き裂

かれた者同士が再会する覚悟を固め、そのための準備をすることであ
　　る。[5]

　それゆえ、歴史和解実現のためには、まず「我々」と「彼ら」の間で何が起
こったのかについて、双方が共通の認識に達することが求められる。近年、日
中・日韓間において、政府当局者の合意の下、有識者による歴史共同研究が実
施されたのも歴史和解実現の一助となることを目指したものと言えるだろ
う[6]。

　他方で、歴史和解の促進を求める議論に対しては、日本の近代史を否定的に
評価し過ぎているとする、修正主義的な立場からの批判も行われている[7]。歴
史問題は、国民の集合的な記憶と国家のアイデンティティに関わるものである
ため、それをめぐる認識の相違は、国家間における論争の火種となるばかりで
なく、国内においても容易に争点となり、白熱化した議論を引き起こしてい
る。

　しかしながら、どのような立場にせよ、日本と近隣諸国の間における歴史和
解について検討している研究の多くは、もっぱら日中関係と日韓関係に関心を
寄せる一方、日本の植民地統治を経験した台湾について言及する頻度は少な
い。重要なことに、日台間には歴史問題がまったく存在しなかったわけではな
く、以下のような様々な事例が存在したし、中には現在進行形の問題も含まれ
ているのである。

　広く知られているのは、小林よしのりの漫画『台湾論』[8]がもたらした騒動
で、日本の植民地統治を肯定的に描写したことから内外で大きな反響を呼び、
台湾の内政部が小林の一時入境禁止を発表するという事態にまで発展した[9]。
朝鮮人女性が多数を占めていたことから、主に日韓関係の中で取り上げられる
ことの多い従軍慰安婦問題だが、慰安婦の中には台湾人女性も含まれていたこ
とが指摘されている[10]。また、1970年代から80年代にかけては、戦時中「日
本人」として第二次世界大戦に参加したにも関わらず、戦後日本国籍を失った
ことから補償を受けられなかった台湾人元軍人・軍属による訴訟も行われ、未
解決の戦後処理問題として注目を集めた[11]。また、戦死した台湾人兵士・軍属

が靖国神社に合祀されていることへの反対運動も展開されている[12]。日本の閣僚が南京虐殺の存在や、太平洋戦争が日本による侵略戦争であるという位置づけを否定する発言を行った際には、外交部が日本に対して抗議を行うこともあったのである[13]。

それにもかかわらず、地域研究としての台湾研究や日本植民地史・台湾史研究の領域で上述の諸問題が検討されることはあっても[14]、国際関係や平和研究の研究者が歴史和解について論じる際に、台湾を事例として選択していることはまれである。その最大の理由は、冷戦後の日台関係において、歴史問題が日中関係や日韓関係ほどには、重要な政治的争点として存在して来たようには見えないことにあるだろう。1999年に出版された日本語による著書の中で、李登輝は次のように述べている。

> すでに何度も述べてきたことだが、私は多くの恩恵を日本から受けてきた。そしてまた、台湾も歴史的な経緯の中で、多くのことを日本から獲得してきた。そのことは、何度繰り返し述べてもいいすぎるということはないだろう。
> 台湾が日本の植民地だったということに、きわめて神経質になっている日本人も多い。他国を植民地にして経営するという行為は得策でもないし、国際道義的にも誉められたことでないのは確かである。しかし、そのことばかりに拘泥しても日本の将来に益することは少なく、また台湾にとってありがたいことではない。[15]

李登輝のこのような未来志向的な態度は、日本統治下の台湾で生まれ、京都帝国大学で農業経済学を学んだ経験を持ち、日本語に堪能という本人のキャラクターともあいまって、多くの日本人ファンを獲得させる原因となった。特に、作家の司馬遼太郎が週刊誌上に連載していた台湾紀行に何度も登場し、司馬との対談も行ったことで、その知名度は一気に高まることになる[16]。「親日総統・李登輝」の存在があまりにも注目を集めたため、日本国内での台湾理解が、李登輝を媒介とした視点に集約されるという現象まで出現したのであ

る[17]。

　李登輝以後の歴代総統（陳水扁、馬英九、蔡英文）は、いずれも李ほどは日本人に強い印象を与えなかったが、彼らの政権下においても、歴史問題をめぐって日本と台湾が深刻な対立に陥ることはなかった。1970 年代に尖閣諸島の領有権を主張する「保衛釣魚台運動」に参加した経験があることから反日的と見なされることのあった馬英九も、中国国民党（以下、国民党）の総統候補者であった 2007 年には日本を訪れ、日本の植民地経営に一定の評価を与える演説をして注目を集めている。馬がこのような発言をした背景には、彼が「反日的」であるというイメージが政敵達にとっての攻撃材料の一つであり、そうした印象を払拭する目的があったという[18]。

　なぜ、歴史問題は冷戦後の日台間で重要な争点とはなって来なかったばかりか、「反日的」というレッテルが台湾の政治家にとってマイナス要因にすらなるのか。その原因として、台湾人が中国人や韓国人と比較して「親日的」なことを挙げ、その理由として植民地統治の成功を喧伝する人々もいる[19]。しかし、台湾人の「親日」について、研究者の多くは、国民党政権の失政による「省籍矛盾」の存在をその歴史的背景として挙げている。「省籍矛盾」という耳慣れない用語は、本省人（日本の植民地統治開始以前から台湾に居住していた人々とその子孫）と外省人（中華民国政府の台湾接収後、中国大陸から移住して来た人々とその子孫）の間における亀裂を指している。すなわち、台湾人の「親日」として現れている現象は、その実は被支配的立場にあった本省人が、社会的に優勢を占める外省人や、国民党が持ち込んだ抑圧的な「中国的なるもの」に対抗するために用いた戦略であったという解釈である[20]。いわゆる「哈日族」[21] など、植民地支配を経験しておらず、日本文化に親近感を持つ世代の登場はまた異なる文脈にあるものだが、これら若い世代の「親日」言説が流通可能になった背景に、彼らより上の世代による「親日」言説があったと考えることも出来る[22]。

　いずれにせよ、こうした議論から分かることは、台湾人＝「親日的」というイメージは、その実は本省人＝「親日的」という図式だということである。何義麟が指摘するように、今日巷間で抱かれている「紋切り型の」イメージは、

植民地統治を経験した本省人は「親日的」である一方、抗日戦争を体験した外省人は「反日的」であるというものであり[23]、台湾に住む人々がおしなべて「親日的」であるとは考えられていない。ならば、日台間で歴史問題が低調である理由は、1980年代から始まる台湾の民主化後、人口の多数を占める「親日的」な本省人が発言権を拡大した結果であると解釈出来るかも知れない。

　だが、このように見て来ると、一つ疑問が生じる。もし、本省人＝「親日」、外省人＝「反日」という図式が戦後一貫したものであったのなら、外省人が政府・社会の枢要を占めていた時代の台湾と日本の間では、歴史問題が存在し、紛争の種となっていたのではないだろうか。よく知られているように、日韓関係においては、すでに1950年代から韓国併合条約の位置づけや植民地統治の評価をめぐって激しい論争が展開されていた[24]。同じ時期の日本と台湾の間においても、歴史問題に起因する摩擦は存在していたのだろうか。

2　中華民国の対日態度

　ここで注目すべきは、「親日的」な本省人と「反日的」な外省人というイメージは、歴史的に見れば、必ずしも常に「紋切り型の」イメージとして存在したわけではないことである。例えば、日本に対する態度のあり方を世代で分けるイメージもある。蕭阿勤によれば、1970年代に20-40代であった「戦後世代」は、国民党政権による「中華民族」教育を受けた第一世代でもあり、そのアイデンティティや価値観は、日本統治下に育った世代と大きく異なっていたという[25]。言語学者で、台湾独立運動の活動家でもあった王育徳は、そのような「戦後世代」の一人である本省人作家の黄春明について、次のような感想を記している。

　　　いつか東京放送（TBSテレビ）で『莎喲娜拉・再見』の著者で、著名な郷土文学作家黄春明（一九三九年生まれ）のインタビューが放映されるのを見たが、激しい口調で日本の経済侵略、文化侵略を批判するのに驚いた記憶がある。

日本語もよく知らず日本の実態もよくわからない彼らがなぜこうも反日感情をもつのか、正しい台湾と日本の関係を考える上で、困った問題である。

〔中略〕

とくに気をつけるべきは、蔣政権の反日教育にあおられるようなことがあってはいけないことである。日本は野蛮な東夷で中国を侵略したばかりか台湾を植民地にした。敗戦してもアメリカのおかげで復興し、隙を見て台湾に失地回復しようとしている……といった反日教育がずっと続けられてきた。

この反日教育は同時に二つのねらいをもっている。一つは、悪いことはすべて日本のせいにして自分の責任をのがれ、一つは、台湾人の中国人意識をかきたてて自分に忠誠を尽くさせようとする。

これを無力化するには、蔣政権に対する正しい認識が必要であるほかに、日本に対する客観的で科学的な分析が欠かせない——五十一年間の植民地支配は、蔣政権の宣伝するように何から何まで悪かったのか。ほんとうに台湾で失地回復しようとする野心があるのか。[26]

　ここで、1924 年生まれの王育徳は、蔣介石政権の「反日教育」を受けた結果、自分よりも若い世代が反日感情を持つようになってしまったと嘆いている。つまり、日本に対する態度を分けるのは省籍ではなく世代であり、本省人であっても若い世代に属する人間は反日的であるというのが、王のイメージなのである。

　蔣介石政権がどのような「反日教育」を行っていたかについて、正面から取り上げた研究はないが、権威主義体制時代の歴史教育が「反日的」であったことは、しばしば指摘されている。李衣雲[27]、林初梅[28]、洪郁如[29] らの研究は、民主化以前の教育現場において日本は旧植民地宗主国としてではなく、もっぱら日中戦争の交戦国として描かれたが、その内容は「反日的」なもので、「日本＝敵」という図式が存在していたとする。もっとも、これらの研究はいずれも教育内容の分析を主眼に置いたものではないため、上述の観察を裏付ける事

例が体系的に示されているわけではない。

　植民地統治期に関して、1958 年生まれの台湾人研究者蔡易達は、自身が中学で用いていた歴史教科書は「『日本の残暴統治 50 年』（96 年発行「国民中学歴史・第 3 巻」）といった一言で片づけ、その実情についてはあたかも存在しなかったように、何も取り上げて [30]」来なかったと回想している。ただし、多くの研究者が明らかにしているように、戦後初期の中華民国政府は、台湾を中国の「模範省」とするべく、島内に残る日本統治の影響と日本文化の残滓を「毒素」と断じ、その払拭のために様々な政策を展開していた [31]。こうした政策が実施された事実は、王育徳が述べる「蔣政権の反日教育」というイメージを裏付けているように見える [32]。

　その一方で、終戦から間もない時期の中華民国の対日態度について、上記とは相反するイメージも存在する。代表的なものとして、中華民国の対日戦後処理は日本留学の経験を持つ「知日派」の蔣介石が終戦後に布告した「以徳報怨」（怨みに報いるに徳を以てする）という寛大な方針に基づき、極めて温情的なものであったというイメージが挙げられよう。1945 年 8 月 15 日、蔣介石は重慶のラジオ局から、「抗戦勝利告全国軍民及全世界人士書（抗戦に勝利し全国の軍民及び全世界の人々に告げる演説）」と題する演説を放送し、「ナチス的軍閥」を除いた「日本の人民」を免責するよう、中国国民に呼び掛けたとされる（詳しくは、第一章）。さらに、一部の人々によれば、蔣介石はこうした方針を示すだけにとどまらず、次のような四つの恩恵を日本に対して施したという。

①1943 年のカイロ会談の際、ルーズベルト米大統領に対して、日本の天皇制の継続を主張し、認めさせた。蔣のこの建言は、米国の政策決定に大きな影響を与えた。

②中国大陸にいた二百数十万の日本人将兵及び民間人の早期送還に尽力した。

③米国から要請された中国軍の日本進駐を拒否することによって、ソ連軍の日本進駐を牽制し、日本の分割占領を阻止した。

④対日賠償請求権を自発的に放棄し、日本の迅速な経済復興の一助と
なった。

　日本において、このような蒋介石の「以徳報怨」という寛大な「恩義」に報
いなければならないとする主張は、戦争を経験した世代を中心に広範な支持を
集めていた[33]。日本が戦後復興を迅速に果たすことが出来た原因も、上述の蒋
介石による温情的な措置にあったという見解すら存在したのである[34]。

　ただし、こうしたいわゆる「蒋介石恩義論」に対しては、②を除いていずれ
も実証研究によってその不正確さが明らかにされており[35]、日本側で抱かれて
いた「寛大な蒋介石」像は、多分に虚像を含んだものであったと言えよう。と
はいえ、蒋介石が 1945 年の 8 月 15 日に前述のラジオ演説を行ったこと自体は
事実であるので、その際の印象が蒋介石の対日戦後処理に関するイメージにも
投影されたものと考えられる。

　もう少し実証的な台湾史研究においても、蒋介石政権期の中華民国政府が日
本との過去の経緯に拘泥せず、「反日的」ではなかったという評価は存在する。
1950 年代から 60 年代の台湾映画において日本がいかに表象されていたかを分
析した徐叡美によれば、映画製作を強い統制下においていた国民党政権は、政
治・経済・文化の各方面で日本を「友好国」として描き出すことに腐心し、台
湾住民に向けた宣伝を行っていた。その結果、国民党政権は台湾社会における
最大の「親日派」ですらあったのである。「中日親善」をあまりにも強調し過
ぎたために、政府に対して「媚日的」という非難が向けられることもあったと
いう[36]。

　こうして、これら錯綜するイメージを整理して行くと、いくつかの問題が浮
かび上がって来る。従来、一般的に語られる印象にせよ、台湾研究の専門家に
よる著作にせよ、第二次世界大戦と植民地統治が終結した直後の日本と台湾の
間において、歴史問題が争われたか否かを十分に論じてはいない[37]。冷戦後の
日台間で歴史問題が争点とならなかったからといって、そこからの類推で、そ
れ以前の日華・日台関係も同様であったと見なすことは出来るのだろうか[38]。
そもそも、第二次世界大戦と植民地統治の終結から直近の時代の台湾では、過

去の日本との関係について、公式にはどのような解釈がなされていたのだろうか。こうした問題は、歴史和解に関心を抱く人々によっても、台湾研究の専門家達によっても、いまだ十分に明らかにされてはいないのである。

3　設問

　以上の議論をふまえて、本書が考察する問題は次の通りである。

　第一に、中華民国の台湾接収後から、日華間の国交が断絶を迎えた時代、すなわち 1945 年から 1972 年までの期間、日華・日台間において歴史問題が表出することはあったのか。もし、今日の国際関係研究者や平和研究者が暗黙の裡に前提としているように、中華民国政府がこの時期にも日本側に対して歴史問題を提起することがなかったのだとしたら、それはなぜなのだろうかという問題である。上述の時期を分析期間として設定した理由は、①終戦から直近の時代であり、およそ一世代分の期間であること、②台湾における「（再）中国化」という制度的同化政策が開始され、その成果が出始めた時期（1960 年代）が含まれること[39]、③従来「反日的」とのイメージが持たれている外省人が、ほぼ一元的に国政に携わっていたこと[40]、④日華間に国交が存在した時期が含まれており、歴史問題が発生していたとしたら、高官レベルで協議されていた可能性が高いことによる。

　第二に、上述した分析期間において、中華民国政府は戦前・戦中の対日関係、および戦後日本との新しい関係についてどのように説明していたのか。そうした説明は、いかにして成立したのかという問題である。トーマス・バーガー（Thomas U. Berger）が指摘するように、歴史問題とは集合的記憶、とりわけ、公式の歴史叙述において過去がいかに表象されるかをめぐる対立の所産である[41]。仮に日華間で歴史問題が争点となっていなかったとしたら、台湾で公定されていた歴史叙述は、日本との歴史問題を惹起しにくい内容のものであった可能性が高い。すなわち、中華民国政府は分析期間の台湾において、日本との間で過去に対立関係が存在したことは社会的に重要ではないか、あるいは、日本との和解はすでに達成済みであるという公的な「物語」を叙述することに

よって、歴史問題の棚上げを正当化し、同時に日本との関係に起因する集合的なトラウマの緩和を図っていたのかもしれない。だとしたら、そのような「物語」も含めた公式な歴史叙述とは、どのような内容のものだったのだろうか。

　次節で詳述するように、本書では公式な歴史叙述が集積されることによって、ある社会で流通する歴史解釈に一定の枠組みが形成されることを指して、そのような枠組みを「公的記憶」と名付けることとする。それゆえ、第二の設問は次のように言い換えられる。中華民国政府は戦前、戦中および戦後の対日関係に関して、台湾においていかなる公的記憶を構築したのか。その構築過程は、どのようなものであったのだろうか。

　第三の設問は、中華民国が構築した公的記憶は、日華関係、およびその中における過去の取り扱われ方とどのように関連していたのかという問題である。日華関係は、公的記憶の形成にどれほど影響を与えたのか。反対に、公的記憶が対日政策を左右することはあったのか。この問題は、もし歴史問題が争点化していなかったとしたら、それはなぜかという第一の問題とも関連する。過去の解釈が争点にならなかったのは、公的記憶のありようが原因だったのか。それとも、中華民国の政治指導者達が、日本側と近現代史をめぐって論争することは国益に適わないとの判断を下したからこそ歴史問題は発生しなかったのであり、公的記憶は日華関係の従属変数に過ぎないのだろうか。国際関係論に引き付けて考えれば、前者は国際関係が言語によって社会的に構成されると考えるコンストラクティビズムの観点に近く、後者は合理的選択論による解釈に近いと言えるだろう。

　本書は、第二の設問（公的記憶の内容とその成立過程）を中心的テーマとして扱い、それを通じて第一と第三の問題にも解答を試みる。本書の分析を通じて、公的記憶と日華関係の関連性は、コンストラクティビズムと合理的選択論のいずれによっても、完全には説明出来るものではないことが明らかになる。対日関係の公的記憶は、歴史問題を日華関係の争点から除外することに部分的に影響したが、その最重要の理由であったとまでは言えない。だが同時に、公的記憶のありようは、日本への配慮のみによって規定されたわけではなかったのである。

ある社会における歴史叙述や「物語」、そして記憶といった問題は、1980年代以降、多くの人文学者や社会科学者の注目を集めて来た。同問題に関する理論的な整理は次節で行うこととして、ここでもう一度、本章の冒頭で紹介した小菅信子による説明を振り返っておきたい。歴史和解には、「過去に何があったかを、可能な限り、正確に知る努力」が不可欠であるという小菅の見解に筆者も賛同する。しかし、本書が主に解明を目指すのは、「過去に何があったか」ではなく、「過去に何があったということにされたか」、そして、「なぜ、どのようにして、そうした叙述が成立したのか」という問題である。日本の近現代史をめぐる歴史和解の問題に対し、近現代史に関する実証的な分析で参画するのは、本書の目的ではない。終戦後の台湾と日本の間における過去の扱われ方を知識社会学的に分析することで[42]、冷戦後に歴史問題の存在／不存在が議論されるようになる以前の台湾における言説空間がいかなるものであったかの一端を明らかにすることが、本書が主に目指すものである。

　言うまでもないことだが、1945年8月直後、あるいはサンフランシスコ平和条約締結直後の時代が即座に冷戦後の時代に直結するわけではなく、その間には数十年の歳月が存在した。冷戦後の世界も、この歳月の積み重ねの結果として構築されたと考えるべきである。しかし、日本とアジア諸国間の戦後国際関係に関する議論がこの期間について言及する際には、米国の冷戦戦略や、日本における保守勢力の復活が戦後講和に与えた負の影響を強調することで、あたかもアジア諸国が歴史問題のアクターとしては米国と日本に左右されるだけの非力な存在であったかのように描写したり、日本の過去の清算をめぐる問題が冷戦の論理によって抑圧されたと描く一方で、どのようにしてそれがなされたかが説明されなかったりと、過度に単純化された記述がしばしば散見される[43]。日台関係史の描かれ方も、こうした傾向の例外ではない[44]。

　本書は、たとえ冷戦下の権威主義的な政府による歴史叙述であっても、そこで用いられる修辞をただイデオロギー的なものであるという理由により、排斥する立場をとらない。かつては、「空論的」「非現実的」といった意味しかなかった「イデオロギー」という概念ですら[45]、今日では単なる幻想や欺瞞ではなく、「政治を意味あるものとするような権威ある概念を与えることによって、

すなわち政治を理解し得るような形で把握する手段としての説得力あるイメージを与えることによって、自律的な政治を可能とする[46]」機能を有するものというように価値中立的にとらえられ、社会科学の分析対象となっている[47]。同様に本書は、国民党の一党独裁体制下にあった中華民国政府が提出する修辞を、政権の権威主義的性格ゆえに荒唐無稽なものとして排斥するのではなく、そのような修辞を用いた叙述が存在したという事実そのものを重視する。赤川学の言葉を借りれば、「言説が一定の形式で分布していること、そして、言説の集積からとある言説空間が構成されていることそれ自体が経験的・社会的事実であること[48]」に注意を払う。そして、その叙述にどのようなレトリックや語彙が用いられ、一つの世界が成り立つに至ったかを考察するのである。

　台湾における公式な歴史叙述は、官製メディアにおける論説、政府高官・要人の公的な発言、立法院における質疑、外交交渉時のやりとり、学校教科書など、多様な場所に出現し得る。本書は、それらに現れた言説をテクストとして幅広く採集し、中華民国が過去の日本との関係に関する公式的総括をいかに探し求めたか、そして、いかにして日本との関係を対内的・対外的に言説上で再構成したかを分析する。次節で述べるように、このような作業を行う目的は、中華民国がその統治する台湾社会において、対日関係に関するいかなる公的記憶を構築したかを明らかにすることにある。しかし、それと同時に本書は、日華・日台関係というこの単一事例の研究が、東アジアにおける歴史和解をめぐる一般的な議論についても新しい知見を加え得るものであることを、立証出来ると考えている。

　以下、歴史叙述と公的記憶をめぐる議論を概観することで、本書の立場を明確にしておきたい。

4　歴史叙述と公的記憶

　国民を「想像の共同体」ととらえたベネティクト・アンダーソン（Benedict Anderson）は、人々が共同体を言語によって「想像」する上で、「歴史、あるいは特定の仕方で構想された歴史[49]」が重要な役割を果たして来たことを指摘

した。このような歴史、ないしは「国民の伝記」の形成のためにアンダーソンが着目したのが、「記憶」と「忘却」という二つの営為が有する機能である。

「記憶」はともかく、なぜ「忘却」なのか。それをアンダーソンは、個人の成長を比喩に用いて説明している。すなわち、人は色あせた写真の中で幸せそうに寝そべっているこの赤ん坊が自分であるということを知るには、常に他人の助けがいる。なぜなら、人は幼児時代の記憶を思い出すことが出来ない。写真であれ、出生証明書や日記、書簡であれ、それらは何らかの外見的連続性を記録するものであるが、同時に、その連続性が自らの記憶からは失われていることを強調する。こうした「忘却」——連続性の経験を「忘れている」——という意識が、人々に「『アイデンティティ』の物語」を必要とさせる。あるべきと考えられた連続性が喪失されたことを意識し、それを取り戻すことによって自らに首尾一貫性を与えようという意志、このような意志こそが、「物語」を生み出すものに他ならない[50]。「国民の伝記」とは、「記憶」と「忘却」の上に成り立つ「物語」なのである。

人々が何を「記憶」し、何を「忘却」するか。アンダーソンはその選択を、「国家官僚の氷のように冷たい計算のせいにしてしまうのはもちろん安易にすぎる」と言う。「それは〔中略〕想像力の深刻な変容を反映していたのであり、これについて国家はまるで意識もしていなければ、ほとんどなんのコントロールももっていなかったし、いまももっていない」[51]。

アンダーソンの著作出版とほぼ同時期、フランスにおいても、歴史家ピエール・ノラ（Pierre Nora）を編者として、『記憶の場』と題する歴史書が刊行された。言語、博物館、記念式典、文学、美食など、フランス人の国民的記憶に枠組みを与える表象的なものを「記憶の場」と定義し、その分析を通して「フランス的国民感情のあり方を探る」ことを意図して編纂された同書は、フランスのみならず世界各国で大きな反響を呼んだ。

ノラによれば、現代社会においては記憶に対する関心がかつてないほど高まっており、それは、「自然な記憶」というものが歴史に取って代わられ、過去との断絶という感覚が鮮明に意識されるようになったことに起因するという。かつて、歴史研究とは、「記憶を正確に実行し、またすすんで深める作業

として、すなわち、完全ですきのない過去を再構成する作業として、発展してきた[52]。そのような時代にあっては、「過去から未来への規則正しい移行を保証し、未来を準備するためには過去の何を覚えておくべきかを指示していたような、記憶と一体化したイデオロギー[53]」が存在し得たのである。

　しかし、今日、記憶と歴史の一致という自明だった事柄は、歴史学、とりわけ史学史の発展により終わりを迎えた。なぜなら、史学史への関心は歴史学をして、自身が記憶の犠牲となっていることに気付かせ、そこから解放されるべく記憶という異質なものを自身から追い出そうとさせる。こうして、思い出を聖性の中に据える記憶と、思い出を聖性から追い立て、常に俗化しようとする歴史とは、あらゆる点で乖離し、相反するものであることが明らかにされる。その結果、かつて記憶と一体化した歴史においては、過去は完全に過ぎ去ったものではなく、我々の「起源」として何度でも現在との連続性が想起されるものであったのに対し、今や過去は我々とは根本的に異なったものとされ、連続性よりも断絶が強く意識されるのである。今日、記録するということが強迫観念のように求められるのも、過去が急速かつ決定的に遠ざかりつつあるという不安の反映に他ならない。

　こうした断絶がもたらすのは、記憶の消滅ではないが、崩壊であるとノラは言う。記憶の崩壊は、その過程で記憶を呼び起こしもするが、ここでいう記憶とは、「過去との連続性という感情」である。そこで、感情がいかに体現されるかが問題になるが、今日ではそれらはいくつかの「場」に残存するのみとなっている。逆説的だが、このような希少性が、人々に記憶を意識させ、「記憶の場」を生み出し、その糧となるのである[54]。

　ノラは、アンダーソンの「想像の共同体」論に直接言及してはいないが、人が自らの来歴に対して抱く連続性への渇望や、そうした感情と歴史との関わりについての指摘は共通している。ただし、記憶と忘却が「特定の仕方で構想された歴史」を作って来たというアンダーソンに対し、ノラは、今日では記憶と歴史が遠く隔たるものになったと述べる。もっとも、前者は、近代国民国家の形成を分析したものであり、後者は、現代社会における現象を説明したものであって、対象が異なるから、両者の見解は必ずしも対立するものではないだろ

う。

　しかし、社会的な記憶が崩壊しつつあり、史学史が歴史学から記憶を追放している、という主張が当を得たものであったとして、この間、人々の記憶と忘却に対しイデオロギー的な操作を加えようとする試みも、そうした傾向と軌を一にするように下火になっていったのだろうか。ジョン・ボドナー（John Bodnar）は、米国の公的記憶（official memory）は一部の人々の操作を受けて来たものであり、それは現在においても同様であると述べる。ボドナーは、公的記憶を次のように定義している。

　　　公的記憶は特定の言語、信条、シンボル、物語を備えたイデオロギー体
　　　系であり、解釈が対立したり、一方の解釈が他方よりも有利になった際
　　　などに、調停をおこなうための認識上の装置として使われる。〔中略〕
　　　公的記憶は過去に関する信念や観念の集合体であって、この助けを借り
　　　て、人や社会は自らの過去、現在、そして暗に未来をも理解することに
　　　なる。[55]

　ボドナーによれば、米国において公的記憶が形成される過程では、「文化的指導者たち」と大きな政治組織の力とが、より小さな構造——コミュニティ、地方、団体——の力と共存したり、前者が後者を凌駕したりして来た。公的記憶は複数の言説から構築されるが、米国におけるそれは、「意見交換の場で、ある利害が他の利害よりも大きな力を行使したり、実際に意見交換のあり方を大幅にゆがめてしまったためにつくりだされた」。それゆえ、20世紀後半に至るまで公的記憶は「一部エリートによる操作、シンボルの相互作用、相争う言説などの所産であり続けた」。指導者たちは、愛国主義や市民の義務といった観念を人々に植え付けるべく過去を利用する一方で、「普通の人々」は、それらのメッセージを受け入れたり、加工したり、無視したりして来たのである[56]。

　社会的利害関係が集合的記憶に与える影響に関するボドナーのこうした指摘は、ポール・リクール（Paul Ricoeur）の見解に通じるものがある。リクール

は、「記憶が自己同一性の構成に組み込まれるのは、物語機能を通してである」という。物語機能とは、ある行動に輪郭を与え、その主役達を造形し、記憶と忘却を戦略的に選択する機能のことを指している。そして、このような機能を備えた「物語」は、権力がその支配をイデオロギー的に正当化する際、動員される。こうして、「『公認された』歴史、公的な歴史、公式に学ばれ、祝賀される歴史」が誕生する[57]。

　明示的に述べていないが、このような「物語」の動員を行うのは正当性に乏しい政権のみであるとは、おそらくリクールは考えていない。「僭主といえども、その誘惑と威嚇の企てに言論の仲介をさせるには、弁論家、ソフィストを必要とする[58]」という彼の言葉は、僭主に限らず、いかなる統治者であっても、物理的な力のみに依拠して統治を行うのは不可能であり、自らの正当化のために選択された「物語」を必要としていることを示唆したものであろう。

　このように、社会的記憶を分析するにあたって、一方に「一部エリート」や「権力」を据え、片方に「普通の人々」を置き、後者の記憶が前者から一方的に影響を受けるものとするような想定に対しては、単純な二分論であり、むしろ両者の記憶がどのような形で融合するかという問題こそが検討されるべきだという批判もある[59]。しかし、台湾における集合的な記憶がいかなるものであったかよりも、中華民国政府が人々にどのような「過去に関する信念や観念の集合体」を植え付けることを試み、対日関係を運営していたかを解き明かそうとする本書の関心は、ボドナーの公的記憶という概念と親和性が高い。また、記憶を留めたいという欲求が「物語」や「記憶の場」を作るというアンダーソンやノラ達の指摘の一方で、「物語」そのものも「ある行動に輪郭を与え、その主役達を造形し、記憶と忘却を戦略的に選択する」というリクールの主張は我々に、どのような「物語」が語られるかという問題自体も同様に重要であることに注意を払うよう促している。野家啓一が述べるように、「物語」を語るという行為は、歴史家から読者に向かっての、「記憶せよ！」という呼びかけに他ならないのである[60]。こうして、過去に関する記憶と密接な関係を有するものとして、歴史叙述に注目する必要性が浮かび上がって来る。

　歴史学において、歴史を叙述するという行為が何をもたらすかについて歴史

家は自覚的であるよう提起したのは、ヘイデン・ホワイト（Hayden White）であった。ホワイトは、叙述には、それが扱う現実に形式を与え、望ましいものに変え、理想の香りを付与し、全体を貫く筋があったかのように示すことの出来る効果があると指摘する[61]。P・L・バーガー（P. L. Berger）とT・ルックマン（T. Luckmann）は、そうした効果は叙述を読んだり聞いたりした者のみでなく、書き手や発話者自身にも及ぼされると述べる。

> いまや私が私自身の存在をことばという手段を用いて対象化するとき、私自身の存在は、それが他者にとって近づきやすいものになるのと同時に、私自身にとっても圧倒的かつまた持続的に近づきやすいものになり、私は意識的な内省作業によって妨害されることなく、自然に私自身に対応することができるようになる。それゆえ、このことは次のようにも言いかえることができる。つまり、ことばは私の主観性を私の話し相手に対してだけではなく、私自身に対しても＜より現実的＞なものにする、ということだ。私自身の主観性を私に対して結晶化させ、安定化させるという、ことばがもつこの能力は、（若干の修正は伴うが）ことばが対面的状況から分離された場合でも保持される。[62]

　それゆえ、叙述という行為は、人の考えや信念に枠組みを与えるものであり、それは過去に関するものであっても同様である。このような機能があるため、共同体においては、自らのアイデンティティを守り、内部的一体性を高め、社会的安定を保つために、自らの来歴に関する特定の歴史叙述が採用されるのである[63]。

　本書は、中華民国政府がメディア、教育、公式声明などを通じて発表する歴史叙述の集積を、ボドナーの言うところの公的記憶――人々をして、「自らの過去、現在、そして暗に未来をも理解」させる枠組み――構築のための実践ととらえ、その内容と形成過程を検討する。それにより、これまでイメージが錯綜していた1945-1970年代の台湾における公式な歴史認識の実像を明らかにし、記憶という視角から戦後日華・日台関係の展開を跡づけるのが、本書の目

的である。

5 　資料と構成

　本書が参照する資料は、主に二種類から成る。第一に、新聞・雑誌、政治指
導者の言論集など、台湾においてどのような言説が展開されていたかを確認出
来る資料である。そして第二が、档案館など、アーカイブスに所蔵されている
未公刊の史料である。前者については、まず、国民党の機関紙であった『中央
日報』を挙げることが出来る。同紙は日刊紙であり、とりわけその社説は、国
民党中央の公式見解を知る上で価値が高い。また、秦孝儀主編『総統蔣公思想
言論総集』（台北：中国国民党中央委員会党史会、1984 年）と、黄自進主編『蔣
中正先生対日言論選集』（台北：財団法人中正文教基金会、2004 年）には、蔣
介石が発表した演説の大部分が収録されている。また、国家教育研究院教科書
発展中心が所蔵する学校教科書からは、戦後の歴史教科書の記述の変遷を追跡
することが出来る。国家図書館のウェブ上にある『立法院公報』（http://gaz.
ncl.edu.tw/browse.jsp?jid=79001516）からは、立法院で行われていた質疑が
閲覧出来る。その他、国民党政権の幹部や知識人の文集、日記等が数多く出版
されており、台湾の言説空間のありようを把握する一助となる。
　後者については、第一に、台湾の国史館所蔵の『蔣中正総統文物』、『蔣経国
総統文物』および『陳誠副総統文物』が挙げられる。これらは、中華民国の総
統・副総統の関係文書であり、政策決定過程における議論の一部を明らかにし
得る。第二に、国民党中央委員会文化委員会党史館に所蔵されている『国民党
中央常務委員会会議紀録』である。同記録からは、国民党内部で誰がどのよう
な発言を行ったかまでは分からないものの、展開されていた議論の大略は読み
取れる。第三に、中央研究院近代史研究所が所蔵する外交部档案であり、外交
交渉の内容や行政院内で交わされていた議論が把握出来る。
　本書は、大きく分けて二部から構成される。第一部では、第二次大戦が終結
した 1945 年から日華平和条約が締結された 1952 年までの間、中華民国政府が
中国大陸と台湾において、日本との関係をどのように清算するべきであると説

明していたかを検討する。第二部では、第一部の分析を踏まえた上で、1949
年末に中央政府を台湾に移転させて以来、実効支配領域のほとんどをかつて日
本の植民地統治を受けていた地域に限定された中華民国政府が、対日関係の中
で過去をいかに扱い、近現代における日本との関係や、戦後処理に関するどの
ような公的記憶を構築したかを明らかにする。

　第一部は、三つの章から成る。第一章「中国大陸における対日関係清算論：
1945 〜 49 年」は、終戦後から台湾に移転するまでの期間に中華民国政府が中
国大陸で発表した言説の中で、日本との新しい関係について、どのように論じ
ていたかを検討する。ここでは、前述した 1945 年 8 月 15 日に蔣介石が重慶で
発表した演説の内容が、中華民国による対日政策の基本方針として位置づけら
れていった経緯と、その内容が戦後日華関係の＜起源の物語＞を成立さ
せる起点となった過程を明らかにする[64]。

　第二章「台湾における対日関係清算論：1945 〜 49 年」の舞台となるのは、
第一章と同時期の台湾である。本章においては、台湾を接収した当局が、「光
復」後の対日関係をいかに論じていたかを検討する。とりわけ、前章でも取り
上げた戦後日華関係の＜起源の物語＞が、台湾でどのように語られたかに焦点
を合わせる。抗日戦争勝利後の対日方針を説明するものであった 8 月 15 日の
演説が、植民地統治下にあり、抗日戦争を経験しなかった台湾においても対日
方針として引用されることがあったのかが、考察の中心となる。

　第一章と第二章の分析からは、中華民国政府が戦後初期に行っていた対日関
係に関する宣伝が、中国大陸と台湾ではいくつかの重要な点で異なっていたこ
とが明らかにされる。台湾においては、日本に対して厳格な措置をとるよう求
める主張が官製メディアから提出されており、その論調は中国大陸における公
式な言説と次第に離齬を来すようになっていった。しかし、このような差異は、
1949 年に中央政府が台湾に移転して来ることで、消滅するのである。

　第三章「対日平和条約の締結をめぐって」が検討するのは、台湾移転後に日
本との平和条約締結問題に取り組んだ中華民国政府が、対日関係の清算という
問題をいかに説明していたかである。政府が当初構想していた戦後処理案は、
国際環境の変動により次々と変更を余儀なくされていった。その中で、蔣介石

が終戦直後に表明した方針に基づき、敗戦国日本は寛大に処遇されるという＜起源の物語＞が、そのような譲歩の正当化のために形を変えながら動員される。結果として、日華平和条約に記された日本に対する融和的な内容は、戦後初期からの一貫した方針に基づくものであったと位置づけられていくのである。

　第二部を構成するのは、第四章から第六章である。第四章「被害の記憶と日華関係」は、1950年代における公的な対日関係史の解釈がどのようなものであったかを検討する。本章の前半は、まず、戦時中から1950年代末までの期間、中華民国政府による公式な歴史叙述の中で、「我々」に対して日本がどのような危害を加えたと描かれていたかを明らかにする。続く後半では、1950年代の中華民国政府が、対日関係を運営する中で、日本との過去に関する問題をどのように取り扱っていたかを分析する。

　第五章「日本文化論の変遷」は、日本文化に対する公的な位置づけに目を転じる。1945年に台湾を接収した当局は、台湾籍の人々を「中国人」として再統合するべく、植民地時代にもたらされた日本文化の払拭に努めた。その間日本文化は、中国文化とは異なるものであるばかりか本質的に劣位にあるものであり、「毒素」であると位置づけられた。1950年代に入ると日華間に国交が成立するが、このような中で日本文化に関する言説にはどのような変化が生じたのかが、本章の課題である。結論を先取りすれば、中央政府の台湾移転以降、日本文化の公的な位置づけは大幅に向上し、中国文化と同様に「東方文化の系統」に属するものとされた。さらに、日本文化は戦後処理問題と関連づけて論じられ、中国共産党政権や、共産主義という思想の他者性を強調するためにも動員されたのである。

　第六章「公的記憶の変容と未完の関係清算」が分析の対象とするのは、1960年代から1970年代における対日関係に関する公式な叙述である。60年代に入ると、台湾における公的記憶を成立させていたいくつかの前提条件が失われていくが、日本との関係に関する公式な叙述は、基本的には50年代のものからほとんど変化しなかった。しかし、日華断交後に状況は一変する。日本政府が日中国交正常化により、中華民国と行った戦後処理の経験とそれ以降の二十年

間をあたかも存在しなかったかのように「封じ込め」たことは、戦後日華関係の＜起源の物語＞が封じ込めていた過去の記憶を噴出させることになる。それは、台湾で構築されて来た対日関係の公的記憶が、一つの画期を迎えたことを意味していた。

　最終章では、以上の議論をふまえて、序章で提示した問題に対する結論をまとめる。その上で、東アジア諸国間の歴史問題というより一般的な課題に対して、本書の結論がどのような示唆を与え得るかを議論することとする。

注

1　日本と近隣諸国の間の歴史問題は、主に近現代史をめぐる解釈の相違に由来する。

2　このような問題意識からの研究として代表的なものに、船橋洋一編『いま、歴史問題にどう取り組むか』（岩波書店、2001 年）、小菅信子『戦後和解：日本は＜過去＞から解き放たれるのか』（中公新書、2005 年）、荒井信一『歴史和解は可能か：東アジアでの対話を求めて』（岩波書店、2006 年）、Thomas U. Berger, "The Politics of Memory in Japanese Foreign Relations," in Thomas U. Berger, Mike M. Mochizuki and Jitsuo Tsuchiyama (eds.), *Japan in International Politics: The Foreign Politics of an Adaptive State* (Boulder, Colorado: Lynne Rienner, 2007)、村上陽一郎、千葉眞編『平和と和解のグランドデザイン：東アジアにおける共生を求めて』（風行社、2009 年）、黒沢文貴、イアン・ニッシュ編『歴史と和解』（東京大学出版会、2011 年）、菅英輝編『東アジアの歴史摩擦と和解可能性：冷戦後の国際秩序と歴史認識をめぐる諸問題』（凱風社、2011 年）、金美景、B・シュウォルツ編、千葉眞監修、稲正樹、福岡和哉、寺田麻佑訳『北東アジアの歴史と記憶』（勁草書房、2014 年）、五百旗頭薫、小宮一夫、細谷雄一、宮城大蔵、東京財団政治外交検証研究会編『戦後日本の歴史認識』（東京大学出版会、2017 年）など。

3　例えば、G・ジョン・アイケンベリー著、鈴木康雄訳『アフター・ヴィクトリー：戦後構築の論理と行動』（NTT 出版、2004 年）。

4　Jennifer Lind, *Sorry States: Apologies in International Politics* (Ithaka, N.Y.: Cornell University Press, 2008)；Yinan He, *The Search for Reconciliation: Sino-Japanese and German-Polish Relations since World War II* (Cambridge: Cambridge University Press, 2009)、福島啓之「戦後日本の関係修復外交と近隣諸国の対日認

識：援助、謝罪とナショナリズム」（『国際政治』第 170 号、2012 年 10 月）など。

5　小菅信子「記憶の歴史化と和解」黒沢文貴、イアン・ニッシュ編、前掲書、88 頁。

6　日中・日韓間の歴史共同研究の概要、およびその成果については、日本外務省のウェブページを参照（2018 年 11 月 4 日確認）。日中：https://www.mofa.go.jp/mofaj/area/china/rekishi_kk.html

　　日韓：https://www.mofa.go.jp/mofaj/area/korea/rekishi/index.html

7　日本国内における歴史認識をめぐる論争について、その論点とアクターをまとめたものとしては、吉田裕『日本人の戦争観：戦後史のなかの変容』（岩波書店、2005 年）、若宮啓文『和解とナショナリズム：新版・戦後保守のアジア観』（朝日新聞社、2006 年）、波多野澄雄『国家と歴史：戦後日本の歴史問題』（中公新書、2011 年）など。

8　小林よしのり『新ゴーマニズム宣言 SPECIAL　台湾論』（小学館、2000 年）。

9　小林よしのり「わしの『台湾論』が投げかけた波紋」（『正論』通号 345、2001 年5 月）。

10　婦女救援基金会編『台湾慰安婦報告』（台北：台湾商務、1999 年）、朱徳蘭『台湾総督府と慰安婦』（明石書店、2005 年）。

11　加藤邦彦『一視同仁の果て：台湾人元軍属の境遇』（勁草書房、1979 年）。その後、台湾人兵士・軍属に対しては、1987 年に弔慰金の支給が議員立法で制定された。蔡慧玉「台湾民間対日索賠運動初探：『潘朵拉之箱』」（『台湾史研究』第 3 巻第 1 期、1996 年 6 月）。元台湾籍日本兵達の発言を多数収録したものに、周婉窈主編『台籍日本兵座談会記録并相関資料』（台北：中央研究院台湾史研究所籌備処、1997 年）。国会で立法に携わった政治家の回想として、有馬元治『有馬元治回顧録　第 1 巻』（太平洋総合研究所、1998 年）。

12　加藤邦彦、前掲書、231-240 頁。

13　松田康博「台湾の民主化と新たな日台関係の模索：一九八八―九四年」（川島真・清水麗・松田康博・楊永明『日台関係史 1945-2008』東京大学出版会、2009 年）167 頁。

14　例えば、東アジア文史哲ネットワーク編『＜小林よしのり『台湾論』＞を超えて：台湾への新しい視座』（作品社、2001 年）。

15　李登輝『台湾の主張』（PHP 研究所、1999 年）138 頁。

16　司馬遼太郎『台湾紀行　街道をゆく 40』（文芸春秋、1997 年）。

17　本田善彦『台湾総統列伝』（中央公論新社、2004 年）166 頁。

18　実際、馬訪日からまもなく、対立候補である民進党の謝長廷も訪日し、馬英九と

の間で「親日度競争」を繰り広げたという。近藤伸二『反中 vs. 親中の台湾』（光文社、2008年）176-183頁。

19 例えば、前出の小林よしのり『新ゴーマニズム宣言 SPECIAL　台湾論』の他、黄文雄『韓国人の「反日」台湾人の「親日」：朝鮮総督府と台湾総督府』（光文社、1999年）など。

20 若林正丈『台湾の台湾語人・中国語人・日本語人：台湾人の夢と現実』（朝日新聞社、1997年）、森宣雄『台湾／日本：連鎖するコロニアリズム』（インパクト出版会、2001年）、何義麟『跨越国境線：近代台湾去殖民化之歴程』（板橋：稲郷出版社、2007年）。

21 哈日杏子著、小島早依訳『哈日杏子のニッポン中毒：日本にハマった台湾人トーキョー熱烈滞在記』（小学館、2001年）。

22 三澤真美恵「『戦後』台湾での日本映画見本市：一九六〇年の熱狂と批判」（坂野徹・愼蒼健編著『帝国の視角／死角：＜昭和期＞日本の知とメディア』青弓社、2010年）235頁（注8）。

23 何義麟、前掲書、220頁。

24 太田修『日韓交渉：請求権問題の研究』（クレイン、2003年）、木村幹『民主化の韓国政治：朴正熙と野党政治家達1961-1979』（名古屋大学出版会、2008年）など。崔吉城は、戦後韓国は国民国家成立のために反共と反日を必要としたと指摘し、それは日本そのものの問題より韓国内部の事情から出たものであったと述べている。崔吉城『「親日」と「反日」の文化人類学』（明石書店、2002年）14、63頁。

25 蕭阿勤『回帰現実：台湾一九七〇年代的戦後世代與文化政治変遷』（台北：中央研究院社会学研究所、2010年）。

26 王育徳『台湾海峡』（日中出版、1987年）136-137頁。

27 李衣雲『台湾における「日本」イメージの変化、1945-2003：「哈日（ハーリ）現象」の展開について』（三元社、2017年）。

28 林初梅『「郷土」としての台湾：郷土教育の展開にみるアイデンティティの変容』（東信堂、2009年）。

29 洪郁如「理解と和解の間：「親日台湾」と歴史記憶」『言語文化』50、2013年。

30 蔡易達「『台湾を知る』（『認識台湾』）日本語版刊行にあたって」（国立編訳館主編、蔡易達・永山英樹訳『台湾国民中学歴史教科書：台湾を知る』雄山閣出版、2000年）iv頁。

31 呉密察、張炎憲等著『建立台湾的国民国家』（台北：前衛出版社、1993年）、黄英

哲『「去日本化」「再中国化」：戦後台湾文化重建設（1945-1947）』（台北：麥田、城邦文化出版、2007年）、菅野敦志『台湾の国家と文化：「脱日本化」・「中国化」・「本土化」』（勁草書房、2011年）。

32 「脱日本化」の必要性から、蔣介石政権期に「反日教育」が行われたと記しているものとして、蔡焜燦『台湾人と日本精神：日本人よ胸を張りなさい』（日本教文社、2000年）178-179頁。

33 大久保伝蔵『忘れてはならぬ歴史の一頁：徳をもって怨に酬ゆる』（時事通信社、1969年）、灘尾弘吉「銘記したい蔣介石氏の『以徳報怨』」（林金莖『梅と桜 戦後の日華関係』サンケイ出版、1984年）、賀屋興宣『戦前・戦後八十年』（経済往来社、1976年）、岸信介、矢次一夫、伊藤隆『岸信介の回想』（文藝春秋社、1981年）。

34 貴船八郎「蔣介石総統と日本人」（『自由』第28号、1986年6月）。横浜市西区の伊勢山皇大神宮神社内に建立された蔣介石を顕彰する石碑には、蔣の一連の施策により「今日の日本が存在し発展があるわけでありますがこれらの恩顧は私たち日本国民にとって終生永遠に忘れることは出来ません」と記されている。

35 ①について、竹前栄治によれば、米国では中華民国政府が天皇制廃止に賛成だと認識されていた。竹前栄治『占領戦後史』（岩波書店、2002年）61頁。③については、石井明が、中華民国政府は当初派兵の意向だったが、国共内戦の激化により中止したことを指摘している。石井明「中国の対日占領政策」（『国際政治』第85号、1987年5月）。④については、石井明や殷燕軍が、戦後初期の中華民国政府は対日賠償請求を行う方針だったことを明らかにしている。石井明「中国に負った無限の賠償」（『中央公論』1987年8月）、殷燕軍『日中戦争賠償問題：中国国民政府の戦時・戦後対日政策を中心に』（お茶の水書房、1996年）。

36 徐叡美『製作「友達」：戦後台湾電影中的日本（1950s—1960s）』（台北：稲郷出版社、2012年）。

37 川島真「戦後初期日本の制度的『脱植民地化』と歴史認識問題：台湾を中心に」（永原陽子編『「植民地責任」論』青木書店、2009年）は、「帝国の学知」の脱帝国化の問題とからめて、1950-70年代の日本における台湾研究を整理しているが、政治問題化の有無には言及していない。また、台湾における日本の「記憶」に焦点を合わせた研究は、2000年代に入ってから多くの成果が出されているが、それらは主に植民地統治時代に関する台湾社会の集合的な記憶を対象としており、中華民国政府による記憶をめぐる政治外交を分析の対象にしたものではない。呉密察・黄英哲・垂水千恵編『記憶する台湾：帝国との相克』（東京大学出版会、2005年）、

五十嵐真子・三尾裕子編『戦後台湾における＜日本＞：植民地経験の連続・変貌・利用』（風響社、2006 年）、植野弘子・三尾裕子編『台湾における＜植民地＞経験：日本認識の生成・変容・断絶』（風響社、2011 年）、所澤潤・林初梅編『台湾のなかの日本記憶：戦後の「再会」による新たなイメージの構築』（三元社、2016 年）など。

38　戦後日本と台湾の関係には、日本と中華民国間の関係としての日華関係と、日本と台湾の間の関係としての日台関係という二重の関係性があったことが、多くの研究者によって指摘されている。例えば、清水麗『戦後日中台関係とその政治力学：台湾をめぐる国際関係』（筑波大学大学院国際政治経済学研究科博士学位論文、2002 年）242 頁、川島真「日華・日台二重関係の形成：一九四五—四九年」川島他編、前掲書、13-37 頁。

39　若林正丈によれば、国民党政権による上からの「中国化」政策は、1950 年代にはまだ表面に現れるような成果は見られなかったが、60 年代に入り、制度的同化の成果が感じられるようになったという。若林正丈『台湾：変容し躊躇するアイデンティティ』（筑摩書房、2006 年）109-113 頁。

40　1970 年代に入ると、蒋経国の主導により、中央・国政レベルで一部本省人エリートが登用され始める。同上書、123-129 頁。

41　Berger, *op. cit.*, p. 181.

42　知識社会学は、「知識」の究極的な妥当性／非妥当性に関係なく、何であれ社会において「知識」として通用するものについてはその経験的な多様性を研究対象とし、さらにいかなる「知識」体系であれ、それがどのようにして人々から自明視される「現実」として社会的に確立されるに至るかを問題にする学問である。P・L・バーガー＝ T・ルックマン著、山口節郎訳『日常世界の構成：アイデンティティと社会の弁証法』（新曜社、1977 年）5 頁。

43　三浦陽一「サンフランシスコ体制論」（吉田裕編『日本の時代史 26　戦後改革と逆コース』吉川弘文館、2004 年）、進藤榮一「東アジア冷戦構造のなかの日本」（歴史学研究会編、日本史研究会編『日本史講座 8　戦後日本論』東京大学出版会、2005 年）、白井聡『永続敗戦論：戦後日本の核心』（大田出版、2013 年）など。

44　例えば、陳光興『去帝国：亜洲作為方法』（台北：行人、2006 年）310-311 頁。

45　カール・マンハイム（Karl Mannheim）によれば、元来は観念についての学問という意味しか持っていなかった「イデオロギー」という言葉にこうした否定的な意味合いが付与されたのは、ナポレオンが彼の専制主義的野心を攻撃した一群の学

者を「イデオローグ（空論家ども）」と批判したことに由来するという。カール・マンハイム著、高橋徹・徳永恂訳『イデオロギーとユートピア』（中央公論新社、2006 年）138 頁。

46 C. ギアーツ著、吉田禎吾ほか訳『文化の解釈学Ⅱ』（岩波現代選書、1987 年）42 頁。

47 Michael Freeden, *Ideologies and Political Theory: A Conceptual Approach* (Oxford: Oxford University Press, 1996).

48 赤川学『構築主義を再構築する』（勁草書房、2006 年）37 頁。

49 ベネディクト・アンダーソン著、白石さや・白石隆訳『増補　想像の共同体：ナショナリズムの起源と流行』（NTT 出版、1993 年）323 頁。

50 同上書、332-334 頁。

51 同上書、329 頁。

52 ピエール・ノラ著、長井伸仁訳「序論　記憶と歴史のはざまに」（ピエール・ノラ編、谷川稔監訳『記憶の場：フランス国民意識の文化＝社会史　1 対立』岩波書店、2002 年）33 頁。

53 同上書、30 頁。

54 同上。

55 ジョン・ボドナー著、野村達朗ほか訳『鎮魂と祝祭のアメリカ』（青木書店、1997 年）29-30 頁。

56 同上書、38 頁。

57 ポール・リクール著、久米博訳『記憶・歴史・忘却（上）』（新曜社、2004 年）143 頁。

58 同上書、142 頁。

59 Alon Confino, "Collective Memory and Cultural History: Problems of Method," *American Historical Review*, vol. 102, Issue 5, Dec 1997, pp. 1401-1402.

60 野家啓一『歴史を哲学する：七日間の集中講義』（岩波書店、2016 年）124-125 頁。

61 Hayden White, *The Content of the Form: Narrative Discourse and Historical Representation* (Baltimore: Johns Hopkins University Press, 1987), pp. 20-21.

62 P・L・バーガー＝T・ルックマン、前掲書、65-66 頁。

63 Sandra Jovchelovitch, "Narrative, Memory and Social Representations: A Conversation Between History and Social Psychology," *Integrative Psychological & Behavioral Science*, Vol. 46, Issue 4, Dec , 2012, pp. 440-456.

64 ＜起源の物語＞という概念は、五十嵐惠邦の研究から示唆を受けた。＜起源の物

語＞とは、ある社会が戦争などの大変動を経験した後、それによって生じた緊張状態を合理化するために編み出され、変動後の社会に関する人々の解釈をも規定するような機能を有した「物語」のことを指している。五十嵐は、戦後日米関係の＜起源の物語＞は、「男」役のアメリカが、原爆の威力をかりて「女」役の日本を救い出し、回心させるというものであったと指摘する。原爆が投下されたことで、昭和天皇という「偉大な自由主義者」の精神が揺り動かされ、「聖断」が決断された。この「物語」は、日本の敗戦を戦略的に必要なものであったとし、戦後日本の繁栄は、日本を完全な破壊から救った「聖断」のおかげであったという教訓を引き出すことで、敵対関係にあった日米両国が同盟関係を構築するという劇的な変化を理解可能なものにしたのである。他方、戦前に「男」と「女」の役を演じていたのは日本とアジア諸国であったが、戦後の新しいドラマの中では、アメリカが日本に取って代り、日本はアジア諸国の役を引継ぎ、そしてアジアは締め出されたのであった。五十嵐惠邦『敗戦の記憶：身体・文化・物語　1945-1970』（中央公論新社、2007 年）31-74 頁。

第一部　関係清算の公的記憶

第1章

中国大陸における対日関係清算論：
1945 〜 49 年

はじめに

　1945年8月10日、皇居の御文庫地下壕で前日から開かれていた御前会議は、午前2時20分になってようやく終了した。連合軍が発表したポツダム宣言を受諾するか、それとも、本土決戦を敢行するかをめぐって激論が交わされた会議は、結局「聖断」が仰がれ、前者の採用が決定される。午前4時、日本政府はポツダム宣言受諾を正式に決定し、スイスおよびスウェーデン政府宛てにその旨が通告された。さらに、同日夜には、同盟通信と放送局を通じて、宣言受諾が海外向けに放送された[1]。

　翌8月11日、国民党の機関紙『中央日報』は、日本政府がポツダム宣言を受諾したことを報じた。しかし、同日の同紙社説は、日本の投降を喜ぶ声が中国全土に満ち溢れているとしつつ、日本側が天皇の「皇権」維持を求めていることは容認出来ないとし、無条件降伏を受け入れるまで作戦を継続せざるを得ないと主張していた。社説によれば、ポツダム宣言には天皇について具体的な言及はないが、天皇の「皇権」が維持されることはポツダム宣言の精神に反するものであった。また、大西洋憲章においても各国の人民はその政体を自由に選択することが謳われてはいるが、天皇制のような荒唐無稽な哲学と神話（＝怪誕哲学和神話）に基づいた政体の存在を容認するものではないのである。そ

の根拠として社説は、天皇制という政体が、狂信的な侵略思想の淵源であることを挙げていた[2]。

「皇権」とは、文字通り「皇帝の権力」のことであるが、日本政府が降伏の条件として国体の護持を求めていたことを指したものだろう。社説は、天皇制廃止を直接提唱してはいないものの、日本の政体を侵略思想産出の原因と位置づけ、その現状維持は容認出来ないとしていることから、国民党が日本に対し国体の大幅な変更を求めているとの印象を読者に与えるものであったと考えられる。

しかし、実際には、中華民国が戦後日本の政体選択に対し、主体的に関与することは構想されていなかった。1943 年 11 月、カイロ会談の場でルーズベルト（Franklin Delano Roosevelt）大統領と会見した蒋介石は、話題が天皇制の問題に及んだ時、戦後日本の政体については日本国民の選択にゆだねるべきだと述べたことが、米国の資料に記録されている[3]。この方針は、1944 年元日に蒋介石が軍民に向けて発表した声明の中でも表明されていた。声明の中で蒋はまず、カイロ会談で米英の首脳が、東北四省（遼寧、吉林、黒竜江、熱河）と台湾および澎湖諸島を日本から中華民国に返還させることに同意したことを紹介した。次いで、米大統領と日本の国体問題について話し合い、ルーズベルトに対して次のように表明したことを明かしている。すなわち、将来の日本の国体については、「軍閥」を排除し、二度と政治に容喙出来なくする以外は、日本の「新進の覚醒した分子」自らによって解決させるべきである[4]。1945 年 8 月に国防最高委員会が作成した「処理日本問題意見書」においても、日本の天皇および「皇権」の存廃問題に関しては、同盟諸国の共通の意見に従って処理されるべきであるとし、まず憲法改正から着手して、天皇の大権を日本国民に返還させることが提唱されているのみであった[5]。

中村元哉が指摘しているように、『中央日報』は国民党の党報として発行されていたが、その論調は常に党中央や政府と一致するとは限らないものであった。同紙の社説（社論）は、しばしば軍事委員会委員長侍従室第二処主任の陳布雷によってタイトルの指示や草稿のチェックを受けていたというが、それでも国民党中央との意思疎通は必ずしも万全ではなかった。1947 年 5 月に同紙は、

株式の大半を国民党が保有し、人事構成も国民党員が要職を占める形ではありながら株式会社化を果しており、その経営に一定の自立性を確保しようとする傾向も見られたのである[6]。戦後日本の天皇制に関する論説が、蔣介石の発言や政権内部で検討されていた政策文書の内容と必ずしも符号していなかったのも、同紙のそうした性格の現れと言えるだろう。

　しかしながら、中村も述べるように、『中央日報』が党中央・政府の方針を最も代弁する媒体であったことも事実である。本章は、終戦後の中華民国政府が中国大陸において敗戦国日本をどのように描写し、それとの間にいかなる関係を構築するべきであると論じていたかを確認するものであるが、こうした検討を行う上では、その論調を継続的に追跡出来るという点で、やはり『中央日報』が最も重要な史料となる。

　もう一つ、中華民国政府の公式な立場を知る上で参考になるのは、蔣介石が発表した演説や談話である。家近亮子によれば、蔣介石は自らの言説が国内外の民衆に与えると思われる影響力や効果をきわめて高く評価する傾向のある指導者であった。そのため蔣は、新聞や雑誌のインタビューに積極的に答え、論文を投稿し、さらに民衆へ直接呼びかける「書告」や言論集を数多く残したのである[7]。戦後においても、蔣介石がその言説の中で言及する「日本」は、聴衆・読者がこのように考えるべきであると彼が認識する「日本」であったと考えられる。

　本章では、『中央日報』と、蔣介石の言論集である『総統蔣公思想言論総集』における記述を主な手がかりとして、抗日戦争の勝利が決まった1945年8月から、中央政府を台湾に移転させる1949年末までの期間、中華民国政府が戦後日本との新しい関係に関連して、いかなる言説を中国大陸で発表していたかを検討する。それにより、戦勝国中国を代表する政権が、戦後日華関係に関するどのような「物語」の構築を試みていたかを解明することが、本章の目的である。なお、『中央日報』は、1945年8月から1946年5月までは重慶版、南京遷都にともなう同版廃刊後は、南京版（〜1949年4月）を使用する。

　また、中華民国政府の公式な論説が同時代的にどのような特徴を持つものであったかを確認するため、代表的な民営メディアの社説と中国共産党（以下、

中共）の機関紙の論調もあわせて検討することとする。前者については、自由主義的な論調で知られていた『大公報』（天津版）の社説を参照する。後者は、1945年8月から47年3月までは、延安で発行されていた『解放日報』を、1948年以降は、同年6月に創刊された『人民日報』を分析の対象とする。

1　抗日戦争の勝利

（1）　8月15日演説の発表

　日本がポツダム宣言受諾を発表する約一ヶ月前の1945年7月7日は、日中戦争のきっかけとなった盧溝橋事件（1937年7月7日）の勃発から八年目にあたる。この日、蔣介石が発表した声明は次のように述べていた。抗戦勃発直後、私（蔣）は日本の人民に向かって、「中国は日本の軍閥のみを敵とし、日本の国民を敵とはしない。我々は敵軍の殲滅を決意しているが、日本の民衆を敵視しない」と勧告した。今日においても、日本の民衆が軍閥の誤った指導によって死地に送られていることには憐憫を覚える。しかし、八年間に及ぶ戦闘の経験から、私は日本の民衆は力だけを認識し、（物事の）是非や利害については分からないのだと断言出来る。そのため我々は、日本の人民を救い出すとしても、彼らの持つあらゆる「侵略武器」を徹底的に消滅させないことには、彼らが覚醒し、正義と平和の旗の下に帰順するようになるとは望めないのである[8]。

　日本人の侵略的な思想を問題視し、その改造が必要であるとする考え方は、前述した国防最高委員会が作成した「処理対日問題意見書」にも記されていた。同意見書は、日本に対する戦後処理の基本原則を次のように定めている。

　　　日本問題の処理は、ポツダム宣言及び連合国が共同で決定した日本管理原則、さらに総裁の三十四年〔西暦1945年〕八月一四日の放送の指示に基づき、日本を新しく改造し、真に民主主義を実現させ、平和を愛好させ、中国及び連合国を理解させて、世界の平和愛好諸国と協力出来るようにさせなければならない。[9]

意見書の日付は8月12日となっており、総裁（蔣介石）の放送はまだ行われていない。「八月十四日の放送」は、実際には一日後の8月15日に行われた。それが、序論で紹介した「抗戦勝利告全国軍民及世界人士書（抗戦に勝利し全国の軍民及び全世界の人々に告げる演説）」である。上述のように、同演説は中華民国の対日戦後処理の基本原則と位置づけられていたものであったため、ここでその全文を引用することとする。

　　全国軍民同胞よ！
　　全世界の平和を愛する人々よ！
　　我々の抗戦は、今日ここに勝利した。
　　我々の「正義は必ず強権に勝る」という真理は、ついにその最後の証明を得た。これはまた、我々国民革命の歴史的使命が成功したことを示すものでもある。我々中国の暗黒と絶望の時期における八年にわたる奮闘の信念は、今日ようやく実現に至った。
　　我々は我々の面前に現れた世界平和に対し、全国抗戦以来犠牲となった忠勇なる軍民先烈に感謝し、正義と平和のために共同作戦を行った同盟国に感謝しなければならない。とりわけ、我らの国父が艱難辛苦のうちに革命の正確な道を領導し、我々に今日の勝利の日を迎えさせてくれたことに感謝しなくてはならない。また、全世界のキリスト教徒は、公正にして仁慈なる神に対し、一致して感謝しなければならない。
　　抗戦以来の八年間、我が全国の同胞達が受けた苦痛と犠牲は一年ごとに増して行ったが、抗戦必勝の信念も一日ごとに強くなって行った。とりわけ、淪陥地区の同胞達は、限りない損害と奴隷的屈辱という暗黒を受け尽して来たが、今日完全に解放され、再び青天白日を見た。この数日来、各地の軍民の歓呼と喜びの感情の主たる意味もまた、占領された地区の同胞が解放されたことによるのである。
　　現在、我々の抗戦は勝利したが、まだ最後の勝利というわけにはいかない。我々の戦勝の意義は、世界の公理の力がまた一つ勝利を収めたとい

うだけにとどまるものではないことを知らなくてはならない。私は、全世界の人類と我が全国の同胞が、この度の戦争が、世界の文明国が参加した最後の戦争となることを希望しているに違いないと信じている。もし、この度の戦争が人類の歴史上の最後の戦争であるなら、我々同胞は、かつて形容不能なほどの残酷さと凌辱に耐えて来たが、この代償の多寡や収穫の早い遅いについて色々と言挙げしたりはしないであろうことを、我々は信じている。

我々中国人民は、最も暗黒で絶望的な時代にあっても、我が民族に一貫する忠勇仁愛、偉大なる堅忍の伝統精神を胸に、全ては正義と人道のために戦うことによる犠牲であって、必ずやしかるべき報償を得られるということを深く知っていた。戦争によって連合した全世界の民族相互間で生じた尊重と信念、これこそが、今次戦争が我々に与えた最大の報償である。我々連合国が青年の血肉で以て建築したこの反侵略の長い堤防は、それに参加した一人一人が、臨時に結びついた盟友としてではなく、人類の尊厳のためという共同の信仰によって永久に結びつくことで築かれたものであった。これは、我々連合国の共同勝利の最も重要な基礎であって、敵のいかなる挑発・離間の陰謀によっても絶対に破壊されることがないものである。今後は東西の区別無く、人は肌の色にかかわらず、人類でさえあれば、家族や兄弟であるにとどまらず、一日一日と加速度的に緊密に連合して行くことになると、私は信じている。

今次戦争は、我々人類相互の理解と尊敬の精神を発揚し、我々相互間に信頼関係を打ち立てた。さらに、世界戦争と世界平和が不可分のものであることを証明し、それにより、今後の戦争勃発を不可能にさせるに足るものでもあった。

ここまで語って来て、私はまたキリストが垂訓の中で述べた「人にしてもらいたいと思うことは何でも、あなた方も人にしなさい」と「汝の敵を愛せよ」という二つの言葉に思い至り、感慨が限りなく湧き起って来る。我が中国の同胞は、「旧悪を念わず」と「人に善をなす」が我が民族伝統の高く貴い徳性であることを知らねばならない。我々は一貫し

て、日本の人民を敵とせず、ただ日本の好戦的な軍閥のみを敵とすると公言して来た。今日、敵軍はすでに我々連合軍の共同により打ち倒された。我々は当然、彼らがあらゆる降伏の条項を忠実に執行するよう督励しなければならない。しかし、我々は報復してはならず、まして敵国の無辜の人民に汚辱を加えてはならない。我々は、ただ彼らがそのナチス的軍閥によって愚弄され、駆り立てられたことに憐憫を示し、彼らが自ら錯誤と罪悪から抜け出ることが出来る様にするのみである。もし、暴行を以てかつての敵の暴行に応え、奴隷的屈辱を以て彼等の従来の誤った優越感に応えるなら、仇討は仇討を呼び、永遠に終ることはない。これは決して、我々仁義の師の目的ではない。この点は、我々軍民同胞一人一人が、今日特に注意すべきことである。

同胞達よ！中国を侵略した敵の帝国主義は、現在我々によって打倒された。しかし、我々はまだ勝利の真の目的を達成してはいない。我々は彼の侵略の野心と侵略の武力を徹底的に消滅しなくてはならない。我々は、勝利の報償は傲慢と怠惰では決してないことを知らなくてはならない。戦争が確実に停止して以後の平和は、必ずや我々に、極めて困難な仕事が待ち受けていること、戦時と同様の苦痛と、戦時よりもさらに巨大な力を以て改造と建設に取り組まなければならないことを示すだろう。あるいは、ある時期にはある問題にぶつかって、戦時より苦しく困難であることが、いついかなる時でも我々の頭上に臨み得るということを、感じさせられるであろう。

このように述べて、まず第一に思い浮かぶ最も困難な仕事は、あのファシズム的ナチス軍閥国家の誤った指導を受けて来た人々に、どのようにして自らの錯誤と失敗を認めさせるか。さらに、そればかりでなく、彼らをして心から喜んで我々の三民主義を受け入れさせ、公平と正義の競争が、彼らの武力による略奪と強権による恐怖の競争と比べて、はるかに真理と人道の要求にかなうものであることを認めさせるか。これこそが、我々中国と同盟国の今後最も困難に満ちた仕事である。

全世界の恒久平和は、人類の平等自由の民主精神及び博愛互助の協力の

基礎の上に築かれると、私は確信している。我々は民主と協力の大道を
邁進し、全世界の恒久平和を擁護する。

　私は全世界の同盟国の人士、及び我が全国の同胞にお願いする。我々が
武装のもと獲得した平和は、恒久平和が完全に実現されたものであると
は限らない。我々の敵が、理性の戦場において我々に征服され、徹底的
に懺悔し、我々と同じように世界の平和を愛好する人々となって、よう
やく全人類の求める平和と、今次世界大戦の最終目的が達成されること
になるのである。このことを信じてもらいたい。[10]

　この演説（以下、8月15日演説）の趣旨は、以下のようにまとめられる。
第一に、中国の勝利は、ファシズム勢力に対する全世界の平和的な自由民主陣
営の戦いの一環である。第二に、中国の人民は日本によって甚大な損害を与え
られて来た。第三に、しかしながら、敵は日本のナチス的軍閥であり、日本の
人民はその誤った指導を受けたに過ぎず、彼らに対して報復してはならない。
そうした寛容な態度は、「我が民族」の伝統的な徳性である。第四に、その一
方で、ファシズム勢力の指導下にあった国民達は、前非を悔い改め、平和を愛
好する民主主義者として生まれ変わらなければならない。旧敵国民達をそのよ
うに生まれ変わらせるのは、戦勝国の任務でもある。

　蔣介石がこのような寛大な方針を表明した理由として、在中国大陸の日本軍
や日本人技術者を懐柔して彼らからの協力を獲得し、中共軍との内戦を有利に
戦うことが目的であったとする解釈がある[11]。実際、日本のポツダム宣言受諾
の知らせが伝わってから、国軍と中共軍は、日本軍の武器や軍需物資を求めて
しのぎを削っていた。蔣介石は8月10日、何応欽総司令宛てに訓令を出し、
「管轄区内の敵軍に、すでに我方が指定した軍事長官以外の何人に対しても、
投降・武装解除をしてはならないと警告すること」を指示している[12]。さらに
翌日には、18集団軍（八路軍）の朱徳、彭徳懐の正副司令官に対して、現在
地を守備して待命し、各戦区の司令長官の管轄に従うよう命令した[13]。一方、
八路軍の朱徳総司令は8月10日、各解放区の抗日部隊は付近の敵軍に通牒を
発し、武装解除をさせるようにとの指令を延安から出していたし[14]、翌日に中

共中央が起草した「日本投降後における中国共産党の任務に関する決定」には、国民党が抗日戦争の果実を独占しようとしていることへの警戒心が記されていた[15]。

　このような中、中華民国政府は日本側の協力的態度を得るため、蒋介石の寛容さを説得材料に用いることも実際に行っていた。「支那」派遣軍総司令官岡村寧次の回想によれば、日本の国策企業であった華北電信電話株式会社が接収される際、接収員は要旨次のように指示したという。

　　　一、中日社員は相提携して服務すべきこと
　　　二、日人は蒋介石主席の温情を感戴し、安じて職域を守るべきこと
　　　三、今後不法行為を絶滅すべきこと
　　　四、日人社員は、華人社員より侮辱を被りたる場合は、これを報告し、
　　　　　上長は公正にこれを措置すべきこと[16]

　また、国軍総司令部から接収準備のため各地の視察に派遣された某中将は、日本軍将兵に対し、「日本軍は敗北したに非ず、中国軍は勝利を得たに非ず、されどもかかる詮議立ては止め、我等は過去のことは水に流し、中日提携に務むべきである」と挨拶し、日本側を感激せしめたという。岡村によれば、当時こうした言葉は至る所で聞かれ、「蒋委員長の対日大方針は相当下部に徹底していると思った」という[17]。

　日本に対して寛容な態度を打ち出すことの背景には、中国大陸から日本軍が撤収する際に混乱や衝突が生じるのを避けるという思惑もあっただろう。復員後、日本の軍人達は、蒋介石の8月15日演説が布告されたことが、引揚げ事業を円滑にさせたと証言している。例えば、元陸軍中佐石母田武は、「終戦後の日本軍及び邦人に対する取扱は蒋介石総統の暴に報ゆるに徳を以てするという大方針のもとに実施され一般に秩序は良好に維持せられ支那民衆との摩擦も少なく大なる事故は発生しなかった」と述べる[18]。元「支那」派遣軍総参謀副長今井武夫も、引揚げに至るまでの状況を次のように回想している。

この間好むと好まざるとに拘らず、自然に国共両軍の軍規を比較する機
会となつたが、中共軍中には、一旦掠奪された財物を奪還して返還した
り、暴民地区を安全に護送して呉れる部隊もあり、その民衆保護の行動
には、昔の中国軍を見慣れた日本人の目を見張らすに充分であつたが、
その他の地区で一番心頼みにしたのは、蔣総統の「暴に酬いるに徳を以
てせよ」との佈告で、これは確かに、日本人行軍中最も効果的な護符と
なり、時には日本人自ら中国農山村の人々に、この告諭を啓発宣伝しな
がら脱出したものすらあった。[19]

しかし、8月15日演説の趣意は、在中国大陸の日本人を懐柔して内戦に役
立たせたり、速やかに本国に送還させたりすることだけにとどまるものではな
かった。前述のように、それは中国国民に対し、戦後の対日関係の基本方針を
明らかにするものであった。さらに演説には、日本人に対する教育的効果も期
待されていた[20]。そのため、終戦後いかにして日本との関係を清算し、新しい
関係を構築するかについて中華民国政府が公式な見解を表明する際、8月15
日演説は頻繁に言及されることになるのである[21]。

（2） いかに日本人を改心させるか

8月18日、『中央日報』の社説は、その副題を「中国侵略の日本軍兵士に告
ぐ」として、蔣介石の8月15日演説を引用した後、各戦区の長官が指定した
地区に集結して武装解除するよう呼びかけ、生命の安全を保障した。さらに、
社説の勧告に従うことが、「精神の解放であり人間性の回復」であると呼びか
けたのである[22]。

8月15日演説と軍国主義からの改心とを関連づけて、在中国大陸の日本人
が蔣介石の寛大さに感銘を受けて前非を悔いることを期待するこうした論調
は、これ以降も度々出現した。そのため、演説に対して日本人がどのような反
応を示すかは、強い関心を集める問題となったのである。9月8日、前出の今
井武夫が『中央日報』紙記者のインタビューに答え、蔣介石のラジオ演説は日
本軍の上下をして感涙にむせばせたと述べると[23]、同紙は10日の社説でその

談話を取り上げ、一部の日本人が政府の「不報復」政策から反省をくみとったものと歓迎し、こうした思想をさらに助長させなければならないと論じた[24]。

しかし、10月5日の同紙社説は、無条件降伏して武装解除したとはいえ、大多数の誤った思想を持った日本人は依然として侵略の野心を抱き、数年後の捲土重来を準備していると非難して、「投降」を「停戦」と言い換える日本人の語法にその発想が現れていると糾弾していた。そして、軍国主義と極端な民族主義はすでに六十年間にわたって日本人の思想を支配し続けて来ており、とりわけ「九一八」（満洲事変）以来、一般の日本人は対外侵略が「忠君愛国」の唯一の道であり、さらに隣国の侵略が彼らの自然な権利であると信じるに至ったと断じた。社説は、このような危険思想を払拭するためには思想工作が必要であるとしつつ、「ローマは一日にして成らず」の俚諺を引用し、その成就には最低でも十年はかかるであろうと予測したのである[25]。

こうした見方を反映して、8月15日演説が実際に一般の日本人に対して啓蒙的な効果を有するものであるかについては、政府高官の中にも悲観的な声が存在していた。終戦連絡中央事務局総務課長の朝海浩一郎は、1946年に極東委員会中国代表団の一員として来日した外交部亜東司長楊雲竹と面会した際、次のように述べられたと記録している。

> 日本人は中国人に関する認識に乏しく、この点は今日に於ても余り変り居らざるようなり。〔中略〕中国人識者は大東亜戦争に於てかくも残虐行為の犠牲となりながら終戦に当り日本側に復讐すべからずと主張し、蔣主席の如きは内部にかなりの反対論ありたるにも拘らず、暴に報ゆるに暴を以てして恨みを将来にのこすことなかれと大乗的見解を表明せられたり。かかる中国側態度に対し日本側よりなんら顕著なる反響なきは了解に苦しむ次第なり。

これに対し朝海は、日本人は中国に対する認識を深めるべきとの議論には同感だが、終戦後の中国、特に蔣主席の態度は日本の朝野に深い印象を与え、日本人は今さらの如く中国人を見直さざるを得なくなった次第であると答え、こ

うした事情を蒋主席周辺に報告されたいと依頼したという[26]。

　もっとも、このような状況の中でも、在中国大陸の日本人に対する宣伝と再教育は依然として続けられた。本国への送還前に日本人達は各地の「集中営」に移送されたが、その管理方針として、「戦俘管理計画綱要草案」が作成されている。草案は、「戦俘」に自覚を促すため、内外の学者や著名人を招聘して講演会を開き、以下の諸点を明らかにさせると規定していた。

　　　1．日本軍閥の好戦的態度の錯誤と敗戦の原因
　　　2．日本軍閥の今次大戦に負うべき責任
　　　3．連合国の正義と平和のための作戦の意義
　　　4．三民主義と領袖の偉大さ
　　　5．国連憲章と民主政治の思想
　　　6．日本の神権と偽造された歴史観の打破と、史実の教育[27]

　この草案の作成日は不明であり、どこまでこの方針通りに宣伝が実施されたかも分からない。ただしここからは、再教育を通じて、本国に引揚げる日本人がどのような認識を持つよう期待されていたかをうかがい知ることが出来る。1〜6の諸項目は、8月15日演説に含まれている内容とほぼ一致しており、日本側に求める歴史認識がいかなるものであったかを表している。

　8月15日演説は、日本人の改心を促すための宣伝材料として、直接用いられることもあった。1946年4月、蒋介石は程潜や何応欽ら各地（台湾を含む）の司令官や長官に対し、開戦以来自らが累次発表して来た日本軍民向けの告示を日本語に訳した上、冊子にして「日俘日僑」に閲読させるよう指示している[28]。この工作は、国民党内に設置された「対日文化工作委員会」によって実施され、党内の資料では、「大きな効果が上がった」と報告されていた[29]。

　このように、戦勝後の中華民国政府の公式な立場は、蒋介石の8月15日演説を対日政策の基本方針とし、中国侵略に対する日本の軍閥の責任を問いつつ、日本の民衆に対しては寛大であるべきというものであった。その一方、一般日本人の間にも軍国主義思想は根深く浸透しているため、それを払拭し、日

本人を民主的な国民とするための再教育が必要であるとしていた。1945 年 10
月 26 日の『中央日報』社説は、蔣主席が表明したように日本人民に対して報
復はしないが、そのことと、日本軍が中国で行った残虐行為を明らかにし、日
本人をして過去に戦争を支持した過誤を明らかにさせることは別の問題である
と論じている[30]。

　また、8 月 15 日演説には、そこに示された寛大さに対して日本人が感銘を
受け、過ちを悔い改めるようになるという効果も期待されていた。実際に、在
中国大陸の軍人達だけではなく、日本国内においても蔣介石に感謝を示す論調
が存在することが報道されている[31]。しかし、その感謝の念が即座に軍国主義
的傾向の払拭に結びつくかどうかについては、期待と懐疑が交錯する状態で
あったと言うことが出来よう。

（3）　非国民党系メディアの論調

　ここで、中華民国政府による公式な論説の特徴を確認するために、非国民党
系メディアの論調を簡単に検討しよう。戦後初期においては、中国を代表する
民営紙であった『大公報』においても、日本人の軍国主義思想の残滓や、日本
の復興に対して警戒的な論調が支配的であり、その論調は『中央日報』よりも
やや強硬であった。45 年 11 月 29 日の同紙社説は、天皇制が保持されたならば、
日本が真に民主的な国家に変容することは出来ないとして、その廃止を求めて
いる[32]。翌年 7 月 8 日の社説では、日本の民主化を楽観視出来ない理由として、
①米国が日本の旧勢力を保護している、②吉田茂内閣が保守政権である、③軍
国主義の経済的基盤が破壊されていない、④日本の民主勢力がいまだに幼稚な
段階にある、という四点を挙げていた[33]。同月 25 日の社説は、本国に送還さ
れる日本人が「二十年後に再来する」と公言していたことを取り上げ、彼らが
中国に対して敗北したとは認識していないことを指摘し、警鐘を鳴らしたので
ある[34]。

　ただし、日本に対して警戒的であった一方で、蔣介石の 8 月 15 日演説の趣
旨については、『大公報』も大筋で賛意を表明していた。45 年 9 月 6 日の同紙
社説は、重光葵外相や石原莞爾元陸軍中将が 8 月 15 日演説に対する感動を表

明したことを取り上げ、日本人のそうした発言には宣伝的な面が含まれている
きらいもあるが、それでも、中国の態度は「厳粛にして思いやりのある（＝厳
粛而寛厚）」ものでなければならないとし、軍閥を除いた日本の一般人民は敵
視せず、寛大であるべきだと論じている[35]。翌年 8 月 19 日の社説でも、対日
政策については当局が布告しているように、日本の侵略勢力は除去する一方、
庶民に対しては同情と憐憫があるのみであり、日本が占領下で再教育を受けた
後、平和民主的国家となることを希望するとしていた。そのため社説は、日本
の人民を憎悪し、報復してはならないと注意を喚起したのである[36]。

　しかし、8 月 15 日演説に示された方針は、必ずしも中国の朝野が一致して
支持していたわけではない。とりわけ強く反発を示したのは、中共系メディア
であった。『解放日報』45 年 8 月 19 日の社説は、『中央日報』や『大公報』と
は大きく異なった主張を展開している。

> 　今月十五日、蔣介石は敵に対して大いに「仁義道徳」を説き、彼の「三
> 民主義」を受け入れさせようとした。しかし、これは決して日本の人民
> に向かって述べたものではなく、日本のファシストに向かって述べたも
> のである。自国の人民に対して残酷な抑圧政策を採用する大独裁者が、
> 他国の人民に対しては「仁義道徳」を有しているなどとは、絶対に想像
> することが出来ない。彼は他国の統治者に対して卑屈に媚び諂う〔＝奴
> 顔婢膝〕ことは出来ても、他国の人民を「愛護」することなど絶対に出
> 来るものではない。蔣介石が十五日に敵に対して長々と「仁義道徳」を
> ラジオ放送で述べたのは、日本ファシストに対する黙契と配慮を表した
> ものに過ぎず、それ以外の解釈はあり得ないのである。[37]

　日本の降伏表明直後に発表されたこの社説は、蔣介石の演説は、彼の「日本
ファシスト」と結託する意思を表明したものと解釈し、批判的に論じていたの
である。前述したように、終戦直後の中国大陸では、日本軍の兵器や軍需物資
をどちらが先に獲得するかをめぐって、国共両軍による角逐が繰り広げられて
いた。『解放日報』が、8 月 15 日演説の道義性を正面から否定した理由として

は、国軍が日本陸軍の協力を得て強化されることへの危惧があったものと考えられる。

2 米国の東アジア政策の変遷

（1） 対日占領政策

　日本人の改心を促すための中華民国政府の措置は、中国大陸と、次章で取り上げる台湾で実施されたものであるが、本国の日本人にまで直接及ぶものではなかった。もし、日本における軍国主義的傾向や「捲土重来の野心」の払拭を図るならば、対日占領政策の中で実現される必要があるだろう。しかし、対日占領政策に影響を及ぼすことが出来るのは、事実上米国のみであった。以下、米国の対日占領政策がどのように展開されたかを見ていくこととしよう。

　1945 年 12 月、連合国軍最高司令部の諮問機関として、米国、英連邦、中華民国、ソ連代表から構成される対日理事会が東京に設置された。しかし米国は、理事会設置と同時に、対日占領管理の最高機関として、米、英、中、ソ、オランダ、オーストラリア、ニュージーランド、カナダ、フランス、フィリピン、インドの 11 か国の代表から構成される極東委員会をワシントンに設立した。極東委員会は、形式上は連合国の最高政策決定機関であったが、実際は米国の政策意図が貫徹されるものであった。さらに、極東委員会の設置は、東京の対日理事会を実質上は出先機関に過ぎない地位に置くことになった。元々、対日理事会の設置は、対日管理機構の東京設置を求めていたソ連に対する妥協の産物であって、その実態は各国の宣伝の場にとどまったのである[38]。

　とは言え、このような状況下でも終戦からしばらくの間、日本の占領政策をめぐる米華間の相違は、さほど顕著なものではなかった。そのことは、例えば賠償問題に対する態度に表れていた。1945 年 12 月 7 日、連合国賠償委員会のポーレー（Edwin Pauley）率いる使節団が対日賠償の中間報告を発表したが、その内容は、陸海軍工廠・航空機・軽金属・ベアリング工場の全部と、鉄鋼・工作機械・造船所・火力発電所・硫酸・ソーダ工場の約半分を賠償として撤去するというものであった[39]。ポーレーは、賠償が「東アジアに政治的安定と平

和的進歩」を促すまたとない機会をもたらしたととらえ、日本が「その隣国を支配したり、あるいは優位に立つことを許すような形」での復興は許されるべきではないと考えていたのである。また、使節団の一員であった東洋学者のオーウェン・ラティモア（Owen Lattimore）は、中国大陸や東南アジアに日本の基幹産業を移転させ、日本が復興し始めた際に、その拡張行動を阻止出来る「自力」をアジア諸国に育むよう主張していた[40]。

米国のこうした構想は、中国の意向とも一致していた。中華民国政府は、日本の脅威を除く方法として、日本の民主化を促進する他、軍事力・経済力の再建に一定の制限を課す方針であった。対日賠償を請求することも、損害の補償としての意味に加え、経済力の制限としての側面があったのである[41]。王世杰外交部長は、1945年9月13日に米国務長官バーンズ（James Francis Byrnes）とソ連外相モロトフ（Vyacheslav Mikhailovich Molotov）に対し、連合国が日本の賠償問題について協議を行う際、中国は主要な地位を占めなければならないと伝えて、両者からの賛同を得ている[42]。

日本をめぐって米華間に懸隔が生じるようになるのは、1947年半ば頃からである。同年5月、米国国務省内に政策企画部が新設され、ジョージ・ケナン（George F. Kennan）が初代部長に就任した。前年に、駐ソ代理大使としてソ連の行動に対する長文の警告電報（長文電報）を本国に送って注目されたケナンは、政策企画部長に就任後間もなく、ナショナル・ウォー・カレッジで講演を行った。その中でケナンは、米国の安全保障の観点からすれば、世界の工業力と軍事力の中心的存在となる米、英、独、中欧、ソ連、日という（米を除けば）五つの国ないし地域が、重要になるとの構想を披歴した[43]。ここでケナンは、日本を重要地域として挙げる一方、中国については言及しなかったのである。

後に述べるところによると、ケナンがその戦略の中から中国を除外した理由は次のようなものであったという。第一に、中国に援助を与えた場合、「ロシアの手からヨーロッパと日本を守ろうとする努力が手薄になる」。そして、第二の理由は、中華民国政府の対日政策によるものであった。すなわち、中国は日本における米国の努力に「理解を示さず協力もしてこなかった、その上無責

任なほど近視眼的に」反対して来た。これらの理由から、たとえ国民党が消滅しても、アジアの勢力バランスが悪化する恐れはほとんどないと、ケナンは吐露していた[44]。

米国の政策担当者が東アジアにおける秩序構想の中で中国を等閑視し、日本に重点を置くようになった最大の原因は、国共内戦の勃発であった。元々、終戦直後の米国は、「強い、独立した、統一された民主的中国の発展」を促し、それによって中国を東アジアの地域秩序の担い手にするという「中国大国化」を構想していた。しかし、1946年の夏頃から、国軍と中共軍の間で本格的な内戦が勃発する。終戦後、新しい政府のあり方をめぐって政治談判を続けていた国共両党は、訓政から憲政への移行に関する諸問題（憲法を制定する国民大会代表の選出方法、憲法草案、軍隊の再編成等）をめぐって激しく対立した。また、旧満洲である東北地方では、国共両軍が日本軍撤収後に力の空白が生じた地域の接収競争を開始し、武力による衝突を繰り返した。米国は、1945年末から元陸軍参謀総長のジョージ・マーシャル（George C. Marshall）を派遣して調停に当らせていたが、ついに双方の交渉を妥結させることは出来なかったのである[45]。

国共内戦は、当初政府側の有利に進んでおり、1947年6月には中共の根拠地延安が陥落した。それにもかかわらず、国務省においてアジア地域を担当する官僚達は、「中国情勢に対する幻滅あるいは絶望さえ感じていたので、日本に何か違うものを見出す必要性を認めていた[46]」。トルーマン（Harry S. Truman）政権は、同年秋には、それまでの中華民国への積極的援助政策を見直し、内戦への不介入政策に転換し始めた。一方、5月8日、アチソン（Dean Acheson）国務次官は、クリーブランドで行った演説の中で、「ヨーロッパとアジアの二大工場」（ドイツと日本）の再建を推進すべきだと主張した[47]。こうして、国共内戦の勃発により「中国大国化」構想が破綻したことは、米国の政策担当者達に日本への関心を高めさせることになった。そのことは、対日講和を早期に実施し、占領を終了させようという機運を生み出すことになるのである。

（2） 対日講和問題

1946 年末から米国務省では、ヒュー・ボートン（Hugh Borton）率いる作業部会が、日本との講和条約草案の作成に着手していた。翌年 3 月に部会が提出した草案は、極東委員会の構成国が協力して日本の軍事力、重工業、天然資源の備蓄量を最長二十五年間監視することを提案しており、その間日本の行動を監視する役割は、極東委員会の各国大使からなる管理委員会に委任することとされていた[48]。しかし、ボートン案は、連合国軍最高司令官のマッカーサー（Douglas MacArthur）から反対される。細谷千博の表現を借りれば、マッカーサーはすでにこの頃、「峻厳な講和」方式から「寛大な講和」方式にギアー・チェンジを図っていた[49]。他方、マッカーサーも 1947 年 3 月 17 日の記者会見で、やや唐突に講和条約締結を提唱したが、彼が温めていた案は、条約締結後の管理や主権の制限に反対し、日本への外国軍隊の駐留も認めないというもので、これに対しては、米本国の三軍と統合参謀本部が批判的であった[50]。

マッカーサー発言を受けて、国務省は同年 7 月 11 日、極東委員会加盟国 11 か国に向けて、8 月中旬の対日講和準備会議開催を提議する。この提案は、極東委員会方式よりも四国（米・英・ソ・中）外相会議方式を提唱していたソ連の立場や、8 月 26 日からの英連邦会議と日程が重複するという英連邦諸国の事情を考えれば、初めから実現の見通しは低いものであった[51]。中華民国は 7 月 24 日、対日講和準備会議の開催と極東委員会方式には賛同するものの、その表決方式は三分の二の多数決と四大国の内の三国の同意を必要とする折衷案を提出するが、他の諸国からも同意を得られなかった。こうして、対日講和準備会議の開催は、まず延期され、次いで中止されることとなったのである。

こうした中、1947 年中旬に入り、米国は本格的に対日政策の転換を検討し始める。7 月、国務省は、国務‐陸軍‐海軍の三省調整委員会（SWNCC）に対し、マーシャル・プランと同様の日本復興計画を提出した。その内容は、賠償については思い切った削減を提起し、工業生産高の制限も大幅に緩和するばかりでなく、1950 年頃までに日本を自立させるという目標を設定し、5 億ドル規模の援助計画を提唱するものであった。計画は、後に SWNCC-381 という

文書として知られることになる[52]。同文書は、10 月に SWNCC-384 へと改定され、米国による単独行動を強調する内容へと改められた[53]。

1948 年 1 月、三省調整委員会は、SWNCC-384 を承認した。同月、ロイヤル（Kenneth Claiborne Royall）陸軍長官はサンフランシスコで演説し、再び侵略的で残酷な戦争を他国に発動することがないようにあらゆる手段を講じつつも、日本を「自立的な民主国家」にするとの構想を発表した。長官の述べる「自立的」とは、「今後極東で起こるかも知れないあらゆる全体主義的戦争の脅威に対する抑止力として機能し得るよう、十分に強く、安定」しているという意味であった[54]。これら一連の米国の動きは、対日占領政策を「懲罰と改革の時期」から「復興と修正の時期」へと転換させることを内外に明らかにするものだったのである[55]。

3　中華民国政府による対日関係論の変遷

（1）　長期占領論

このような米国の対日政策の変容に対して、中華民国政府はどのように対応し、その対日関係論をいかに調整したのだろうか。

1945 年 12 月に設置された対日理事会に中国代表として派遣されたのは、陸軍中将の朱世明であった。翌年 3 月 21 日、蔣介石は訪日する朱世明を引見し、日本に対しては「以徳報怨」の政策を採用すると告げている[56]。しかし、「以徳報怨」という態度で日本に臨むことは、戦後日本のあり方に対し無警戒であることを意味するものではなかった。理事会を傍聴していた朝海の報告によれば、欧州における外相会議等では米・英・仏の民主主義国家群がソ連に対して団結する様相を見せるのに対し、対日理事会は不思議にそうした空気がなく、ソ・英・中が一致して米国の日本管理政策が融和的に過ぎると批判していたという[57]。

例えば、1946 年 7 月 24 日の第十回対日理事会においては、次のような場面が見られた。ソ連代表が日本の全体主義的・軍国主義的文書の徹底的な没収を提案したのに対し、米国総司令部外交局長アチソン（George Atcheson, Jr.）

が反対を表明したのである。アチソンは、既に関連する措置はとられており、ナチス的な焚書を命じることは思想と演説の自由という基本権の観点から好ましくないと論じた。さらに、日本人はすでに全体主義と膨張主義的思想の愚かさを悟り、誤った政治的観念には批評眼を以て検討し得るに至っていると述べたのである。

　これに真っ先に異を唱えたのが、朱世明であった。朱は、日本人の軍国思想については注意が必要で、書籍のみならず戦争の栄光化に寄与している各種記念碑、例えば爆弾三勇士の記念碑等も放任されるべきではないと指摘し、原則的にソ連代表の懸念を支持すると発言した[58]。中華民国は、在中国大陸の日本人にとどまらず、日本本国の日本人の「軍国思想」に対しても、対日理事会を通じてその払拭を試みていたのである。

　1947年5月22日、王世杰外交部長は国民参政会で外交報告を行い、日本に対しては狭隘な報復主義を採らないが、これは甘やかすという意味ではない（＝此亦非姑息之謂）と述べた上で、軍事・政治・経済の三分野について、それぞれ方針を説明した。まず、軍事面では峻厳な態度で臨み、再軍備によって侵略を企図したりすることがないようにさせる。次に、政治面では寛大路線を採り、民主主義に違背しないという条件付きで日本人の自治に任せる。そして、経済面では賠償問題を「正義と公道」に則って解決する。抗戦期間の最も長い中国は、当然日本の賠償総額の中で最大の割当てを獲得しなければならない。それこそが、「正義と公道」に沿った解決法である[59]。

　その数日後、『中央日報』は、政府が四か国による三十年間の日本共同管理を提案したとの記事を載せ、その政策は米国の立場とほとんど一致していると解説した[60]。ちょうどこの頃、日本の芦田均外相が沖縄の本土復帰と台湾への移民派遣再開を希望したとの報道が流れており、そのこともまた、日本の侵略的意図復活の兆しととらえられ、長期的管理が必要であるという主張の論拠となっていた[61]。中央社のある記者は、芦田発言に加え、2月に台湾で発生した「二二八事件」（詳しくは、第二章）に日本人も参加して、中国大陸出身の外省人に暴行を加えたと指摘し、蒋主席の「以徳報怨」も全ての日本人を真に感動はさせなかったと批判した[62]。

第 1 章　中国大陸における対日関係清算論　59

　1947 年に入り、マッカーサーや米国務省が対日講和締結を視野に入れ始めたことを内外に表明したことを受けて、同年夏頃から『中央日報』紙上では、講和問題に対する議論が活発になり、親国民党的な識者達による見解が多数掲載されるようになる。その嚆矢となったのは、7 月 20 日に掲載された日本問題専門家の陳博生に対するインタビュー記事であった。陳博生は、一般の人々は講和条約締結後、占領軍は日本を撤退すると思っているが必ずしもそうとは限らないと述べ、講和後も占領軍は引き続き日本の監視に当るべきだとした。そして、対日講和の根本的な課題は日本の武装解除と侵略的思想の払拭であり、とりわけ中国人は日本人の思想改造に責任を持たなければならないと論じた [63]。

　その翌日に登場したのは、蒙蔵委員会委員長で、戦前に駐日大使を務めた許世英であった。許は、日本に対する態度は寛大でなければならず、報復主義を採るものではないが、寛大はなすがままに任せるということではなく、日本への監督の手を緩めてはならないとした。さらに、日本の工場労働者と農民は中国人と同様に善良だが、中流階層は侵略思想の持ち主であると指摘し、中国が教育の面からこうした思想の改造にあたらなければならないと主張した [64]。

　この前二者と比較すると、駐日代表団団長朱世明の論調は、やや穏健であった。朱は、前出の芦田均による台湾・沖縄に関する発言は「少数の保守分子の論調」であるとし、大多数の日本人はすでに侵略思想は持っていないと指摘した。しかし、軍事面の管理は依然として必要であると論じ、日本人の民主主義は未だ浅薄で連合国の人士によって教え導かれる必要があるが、この点に関して中国人が果すべき責任は大きいとも主張していた [65]。

　これら論者達はいずれも、日本の再武装に反対し、民主化の徹底や再教育の必要性から長期的な管理が必要であるという点では一致していた。講和問題に関する識者達への一連のインタビューを終えた後、『中央日報』は 8 月 9 日の社説の中で対日講和について論じたが、その内容もまた、識者達の主張とほぼ変わらないものであった。社説は、政府が日本国民に対して報復の意思を持たないのは、蔣主席が日本降伏の際に表明した通りであるが、日本国民の再教育のため、講和後も日本の管理は継続されるべきであり、工業の発展には一定の

制限を設け、軍閥・財閥の復活を防止しなくてはならないと主張していたのである[66]。

（2） 米国の路線転換への追随

だが、1948年に入ると中華民国は、その従来の対日政策が米国の方針と齟齬を来すようになったことを認識させられることになった[67]。このような状況に直面した政府は、米国の日本育成政策に対して協調姿勢を見せるようになる[68]。1948年春頃を境に、国共内戦は中共側有利に展開するようになり、米国からの支援はそれまでよりも重要性を増していた[69]。こうした中、講和問題で米国と対立するのは好ましくなかったのである。そして、対日政策の方針転換に伴い、政府高官の日本に関する言説にも、明白な変化が生じるようになる。この過程で、大きな役割を果したのが、蔣介石の8月15日演説であった。

対日論調転換の口火を切ったのは、駐日代表の朱世明であった。1948年2月8日の『中央日報』に掲載された朱の論考は、明末に渡日した朱舜水や、辛亥革命に助力した山田良成・宮崎寅蔵（滔天）といった人々から日中関係史を説き起こし、過去数十年の怨恨から二千年の友好関係を否定してはならず、軍国主義者の侵略暴行から日本人全てを悪人であると判断してもならないと論じた。さらに、蔣介石の「以徳報怨」、「不念旧悪」という8月15日演説に対して、日本国民は現在に至るまで非常に感動しており、蔣主席の放送について話す時、感動のあまり落涙する人もいるほどであると証言した。また、当時の片山哲首相が帰国前の朱に対し、社民党（実際は社会党）が政権にある限り中国人は日本を懸念するに及ばないと保証したことを紹介して、片山のような誠実な君子が政権をとり続けていれば安心出来るとも指摘していた。

この論考の中で対日方針は、依然として王世杰外交部長が1947年5月に参政会で発表した路線、すなわち、軍事面では峻厳、政治面では寛大、経済面では合理的な規制という路線に則るべきだとも主張されていたが[70]、その日本に対する論調は、明らかに融和的なものに変化していた。当時、朱の論説を読んだ岡村寧次はその日記の中で、「〔朱世明は〕去る2月8日中央日報紙上に日華関係の一論文を載せたが、その論旨頗る公正で時流に抗する勇気に私は大に敬

第1章　中国大陸における対日関係清算論　61

服した[71]」と記している。岡村も認めるように、朱の一文は、同時代の論調の中にあっては際立って穏健な主張を展開したものであった。

　3月27日の「我々の対日方針」と題する『中央日報』社説は、蔣介石の8月15日演説を引用した後、政府の対日政策は一貫してその方針に基づいて来たと位置づけた上で、以下の三点を主張した。第一に、マッカーサーの日本統治は、日本の民主化と脱軍国主義化を大幅に進展させており、その努力に対しては敬意を払わずにいられない。第二に、日本の工業水準は、各国の協議により適切な水準が決められるべきで、軍国主義の基盤となりさえしなければ、日本の工業力再建にいささかの嫉妬心も抱かない。第三に、日本の民主社会主義政党の成長を支持し、世界平和の破壊と第三次世界大戦の勃発を企図する共産党とその一派の活動に対しては反対する。民主社会主義政党の成長こそが、日本の民主化を徹底させ、またそれが共産党に利用されることを防ぐのである[72]。

　民主社会主義政党への共感は、社会党・民主党・国民協同党三党による片山連立内閣への期待を示したものであろう。ここでは、日本の民主化の進展度を肯定的に評価し、工業水準の制限要求も、従来ほど厳格な論調ではなくなっている。そして、このような変化が生じているにもかかわらず、政府の対日政策は一貫して蔣介石の8月15日演説の方針に基づくものとされ、その継続性が強調されたのである。

　『中央日報』のこうした論調と同様の変化は、王世杰外交部長の発言にも現れていた。4月14日、王は国民大会で外交報告を行い、対日政策は終戦以来一貫しており、「報復は主張せず、甘やかしも主張しない〔＝不主張報復，亦不主張姑息〕」と述べたが、その具体的な内容は、一年前とは若干異なるものであった。報告は、軍事面では、平和条約の中で日本が再度侵略はしないという保証が明記されるべきであるとの従来の主張を繰り返した一方、経済面では、日本人をして自給自足を可能にさせることに反対しないと述べるのみで、賠償や工業水準の制限には言及せず、そのトーンを軟化させていたのである。また、対日政策の目的は新しい民主的日本の再生であり、軍閥の復活を許さず、さらに日本の赤化を防止することであると説明されていた[73]。赤化の防止

というそれまでになかった項目が追加されたのは、内戦の戦況悪化の反映であったと同時に、米国の対日占領政策と歩調を揃える意味があったものと考えられる。

（3）「反米扶日」運動への対応

　米国が、国共内戦の進展と共に東アジア政策の重点を徐々に日本へとシフトさせたことは、中国国内、特に都市部住民の間で反米感情を高める結果となった。彼らにとって米国の日本育成策は、日本軍国主義の復活を助けるものに他ならなかったのである[74]。

　蔣介石の8月15日演説の趣旨には賛意を示していた『大公報』も、米国の政策転換には反対を表明した。1948年1月31日の同紙社説は、平和条約が未締結の状態では、日本は依然として連合国にとっての敵対国であり、こうした中で米国が連合国の一員としての資格でかくも公然と敵国日本の育成に乗り出したことは、道義的にも盟約上も根拠のないものであるとした。そして、中国は絶対に圧力に屈してはならず、日本育成計画に反対しなければならないと述べたのである[75]。対日占領政策の評価をめぐって、『大公報』と『中央日報』の論調は、大きく食い違うようになっていた。

　米国の日本育成策に対する反感から、中国都市部では、反米運動も展開された。「反米扶日（＝反美扶日）」運動と名付けられたこの運動は、主に北京、上海、山東など各地の学生達によって組織され、日本が米国の援助によって復興することへの警戒を表明したのである[76]。元々都市部では、米国の日本育成策が本格化する以前から反米機運が存在していた。1946年末には、北京大学の女子学生が北平（北京）市の繁華街で米国海兵隊員二人によって暴行されるという事件（東単事件）が発生し、激しい抗議活動を惹起していたのである[77]。

　ただし、1948年からの「反米扶日」運動の発生には、中共による関与も少なからず関係していたものと考えられる。中共は、46年後半から都市部での学生運動の掌握に乗り出し、影響力を強めていた[78]。周恩来は、翌年2月1日に行われた中共中央政治局会議で、国軍との戦闘を「第一戦場」とした上で、国民党の支配区域で発生している人民運動、特に学生運動を「第二戦場」と呼

称している[79]。そして、1946 年 6 月から中共は、米国に対する痛烈な批判を開始していた。『解放日報』6 月 5 日の社説は、華北と東北における内戦は、米国が内戦の一方の当事者である国民党を援助したことで勃発し、深刻化したと批判した[80]。7 月 6 日、毛沢東は、米国の「民主人士」とは連繋するとしつつも、辛辣な米国批判を展開するよう指示を出している[81]。

　さらに、中共の米国批判は、早くから対日占領政策とも関連付けられていた。「日本の投降一周年」と題した 1946 年 8 月 15 日の『解放日報』社説は、米国の「反動派」による対日占領は日本ファシストと軍国主義を粉砕しておらず、反動財閥や戦犯が依然として日本の大権を握っていると指摘した。次いで社説は、中国のファシストと日本のファシストには、好戦的という点で精神的に通じるものがあり、事実上ひそかに結託しているとした。そして、中日それぞれにおけるファシストの存在は、米国の反動派による放任と庇護、援助の結果であると位置づけたのである[82]。名指しこそしなかったものの、中国のファシストが国民党を指したものであることは、容易に想像がつくものであった。中共による米国批判は、国民党攻撃の手段の一つでもあったのである。

　実際、中共中央は 1947 年 1 月 6 日、党員に対し、国民党の支配地域における学生運動を利用し、民族愛国主義の宣伝と活動を拡大するよう指示している[83]。学生運動に対する強い関心と、上述の日米両国に対する論調、さらに、愛国主義的運動が国民党攻撃の手段と認識されていたことから考えるに、1948 年からの「反米扶日」運動は、中共の強い影響を受けていたものであったと考えられよう。奥村哲は、抗日戦争中の対日ナショナリズムが、戦後は米国に対するナショナリズムに転化し、それが反国民党感情を増幅することになったと推測しているが[84]、中共はそうした傾向を自覚的に助長していたし、それは一定の成果をあげていたものと考えられる。

　政府側でも、学生による「反米扶日」運動は、中共による煽動と認識していたようである。1948 年 6 月 3 日の『中央日報』社説は、現下の反米運動を中共の間諜や学生達によるものと、商工業者や教員達によるものに二分した。前者について社説は、中共の間諜と学生が策動する反米運動は、中国のためではなく共産主義陣営に資するためであるとし、その目的は二つあると断じた。第

一に、米華両国を離間させること。第二に、日本の再侵略という不確かな予想に中国国民の関心を向けさせることで、東北地方の主権がソ連によって侵害されているという事実を目立たなくさせることである。

その一方で社説は、商工業者や教育界の人士からの米国批判については、対話の余地を残した。社説によれば、これらの人々は一部米国人士の発表した報告書を見て、米国の政策が転換したと早合点していた。しかし、もし彼らが蔣総統の就任式における演説を心に留め、政府が対日講和会議における特殊な地位の保持を要求し、日本の軍国主義再起を防止するよう主張していることを理解出来れば、いまだ米国の政策として反映されるに至っていない報告書を見ただけで、短絡的に米国に反対するはずはないのである[85]。この社説は、米国が過度に融和的な政策を採ることがあったとしても、蔣総統はそれを黙認しないだろうと説明することで、反米的な機運の鎮静化を図ったのであった。

ここで言及されている蔣介石の総統就任式における演説とは、1948年5月20日に発表されたものである。この日、前年に公布された憲法の規定に基づき、蔣介石が初代中華民国総統に就任していた。就任演説で、蔣は対外政策について三点を説明したが、国連政策、国際協調に次いで最後に言及したのが、対日講和問題であった。ここで蔣は、講和問題に対しては、終戦直後に自身が発表した8月15日演説に則って対応することを改めて宣言したのである。その部分を引用しよう。

　　第三に、講和条約への態度について。曾て日本降伏の折、私は、中国は日本に対して報復主義を絶対に採らないと述べた。たとえ独、伊、日が相手であろうと、連合国は寛大な政策を採るべきであると私は考える。寛大は弱みを見せるものではなく、反対に理にかなった寛大さこそが、我々を崇高な理想へと到達させる道なのである。私が考えるに、対日政策については、二つの点に注意を払うことが必要である。（一）同盟国は最大の努力を払って、日本の民主勢力の成長を助け、日本の政治制度、社会制度と人民の思想が真の改造を達成出来るようにせしめ、以て軍国主義の復活を根絶しなければならない。我々の寛大政策の成功は、

我々のこうした努力が適切であるか如何にかかっている。（二）中国は日本に対し過分な要求をするわけではない。しかし、中国は日本から手ひどく侵略を受け、八年以上に渡って抗戦を続けた国であることから、日本との和平条項を決定する際、中国が講和会議において特殊な地位を占めることを承認するよう、その他の同盟国に対し要求せざるを得ないのである。[86]

　総統就任演説の内、対日講和について触れたこの部分は、前述した『中央日報』の社説のように、終戦直後の８月15日演説に続くものとして、政府の対日政策を説明する際に言及されることになる。６月５日、王世杰外交部長は、日本の工業水準と賠償の問題に関してはポツダム宣言の原則に従うことに賛同するとする声明を発出し、そのような態度は蔣介石の就任演説の精神と一致すると説明した。王の概括によれば、蔣の演説の趣旨とは、「中国は日本に報復せず、日本は同盟国の定める範囲内で経済の再建を許されるべきである」というものであった[87]。先に引用した蔣の演説は、そこまで具体的な内容について言及してはいないが、演説がある程度抽象的であったことが、多様な解釈を許容する余地を生んだものと考えられる。

　だが、ポツダム宣言の原則を対日占領政策に適用した場合、日本の重工業の再建には大きな制限が課されることになり、経済復興の妨げとなるばかりか、米国の方針とも矛盾を来すことが予想された。同宣言は日本経済に関して、

　　日本国は其の経済を支持し、且つ公正なる実物賠償の取立を可能ならしめるが如き産業を維持することを許さるべし。但し日本国をして戦争の為、再軍備を得しむるが如き産業は此の限りに在らず。右目的の為、原料の入手（其の支配とは之を区別す）を許可さるべし。日本国は将来、世界貿易関係への参加を許さるべし。[88]

と規定していたのである。しかし、王はそうした懸念を意識してか、米国と中華民国は日本の工場の撤去問題について意見を異にしているが、米華両国は共

に日本の軍備再建を放任しないことを信じていると言明した。

しかしながら、就任演説を引用して、米国よりも厳格な対日政策を展開することの根拠とする言説は、これ以降下火になって行く。6月8日、『中央日報』は、日本への留学経験のある立法委員胡秋原による「中国も日本の育成に当るべきである」と題した論説を掲載した。胡は、日本を恐れる必要はないと指摘して、そもそも一国が他の一国の政策に反対する理由は、それが自国に害をなす場合に限られるが、米国の日本育成策が現在まで中国に不利益をもたらしたことはないと主張した。さらに、外交の基本は勢力均衡であり、日華両国の協調が実現すれば東アジアに勢力均衡と平和がもたらされるとして、連合国軍総司令部に対し、日本育成策への参加を要求するべきだと提案したのである[89]。胡は、育成策により日本の工業が中国の工業発展の妨げになることは許容出来ないという留保をつけてはいたものの、論説の主眼は、米国の対日政策に対して協調的態度を採るよう促すことにあった。

こうした言説は、米国の方針転換に政府が追随することを弁護するものであり、とりわけ、中共からの批判に対処することが目的であった。1948年6月29日の『中央日報』社説は、中共の間諜と学生の起こした「反米扶日」運動は国家の利益に反しており、民族に危機をもたらし、米華関係を阻害するものであって、その最終的な目的は政府の転覆であると徹底的な批判を加えている[90]。批判の趣旨は、前出の6月3日の社説と変わらないが、反米運動を全て中共の責任に帰した他、米国の政策に対し政府が異議を唱える可能性に言及していない点などは、より対米協調を重視した内容になっている。

もっとも、こうした中でも、蔣介石の述べた「不報復」は「不管制」を意味するものでないとして、日本に対する厳格な管理を主張する識者の声も『中央日報』紙上に引き続き掲載されていた[91]。また、日本への融和的な政策を支持する人でも、日本の侵略的思想は克服すべき課題であると論じていた[92]。米国の政策転換を受けても、『中央日報』に登場する論者の全てが、それに沿った言説を展開していたわけではなかったのである。

（4） 対日「合作」論の登場

　このような中、日本に対して最も融和的な見解を発表したのが、1948 年 8 月から 9 月にかけて日本を視察した前行政院長の張群であった[93]。離日の際のラジオ演説の中で張は日本国民に対し、積極的に「思想革命」と「心理建設」を行い、平和化・民主化を実現させる必要があるとしつつ、中日両国は歴史、地理、文化、経済各方面で密接な関係があると述べ、もし日本が「思想革命」と「心理建設」を励行したなら、中日関係は正常に戻り、日本国民との提携協力（＝携手合作）も可能になると呼びかけた[94]。

　さらに帰国後、中国国内向けに行ったラジオ放送の中で張は、日本人の思想や信仰には依然として「歴史余毒」が残留するとしつつも、日本の軍国主義復活をいたずらに恐れる必要はなく、日本の経済復興には中国からの原料購入と中国市場が不可欠であるから、日本経済の鍵は中国の掌中に握られているも同然であると述べた。さらに、天皇はすでに神性を失ったし、大多数の国民は戦争体験を通じてその無意味さを悟り、占領を経て自由の味わいを知った上、中央集権体制も改革されたから、二度と日本が政治的に台頭して来ることはないと保証した。それを踏まえて張群は、蔣介石が終戦時に「不報復」を提唱して日本人を感服させたことを取り上げ、いわゆる「不報復」は、消極的には民族の度量を示すものであるが、積極的には国家の政策として現れなければならないと述べ、日本問題を処理するに当たっては、単なる「不報復」という消極的な態度から、さらなる積極策に踏み出さなければならないと主張した。張群の提唱する積極策とは、対日講和会議の開催を促進することと、アジア全体の復興計画を立案し、その計画に沿って日本との経済関係を樹立することであった[95]。

　張群の条件付き対日「合作」論は、中共からの批判を招いただけでなく[96]、中立的な『大公報』からも、日本に対して楽観的に過ぎるとの見解が示された[97]。だが、『中央日報』は即座に支持を表明し、その社説の中で批判派に対して反論を加えた[98]。10 月 14 日の社説は、「我々はファシズム日本に反対だが、共産主義の日本にも反対する」と述べ、日本帝国主義の中国侵略から五十年後、日本共産主義が中国の脅威となるのを座視していることは出来ないとし

て、日本の軍国主義復活よりも赤化の方をより深刻な問題と位置づけた。このような理由から社説は、日本問題についてはアジア地域全体の観点から処理しなければならないと主張したのである[99]。

『中央日報』社説のこうした論調は、米国の日本育成政策がすでに確固としたものとなっており、中華民国に反対の余地が残されていなかったことによるものと考えられる。10月、米国は日本の工場機器を賠償に充てるという従来の計画に対し、厳格な移送計画期限を設け、さらに、賠償の受給側が負担する輸送費用を高めに設定する権限も最高司令部に付与した。また、最高司令部は、多くの重工業や軍需産業施設を移転の対象から除外する権限も与えられた。これらの措置により、工場機器の移転は実質的にほとんど不可能になった。なぜなら、発表された期限内に輸送手段や輸送費用を提供出来るアジア諸国は皆無であり、とりわけ内戦中の中華民国は、ほとんど何も獲得出来なかったのである。1949年5月、米国政府は、賠償対象物の撤去期限がすでに終了し、賠償計画が「成功裏に」完了したことを宣言した[100]。

この間、米華関係は急速に冷却化していた。米国は中国大陸での内戦に巻き込まれることを恐れ、中華民国に対して実施して来た援助にも、次第に消極的になっていた。1949年1月、在中国大陸の米軍事顧問団の引揚げを発表した米国は、同年8月には有名な「中国白書」を発表する。白書は、国共内戦に国民党が敗北しつつあるのは米国の関与が不適切だったからではなく、国民党の腐敗にその根本的な原因があったと主張した。それは、米国民に向けた弁明の要素が強かったが、もちろん蔣介石は激しく反発する[101]。すでにこの年の3月、蔣介石は側近に対し、幼稚な米国は英国に弄ばれ、極東外交に対し無知であったと嘆き、将来の外交はインドおよび日本との連携と親善を基礎にするべきだと述べていた[102]。しかし、中華民国が対日関係を外交の基軸とすることは、ついになかった。1949年当時、日本はいまだ占領下にあり、同年末、内戦に敗北した中華民国中央政府は台湾への移転を余儀なくされたのである。

小結

　蔣介石が8月15日演説で示した方針は、戦後日華関係の＜起源の物語＞となった。この「物語」の中で、日本は中国に対して甚大な損害を与えたものの、勝者たる中華民国政府は、寛大にも敗者を報復の対象とはせず、その再建を許した。また、中国侵略の責任は第一義的には日本の軍閥にあるとされ、一般民衆に対しては汚辱を加えてはならず、憐憫を示さなくてはならないとされた。それによって、日本人をして自らの錯誤と罪悪から抜け出せるよう導くことが、民主主義陣営の重要な一員であり、また最も長く抗日戦争を戦って来た中国の責任であった。敗者に対するこうした度量の広さは、中華民族の伝統的な徳義によるものと位置づけられたのである。

　演説で示された方針は、「不報復」、「不以怨報怨」、「以徳報怨」、「以直報怨」など様々な言葉で表象された。後の章で明らかになるように、1950年代に入り、演説は「以徳報怨」という四字熟語で呼称されることに統一されて行くが、8月15日演説の中にはこの言葉は使用されていなかったし、1940年代後半の時点では、演説の呼称としてはまださほど頻繁に用いられる語彙ではなかった[103]。しかし、表象する語彙が統一されていなかったにもかかわらず、この演説の重要性は、単なる終戦時のエピソードや、蔣介石個人の私的な見解にとどまるものではなかった。演説は、対日政策について政府高官や官製メディアが論じる際に繰り返し引用されたし、実際に政権内部においても、対日政策の基本方針を定めたものと位置づけられていた。

　ただし、中華民国の対日政策構想の内容自体は、米国の冷戦戦略から大きく左右された。当初、日本に対して報復しないことと、日本を長期的に管理し、軍国主義復活の可能性を封じることは矛盾しないものとされていたが、米国が対日講和の方針を「峻厳な講和」から「寛大な講和」へと転換させたことで、そうした構想が実現する可能性も失われたのである。

　そして、そのことは、日本との和解に関する公式な言説に対しても大きな影響を与えた。終戦後しばらくは、日本人は8月15日演説によっても十分に反

省しておらず、その思想には軍国主義的な要素が多分に残留していると描写されていた。だが、米国の路線転換以降、日本人は8月15日演説から深い感銘を受けているということが強調され、日本の「思想改造」についても、その困難さを強調するよりは、むしろ成功後の未来について語られるようになっていった。

　重要なことは、対日関係論や日本人像がこのように変化を遂げようとも、依然として8月15日演説は、＜起源の物語＞の発端としての地位を占め続けたということである。おそらく1945年の時点で蔣介石本人は意識していなかったであろうが、演説には、それを引用することで、政府の対日政策が終始一貫したものであるかのように見せることの出来る効果があった。米国の占領政策が当初の構想よりも融和的なものになり、中国国内で「反米扶日」運動が展開されるようになると、政府は、元来蔣介石の対日方針も「不報復」であり、寛大さを基調とするものであったと説くことで、米国の政策は中国の立場と矛盾を来すものではないと説明した。こうした言説の中では、元々演説の中に含まれていた、日本人に対して反省を促すという部分は捨象され、寛大という部分が際立って強調された。

　8月15日演説が、元来は意図していなかった形でこのように用いられたのは、「反米扶日」運動の展開を政府が深刻に受け止めていたことを反映したものでもあった。とりわけ、その運動が中共から利用され、反政府運動に転用される危険性が、最も政権の警戒心を惹起しものと言える。国共内戦の進展につれ、中国にとっての主要な脅威は、日本の再起よりも中共であると語られるようになって行く。1948年の『中央日報』の社説では、抗日戦の戦勝記念日である9月3日においてすら、日本よりも中共に対する非難が大部分を占めていたのである[104]。

　以上の分析を通じて明らかになったことは、米国の東アジア政策の転換と国共内戦の進展は、中華民国政府の命運を左右したばかりでなく、戦後の日華関係に関する公式な「物語」にも影響を与えたということである。1949年12月、内戦に敗北した中華民国政府は、このような「物語」を携えて、台湾に移転することになる。

もっとも、中央政府が移転して来る前の1945年後半から、台湾はすでに中華民国によって接収されていた。次章では、日本の植民地統治を脱した台湾において、台湾を接収した当局が、対日関係の清算という台湾社会が直面した問題に関して、どのように説明していたかを検討する。

注

1　加藤聖文『「大日本帝国」崩壊：東アジアの1945年』（中央公論新社、2009年）32-34頁。

2　「社論　論日本投降」（『中央日報』1945年8月11日）。

3　The First Cairo Conference Roosevelt-Chiang Dinner Meeting, November 23, 1943, United States. Dept. of State, *Foreign Relations of the United States*, 1943, Conferences at Cairo and Tehran（Washington, D. C.: United States Government Printing Offfice, 1961）, p. 323. もっとも、カイロ会談に関するこの記録は、米国が後日中華民国側から提供を受けたものであるという。

4　「中華民国三十三年元旦告全国軍民同胞書」（秦孝儀主編『総統蔣公思想言論総集　巻三十二』台北：中央委員会党史会、1984年）50-52頁。（以下、『総統蔣公思想言論総集　巻三十二』）

5　「処理日本問題意見書―民国三十四年八月十二日国防最高委員会審定参考資料」（中華民国重要史料初編編輯委員会『中華民国重要史料初編―対日抗戦時期　第七編　戦後中国（四）』台北：中国国民党中央委員会党史委員会、1981年）638頁。（以下、『戦後中国（四）』）。

6　中村元哉「国民党政権と南京・重慶『中央日報』」（中央大学人文科学研究所編『民国後期中国国民党政権の研究』中央大学出版部、2005年）。

7　家近亮子『蔣介石の外交戦略と日中戦争』（岩波書店、2012年）193頁。

8　「抗戦建国八周年紀念告全国軍民書」、『総統蔣公思想言論総集　巻三十二』、116頁。

9　「処理日本問題意見書」『戦後中国（四）』、638頁。

10　「抗戦勝利告全国軍民及全世界人士書」、『総統蔣公思想言論総集　巻三十二』、121-124頁。

11　姫田光義「追補　敗戦後の日本軍による蔣介石支援をめぐって」（中央大学人文科学研究所編『日中戦争』中央大学出版部、1993年）。

12 秦孝儀総編纂『総統蔣公大事長編初稿　巻五　下冊』（台北：出版社不明、1978年）785頁。

13 同上書、787頁。

14 中国共産党中央文献研究室『毛沢東年譜（下）』（北京：人民出版社、1993年）1頁。

15 同上。

16 稲葉正夫『岡村寧次大将資料（上）』（原書房、1970年）30-31頁。

17 同上書、30頁。

18 「元陸軍中佐石母田武述第二十軍復員史資料」（厚生省引揚援護局史料室『復員関係史料集成第5巻　支那派遣軍に関する兵団長・幕僚の手記綴』ゆまに書房、2009年）448頁。

19 「元支那派遣軍総参謀副長今井武夫支那派遣軍復員前後の概況」、同上書、34-35頁。

20 家近亮子、前掲書、270-278頁。

21 蔣介石は、1945年8月18日の日記に記した一週間の反省録の中で、15日に世界に向けて発表した放送は、今後の世界平和と中日関係に大きな影響を与えるだろうと記している。呂芳上主編『蔣中正先生年譜長編　第八冊』（台北：国史館、国立中正紀念堂、財団法人中正文教基金会、2015年）、「蔣介石日記」（未刊本）1945年8月18日の条、152頁。

22 「社論　解除武装恢復人性：告日本侵華軍隊官兵」（『中央日報』1945年8月18日）。

23 「日軍簽降前夕今井愴涼談話」（『中央日報』1945年9月10日）。

24 「社論　歴史上重要的一日」（『中央日報』1945年9月10日）。

25 「社論　根絶日本的軍国主義」（『中央日報』1945年10月5日）。

26 朝海浩一郎『初期対日占領政策（上）』（毎日新聞社、1978年）224頁。

27 「戦俘管理計画綱要草案」（中国陸軍総司令部編『中国戦区中国陸軍総司令部処理日本投降文献彙編　下巻』台北：編者印行、1969年）273頁。

28 「蔣中正電程潛何応欽等抗戦以来迭次告日本軍民之文告応即訳成日文彙編成冊分発日俘日僑」（1946年4月12日）『蔣中正総統文物』典蔵号002-090106-00017-233、台北、国史館。

29 「二中全会中央執行委員会常務委員会党務報告（民国三十四年五月～三十五年三月）」（李雲漢主編『中国現代史資料叢編第十七編　中国国民党党務発展史料：中央常務委員会党務報告』台北：中国国民党中央委員会党史委員会、1995年）650頁。

第 1 章　中国大陸における対日関係清算論　73

30　「社論　調査日軍罪行」(『中央日報』1945 年 10 月 26 日)。

31　「日読売新聞著論頌揚蔣主席」(『中央日報』1946 年 8 月 1 日)。

32　「社評　管制日本的目標與途径」(『大公報』重慶版 1945 年 11 月 29 日)。

33　「社評　日本往何処去?」(『大公報』天津版 1946 年 7 月 8 日)。

34　「社評　莫忘了外交」(『大公報』天津版 1946 年 7 月 25 日)。

35　「社評　中日今後相処之道」(『大公報』重慶版 1945 年 9 月 6 日)。

36　「社評　東北的当然外交」(『大公報』天津版 1946 年 8 月 19 日)。

37　「社論　全世界必須警惕蔣介石埋伏擾乱遠東和平的禍根」(『解放日報』1945 年 8 月 19 日)。

38　竹前栄治『占領戦後史』(岩波書店、2002 年) 49-52 頁。

39　原朗「戦争賠償問題とアジア」(三谷太一郎他編『岩波講座　近代日本と植民地 八』岩波書店、1993 年) 271 頁。

40　マイケル・シャラー著、立川京一・原口幸司・山崎由紀訳『アジアにおける冷戦 の起源：アメリカの対日占領』(木鐸社、1996 年) 65-67 頁。

41　蘇心澄「日本賠償問題 (上)」(『中央日報』1946 年 7 月 13 日)。

42　「関於日本賠償問題的説帖」(中華民国外交問題研究会編『中日外交資料叢編 (七) 日本投降與我国対日態度及対俄交渉』台北：中華民国外交問題研究会、1966 年) 308 頁。

43　マイケル・シャラー、前掲書、143-144 頁。

44　同上書、146 頁。

45　松村史紀『「大国中国」の崩壊：マーシャル・ミッションからアジア冷戦へ』(勁 草書房、2011 年)。

46　マイケル・シャラー、前掲書、167 頁。

47　菅英輝『米ソ冷戦とアメリカのアジア政策』(ミネルヴァ書房、1992 年) 199 頁。

48　マイケル・シャラー、前掲書、160-161 頁、細谷千博『サンフランシスコ講和へ の道』(中央公論社、1984 年) 10 頁。

49　細谷千博、同上書、11 頁。

50　マイケル・シャラー、前掲書、161-162 頁。

51　細谷千博、前掲書、18-19 頁。

52　マイケル・シャラー、前掲書、177 頁。

53　同上書、182 頁。

54　Speech by Mr. Kenneth C. Royall, Secretary of the Army, on the United States

Policy for Japan, Made in San Francisco, January 6, 1948.（外務省特別資料部編『日本占領及び管理重要文書集 第2巻』（日本図書センター、1989年）10頁。

55 池井優『三訂 日本外交史概説』（慶應義塾大学出版会、2002年）234-235頁。

56 秦孝儀編纂『総統蒋公大事長編初稿 巻六 上冊』（台北：出版社不明、1978年）79頁。

57 朝海浩一郎、前掲書、218頁。

58 朝海浩一郎『初期対日占領政策（下）』（毎日新聞社、1979年）102頁。

59 「王部長外交報告」（『中央日報』1947年5月23日）。

60 「我向盟国提出建議四強共管日本卅年」（『中央日報』1947年5月26日）。

61 「王正廷主対日長期管制」（『中央日報』1947年6月5日）、戴杜衡「関於管制日本」（『中央日報』1947年7月21日）。

62 張任飛「琉球和台湾—日人侵略野心畢露」（『中央日報』1947年7月1日）。

63 「陳博生談対日和約」（『中央日報』1947年7月20日）。

64 「許世英談対日和約」（『中央日報』1947年7月21日）。

65 「朱世明談対日和約」（『中央日報』1947年7月24日）。

66 「社論 対日初歩和会問題」（『中央日報』1947年8月9日）。

67 「美復興日本計画参政員提請注意」（『中央日報』1948年1月31日）、「保留日工業水準中美意見有距離」（『中央日報』1948年2月9日）。

68 趙佳楹編著『中国現代外交史 1919-1949』（北京：世界知識出版社、2005年）1255頁。

69 1948年2月18日、トルーマンは1949年6月30日までをカバーする5億7000万ドルの中国援助を米国議会に要請した。菅英輝、前掲書、118頁。

70 朱世明「如何対待日本」（『中央日報』1948年2月8日）。

71 稲葉正夫、前掲書、岡村寧次日記1948年6月6日の条、179-180頁。

72 「社論 我們的対日方針」（『中央日報』1948年3月27日）。

73 「王外長報告外交」（『中央日報』1948年4月15日）。

74 奥山哲『中国の現代史：戦争と社会主義』（青木書店、1999年）108-109頁。

75 「社評 反対美国計画復興日本経済」（『大公報』天津版 1948年1月31日）。

76 「反対美国扶日平学生遊行受傷」（『大公報』天津版 1948年6月10日）、「紀念七七反対扶日」（『大公報』天津版 1948年7月7日）、「反対美国扶植日本山大学生発出宣言」（『大公報』天津版 1948年7月8日）。

77 水羽信男「上海のマスメディアとナショナリズム：1946-7年の新聞・雑誌論調

を中心として」(姫田光義編『戦後中国国民政府史の研究』中央大学出版部、2001年)。

78 Odd Arne Westad, *Decisive Encounters: The Chinese Civil War, 1946-1950* (Stanford: Stanford University Press, 2003), p. 140.

79 劉維開、蔣永敬著『蔣介石與国共和戦(一九四五〜一九四九)』(台北：台湾商務、2013年)142頁。

80 中共中央文献室編、前掲書、89頁。

81 同上書、104頁。

82 「社論　日本投降一周年」(『解放日報』1946年8月15日)。

83 中共中央文献室編、前掲書、159頁。

84 奥村哲、前掲書、108頁。

85 「社論　論反美運動」(『中央日報』1948年6月3日)。

86 「宣誓就第一任総統職致詞」(秦孝儀主編『総統蔣公思想言論総集　巻二十二』台北：中央委員会党史会、1984年)462頁。

87 「日本工業保留範囲　我賛成波茨坦原則」(『中央日報』1948年6月6日)。

88 「ポツダム宣言」(竹内実・21世紀中国総研編『日中国交文献集』蒼蒼社、2005年)255頁。

89 胡秋原「中国亦当扶植日本」(『中央日報』1948年6月8日)。

90 「社論　操刀一割：為大学教育割盲腸」(『中央日報』1948年6月29日)。

91 尹述賢「管制日本問題」(『中央日報』1948年9月3日)。

92 「我們的対日政策：陳博生四談日本問題」(『中央日報』1948年7月11日)。

93 張群は日本留学の経験がある知日家として知られ、日本各界に広い人脈を持っていた。1952年に日華平和条約が締結されると、蔣介石は当初張群の駐日大使起用を考えていたという。蔡孟堅『蔡孟堅伝真集』(台北：伝記文学出版、1981年)64、191-204頁。

94 「赴日視察結束定今返国　張群対日人発表声明」(『中央日報』1948年9月12日)。

95 「張群広播赴日観感」(『中央日報』1948年9月29日)。

96 「張群害怕中国人民怒吼妄図掩蓋陰謀活動足跡」(『人民日報』1948年10月4日)。

97 「社評　従張群訪日説起」(『大公報』天津版1948年8月25日)。

98 「社論　従亜洲全局看日本問題—評張群『日本観感』」(『中央日報』1948年9月29日)、「社論　亜洲区域集団」(『中央日報』1948年10月5日)。

99 「社論　再論亜洲区域集団」(『中央日報』1948年10月14日)。

100　マイケル・シャラー、前掲書、216 頁。

101　同上書、307 頁。

102　呂芳上主編『蔣中正先生年譜長編　第九冊』(台北：国史館、国立中正紀念堂、財団法人中正文教基金会、2015 年)、「蔣介石日記」(未刊本) 1949 年 3 月 5 日の条、252 頁。

103　家近亮子は、「以徳報怨」という言葉は「日本のマスコミの独自の解釈に基づく造語であった」と指摘しているが、その根拠は示していない。家近亮子『日中関係の基本構造：2 つの問題点・9 つの決定事項』(晃洋書房、2003 年) 131 頁。

104　「社論　勝利日献辞」(『中央日報』1948 年 9 月 3 日)。

第 2 章

台湾における対日関係清算論：
1945 〜 49 年

はじめに

　1945 年 8 月 20 日に連合軍がマニラで交付した「陸軍一般命令第一号」は、「支那（満洲ヲ除ク）、台湾、北緯十六度以北ノ佛領印度支那内ノ日本先住司令官並ニ總テノ地上、水上、航空及補助部隊ハ蔣介石大元帥ニ降伏スヘシ[1]」と規定していた。これにより、台湾を管轄地としていた日本の陸軍第十方面軍は、中国軍に投降することが定められたのである。

　中華民国政府は、日本の敗戦とともに「台湾省行政長官公署」を設立し、日本の陸軍大学で学んだ経験を持つ陳儀を行政長官に任命した。陳儀は日本人女性と結婚しており、1930 年代には福建省政府主席を務め、日本の台湾始政四十周年紀念博覧会に出席して祝辞を述べたという経験もあった[2]。日本・台湾双方との関係の深さが、陳儀が起用された理由であったと考えられる。陳は台湾警備総司令も兼任し、行政機構の接収に加えて日本軍の接受も担当することとされた。その権限の広さは、第十方面軍司令官を兼任していた日本の台湾総督と比較しても遜色のないものであった。陳儀にこのような広範な権限を与えることで、日華間の平和条約は未締結の状態であったが、事実上中華民国は台湾をその統治下に編入したのである。

　10 月 25 日、台北市の公会堂で投降式典が行われ、1895 年から始まった五十

年に及ぶ台湾に対する日本の植民地統治は終焉を迎えた。ただし、台湾におけ
る脱植民地化が植民地宗主国の敗戦によって開始されたことは、支配側と支配
された側のいずれも、自らの主導権で脱植民地化に着手したわけではなかった
ということを意味していた。植民地統治の清算は、台湾を接収した中華民国政
府の手によって行われたのであり、若林正丈はそれを「代行された脱植民地
化[3]」と呼んでいる。

　この「代行された脱植民地化」の過程において当局は、日本語の廃止など急
進的な文化的「脱日本化」と「再中国化」を進める一方、植民地時代に教育を
受けた台湾籍エリートの政治参画を、日本の「思想教育の毒」を受け、「奴隷
化」しているとの名目で排斥した[4]。陳芳明が指摘するように、そのことは台
湾の「歴史記憶」の再建に障碍をもたらすことになる。植民地体制下の「抗日
文学」の伝統は、日本語によって書かれたとの理由で一律に「皇民化」という
カテゴリーにくくられ、否定された。さらに、日本語による思考や表現が「背
徳」、「不潔」、「卑賤」等の代名詞とされたことで、台湾の知識人達の多くは、
日本統治時代について叙述する際に、習い覚えた日本語ではなく、新たに「国
語」を習得することを要求されたのである。台湾の知識人層を最も憤激させた
のが、行政長官公署によるこうした「奴隷化」した台湾人という差別的位置づ
けであり、彼らは新しい統治者による文化政策が、その排他性という面で日本
統治時代とあまり変わらないことに失望した[5]。

　当局とエリート層が文化政策をめぐって衝突した他、インフレの昂進や失業
率の高まり、接収官憲の横暴や汚職などによって、庶民の間でも行政長官公署
の施政に対する不満が昂じることになる。1947年の二二八事件はそのような
中で勃発したが、事件鎮圧の過程で18,000から28,000人の民衆が犠牲になっ
たと言われ、特に多くの知識人が粛清の対象となった。それは台湾人に対する
「恐怖による政治教育」でもあり、土着指導層の弱体化と政治への恐れ、大衆
の政治的無関心をもたらしたのである[6]。

　他方で、このように台湾が一連の社会的激変に見まわれた中にあって、当局
がかつての植民者である日本をどのように公的に描写していたかについては、
従来の研究においても充分に解明されてはいない。先述のように、日本の「思

想教育の毒」によって台湾人が「奴隷化」したという官製の言説は省籍矛盾の焦点となるものであったが、「『脱植民地化』ということが最大の目標[7]」であったとされる台湾において、旧植民地宗主国であるばかりでなく、旧交戦国でもあった（とされた）日本と「我々」との関係はどのように清算されるべきであると描かれ、台湾住民に対して提示されたのだろうか。また、それに対して、在台日本人も含めた台湾社会の構成員からは、どのような反応が示されたのだろうか。行政長官公署と在台日本人の関係については、いくつか研究が存在するにもかかわらず、このような問題は、これまであまり検討の対象となっては来なかった[8]。

　対日関係の清算という課題については、中国大陸との比較が重要となる。第一章で見たように、中国大陸においては、中華民国の戦後日本に対する方針は蔣介石の8月15日演説の趣旨に基づくものであり、「軍閥」と一般人を同一視せず、後者には寛大な態度で臨まなければならないとの宣伝がされていた。そして蔣介石は、台湾においても同様の宣伝を行うよう命じていたのである。このような措置が、台湾における新しい対日関係の「物語」にどのような影響を与えたか、あるいは与えなかったかが、本章が特に注目する問題である。8月15日演説を起点とする戦後日華関係の＜起源の物語＞をめぐって台湾で展開された諸言説は、それぞれの論者達が対日関係の清算という問題に関して、台湾の歴史的経験の特殊性をどの程度考慮に入れるべきと考えていたかを反映したものになるであろう。

　以上の問題について川島真は、台湾の名望家である林献堂が中国から帰台した1945年9月末に行った講演の中で、蔣介石の「徳を以て怨に報いる」という方針を紹介したことを指摘し、それが台湾のメディアにおいて初めてこの「戦後の日華関係のキーワード」が報道された瞬間であろうとしている[9]。だが、林献堂の発言は中国大陸の状況を報告したものに過ぎず、台湾でも当局によってこのような方針が宣伝されていたかは分かっていない。また、林献堂本人も含め、台湾の知識人達が8月15日演説の趣旨に対してどのような見解を表明していたかも明らかにされてはいないのである。

　本章の分析で主に使用するのは、台湾で発行された官製・民営の主要な新聞

や雑誌の記事である。本論に入る前に、まず行政長官公署が台湾で実施した言論政策、ならびに「光復」後、台湾に登場した各種メディアの概要について確認しておこう。

1945 年 11 月 3 日、行政長官公署は、「民国の一切の法令はいずれも台湾に適用される」と布告した。中華民国政府が 1937 年に制定した「出版法」は、第二十一条で「中国国民党の破壊、あるいは三民主義に違反するもの」、「国民政府転覆を意図し、あるいは中華民国の利益に損害を与えるもの」、「公共秩序の破壊を意図するもの」と認められた言論を禁止すると規定していた。さらに同法第二十四条は、「戦時あるいは戦乱およびその他特殊な必要がある時、国民政府の命令に従って、出版物が政治・軍事・外交あるいは地方治安に関わる事項を記載することを禁止することが出来る」と定めている[10]。

また、行政当局のみだけでなく、国民党も言論の統制に役割を果していた。「中央宣伝部接管台湾文化宣伝事業計画綱要」は、その第十一項で、国民党中央宣伝部が人員を派遣して台湾各地の図書を調査し、「敵の文化毒素を含有するものは一律に没収焼却し、残りを元の所有者に返却する」としていたし、第十二項は、「平時状態の回復前」には中央宣伝部が新聞、映画、雑誌刊行物、通信社の原稿を審査修訂すると規定していた[11]。政府と党が一部任務を重複させながら、言論への干渉を行うことが可能となっていたのである。

それにもかかわらず、陳儀による統治が行われた期間は、戒厳令（1949 年 5 月 20 日～ 1987 年 7 月 15 日）解除以前の台湾では、最も言論の自由が存在した時期でもあったことが知られている。その理由は、国民党中央宣伝部が台湾で宣伝活動を展開する一方で、行政長官公署内にも宣伝委員会という新聞事業を統括する部署があり、陳儀がその主任に中国青年党員の夏濤聲を任命していたことにあった。非国民党籍の夏に宣伝委員会を管掌させることで陳儀は、国民党が新聞事業に干渉して来ることを部分的に抑制したのである[12]。

また、台湾総督府の公報紙であった『台湾新報』を接収した行政長官公署は、新たに『台湾新生報』を創立して当局の代弁機関としたが、この際には国民党中央宣伝部も、『台湾新報』の機材や設備を利用して『台湾中央日報』の創設を構想していたから、行政長官公署と中央宣伝部間の対立にまで発展した

という。両者の折衝の結果、『台湾新報』の資産の半分を用いて台南に『中華日報』を新たに創設するという形で紛争は決着したが[13]、このように陳儀と中央宣伝部が台湾における言論の主導権を争ったことは、一元的な言論統制を不可能にし、言論の自由を一定程度実現させることとなったのである。

陳儀は、『台湾新生報』の社長に、青年党員であり台湾籍の李万居を据えた。設立経緯から分かるように、『台湾新生報』は、行政長官公署の公式見解を反映したメディアであったと同時に、その立場は必ずしも国民党中央と一致したとは限らないものであった。一方、民間においても、「光復」後様々な新聞や雑誌が創刊される。

1945年10月10日に台湾初の完全な中国語紙として発行された『民報』は、東京帝国大学文学部哲学科を卒業した林茂生が社長を務め、社会問題に対して活発な言論活動を展開した[14]。翌年1月1日に、教育処副処長の宋斐如を社長として創刊された『人民導報』は、中国大陸と台湾の進歩的知識人達によって構成され、その言論も進歩的な色彩を帯びたものであった[15]。同年4月には台中で『和平日報』が設立されるが、同紙は国民党軍事委員会の系統に属するメディアであり、国民党内の派閥「黄埔系」の傘下にあったため、「政学系」の陳儀率いる行政長官公署と対立関係にあったという[16]。一方で同紙は、台中を拠点とする左派の台湾人活動家、謝雪江の強い影響も受けており[17]、こうした複雑な背景から、行政長官公署の施政に批判的な論調を展開していた。

新聞と同様に、政論雑誌も大量に発行されるようになる。本章では、その中で代表的なものであった『政経報』を参照する。同誌は1945年10月25日から翌7月まで発行されており、蘇新や王白淵の他、多くの著名な左派知識人が参加していた。その内容は強い批判精神を含むもので、当局の統治政策に度々異議を提出し、行政長官公署と台湾社会の対立関係を写し出すものであった[18]。

これら新聞・雑誌の他、在台の日本・米国の公的機関による報告書、台湾人・日本人の日記や回想録等も参照して、言説が提出された社会的文脈を把握しつつ、分析を進めていくこととする。

1 終戦と台湾社会

　蔣介石が1945年8月15日にラジオ演説を行った際、台湾人もこれを耳にすることはあったのだろうか。試みに、許曹徳、呉新栄、呉濁流、鍾逸人、陳逸松、葉栄鐘、林献堂ら、当時台湾にいた代表的な知識人の日記や回想録を見てみると、彼らの内何人かは、天皇の玉音放送を聞いた時の感想を記述している。しかし、いずれも蔣介石の演説に言及してはいない[19]。

　実は、この時台湾人が重慶からの放送を聞くことは不可能だった。陸軍第十方面軍報道部の大久保弘一が後に米国情報機関員によるインタビューの際に述べているように、戦争末期に台湾人は連合国からの宣伝放送に影響されないよう、短波受信機の保有を禁じられていたのである[20]。それゆえ、葉栄鐘も回想するように、台湾人が中国大陸の事情に関して得ていた情報はすべて日本人の編集と脚色を経たものであったし、戦争中は南京（汪兆銘政権）の放送を聞くことすら不可能であった[21]。そのため、終戦当時の台湾で直接蔣介石の演説を耳にした台湾人は、ほとんどいなかったと考えられる。

　在台日本人の状況も、台湾人と大差はなかった。記録によれば、彼らの内初めて蔣介石の対日方針を知ったのは、陸軍第十方面軍参謀長であった諌山春樹であったという。すなわち、終戦直後の興奮から醒めて中国軍の進駐を迎えるという現実に直面した際、日本人達は「日本軍と云わず日本民間人と云わず極めて不安で鉛の如き不快感が続いた」。しかし、8月22日に南京に赴いた諌山は、中国各地における「統制節度に富む中国軍の現状と蔣委員長以下の寛容偉大な精神とを知り」、ようやく愁眉を開いたという[22]。「鉛の如き不快感」との表現は、中華民国の台湾接収に対する憂慮が日本人達の間に存在したことを示唆するものであろう。

　日本内地では、8月28日に石原莞爾が蔣介石の演説に言及して、「東方道義に徹した尊敬すべき態度で王道精神の顕現である、ここにおいて、私は支那には戦争でも道義でも完全に負けたと痛感した[23]」との見解を表明していた。その後、9月5日の『大阪毎日新聞』が、演説の概要を報じている[24]。しかし、

終戦当時台湾で唯一の新聞であった邦字紙の『台湾新報』が初めて演説に言及したのは、内地より遅く、9月10日の社説においてであった。「日本と蔣主席」と題した同社説は、「中国政府主席蔣介石氏は、八月十五日全中国に放送し、日本に対する極めて道義的な演説を試みた」と述べた上で、日本の過去の「対支外交」は、「絶えず自らを優越的立場に置いて事を議したるが故に、悉く失敗に終つた。かくして、元来知日派たりし蔣氏をして抗日に転向せざるを得ないやうに仕向けて来たのは、外ならぬ日本自身である」と評した。そこで社説は、今後日本が進むべき道として、「信義を信条とする蔣氏」と友好提携を行い、「中日両国を先覚者とするアジア文化の進歩向上」に力を捧げるよう提唱したのである[25]。この「道義的な演説」が、蔣介石の8月15日演説であることは間違いないであろう。それゆえ、川島真が指摘するように、「徳を以て怨に報いる」というキーワードが初めてメディアに登場したのは後述する林献堂の紹介によるものであるが、蔣介石が日本を寛大に遇するよう呼びかけていたという消息自体は、それ以前から報道されていたのである。

　ところで、『台湾新報』紙は、戦時中に台湾総督府が島内にあった六紙を合併させ、当局の広報紙とすることを目的に創設した新聞である。そのため、同紙の社説は総督府の公式見解を代弁したものと言って良い。8月20日、『台湾新報』紙は、伊藤正と成田一郎総督府総務長官が時局に関して行った対談を掲載している。

　　　私〔伊藤〕　僕等民人の要望は、差しあたり治安の維持の全きことですね
　　　長官　そのとほりだ、今のところ不心得ものは出ない、全島を通じて静
　　　　　穏である
　　　私　島民に対し、とや角といふものもあるが、始政五十年をかぞへてゐ
　　　　　るので、案外根深く皇民化してゐますね
　　　長官　殊に青年はよろしい、大詔を拝誦して泣いたものも多いからね、
　　　　　教育と指導のよろしきを得たものと思ふ
　　　私　私もさうした実例を知つていますが、五十以上の本島同胞となる
　　　　　と、中には功利的根性で、この変革期に乗ぜんとするものもないで

はない〔後略〕[26]

　また、8月25日の『台湾新報』は、当局の談話として、国際法上在台日本人の私有財産は保障されているとした上で、多年培った生活の基礎を生かし、台湾に残留して「国際信義と和平共栄」に寄与するよう呼びかけた[27]。東京の内務省は8月19日に、朝鮮・台湾・樺太在住の日本人は「出来る限り現地に於て共存親和の実を挙ぐべく忍苦努力する」との方針を決定しており[28]、同紙の呼びかけも、その路線に沿ったものだったのである。

　しかし、こうした宣伝とは裏腹に、日本人の間では来台する中国人による報復を恐れる声が多く、人心の不安は極めて深刻な状況にあったという。総督府警務局の文書によれば、

　　本島ガ重慶政府ニ割譲セラレタル後ニ於テ加ヘラルベキ圧迫々害ハ想像以上ノモノアリ即チ日清戦役後日支間ニ蟠リタル感情特ニ満州事変、支那事変ヲ繞ル彼等ノ日本人ニ対スル憎悪ノ念ハ其ノ極ニ達シアリト言ヒ得ベク之ガ報復ハ日本人トシテ当然覚悟スベキモ特ニ此ノ報復ガ事実上在台内地人ニ向ケラル、ハ環境上将又漢民族ノ民族性ヨリシテ火ヲ睹ルヨリ瞭ニシテ国体護持ノ為忍ブベカラザルヲ忍ブトシテモ重慶政権下ニ於テハ当面生キルコト自体困難ナリトシ内地人間ノ不安ノ最大ノ要因ハ此ノ一点ニアリト断定セラル[29]

という状況が出現していた。この文書の作成日時は「1945年8月」となっており、島内に8月15日演説の内容が伝わっていたかは分からないが、当局による楽観的な基調の宣伝にも関わらず、それとは別種の言説が広範に存在したことを物語る。他方、同文書は「現在ニ於ケル島内治安状況ハ概ネ平静」とも記しており、「未ダ皇軍厳トシテ武備ヲ堅メ居ル威力ヲ背景トセルハ論ヲ俟タザル所ナルモ本島大衆ノ日本統治ヘノ思慕愛惜ヲ紐帯トセルモノト認メラレ領台五十年ノ成果ヲ遺憾ナク発揮セルモノ」と、成田長官と同様の認識を示していた[30]。

第 2 章　台湾における対日関係清算論　85

　さて、前述のように、9 月 10 日の『台湾新報』社説において、初めて蒋介石の「道義的な演説」について言及される。そして、演説の趣旨は 9 月 27 日に初めて報道された。すなわち、台湾人代表の一人として南京の日本軍降伏調印式に参加するべく訪中した林献堂が、帰台後の 20 日、台中市内で行った講演の中で、蒋介石が「われわれ中国人はなるほど九年の間非常な苦難を味わつたが、怨を以て怨に報いてはいけない、徳を以て怨に報いるべきである[31]」と述べたことが、その一週間後のこの日、島内に紹介されたのである。

　もっとも、林献堂の講演は中国大陸の現状を紹介したもので、台湾人もこのように振る舞うようにと呼びかけたものではない。林自身、日記には「中国事情」を話したと記しているだけで、それ以上の内容や目的があったとは書いていない[32]。

　その日記の翌日部分では、林は総督府の石橋内蔵助警察部長の来訪を受けたことを記している。石橋の来意は、近来人心が悪化し、警察官・役場職員に対する暴力行為や賭博が横行していることから、放送や講演を通じて人心を安んずるよう林に依頼することであった。林は放送を承諾し、自らの代理として数名の台湾人知識人を推薦している[33]

　林の日記が示しているように、中国大陸における蒋介石の 8 月 15 日演説の趣旨が正式に台湾に伝わり出したこの時期、台湾の治安はかえって悪化の様相を見せ始めていた。総督府の報告書によれば、9 月 9 日に南京で日本軍の受降調印式が行われ、台湾「光復」の見込みが一般の予想より早まることで、台湾人の間では漸次日本からの離反傾向が表面化した。その結果、治安の悪化、行政秩序の混乱は著しく、「不逞無頼の徒」による日本人財物の強要強奪が随所で発生した[34]。また、日本人の一部には「日華親善、東亜将来ノ為」台湾に残留して「本島人トノ提携」を図ろうとする動きが存在したにもかかわらず、台湾人の方は「自己保身的気分ヨリ逃避的態度ヲ示シ」、ために「内地人ノ希望ハ殆ド頭打チノ状態」となった[35]。後に台湾憲兵隊司令官の上砂勝七が述べるところによると、日本人を対象とした強奪や暴行に備えるため、戦時中 1100 名規模だった憲兵隊は、戦後、軍人を加えて 17000 名に増強されたという[36]。台北に在住していた民俗学者の池田敏雄は、その 9 月 24 日の日記の中で、前

出の陳逸松が池田ら日本人に対して次のように語ったと記している。

> こんどは立場が逆になった。日本人がこれから受けるであろう苦しみと
> 同様の苦しみを、われわれ台湾人も受けて来たのである。（中略）
> 日本人は、あるいは台湾から立ち退きを命ぜられるようなことになるか
> も知れない。しかしこれは大勢の趨くところで、当然だというべきであ
> ろう。だが個人的には、貴君らの如きを、他と同じように一律に侵略者
> として追放することには疑問を感じている。その点自分としては最善を
> つくす考えである。[37]

　池田とその友人で画家の立石鐵臣は、この日、陳逸松も含めて数名の台湾人
知識人と言葉を交わすが、いずれから受けた印象も彼らにとっては「失望し、
かつ苦笑」させるものであった。立石は特に陳の発言について、「われわれも
これまで精神的に苦しんで来たのであるから、今後日本人が苦痛を受けるのは
当然なりというのは、まるで熊公と八公のけんかのようなものだ」との感想を
吐露したという[38]。他方、その陳逸松は雑誌『政経報』の中で、8 月 15 日か
らしばらく経過すると、台湾接収に関する消息が全く伝わって来なかったため
地方は次第に動揺を来したと記しており、日本側の記録を裏付けている。同時
に陳は、在台の日本人は戦後も依然として傲然たる態度を崩さず、そのことが
省民の憂いとなっていたとも指摘していた[39]。

2　台湾の「光復」

（1）　在台日本人への寛大論

　中華民国政府は 9 月に重慶で台湾省前進指揮所を組織した。その目的は、台
湾の正式接収前に先遣隊として派遣し、台湾総督府・日本軍との折衝や民心の
安定化に当らせることであった。10 月 5 日、台湾省行政長官公署秘書長の葛
敬恩率いる前進指揮所は、総勢 71 名で台北の松山空港に降り立つ。渡台後三
日目に、葛敬恩は「台湾同胞に告げる書」を発表し、台湾人と日本人双方の融

和を呼びかけた。

> 現在台湾にいる 60 万の日本軍民については、吾人はいささか思うところがある。過去の彼我の敵対状態を顧みれば、双方には当然、互いを敵視する感情がある。今日、日本は翻然として覚醒し、武器を手放した。我々は、徳を以て人を愛するという君子の立場から、彼らが徹底して民主化されることをのみ心から希望する。日本の軍人は皆その出自は民間であり、民主主義の必要を感じるのは必然的である。現下の台湾という場所から言うならば、我々は日本軍が大義を深くわきまえ、命令に則って事を処理するように希望する。また、それ以上に、台湾の同胞が大国民の風格を保ち、軽挙妄動を避けることを希望するものである。[40]

　ここで、「徳を以て人を愛するという君子の立場」、「大国民の風格」という表現に、蔣介石の 8 月 15 日演説とも通底する部分が存在するが、この立場がその理念に基づくものであるとは述べられていない。とはいえ、この演説は中華民国政府の官員が、台湾で初めて正式に日本人への寛大な態度を説いたものであった。

　その一方で、台湾総督府の権威は低下の一途をたどり、治安はさらなる悪化をみせ、とりわけ日本人警察官や官吏への暴力事件は断続的に発生していた[41]。このような状況下で、10 月 17 日の『台湾新報』は、一人の読者による以下の投書を掲載している。

> 本島同胞中区々たる感情に囚はれ日本人を仇敵視する者あるを耳にす。何ぞ眼光の小なる。民族主義は亜細亜人の大同団結に依り世界の平和に貢献せんと念願するに外ならぬ。蔣主席閣下は毒を以て毒を制す可らずと厳く戒められた。吾等同志は常に品格の向上に勤め修養之怠らず同胞和親以て亜細亜民族の中核とならふではないか。[42]

　「毒を以て毒を制す可らず」という蔣介石の「戒め」とは、8 月 15 日演説を

指したものであろう。李という姓の、この投書の作者がどのような背景の人物であったかは不明だが、元来日中戦争の被害者であった中国大陸の民衆に向けられていた蔣介石の演説が、ここで、被植民者であった台湾人をも含む方針として提出されていたのである。

10月24日、台湾省行政長官に任命された陳儀が台北の松山空港に到着した。翌日の午後に開催された台湾光復慶祝大会の席上、陳儀は次のように演説を行う。

> 我々一般の官民と軍人は、日本人、日本人戦犯、及び不法な悪党に対し、冷静に政府の法による処罰を待つ以外には、蔣院長の「怨みに報いるに怨みを以てせず〔＝不以怨報怨〕、善を為すことを楽しみとする」の大方針を服膺し、中華民族固有の大国民の風格を持ってその悔悟と反省を促さねばならず、不法に騒ぎを起こしたり、理不尽な報復を行ったりするような常軌を逸した行動をとってはならない。[43]

陳儀のこの演説は、政府高官が蔣介石の対日寛大方針に初めて直接言及したものである。すなわち、当局は台湾においても、中国本土と同様に8月15日演説の方針に則って日本人に接するよう住民に対して宣伝していたのである。

その一方で、この日大会主席を務めた林献堂による発言は、蔣介石よりも日本人に対し強硬なものであった。林は、「日本は従来桃太郎を神とする教育を行っているため、その人民は皆侵略の野心を有している。ゆえにこの度の亡国の責任は、一部の軍閥に限らず、国民全体が共にその責任を負うべきである[44]」と挨拶したのである。蔣介石の演説が、「軍閥」や戦犯の責任を追及する一方で民衆に対しては寛容を謳っていたことと比較すると、林献堂の立場はそれよりもさらに一般の日本人に対して厳格であった。約一か月前に「以徳報怨」の方針を台湾に初めて紹介したのは林であったが、彼自身は必ずしもその趣旨に全面的には賛同していなかったものと言えよう[45]。

同日、『台湾新報』は行政長官公署に接収されてその機関紙となり、紙名は『台湾新生報』に変更された。10月28日の『台湾新生報』社説は、「在台日本

人に告げる」と題して、日本人に対し、従来の統治民族的な態度を採らないよう説諭した。一方で社説は、「我々は、在台日本人の戦争に対する責任は決して重くないことを知っている。言うなれば、気の毒なことに、あなた方の内多くの人は騙され、事実に対する理解も不足していたのだ」と理解も示した上で、日本国民は「立ち上がって自らの錯誤を清算し、徹底的に覚醒して、常に反省しなければならない」と述べ、「我が蔣委員長の『怨みを以て怨みに報いず』というこのような公明正大な態度を、日本人は必ず理解しなければならない」と呼びかけた[46]。ここでは、日本人に対して自重と改心を呼び掛け、蔣介石の言葉をその根拠としている。それと同時に、あくまで一般の日本人は「軍閥」に騙されたものとしており、その責任まで問うものではなかった。

　一方で、10月31日の同紙記事「大国民の襟度を保持—『以怨報怨』を慎めよ」は、「昨今省内各地で血腥い事件が頻発し、心ある省民をして深憂せしめてゐる」と前置きし、蔣介石の「怨みを以て怨みに報ずるな」との方針を引用しつつ、「大国民的襟度を以て哀れな日本人を寛容」するように呼びかけていた[47]。同記事からは、「光復」後のこの時期においても、日本人への報復が発生していたことがうかがえる。そして、当局は台湾人に対して、8月15日演説に示された方針の遵守を呼びかけることで、その抑制を図っていたのである。

（2）　対日論調の硬化

　台湾総督府が11月1日に実施した調査では、32万人の日本人の内、帰国を希望したのは18万人余で、残り14万人は残留を希望したという[48]。総督府主計課長を務めていた塩見俊二がその日記に記す所によれば、日本人の比較的多数が残留を希望したのは以下の諸理由によるものであった。①日本統治時代の優越感が習慣化し、現状の生活が維持出来るものと考えていた、②当局の「怨ヲ以テ怨ニ報イザル態度」のため、陳儀来台後も接収人員の日本人に対する態度が友好的であった、③統制解除後、日常生活が戦前よりむしろ豊かになった、④台湾人の動向も比較的平静であった、⑤日本本土の情況の悪さをおぼろげながら認識していた、⑥日本人の送還は昭和24年以後という噂が広まり、一種の諦観を抱いた[49]。

在台日本人の回想では、中華民国の国軍は進駐後まもなく、市内目抜き通りの壁や塀、総督府の壁上等に「怨みに報ゆるに徳を以てする」のスローガンを掲示したという[50]。こうした宣伝は、確かに彼らを安心させる効果はあっただろう。だが、自身も総督府の官僚であった塩見は触れていないが、終戦直後に総督府が日本人に対して残留を呼びかけていたことも、一定の影響を与えたものと考えられる。

他方、中華民国政府は戦後初期から日本人を留用して経済再建に寄与せしめることを構想しており、とりわけその必要性が高いのが台湾であると認識していた[51]。塩見俊二は、国民政府軍事委員会侍従室少将兼中国陸軍総司令部参議の邵毓麟が日本側の面前で次のように語ったと記録している。

> 中国ノ方針ハ怨ニ怨ヲ以テ報イズ善ヲ共ニ為スヲ楽ム。
>
> 敗戦ノ事実ハ事実トシテ受取レ。
>
> 此ノ敗戦ノ現実ノ上ニ再興ノ歴史ヲ作レ。
>
> 中国ト日本トノ提携ハ必然的ナリ。
>
> 今回ノ戦ハ雨降ッテ地固マルモノトセネバナラヌ。
>
> 正ニ血ノ雨デアリ高価ノ雨デアッタ。
>
> 岡村〔寧次〕将軍トノ会談ニ於テ「南京入城ハ悲惨ナリキ。強姦、放火、殺人ノ悲惨ナ情況ハ世界ニ知ラレテオル。十万人ニ上ル殺害ガ行ハレタ。然ルニ台湾ニテ一人ノ婦女ガ強姦サレタモノアリヤ。一人ノ兵士ガ殺サレタノカ、コレト蔣院長ノ声明ト照シ合ハシ如何ニ考ヘラルカ」。答ナシ。
>
> 〔中略〕上海、南京ノ中国兵ト日本兵ノ親善風景ハ血ハ水ヨリモ濃イ。日本ト中国ノ提携ト今後ノ中国トノ提携トハ違フ。日本ノ場合ハ盟主観念デアリ覇道デアル。中国ニハ盟主タルノ観念ハ少クトモ蔣主席ニハナイ。日本ノ敗北ハ善デアリ且ツ悲ミデアル。
>
> 日本ガ沈没シタ。一等国ガ五等国ニナッタ。併シ我々ハ淋シイ。東亜ノ日本ト支那ノ二本ノ柱ノ内一本ハ折レタ。
>
> 中国ハ亜細亜ニ於テ一本ノ柱ニナッタ。而モ中国ハ科学其ノ他ニ於テ後

レテオル故ニ中国ノ使命ハ重イ。従ッテ自分ハ日本ニ希望スル。日本人ハ裸ニナッテ出直シテモラヒタイ。岡村将軍ハ日本ハ五十年ハ立チ上ルコトハ出来ナイト云ッタ。然シ余ハ日本ガ中国ト結ビ付クコトニヨリ恢復ノ可能性ガアルト信ズル。即チ万事引継グベキダガ単ニ引継ノミデハ消極的ニ失スル。斯クテハ特ニ台湾ニ於テハ中国側ガ困ル。工場モ停滞スル。中国ヲ助ケルコトニ依リ日本民族ノ将来ニ幾何カノタヨリニナルト云フ観念ニナッテモラヒタイ。

今後トモ日本ガ積極的ニ協力シテモラヒタイ。

之ハ単ナル余ノ腹ダケデハナイ、中国ノ指導者ノ腹デアル。[52]

　この長い発言の中で邵は、前半で中国の寛大さを強調し、さらに日本の「五等国」への転落を悲しむ雅量まで見せる。その上で、中国と提携することで日本の活路も開け得ると提起し、そうした観点から当局の台湾接収にも積極的に協力するよう要請したのである。

　しかしながら、中華民国政府のこのような意向に反して米国は、日本人技術者の留用は日本の勢力を残存させるものとして警戒感を抱いており、その早期送還を中国側に要求していた[53]。米華双方の折衝の結果、一般日本人の引揚げ後、留用者 7139 名、さらにその家族を含めた計 27227 名に台湾への残留を許可するという内容で合意が結ばれた[54]。

　一方、台湾人知識人の間では、行政長官公署が「光復」後に至っても日本人官吏を継続して登用することへの不満が高じていた。『政経報』誌編集者の蘇新による同誌 11 月 25 日号の社説は、民衆が日本人官吏登用を嫌う理由を、当局への「参考」のために列挙している。蘇によれば、その理由とは、①「四大強国」の一つ中国が敗戦国の官吏を採用して統治せしめるのは体裁上問題がある、②官吏、特に警察官は、日本帝国主義が民衆を弾圧・虐殺する手先であった、③台湾の日本人は、その大部分が日本内地の不良分子であり、日本人官憲もまたその性質は内地の官憲より悪辣であった、④日本人警官の登用は効果がないばかりか、中国本土から派遣されて来た「優秀で清廉潔白な」警官にも悪影響を及ぼす、というものであった[55]。

台湾人のこのような見解に対応するためか、『台湾新生報』の 11 月 12 日の記事は、「善良なる日籍居留民」の間に、「わが方の『不以怨報怨』の大国民的襟度」に対する感謝から、未だ軍国主義の残滓を引きずる一部日本人に対する一大「自己粛清運動」を展開する動きがあり、それは「期待に値ひする」と報じた[56]。しかし、こうした報道の一方で、当局の言説にもしばしば日本人に対して厳しい見解を表明するものが散見されるようになる。10 月 30 日の『台湾新生報』社説は、「在日台湾同胞を救済しなくてはならない」と題し、在日台湾人が日本で不正な待遇を受けているという消息を取り上げて、「日本政府が我が在日同胞を屈辱的に扱っていることが、我々の報復を惹起するようではとても不幸なことである」と主張した[57]。年末になると『台湾新生報』には、戦争中の日本官憲の残虐行為の報道や、行政機関に留用された日本人のサボタージュを批判する当局の談話、流言飛語を飛ばす日本人に対する批判記事等が相次いで掲載される[58]。そのため、日本人の中には、同紙の報道には世論を挑発するための扇動性を感じるものがあったと回想するものもあった[59]。

　さらに、一部日本人の言行もまた、こうした状況に拍車をかけた。台湾人の論説や在台米国人の記録などには、敗戦後も依然としてその事実を認めず、傲岸不遜な態度をとる日本人の存在が指摘されている[60]。廖文毅は、米国情報部員からインタビューを受けた際、日本は今後二十年以内に必ず捲土重来して来るだろうと予測し、その理由として、終戦後の日本人教師達が、終戦は日本人をして巨石を載せられた草の葉のような状態にしたと児童達に説明し、日本人はしばらく自重している必要があるが、いつの日かその巨石は取り除かれ、草の葉と同様に再び芽吹くことが出来るであろうと説いていたことを挙げた[61]。

　おそらくこうした状況への対応のため、11 月中旬には、警備総司令部参謀総長の柯遠芬が「日本は敗戦したか？」というテーマで島内向けにラジオ放送を行い、日本人に敗北の自覚を促すという措置まで採用された。柯は、表題の問いに対し、「日本は徹底的に敗戦した、しかも開戦直後からその敗戦の運命は決まっていた。さらに言えば、明治維新の開始からすでに失敗の途上を歩んでいた」と語ったのである[62]。

　日中戦争の記憶ばかりでなく、日本の植民地統治が台湾に与えた影響も、行

政長官公署の警戒心を惹起した。接収事業の開始後間もなく、『台湾新生報』はその社説の中で不断に日本の「奴隷化」政策が台湾人の「民族文化」を欠落させたと非難し、台湾人に「日本化」した習慣や言語の改正を要求した上、国語教育の推進を提唱し、「有害思想の一掃」と「民族精神の発揚」を呼びかけた[63]。1945 年末に『台湾新生報』の社説は、「日本が台湾に於て五十年来散布して来た思想的毒素の粛清工作もまた目前の急務[64]」であると主張している。

　このようにして、当局の在台日本人に対する視線は、次第に疑心と反感を含んだものになっていった。11 月末に入ると、8 月 15 日演説への言及にも一定の留保が付けられるようになる。11 月 21 日の『台湾新生報』の社説は、接収の過程で軍が押収した日本軍の武器数は予想外に少なかったとしてその危険性を提起し、さらに「我々は怨みを以て怨みに報いないが、『過度に寛大』ではない」と主張した[65]。同様の論調は 12 月 5 日の社説にも現れたが、そこではさらに、「勿論日本国民自身も同様に許すべからざる責任を負はなければならない、何故ならば彼等は消極的に日本軍閥の黷武〔武力の乱用〕主義を支持したばかりでなく、尚且つこの種の戦争を鼓舞したからである[66]」と、民間人の戦争責任にも言及していたのである。

　日本人の証言によれば、こうした当局の論調の変化は台湾人の態度にも影響を与えた。塩見俊二は、12 月に入ると在台日本人の間で帰国希望者が急増したと記しているが、その理由として彼が真っ先に挙げたのは、フィリピンと日本に残留する台湾人が日本人から虐待されたとする新聞報道が世論を刺激して、日本人に対する圧迫が露骨化したことであった[67]。池田敏雄も、『台湾新生報』が在比・在日台湾人の悲惨な境遇を煽動的に報道したことから、日本人に対する段打事件が続発したと日記に記している[68]。

　ただし、台湾人の感情硬化は、当局の宣伝のみに影響されたものではなかったと思われる。当時のメディアの中で『台湾新生報』の論調が特に突出していたわけではなく、10 月に台湾人知識人達によって創刊された民営紙『民報』の論調も、ほぼ同じ軌跡で変遷を見せていた。「光復」当初は、日本人は「我が当局と民衆が彼らを遇することの寛大さ」に意外感を抱いているだろうと論じていた同紙も[69]、年末に近づくに連れ、次第に戦時中に日本人から虐待を受

けた台湾人の被害談や、在台日本人を批判する文章を断続的に掲載するように
なっていった[70]。主筆陳旺成による名物コラム「熱言」の12月21日の記事は、
日本民族全体を凶悪とすることは出来ないが、在台の日本人は悪人が多数を占
めると、『台湾新生報』よりもさらに直接的な非難を加えていたのである[71]。

　11月16日、『民報』紙社長の林茂生は、ラジオ演説で在日台湾人の境遇問
題に触れ、自身が訪日して同問題の調査に当る旨発表した。その際林はさら
に、日本人に対しては罪を憎んで人を憎まずの慎重な態度を採るよう台湾人に
呼びかけ、10万人の同胞子弟がいまだ日本にいることを忘れてはならないと
も警告したのである[72]。ここで林は、在台日本人に対する慎重な態度を呼びか
けるにあたって、言外に日本人による在日台湾人への報復の可能性を示唆して
おり、このような論理は、同じく日本人への慎重な態度を求めてはいても、8
月15日演説の内容とはその趣旨を異にするものであった。

　民営紙の中には、『人民導報』紙のように、8月15日演説に対して大胆に異
議を唱える文章を掲載するものも存在した。馬石痴という人物による「『寛容』
について」と題する一文は、「寛容」は必ずしも美徳とは限らず、孔子が「旧
悪を念はず」と述べたのは「大国民の風格」を表したものかもしれないが、孔
子自身は「以徳報怨」という人情に背いた方法には賛成しなかったと主張し
た。実際、「以徳報怨」は現代中国語として人口に膾炙した成語ではあるが、
元々孔子は『論語』の中で、「以徳報怨」では「恩徳」に報いる術がなくなる
として否定し、「以直報怨、以徳報徳（まっすぐな正しさで怨みに報い、恩徳
を以て恩徳に報いる）」という態度こそがあるべき姿としていたのであり[73]、
馬の指摘は思想史的には正確なものであった。さらに馬は、「泣いて馬謖を斬
る」という諸葛孔明の故事を引用し、八年間中国を荒らし回った末送還される
「日寇」や漢奸に対して寛容であったならば、馬謖も自らへの処罰を不服とし
て騒ぎ立てるだろうと皮肉を加えたのである。この文章は、「寛容」という概
念に対して一般的な評論を加えているようではあるが、その使用する語句か
ら、蒋介石の対日方針を風刺したものであることは明らかであった[74]。

　もっとも、『人民導報』が社を挙げて「寛容」であることに反対の立場を打
ち出していたわけではない。「民族精神の発揚」と題する同紙の1946年1月

19 日の社説は、「寛大」と「平和愛好」こそが「中国民族」の民族精神であると称揚した上で、世界の各民族も同じ精神を持つことで、初めて弱小民族の解放や恒久平和に希望が持てるようになると論じており、その立論は蔣介石の演説とも相通じるものがあった[75]。とはいえ、馬石痴の文章の存在は、日本人との関係をめぐる議論に様々なバリエーションがあり得たことを示していたのである。

　『人民導報』と同様に左派的な論調で知られた『政経報』も、日本や在台日本人に否定的な論説を多数掲載していた。1945 年 10 月 25 日の創刊号の冒頭に掲載された「創刊の言葉〔＝創刊詞〕」は、過去五十年間の台湾は悲惨極まりない歴史であったとし、「我々の民族先烈」の日本への抵抗は、西来庵事件、苗栗事件、竹崎事件、林杞埔事件など無数の流血の犠牲をともなったとした。さらに、盧溝橋事件からいわゆる大東亜戦争の勃発に至り、台湾人の「民族熱情」は沸点に達したが、それはまた「日本特有の野蛮な弾圧」を引き起こすものでもあり、我々の兄弟姉妹の犠牲者数は正確には分からないほどであると記していたのである[76]。『政経報』が、中華民国の対日政策や日本人政策に直接言及することはなかったが、同誌に掲載された論考の中には、植民地当局の苛政や暴虐、日本人の民族性について批判的に記したものが多数存在した[77]。

　これらの記事は、在台日本人達の推測とは異なり、在日・在比の台湾人の境遇の劣悪さを論拠としたものではなかった。それゆえ、『台湾新生報』の論調変化が台湾人の態度に直接影響を与えた効果は、限定的なものであったと考えられる。

（3）　一般日本人の送還

　1946 年 1 月 7 日、中華民国行政院は、徴用を許可された技術者を除く全日本人の中国残留を禁じる指示を、行政長官公署も含む各地方当局に通達した[78]。台湾においては、行政長官公署が同年元旦にすでに日本人政策を発表し、一部技術者を留用すること、また、彼らを除いた一般の日本人は全て台湾から送還することが布告されていた[79]。

　日本人引揚げの第一期は 1946 年 3 月 2 日から同年 5 月 25 日までであり[80]、

この期間に彼らの内大部分が台湾を引揚げる。3月2日の『台湾新生報』記事によれば、日本人に対する講話の中で陳儀は、「怨みを以て怨みに報ずることはしない」という蔣介石の方針を説明し、「この偉大なる精神は蔣委員長一人のみでなく中国民族の普遍的美徳」であるとして、「諸君は疑懼せず我々と共に懇切的、社会の改造に向つて努力すべきである」と述べたという。「社会の改造」として陳儀が彼らに求めたのは、日本を「平和民主的国家」にし、中国を再認識して、その善意を信ずることであった[81]。

　このような宣伝を受けた日本人達は、どのように帰国していったのだろうか。塩見俊二は、引揚げ時の情景を次のように描いている。

　　　五十年ニ亙ル苦心経営ト五十年ノ努力ノ結晶タル財産ヲ数箇ノ荷物ニ代
　　　ヘ千円ノ金ヲ持チテ帰ル日僑姿ハ、誠ニ哀レデアリ誰人モ明日ノ希望
　　　ヲ失ヒ而モ敗戦ノ故国日本ヘ、生活難ノ国日本ヘ、食糧地獄ノ故国日本
　　　ヘト重イ足取ヲ向ケテ行ク。[82]

　塩見によれば、このような状況のため、第一期の引揚者は自己の境遇に強い不満を感じ、口々に「此ンナ所ニ居レルカ」、「中国人ノ風下ニ立ツコトハ日本人ノ恥辱ダ」等を合言葉に「津波ノ如ク」台湾を去っていった。そのため彼らは、植民者としての経験を反省する間もなく本国へ帰還したという[83]。

　一方、『台湾新生報』は、引揚者達は「敗戦の跡形もなく明朗闊達そのもので、わが方の寛大な取扱に感謝するかのやう」と記述していた[84]。この描写には、当局による宣伝という面もあっただろうが、日本人の中にも、実際に中華民国の寛大な方針に感銘を受けたとする言説は存在していた。ある日本人は『人民導報』紙上に、「蔣主席の徳性に感激せよ！」と述べ、蔣介石の度量は幕末維新期の庄内藩に対する西郷隆盛や、敵に塩を送る故事で有名な上杉謙信にも勝ると記していた。また、ある復員軍人は同じく『人民導報』紙上に、「蔣主席の『不以怨報怨』の偉大なる言葉」に接して「深く考へさせられた」と、その心境を吐露していたのである[85]。

　『人民導報』は、当時台湾のメディアの中では最も脱植民地化が志向された

新聞であったとされる[86]。引揚げが開始された46年初のこの時期には、日本人と台湾人双方が文章を寄せ、対話を重ねるように紙面を構成しており、上述の文章もそれらの一部だったのである。一方、台湾人の文章の中では、日本に留学経験もある作家の王白淵が3月2日と3日の二回に分けて同紙に連載した「日本人諸君に與ふ」という文が、これまでも台湾の脱植民地化に関する研究の中で注目を集めて来た[87]。ここでは、対日関係の清算という本章の問題意識から、改めて王の文章を取り上げたい。

　同記事の中で王は、日本の罪科は「軍閥」が負うべき性質のものという見解は、「社会学的に云へばさうかも知れない」が、日本国民の大多数、特に台湾の如き植民地に来ている日本人は、その99％までが正真正銘の帝国主義者かその亜流、若しくはその盲目的な追従者であることを日本人は否認出来ないであろうと呼びかけ、「我々の不幸に対して日本民衆は実に冷淡であった」と、日本の対中国・台湾政策に対する日本国民の責任を問うた[88]。さらに、その翌日に掲載された続編では、次のように述べている。

　　　我々は声高く日本人諸君に呼び掛ける。民族の対立も国家の対立も絶対
　　　的なものではなく相対的な歴史関係の上に成立するものである。それ故
　　　幾年かの後日本に健全な民主々義国家が建設され、諸君の視野が拡大さ
　　　れた暁我々は諸君の再来を心から歓迎するものである。中日両民族はそ
　　　の地理的、歴史的、民族的諸関係から云つて唇歯の間柄にある。日本民
　　　族の衰亡は中国民族にとつては唇亡びて歯寒し秋の暮で我〻の絶対にと
　　　らざるところである。蔣委員長は「怨みを以て怨みに報ひず」と云はれ
　　　たが此処にその真意があるのではなかろうか。[89]

　前述の馬石痴と異なり、王は「怨みを以て怨みに報ひず」の理念自体は否定していなかったが、林献堂と同様に、「軍閥」のみならず民衆の積極的な責任をも問うていた。この点は、日本の民衆を「軍閥」の「誤った指導を受け入れた」ものとして消極的な責任を問うのみであった蔣介石の演説とは、ニュアンスを異にしたものだったのである。

そのことは、王の問いかけに対する応答として二日後に掲載された辰野高という人物の文章からもうかがえる。辰野によれば、日本人の送還が発表されて以来、「各新聞の社説に、論壇に日僑を送るの辞は数々書かれてゐて、我々としてまことにもつたいないほど暖かい言葉に溢れておりますが、我々の反省からいふとむしろ甘やかされて送られるの感がありもつと手厳しい鞭が欲しい」と考えていた。そのような折、王の文章を読んで「やや満足して日本に帰還することができる」と思ったという [90]。この一文が示すように、王白淵が『人民導報』に寄せた文章は、同時期の論調の中では、日本人に対して厳しい内容を提出したものであった。

3　日本人技術者の留用

（1）　対日論調の緩和

　一般の日本人を本国に送還する一方で、留用される日本人技術者の士気を高めるべく、行政長官公署は再三にわたって宣伝を行った。3月11日の『台湾新生報』社説は、次のように留用者の安全確保を訴えている。

　　　昨日の敵は今日の味方であると謂へる、蔣委員長は「怨をもつて怨に報ひず」と言れたが、その真意も又こゝにあるのではなからうか。台省同胞は光復以来蔣委員長のこの偉大な教訓を厳守して来た、極めて少数の復仇めいた行動もあつたがこれも朝鮮のそれに比べると全く話にならぬ程度のものである、しかし最近では日僑の遣送に際して不良の徒が跳梁し彼等に不安を與へるものが度々あると聞いてゐる、これは誠に遺憾なことで単に蔣委員長の教訓に違反するばかりでなく、自ら大国民としての襟度を否定する者である、殊に日僑の遣送後には尚政府によつて徴用された者とその家族が約十五万人乃至廿万人残留する、これ等の人達はその学識若しくは技術によつて、台湾の復興に協力する人達であつて、我々は彼等に対して偏見や敵愾心を持つことができないばかりでなく、一歩進んで敗戦後の異郷に残つて我々の建設に協力する彼等に対して好

感の念を持ち公私共に深い思ひやりを持つべきである。[91]

　このように『台湾新生報』は、留用された日本人達に対しては、前年後半の厳格な論調を改め、好意的態度を以て遇するように訴えていた。行政長官公署の葛敬恩秘書長は、2月27日の記者会見で、

　　留用日僑は仮令帰国しても敗戦国民としての負担を免れ得ない現実をはつきり認識して留用されたことに対し感謝せねばならぬ、そして公私の別なく善良なる日僑として一層努力を希望する、然らば成績優秀の者に対しては将来平和条約締結後帰化のことも考へられるのである〔後略〕[92]

と、中国国籍取得の可能性さえ示唆したのである。

　台湾警備総司令部上校秘書の瞿絡琛が3月24日に『台湾新生報』上に発表した「別れに臨んで送る言葉――帰国日僑を送る」という文章は、同紙に掲載された論説の内、最も日本人に対して好意的な内容であった。瞿はまず、引揚げ日本人が駅に向かって行列している姿には同情を禁じ得ないとして、「五十年の怨恨、八年来の血債は刹那の間に我々の心から消え去ったようであり、惜別の感に堪えない」との心情を吐露した。さらに、「中国人が従来から実行して来た〔中略〕旧悪を念はずの教訓」に言及し、日本人が真に覚醒しさえすれば、「中日両国」は必ずや心を合わせて協力し、共同の目標に向かって邁進することが出来る様になると指摘した。最後に、日本の植民地統治について瞿は言う。

　　日本民族は優れて美しい徳性と独特の精神を有しており、この精神と美徳をよりどころとして、初めて日本は八十年の間に相当な成果を上げることが出来た。台湾にしてみれば、この美しい「フォルモサ」（FoＹmosa）の経営建設の中で、当然日本人は最大の努力をして来た。個人的にはこれに対し非常に敬服している。日本人が民族的優越感を抱

いているのは間違いであるが、我々は日本民族が世界でも優秀な民族で、勤勉に働く精神を有していることを認めないわけにはいかない。もし、その向かう方向が適切であれば、必ずや世界人類に対し偉大な貢献が出来ると信じている。〔中略〕今、私は「中日親善」の時がすでに到来したと考える。[93]

　多くの先行研究が指摘しているように、1946年初頭というこの時期は、一般日本人が引揚げて行く一方、当局と台湾人の間で、「漢奸」問題による緊張が生じていた期間でもあった[94]。1946年1月、台湾省警備総司令部は、前年11月に中華民国政府が公表した「処理漢奸案件条例」に基づいて、台湾における「漢奸」の捜査を開始した。条例は、日中戦争で日本側に協力した国民を処罰するために制定されたものであったが[95]、警備総司令部は植民地統治下にあった台湾でも同条例を適用し、2月には、日本軍人と共謀して台湾独立を企てたとの容疑で許丙、辜振甫、林熊祥、簡朗山、徐坤泉、林熊徴、黄再寿、詹天馬、陳炘らを逮捕した。いわゆる「漢奸逮捕事件」である。この他にも、百数十名の台湾人が逮捕リストに載せられていたと伝えられている。

　「漢奸逮捕事件」は、台湾出身で早くから国民党に加入していた丘念台が、南京に対して取り成しを行うことで幕を閉じることとなる。しかし、行政長官公署は、さらに同年8月、日本統治時代に「皇民奉公会」に所属して重要な仕事に従事した台湾人の公民権を停止するとの内容を含んだ「台湾省停止公権人登記規則」を公布した[96]。「規則」は、日本統治時代に自治運動や民主化運動に関わっていた人々をも一律に総督府の「御用紳士」と見なすものであり、台湾人からは、彼らが置かれた歴史的文脈を無視した不当なものであるとして、強い反発を引き起こしたのである[97]。日本の植民地当局への協力者が「漢奸」という厳しい非難を受けていたことと比較すると、前述の『台湾新生報』による日本人留用者に対する呼びかけは、整合性がとれないほど温情的なものであったように見える。

　さらに、1946年初頭には、単に官製メディアの論調が好転しただけでなく、台湾人の日本への感情にも改善の傾向が見られたことが記録されている。3月

に台湾中部を視察した米国の情報部員は、行政長官公署への失望から、台湾人の間で日本人に対する嫌悪感が減少し始めた旨を報告している。その理由としては、陳儀政府の管理能力の低さ、米価高騰、強盗事件の増加などの現状と比較すれば、日本時代の方がより効率的であったこと等が挙げられていた[98]。

　こうした状況は、台湾社会の中で、留用者が相対的に恵まれた環境に置かれるようになることを意味していた。この頃日僑互助会の事務局長を務めていた塩見俊二は、第一期の引揚げ終了後間もなく、留用者達の生活は安定期に入ったと記している。塩見はその背景として、①治安が漸次安定に向かったこと、②物価は昂騰を続けたが、給与の大幅引上げが断行され、生活状態が改善したこと、③生活能力の乏しい者や異端的分子がほとんど送還されたこと、④残留日本人の関心の的であった子弟教育問題が、新設校の開校により概ね解決されたこと、⑤外省人への失望感のため、本省人の日本人に対する観念が好転したこと、⑥中国人の態度も平穏であったこと、を挙げている。そのため、46年の４月から５月までは、「誠ニ日本人ニトッテ平静ナル状況ノ下ニ経過シタ[99]」のであった。

　このような変化を受けて塩見は日記に、今や大多数の日本人の引揚げが終ったのだから、残留する日本人への指導方針も従来の「自粛自戒」の消極姿勢から、「中日提携」の新使命に勇躍せしめるように転換しなければならないと記していた。塩見の考えでは、東アジアにおける日中文化の接触点は台湾のみであり、台湾は将来の「中日提携」の揺籃の地であった。そのため、台湾に在住する日本人は「中日提携」の実践者たる「光栄」を有しており、両国の提携なくして中国の復興なく、日本の再建もないのだから、在台日本人は同時に日本再建の重大使命をも帯びていたのである[100]。

　しかしながら、官製メディアの論調の好転や、生活・治安の安定化、さらに塩見ら日本人有力者による留用者に対する協力的態度の呼びかけがあったにも関わらず、留用者達は「萎靡沈滞」の状態にあり、「留用ニナッタラ仕方ガナイ」「内地ニ帰ッテモ食ヘナイカラ留台スル」といった消極的な理由で、残留するに過ぎなかった[101]。６月に入ると、給与の遅配から留用者の生活は再度不安定化し、留用者の帰国を希望する声は日増しに高まった[102]。留台日僑世話

役の速水國彦は、経済的及び治安上の不安が留用者をして早期の帰国をのみ希う状況に陥らせ、これに対する指導は困難であると本国に報告している[103]。そうした状況は留用をする側も敏感に感じ取っており、6月11日の『台湾新生報』社説は、「現在大部分の留用された日本人は、仕事の意欲は低く、感情や意志も我々と完全には協調することが出来ない。そのため、彼らをして残留しても出来ることはなく、存在するだけの人員に過ぎないと思わせている[104]と指摘していた。

このような状況下で、7月に東京で渋谷事件が発生すると、留用者の心理状況は更なる悪化を見せたのである。

（2）　渋谷事件の発生

戦後、東京に居住していた台湾人の一部は、生活のために闇市で露店や飲食店を経営し、日本の暴力団組織や警察としばしば対立を起こしていた。1946年7月19日、渋谷警察署の前でこうした台湾人と警察の間で衝突が起こり、警察が発砲。台湾人5名が死亡し、18人が負傷、40数人が逮捕された。いわゆる渋谷事件である[105]。

この事件は、日本では大きな関心を呼ばなかったが[106]、台湾の新聞はこぞって事件の概要を伝え、強い非難と抗議を行った。『台湾新生報』の7月25日の社説は述べる[107]。

> 民族性は相当に定型的なものだ、「江山改め易く本性易へ難し」個人の性格はかくの如きものであるが、民族の性格は尚更である民族性を改めるに五年、十年では効を奏しない、長期の教育と統制が必要である。中日両民族を比較すれば、日本が降伏して以後、全中国（台湾も含む）の我が中国人は一人の日俘日僑をも虐殺してゐない、我が民族性は仁に厚く度量寛大で誠に「徳を以て怨に報ふ」ものである。試みに四、五ヶ月前の日僑還送の情景を回想して見よう、台北全市を埋める日本人の露店に対し借地料を取るものもなければ商店撤去を脅迫するものもなかった、又数千人集つて日僑を殴打したか、更に警察が発砲して、日僑を虐

殺することに至つては、想像もおよばないものであつた。

　こうした前提に基づいて、社説はさらに以下の提言を行う。第一に、占領軍当局は日本人の民族性をはっきり認識し、その厳格な管理と教育が必要である。第二に、日本人民は中国、特に台湾から引揚げた日僑に対し、中国人が彼らをどのように処遇したかを聞くべきで、もし日本人が「以怨報徳」で台湾同胞を圧迫するなら必ずやその報いを受けるだろう。第三に、台湾同胞はこの事件に対して感情を押さえ、大国民の風格を保たなければならない。ここでは、渋谷事件に対する批判が、事件そのものにとどまらず日本人の民族性にまで及んでいる。その一方で、日本人に対して報復的な行動を採ることは、やはり厳に戒められていた。

　翌日、『台湾新生報』は、省参議会議長黄朝琴、省参議員呉鴻森、国民党執行委員蔡培火、政治建設協進会の蔣渭川、及び台湾省婦女会の謝娥ら台湾人知識人による、渋谷事件に対する批評を掲載した[108]。彼らはいずれも、事件の発生とそれに対する日本側の処理を批判したが、その中で蔣渭川は、「一体我等は台湾の日人に如何なる態度を示したかを彼等は知らないらしい、我等は断固強硬外交によって彼等の徹底的な武装解除を要求する」と述べ、謝娥は、「甚だけしからんことです、米国には負けても中国には負けてないとの誤れる思想の現れです、在日同胞と言へども一様に中国人であることには間違ひありません、我等は戦に敗れた彼に徳を以て報ひたのに、彼らは恩を仇で返す」との批判を展開した。中国・台湾の寛大さにも関わらず、それに報いない日本という構図の非難が、台湾人知識人からも提出されていたのである。

　この年の４月に台中で設立された『和平日報』の立場は、上述の論調よりもさらに強硬であった。７月23日の同紙社説は、「若日本政府が適宜の表示がなければ、我等はこれ等日僑を監禁して人質となす権利を有するものである」と主張し[109]、在台日本人を震撼させたのである。７月27日、高雄日僑総世話役の岩佐直則は、留台日僑世話役の速水國彦に対し、台湾各紙、特に『和平日報』の対日論調は常軌を逸していると報告し、こうした反日的論調は単なる地方紙の報道というよりも、その背後に「複雑怪奇ナル権謀術策」か、または本

省人と外省人間の対立が関係しているのではないかと推測した。そこで岩佐は速水に対し、事件に対する遺憾の意を表明する広告文を各日刊紙に掲載し、併せて死傷者に対する弔意金を贈呈するよう提案する[110]。

しかし、これに対し速水は消極的な態度を示した。第一に、事件の真相が不明であること。第二に、留台日僑世話役は公式に認められた在台日本人の代表機関ではないこと。第三に、もし速水において措置すべきことがあれば行政長官公署より指示があるだろうというのが、その理由であった。速水は、各地の日僑世話役に対しても静観を指示した[111]。

この指示は各地の世話役達の大多数から支持を得たものの、8月1日、台北日僑総世話役の堀内次雄（理事長）、松木虎太（副理事長）、塩見俊二（事務長）の三名は、台湾新生報社を訪問し、次の如く語っている。

> この度渋谷事件が発生されたことは非常に残念なことで在台全日僑を代表して深く遺憾の意を表する次第である。日僑還送以来われわれ在台日僑二万八千名は安土楽業平穏無事にその日を暮すことが出来たのは全く蔣主席の所謂〝以徳報怨〟の教への致すところで深く感謝してゐる次第である、在台日僑はこの安土楽業の感謝の気持を在台全日僑の名において外務、内務両大臣に知らせ今後怨を以て徳に報ふが如きかゝる不祥事件を発生せしめないやう要請する。[112]

8月3日から4日にかけ、各地の世話役は台北に集合し、「日僑総世話役打合会」を開催した。席上、堀内次雄は、島内に向って意思の発表はしないが、日本側に向って遺憾の意を表明し、その「反射的効果」により島内民心の鎮静を期すべしと提案する[113]。実は、堀内ら数人は、8月1日の時点ですでに本国向けに遺憾の意を表す書簡の草稿を作成していた。その内容は、

> 内務大臣閣下
> 終戦以来台湾在住ノ日本人ハ其ノ軍人タルト一般居留民タルトヲ問ハズ蔣主席ノ怨ヲ以テ怨ニ報イザル方針ニ領導セラレタル中国政府及中国軍

隊ニヨリ寛仁大度ノ処遇ヲ受ケ他ノ収復地区ニ比較スルモ模範的ナル秩
序ガ保持セラレ殺害暴行等ノ不詳事件ハ全ク発生スルコトナク今日迄経
過シタルコトハ在台日本人ノ日夜感激致シ居ル所ナリ

本年四月第一次還送ヲ順調無碍ニ完了シタル後ニ於ケル公用日本人及家
族二萬八千名ニ付テモ其ノ給与住居子弟教育其ノ他ニ関シ誠意アル知遇
ヲ受ケ日本人ナルガ故ヲ以テノ生活上ノ圧迫ハ皆無ニシテ寧ロ怨ニ報ユ
ルニ徳ヲ以テスル待遇ヲ受ケ在台日本人ハ只管感激致シ居ル所ナリ然ル
ニ突如トシテ渋谷事件報導セラレ台湾民衆ニ重大反響ヲ與ヘタルノミナ
ラズ在台日本人ハ其ノ母国ニ於テ斯ノ如キ不祥事件発生セルコトニ付痛
心措ク能ハザル所ナリ〔中略〕

就テハ閣下宜敷ク蔣主席ニ領導セラル、中国政府ノ高邁ナル日本人対策
ニ思ヲ致シ大局的見地ニ立チテ日本在留台湾同胞ノ処遇ニ付遺憾ナキヲ
期セラレ度……。[114]

というものであった。ただし、この文章が実際に内務省に送付されたかは分か
らない。

　前述したような終戦後の治安の悪化や留用者の「萎靡沈滞」状態を考えた
時、上記の草案が再三にわたり蔣介石の対日寛大方針に言及して、在台日本人
の境遇の良好さを記しているのは意外なように思える。しかし、堀内も述べて
いるように、この文章の目的は「反射的効果」により台湾の民心を鎮静化させ
ることにあった。したがって、この書簡の内容は、多分に行政長官公署に対す
る外交辞令が含まれていたと考えるべきであろう。

4　対日寛大論の溶暗

　しかしながら、『台湾新生報』の論調は、日本人からの謝意表明にほとんど
影響を受けなかった。渋谷事件発生から二か月後の同紙社説は、日本は広島・
長崎の原爆こそ経験したものの、その降伏は尚早であったため、政治・経済・
軍事の各方面は崩壊に至らず、しかも米軍の管制下で「過分な寛大且つ仁慈な

る政策の恩恵を受け、未だ敗戦の苦味を嘗めてゐない」としていた。そして社説は、それは米国と世界にとって不幸なことであるから、連合国諸国は協力して徹底的な管理を加えるべきと主張したのである[115]。ここでは、すでに「寛大」ということが美徳よりも失策に近いものと位置づけられており、従来の姿勢からの転換は明らかである。

『台湾新生報』の論調が厳格化したのは、渋谷事件が直接的な引き金であったが、この時期当局が台湾に残存する日本要素の一掃に本格的に乗り出していたことも関係していたと考えられる。すなわち、行政長官公署は1946年10月10日から日本教育の「毒素」の除去と台湾人の「中国国民」としての再統合を目的とした「公民訓練」を実施し、第一期には8万6455人を対象に訓練を施した[116]。また、9月14日には中学校での日本語使用が禁止され、さらに10月25日には新聞、雑誌における日本語欄廃止が布告された。この措置に対しては、「国語」未習得者の多い台湾人から、時期尚早として反発が生じていたのである[117]。

他方、各種メディアは1946年後半に入り、本省人と外省人間の感情的対立の激化を指摘するようになっていた。8月3日の『民報』紙社説は、「今日、双方の対立は過去の台湾人と日本人の対立より深刻になった[118]」と指摘している。同月15日の『和平日報』紙社説も、「現実に対する失望に因つて、直ちに光復の意義に対して懐疑を表示し、中国に対して反感を表示する事は完全に誤謬である」と論じており、そうした「懐疑」や「反感」が広範に存在したことを示唆していた。

それと同時に、「光復」後の台湾の現況が日本統治時代よりも悪化したとする論調も、しばしば見られるようになった。12月14日の『民報』紙社説は、日本は生産過程で台湾人の血と汗の結晶を搾取したが、光復後はそれが外省人によって島外に持ち出されるという流通過程の搾取へと変容したとし、後者の方が前者よりもさらに深刻であるとしていた[119]。さらに、翌年1月21日の同紙社説では、植民地期の日本語は強制されたものであったため、光復初期の台湾人は誰も日本語を用いようとはしなかったが、「内地からの同胞」に対する失望が高じるに従って日本人に対する反感が薄らぎ、憚りなく日本語による会

第2章　台湾における対日関係清算論　107

話や日本語楽曲の歌唱が行われるようになったと指摘されている[120]。もっとも、同紙も、連合国の日本占領政策に対しては『台湾新生報』と同様に、軍国主義復活への懸念から厳格な措置を主張していたので[121]、省籍矛盾の顕在化が民営メディアの対日論調を緩和させたわけではなかった。とはいえ、日本統治時代との比較から行政長官公署の施政を批判する声が巷間に広がりつつあったことは、『台湾新生報』の日本論の硬化にも少なからぬ影響を与えたものと考えられる。実際、第一章でも見たように、同時期の中国大陸における『中央日報』の社説においては、日本の軍国主義根絶の主張や、渋谷事件への非難が展開されることはあっても、日本人の民族性自体への批判や、寛大な対日政策そのものへの否定的な見解が提出されることはなかったのである[122]。

　1947年2月、台湾人の不満は、ついに二二八事件という形で暴発した[123]。事件後、陳儀は事件発生の一因を日本人による「遺毒」の影響と断定し、残余の日本人を急遽送還する旨蒋介石に報告した[124]。蒋自身、かねてから一部台湾人の日本統治への懐旧の念が「左傾分子」の乗ずる所となり、台湾の赤化につながる可能性を陳儀に警告していたので[125]、この提案は実行に移されることとなる。

　この間、『台湾新生報』も累次にわたって日本の「遺毒」の一掃を主張し、また、事件発生の一因を日本人の責任に帰して非難を行った[126]。これら一連の論説では、もはや蒋介石の8月15日演説について言及されないばかりか、狭隘な島国の国民性を持つ日本人は中国の「寛」と「恕」という人生哲学を理解出来ないと論じられることすらあったのである[127]。こうして、二二八事件の勃発は、当局が台湾で展開して来た対日寛大の宣伝を実質的に終了させる、最後の一押しとなったのであった。

　二二八事件はまた、台湾の言論環境にも大きな影響を与えた。第一に、林茂生を始めとする多くの台湾人エリートが事件の過程で殺害・粛清され、指導者層の空白を招くと同時に、迫害を逃れた人々も政治に対する関与や発言を控えるようになった。第二に、メディアに対する統制が強化された。『人民導報』、『民報』、『和平報』など、当局の施政を批判的に論じることもあった有力紙が、「思想反動」、「反政府言論」、「共産党の浸透」などの理由により相次いで

封鎖されたのである [128]。

　事件発生後、事態収拾のために動いていた林献堂の言説は、こうした台湾の言論環境の変化をうかがわせるものであった。林は、日本の植民地統治が台湾に何をもたらしたかについて、当局の見解に追随して見せたのである。3月17日、事件調査のため来台した国防部長の白崇禧と面会した林は、騒乱勃発の背景として、①国内から帰還した軍属が虐待されたことへの報復、②青年の失業と物価高騰問題の存在、③「野心分子」による煽動、④純真な学生が煽動に乗せられやすいこと、⑤腐敗した官吏が民衆から反感を買っていたことなどを挙げ、政府の寛大な処置を嘆願した [129]。翌日、白は茶会の席で、蒋介石は事件を寛大に処理する方針であり、今後本省人と外省人は国家のために団結して協力しなくてはならないと述べる。それに対して林は謝辞を述べ、台湾は日本の同化教育を受けたため、青年の多くは性急で度量が狭くなり、国家を認識することが出来なくなったために暴動という挙に出たと指摘した。そして、今後は教育に力を入れて「真正な国民」を育成し、相互に敵視する心を生じさせないようにしなければならないと提言したのである。さらに、この際林は、日本が投降した日に蒋主席は全国に「以徳報怨」を布告したが、今般台湾の事件に対しても寛大に臨むことを決定され、台湾同胞はひとしく感激しているとも述べたという [130]。

　林は、別の機会には、陳儀が人事面で本省人を重用しなかったこと、日本人が経営していた工場が接収後公営となった結果、生産停滞と失業者増加を招いたこと、海外から帰還した青年層の失業問題に政府が有効な手立てを打たなかったことなども事件発生の原因として指摘しており、行政長官公署の施政には批判的であったようである [131]。それゆえ、日本統治によって台湾の青年層が悪影響を受けたと説明しつつ、寛大な処分を嘆願し、蒋介石に感謝までして見せた林の言説は、彼が中央政府におもねったものと解釈するべきか、あるいは所与の条件の中で台湾人にとって最も望ましい処遇を勝ち取るための戦術的な発言であったと評価するべきか、判断の難しいものである。いずれにしても、これらの発言は、台湾人知識人が日本統治時代の影響に関して公的な見解を表明することが、当局の歴史解釈から強く制約されるようになっていたこと

第2章　台湾における対日関係清算論　109

を反映したものであろう。

　二二八事件後、陳儀は辞意を表明し、3月18日に批准される。後任に起用
されたのは、元駐米大使の魏道明であった。この人事は、二二八事件の武力鎮
圧が米国から非難されていたため、対米関係改善のために魏の知米派としての
経験が買われたことによるとも言われている[132]。5月15日、魏道明は台湾に
到着し、翌日行政長官公署は廃止されて、台湾省政府が発足した。同日に開か
れた歓迎会の席上で魏は、「中華民族」は異民族を同化して来たことはあって
も、いまだかつて異民族から同化されたことはないと述べて、台湾同胞が日本
に「奴隷化」されたとする議論を否定した。さらに、事件中に発布された戒厳
の解除や、政府と人民が協力することなどを表明して、出席者から好印象を獲
得している[133]。

　しかし、省政府の主席が台湾人「奴隷化」論を否定したことは、当局による
日本論をも変更させるものではなかった。台湾に残留する日本文化に関する言
説はより厳格なものになったし（第五章）、官製メディアにおける日本に関す
る論説は、事件の終息後も一貫して厳格な論調を崩さなかったのである。

　1947年中旬、南京の『中央日報』紙は、日本が米国との沖縄共同管理と台
湾への移民派遣再開を希望したとの消息を報道した（第一章）。そして、同問
題に対する『台湾新生報』の報道は、『中央日報』よりもはるかに多くの紙面
を割き、関連報道も数次に及ぶものであった[134]。6月10日の社説は、台湾へ
の移民再開希望は日本の侵略的思想の発露であるとして、強く警鐘を鳴らして
いた。

　　　　戦後の日本は、表面的には多くの変化があったが、その元々の帝国主義
　　　的性格は、いまだに権力の座にある政治指導者の保守的で陳腐な根性に
　　　依拠して存在している。こうした性格は、最近の日本のいくつかの企み
　　　から繰り返し露見している。〔中略〕日本の現在の企図は、ポツダム宣
　　　言によって加えられた日本の領土に対する制限を打破し、対外拡張の機
　　　会を得ようとするものである。こうした企図は、戦勝した連合各国全て
　　　に不利をもたらす。特に、琉球を台湾進出の踏み石とし、さらに台湾を

南洋への躍進の踏板としようとするこうした再侵略の可能性に対して、各国は警戒感を深めずにはいられない。[135]

　同じ社説はさらに、日本人は戦争によって台湾を取得し、入台後の統治も強迫的なものであったとして、台湾同胞は過去の日本の血腥い統治に対して憤怒があるのみであり、好感は全く存在しないと断じた。そして、日本人は敗戦からいまだに真の教訓を得ていないから、占領当局は日本人の「陳腐な思想の改造」に留意するよう希望したのである[136]。

　こうした論調は、米国の占領政策が日本育成路線に転じ、それに呼応して『中央日報』の日本論が軟化した1948年に入っても基本的に変化はなかった。同年9月、張群が訪日時に日本国民向けに発表した放送についても、9月14日の『台湾新生報』社説は、日本との提携も将来的には可能になると張群が述べた部分には触れず、民主思想の徹底を呼びかけた部分のみを取り上げ、論評していた。同社説は、張群の講演は彼個人の意見ではあるが、我が国有識者の日本問題に関する見解を代表したものでもあるだろうとし、このような談話は、民主主義が容易に習得可能なものと考えている一部の浅はかな日本人の思想を一掃するに足りると評価した[137]。日本との提携の方により重点を置いて論評していた『中央日報』に比べ、『台湾新生報』は、依然として日本の民主化の進展度に憂慮を示し、不信感を前面に出すものだったのである。

小結

　本章は、戦後初期の台湾において、日本人及び日本との関係をいかに再構築するかという問題に関して、当局がいかなる「物語」を創出し、台湾社会に宣伝していたかを検討して来た。これまでの検討から、以下の諸点が明らかになったと言えよう。

　第一に、台湾を接収した当局は、この地においても、蒋介石の8月15日演説を引用し、それを日本との関係再構築の基本理念として宣伝を行っていた。台湾は日中戦争の舞台とはならなかったが、そのことには特別に言及しないま

まに、台湾人も「中華民族」伝統の美徳を発揮し、日本人に対して「大国民の風格」を示すよう、当局は求めたのである。このような宣伝には、治安の安定化や引揚げ日本人の再教育、留用者の懐柔という実利的な狙いと共に、対日関係に関する記憶の意味づけを中国大陸のものと同一化させる意図を指摘することが出来るだろう。換言すれば、8月15日演説の宣伝には、その受け手である台湾人を「中国国民」として統合する機能が、言外に含まれていたのである。

とは言え、当局が台湾で実施した上述の宣伝は、必ずしも首尾一貫したものではなかった。官製メディアは、一般の日本人を寛大に取り扱うよう呼びかける一方で、しばしば日本人に対して敵意を含んだ記事も掲載して彼らの警戒心をかき立てていたし、とりわけ渋谷事件発生後の対日論調は、留用者の存在と必要性にもかかわらず目に見えて硬化した。それに伴い、「光復」の初期には中国人の「民族精神」と称えられた寛大という性格も、日本に対する限り美徳とは評価されなくなっていったのである。行政長官公署による日本人の待遇が寛大なものであったという位置づけ自体は一貫したものであったが、宣伝政策として考えた場合、日本は寛大に処遇されるべきであるとの言説は、1946〜47年にかけて下火になって行き、二二八事件の勃発によって実質的に一度終焉を迎えたものと言える。中国大陸において『中央日報』の論調が軟化した1948年以降も、『台湾新生報』の対日論調は、引き続き日本に対する不信感を露わにしたものだったのである。

第二に、この宣伝に対する台湾人の反応は、一般化が困難なほど多様なものであった。しかし、その中でも次のような指摘は出来るだろう。まず、少なからぬ数の台湾人知識人や民営メディアの論説が、蔣介石の演説に言及しつつ日本に対する見解を表明していた。そのことは、この演説の存在が台湾の言説空間において相当に普及しており、重視されていたことを物語るものであったと言えよう。

次に、日本及び日本人を寛大に遇するという理念に対しては賛否が分かれたし、あるべき寛大さの内容についても温度差が存在したが、当局や台湾人が日本人を寛大に遇したという「経験」については、広範に一致した描写が見られ

た。渋谷事件の発生後、日本人に対して向けられた有力な非難は、まさにこの寛大さに対する忘恩、という論理によって構成されていたのである。このような言説においては、当局の公式な論説と同様に、しばしば中国大陸と台湾の歴史的経験の差異について言及されず、むしろ一体化されることさえあった。その際、台湾人も、解放された被植民者としてよりは、「戦勝国民」の側に自らを位置づけるケースが存在したのである。

　第三に、在台日本人の反応も、台湾人と同様にバラエティーに富むものであった。多くの日本人が蔣介石演説の内容を知悉していたことは、それが彼らから強く関心を寄せられていたことを示すものではあった。ただし、当局や台湾人が実際に寛大であったかについては意見が分かれており、彼らの温情に感激したとの証言がある一方で、日本人に対する扇情的な言論や、報復行為の存在を示唆する記述も存在しており、錯綜した様相を見せていた。8月15日演説の内容が喧伝されたことが、日本人達の不安を軽減させる上で一定の効果があったことは疑いないが、それが治安維持の面でも有効な機能を果し得たものであったかを実証的に評価するのは難しい。

　ただし、日本人達にとっても、8月15日演説の方針によって寛大に取り扱われたという「語り」自体は、公式な場面で動員される「物語」であった。渋谷事件により日本人に対する視線が冷却化した際、一部日本人達は「以徳報怨」に対する感謝と報恩の意思を台湾社会に伝えることで、好意的な処遇を勝ち取ろうと努めた。そこで用いられた表現には明らかな誇張があり、彼らの正確な認識を反映していたかどうかには疑わしいところがあるが、このように述べることが最もふさわしいと認識されていたことは確かである。

　結局、終戦直後の台湾において、日本の「軍閥」と一般日本人を分別し、後者に対しては寛大に臨むべきであるとする中国大陸発祥の＜起源の物語＞は、すぐれて流動的で論争的なものであった。しかし同時に、それは行政長官公署、台湾人、在台日本人の三者間において、共通の「語り」を物語らせるよう要求する、固定的な言説でもあったのである。いずれにせよ、この「物語」は、台湾人と日本人が植民地統治の経験をいかに清算するかという課題を、「中国人」と日本人の間の「戦後処理」の問題として再設定することで成立し

第2章　台湾における対日関係清算論　113

たものであり、省籍矛盾が顕在化した後においても、そうした前提に対して公
然と疑義が呈されることはほとんどなかった。

　対日関係に関する公式な「物語」は、1940年代末に近づくに連れ、中国大
陸と台湾で次第に異なったものになっていく。『中央日報』と『台湾新生報』
の論説を比較してすぐに気が付くことは、後者の論調は基本的には中央政府の
ものと歩調を合わせつつ、中国大陸とは異なった台湾の特殊事情をも反映して
いたということである。渋谷事件は在日台湾人が巻き込まれた事件であった
し、日本人と住民との間の関係に当局が敏感にならざるを得ず、日本人移民再
来の噂に警戒感を露わにしなければならなかったのも、『台湾新生報』紙が、
五十年間の植民地支配を経験した台湾という地域を統治する機関の広報紙であ
ることを考えれば理解出来るであろう。

　終戦直後の台湾における対日関係の「物語」は、中国大陸から大きな影響を
受け、脱植民地化よりも戦後処理の文脈から形成されることになった。しか
し、その戦後処理の「物語」も、やはり中国大陸とは異なる台湾の歴史的背景
から、影響を受けることは避けられなかったのである。

　このような中、1949年末になると、国共内戦の敗北により、中央政府が公
称200万の軍民を引き連れて台湾に移転して来る。松田康博の言葉を借りれ
ば、離島地域を除き、事実上台湾省しか統治していない中央政府が台湾省の上
に「乗っかった」形となることで、台湾は一気に「中央化」（中央政府が撤退・
移転することによって、ある地方に中央的性質を有する組織、機能等が集中す
ること）するのである。こうして台湾を「中央化」させた中華民国政府は、
1950年代初頭、日中戦争により不正常なものとなっていた対日関係を法的に
清算するという課題に取り組むこととなる。それが、次章で検討する対日平和
条約の締結問題である。次章では、同問題の処理が戦後日華関係の「物語」に
どのような影響を与えたかを明らかにすることとしよう。

注

　1　「陸軍一般命令第一号」（江藤淳編『占領史録（上）』講談社、1995年）196頁。

　2　許雪姫総策画『台湾歴史辞典』（台北：行政院文化建設委員会、2004年）826頁。

3　若林正丈「台湾の重層的脱植民地化と多文化主義」(『鈴木正崇編『東アジアの近代と日本』慶應義塾大学東アジア研究所、2007年』) 207頁。

4　陳翠蓮「去殖民與再殖民的対抗：以一九四六年『台人奴化』論戦為焦点」(『台湾史研究』第9巻第2期2002年12月)。

5　陳芳明『台湾新新文学史　上』(台北：聯経出版、2011年) 216-233頁。

6　若林正丈『台湾：変容し踟躇するアイデンティティ』(筑摩書房、2006年) 73頁。

7　何義麟『二・二八事件：「台湾人」形成のエスノポリティクス』(東京大学出版会、2003年) 4頁。

8　当局と引揚げ前の在台日本人の関係についての分析の中で、日本人研究者による代表的な成果は、加藤聖文「台湾引揚と戦後日本人の台湾観」(台湾史研究部会編『台湾の近代と日本』、中京大学社会科学研究所、2003年) である。加藤は、日本人送還が順調に行われたことや台湾人の引揚者に対する態度が友好的であったことが、戦後日本において植民地時代の美化や、「以徳報怨」に象徴される一種の「蒋介石神話」が生じる一因となったと指摘している。他方、台湾の台湾史研究者は、概して日本人は当局によって厳格に取り扱われたと描写している。陳幼鮭「戦後日軍日僑在台行蹤的考察（上／下）」(『台湾史料研究』第14／15期、1999年12月／2000年6月)、欧素瑛「戦後初期在台日人之遣返」(『国史館学術集刊』第3期、2003年9月)、許世銘「戦後留台日僑的歴史軌跡―関於渋谷事件及二二八事件中日僑的際遇」(『東華人文学報』第7期、2005年7月) など。

9　川島真「台湾の光復と中華民国」(佐藤卓巳、孫安石編『東アジアの終戦記念日』筑摩書房、2007年)。

10　「修正『出版法』」(『国民政府公報』第2401号、1937年7月9日) 4-5頁。

11　薛月順編『台湾省政府档案史料彙編：台湾省行政長官公署時期（一)』(台北：国史館、1996年) 44頁。

12　楊秀菁『台湾戒厳時期的新聞管制政策』(板橋：稲郷出版、2005年) 28-29頁。

13　廖風徳『台湾史探索』(台北：台湾学生、1996年) 339-342頁。

14　林茂生と『民報』については、李筱峰『林茂生・陳炘和他們的時代』(台北：玉山社、1996年)。

15　曾健民『1945年破暁時刻的台湾―八月十五日後激動的一百天』(台北：聯経出版、2005年) 172-173頁。

16　周夢江、王思翔著『台湾旧事』(台北：時報、1995年) 22頁。国民党政権内の派閥抗争と台湾政治の関係については、陳翠蓮『派系闘争與権謀政治：二二八悲劇的

別一面相』（台北：時報文化、1995 年）。

17　陳芳明著、森幹夫訳『謝雪江・野の花は枯れず：ある台湾人女性革命家の生涯』（社会評論社、1998 年）198-200 頁。

18　何義麟「《政経報》與《台湾評論》解題：従両份刊物看戦後台湾左翼勢力之言論活動」（『《政経報》一巻一期〜二巻六期　台湾旧雑誌覆刻系列④之④』（台北：呉三連台湾史料基金会；伝文出版；聯経総経銷、1998 年）5-6 頁。

19　許曹徳『許曹徳回憶録』（台北：前衛出版、1990 年）103 頁、呉新栄『震瀛回憶録：清白交代的台湾人家族史』（台北：前衛出版、1989 年）185-186 頁、張良澤主編『呉新栄全集 6：呉新栄日記』（台北：遠景出版、1981 年）178 頁、呉濁流『無花果』（台北：草根出版、1995 年）133-134 頁、鍾逸人『辛酸六十年』（上）（台北：前衛出版、1993 年）271-272 頁、陳逸山『陳逸山回憶録：日拠時代編』（台北：前衛出版社、1994 年）294 頁、葉栄鐘『台湾人物群像』（台中：晨星出版、2000 年）434 頁、許雪姫編註『灌園先生日記（十七）一九四五年』（台北：中央研究院台湾史研究所・中央研究院近代史研究所、2010 年）245 頁。

20　Strategic Service Unit, *A Report on Formosa (Taiwan)―Japanese Intelligence and Related Subjects*,（RG59, Department of State Decimal File 1945-1949, Box7385, in The U.S. National Archives and Records Administration）, p. 15.

21　葉栄鐘、前掲書、447 頁。

22　「第十方面軍復原史資料」（蘇瑤崇主編『台湾終戦事務処理資料集』台北：台湾古籍出版有限公司、2007 年）81-82 頁。

23　「全国民今ぞ猛省一番」（『読売報知』1945 年 8 月 28 日）。

24　「報復を企図せず　蒋、対日態度表明」（『大阪毎日新聞』1945 年 9 月 5 日）、家近亮子『日中関係の基本構造―2 つの問題点・9 つの決定事項』（晃洋書房、2004 年）131 頁。

25　「社説　日本と蒋主席」（『台湾新報』1945 年 9 月 10 日）。

26　伊藤正「変局に際して成田長官と語る」（『台湾新報』1945 年 8 月 20 日）。

27　「本島に重慶軍　朝鮮にはソ・米が軍政」（『台湾新報』1945 年 8 月 25 日）。

28　加藤聖文『「大日本帝国」崩壊』（中央公論新社、2009 年）75-76 頁。

29　台湾総督府警務局「大詔渙発後ニ於ケル島内治安状況並警察措置（第一報）」（昭和二十年八月）（蘇瑤崇主編『最後的台湾総督府 1944-1946 年終戦資料集』台中：晨星出版、2004 年）125-126 頁。

30　同上文書、129-130 頁。

31　「祖国・省民を忘れず　林献堂氏講演要旨」(『台湾新報』1945 年 9 月 27 日)。

32　許雪姫、前掲書、1945 年 9 月 20 日の条、300 頁。

33　同上書、1945 年 9 月 21 日の条、301 頁。推薦されたのは、陳炘、黄朝清、葉栄鐘他数名である。

34　台湾総督府残務整理事務所「台湾統治終末報告書」(1946 年 4 月)、蘇瑤崇、前掲『最後的台湾総督府』、262-263 頁。

35　台湾総督府警務局「終戦後ニ於ケル島内治安状況竝警察措置（第三報）」(1945 年 9 月)、同上書、159 頁。

36　Strategic Service Unit, *op. cit.,* p. 17.

37　池田敏雄「敗戦日記」Ⅰ（台湾近現代史研究会編『台湾近現代史研究』第 4 号、1982 年)、1945 年 9 月 24 日の条、69 頁。

38　同上日記、70 頁。

39　陳逸松「社論　目前緊急的政治諸問題」(『政経報』第 1 巻第 2 期、1945 年 11 月 10 日) 3 頁。

40　「台湾行政長官公署秘書等兼台湾警備総司令前進指揮所主任葛敬恩発表告台湾同胞書」(魏永竹主編『抗戦興台湾光復史料輯要』南投：台湾省文献委員会、1995 年) 418 頁。

41　「台湾ノ治安一般状況」、蘇瑤崇、前掲『台湾終戦事務処理資料集』、252 頁。

42　李桂□（一字不明）「アジア人の大同団結」(『台湾新報』1945 年 10 月 17 日)。

43　「台湾行政長官陳儀在慶祝光復大会致詞」、魏永竹、前掲書、421 頁。

44　「慶祝光復大会林献堂致詞」、同上書、423 頁。

45　なお、林が桃太郎に言及しているのは唐突に見えるが、第二次大戦中の日本では、敵である英米が「鬼」として表象されたことから、それを征服する桃太郎が格好のシンボルとなり、初等国語教科書やアニメ映画の題材に用いられていた。林の発言は、その反映であったと考えられる。ジョン・W・ダワー著、猿谷要監修、斉藤元一訳『容赦なき戦争：太平洋戦争における人種差別』(平凡社、2001 年) 420-432 頁。

46　「社論　告在台日本人」(『台湾新生報』1945 年 10 月 28 日)。

47　「大国民の襟度を保持　『以怨報怨』を慎めよ」(『台湾新生報』1945 年 10 月 31 日)。

48　欧素瑛、前掲論文、213 頁。

49　塩見俊二『秘録・終戦直後の台湾：私の終戦日記』(高知新聞社、1979 年)、日記 1946 年 4 月 4 日の条、101 頁。

50 望月太郎「台湾は心のふるさと」(台湾協会編『台湾引揚史：昭和二十年終戦記録』台湾協会、1982 年) 179 頁、友寄景勝「いくさ世の台湾」(台湾引揚記編集委員会編『琉球官兵顛末記』台湾引揚記刊行期成会、1986 年) 288 頁。

51 楊大慶「中国に留まる日本人技術者—政治と技術のあいだ」(劉傑・川島真編『1945 年の歴史認識：＜終戦＞をめぐる日中対話の試み』東京大学出版会、2009 年) 121 頁。

52 塩見俊二、前掲書、日記 1945 年 10 月 27 日の条、86-87 頁。邵毓麟の台湾赴任時の活動については、本人による回顧録がある。邵毓麟『勝利前後』(台北：伝記文学、1967 年)。

53 楊大慶、前掲論文、120-122 頁。

54 同上論文、121 頁。

55 蘇新「論人事問題」(『政経報』第 1 巻第 3 期 1945 年 11 月 25 日) 3-4 頁。このような声を収録したものとして、他に「旧警官の留用止めよ　記者団民の声を聞く」(『台湾新生報』1945 年 11 月 22 日)。

56 「在台日人の自己粛清　一大運動を展開せん」(『台湾新生報』1945 年 11 月 12 日)。

57 「社論　要救済在日台胞」(『台湾新生報』1945 年 10 月 30 日)。

58 「千余名を虐待で獄死」(『台湾新生報』1945 年 11 月 18 日)、「日に七人の拷問致死者」(『台湾新生報』1945 年 11 月 20 日)、「スパイ事件を捏造　漁師十名を銃殺す」(『台湾新生報』1945 年 12 月 16 日)、「近く断乎責任を追及　日籍職員のサボタージュ」(『台湾新生報』1945 年 12 月 14 日)、「見果てぬ日人の夢　悪質なデマ飛ばす　憲兵隊で断乎検挙」(『台湾新生報』1945 年 12 月 19 日)。

59 竹中信子『植民地台湾の日本女性生活史 4（昭和編下)』(田畑書店、2001 年) 427 頁。

60 謝振声「日本敗戦底心理的原因」(『政経報』第 2 巻第 2 期、1946 年 1 月 25 日) 12 頁、Nancy Hsu Fleming 著、蔡丁貴訳『狗去猪来：二二八前夕美国情報档案』(台北：前衛出版、2009 年) 114 頁。

61 Strategic Service Unit, op. cit., pp.108-109.

62 「日本戦敗了麼？　柯参謀長発表広播」(『台湾新生報』1945 年 11 月 19 日)。

63 陳翠蓮、前掲論文、149-150 頁。

64 「社論　思想毒素の粛清」(『台湾新生報』1945 年 12 月 17 日)。

65 「社論　略論当前興革」(『台湾新生報』1945 年 11 月 21 日)。

66 「社論　在台日人の注意を喚起す」(『台湾新生報』1945 年 12 月 5 日)。

67 塩見俊二、前掲書、日記 1946 年 4 月 4 日の条、102 頁。

68 池田敏雄、前掲日記、1945 年 12 月 28 日の条、99 頁。該当する報道としては、「比島台胞地獄より帰る」(『台湾新生報』1945 年 12 月 24 日)、「病人を集めて焙殺」(『台湾新生報』1945 年 12 月 25 日)。

69 「社論　為在台的日人設想」(『民報』1945 年 11 月 12 日)。

70 「工具被日兵殺死」(『民報』1945 年 12 月 25 日)、「日装警吏，街民不快，花蓮」(『民報』1945 年 12 月 13 日)。

71 「熱言」(『民報』1945 年 12 月 21 日)。

72 「在日同胞，救済辦法」(『民報』1945 年 11 月 18 日)。

73 『論語』の解釈については、金谷治訳注『論語』(岩波文庫、1987 年) 203 頁を参考にした。

74 馬石痴「関於『寛容』」(『人民導報』1946 年 1 月 13 日)。

75 「社論　発揚民族精神」(『人民導報』1946 年 1 月 19 日)。

76 「創刊詞　民族意識之発揚及整個指導中心」(『政経報』第 1 巻第 1 期、1945 年 10 月 25 日) 3 頁。

77 林金莖「新台湾如何建設」、良正「這一次抗戦的意義：抗戦雖已成功，建国尚須努功」(『政経報』第 1 巻第 2 期、1945 年 11 月 10 日)、謝振聲、前掲論文など。

78 「台湾省行政長官公署転令在華日僑非経許可徴用之技術人員一律不准留華」(1946 年 4 月 3 日) (何鳳嬌編輯『政府接収台湾史料彙編』新店：国史館、1990 年) 625 頁。

79 曾健民、前掲書、205 頁。

80 第二期は 1946 年 10 月 19 日から同年 12 月末、第三期は 1947 年 4 月中旬から同年 5 月 3 日、第四期は 1947 年 12 月、第五期は 1948 年 4 月、第六期は 1948 年 11 月、第七期は 1949 年 8 月であったという。欧素瑛、前掲論文、211-212 頁。

81 「中国を信じ合作せよ　陳長官、日俘に與ふる辞」(『台湾新生報』1946 年 3 月 2 日)。

82 塩見俊二、前掲書、日記 1946 年 3 月 25 日の条、99 頁。

83 同上書、日記 1946 年 8 月 1 日の条、151 頁。

84 「日に五千人を輸送　日僑集中で基隆大混雑」(『台湾新生報』1946 年 2 月 25 日)。

85 木俣秋水「在台日本人同胞に告ぐ」(『人民導報』1945 年 1 月 5 日)、木村茂夫「憐憫と憎悪　復員軍人の立場から」(『人民導報』1946 年 3 月 11 日)。

86 丸川哲史『台湾における脱植民地化と祖国化：二・二八事件前後の文学運動から』(明石書店、2007 年) 47-48 頁。

第 2 章　台湾における対日関係清算論　119

87　丸川哲史、同上書、48-49 頁、何義麟『跨越国境線：近代台湾去殖民化之歴程』（板
　　橋：稲郷出版社、2006 年）254 頁。

88　王白淵「日本人諸君に與ふ」（『人民導報』1946 年 3 月 2 日）。

89　王白淵「日本人諸君に與ふ（続）」（『人民導報』1946 年 3 月 3 日）。

90　辰野高「別離の反省（一）―王白淵氏に答ふ―」（『人民導報』1946 年 3 月 5 日）。

91　「社論　日僑の遣送に関連して」（『台湾新生報』1946 年 3 月 11 日）。

92　「留用日僑は優遇　葛秘書長談」（『台湾新生報』1946 年 2 月 28 日）。

93　瞿絡琛「星期専門論　臨別贈言―送別帰国日僑」（『台湾新生報』1946 年 3 月 24
　　日）。

94　何義麟、前掲『二・二八事件』、93-94 頁、陳翠蓮、前掲書、239-240 頁。

95　「処理漢奸案件条例」（『国民政府公報』第 914 号、1945 年 11 月 23 日）。

96　「台湾省停止公権人登記規則」（『台湾省行政長官公署公報』秋 1946 年 8 月 21 日）。

97　許雪姫編註『灌園先生日記（十八）一九四六年』（台北：中央研究院台湾史研究所・
　　中央研究院近代史研究所、2010 年）、1946 年 10 月 3 日の条、365 頁。

98　Nancy Hsu Fleming、前掲書、150-151 頁。

99　塩見俊二、前掲書、日記 1946 年 7 月 15 日の条、141-142 頁。

100　同上書、日記 1946 年 5 月 2 日の条、128-129 頁。

101　同上書、131 頁。

102　同上書、142 頁。

103　「留台日僑報告書第四報（1946 年 5 月 24 日）」（河原功監修・編集『台湾引揚・
　　留用記録　巻 1』ゆまに書房、1997 年）134 頁。

104「社論　善用日僑技術人員」（『台湾新生報』1946 年 6 月 11 日）。

105　渋谷事件については、楊子震「帝国臣民から在日華僑へ：渋谷事件と戦後初期
　　在日台湾人の法的地位」（『日本台湾学会報』第 14 号 2012 年 6 月）。

106　「渋谷署前の騒ぎ　台湾省民廿七名検挙」（『読売新聞』1946 年 7 月 21 日）。

107　「社論　渋谷の惨劇に就て」（『台湾新生報』1946 年 7 月 25 日）。

108　『台湾新生報』（1946 年 7 月 26 日）。

109　「社論　日人の我台胞殺害に就いて」（『和平日報』1946 年 7 月 23 日）。

110　「留台日僑報告書第八報（1946 年 7 月 27 日）」（河原功監修・編集『台湾引揚・
　　留用記録巻 2』ゆまに書房、1997 年）472-477 頁。

111　「留台日僑報告書第八報（1946 年 10 月 18 日）」、河原功、前掲『台湾引揚・留用
　　記録巻 1』312 頁。

112 「在台日僑、遺憾を表明　本国に意見書提出せん」(『台湾新生報』1946 年 8 月 2 日)。

113 「留台日僑報告書第八報 (1946 年 10 月 18 日)」、河原功、前掲『台湾引揚・留用記録巻 1』、312-313 頁。

114 「留台日僑報告書第八報 (続　添付資料) (1946 年 8 月 1 日)」、同上書、464-467 頁。

115 「社論　戦敗国の再起を警戒せよ」(『台湾新生報』1946 年 9 月 12 日)。

116 何義麟、前掲『二・二八事件』、94-95 頁。

117 同上書、196-201 頁、陳翠蓮、前掲論文、165 頁。

118 「社論　怎様会感情隔閡?」(『民報』1946 年 8 月 3 日)。

119 「社論　須防経済崩潰危機」(『民報』1946 年 12 月 14 日)。

120 「社論　台湾人要哪裏去?」(『民報』1947 年 1 月 21 日)。

121 「社論　再論管制日本」(『民報』1946 年 11 月 14 日)。

122 「社論　管制日本的認識」(『中央日報』1946 年 5 月 29 日)、「社論　渋谷事件」(『中央日報』1946 年 7 月 28 日)。

123 事件については、何義麟、前掲『二・二八事件』、229-260 頁。

124 「陳儀電蔣中正為清除日本遺毒消滅叛国際患計所有留用日僑擬於四月底前全部遣送不留一人此事関係国家縦稍有不便亦擬暫時忍痛」(1947 年 4 月 7 日)、『蔣中正総統文物』典蔵号 002-090105-00015-242、台北、国史館。

125 「蔣中正電陳儀令注意中共以台湾軍民摩擦致懷念日本政治等情策動左傾分子活動赤化台湾」(1946 年 4 月 5 日)『蔣中正総統文物』典蔵号 002-090300-00018-203、台北、国史館。

126 「社論　誰是台湾的罪人?」(『台湾新生報』1947 年 3 月 18 日)、「社論　冷静的想一想」(『台湾新生報』1947 年 3 月 21 日)、「社論　雪恥学生之恥」(『台湾新生報』1947 年 3 月 23 日)、「社論　除悪務盡」(『台湾新生報』1947 年 3 月 27 日)、許壽裳「台湾五四運動」(『台湾新生報』1947 年 5 月 4 日)。

127 「二二八事変與台湾青年教育　遊彌堅在訓練団講詞」(『台湾新生報』1947 年 5 月 8 日)。

128 呂東熹『政媒角力下的台湾報業』(台北：玉山社、2010 年) 51-52 頁。

129 許雪姫編註『灌園先生日記 (十九) 一九四七年』(台北：中央研究院台湾史研究所・中央研究院近代史研究所、2011 年)、1947 年 3 月 17 日の条、165 頁。

130 同上書、1947 年 3 月 18 日の条、170-171 頁。

131 同上書、1947 年 3 月 23 日の条、181 頁。

132 何義麟、前掲『二・二八事件』、260-261 頁。

133 許雪姫前掲、『灌園先生日記（十九）』、1947 年 5 月 16 日の条、289 頁。

134 「日本侵略野心未死仍図垂涎台湾琉球」（『台湾新生報』1947 年 6 月 5 日）、「本省民衆群起反対日本覬覦台湾琉球」（『台湾新生報』1947 年 6 月 6 日）、「日本冀図台琉権益挙国均表以上関切」（『台湾新生報』1947 年 6 月 9 日）、「台南市参議会申斥日本野心」（『台湾新生報』1947 年 6 月 9 日）、「彰化市民誓死反対日本移民台湾特権」（『台湾新生報』1947 年 6 月 13 日）。

135 「社論　日人何来特権！」（『台湾新生報』1947 年 6 月 10 日）。

136 同上。

137 「社論　張群対日本的臨別贈言」（『台湾新生報』1948 年 9 月 14 日）。

138 松田康博『台湾における一党独裁の成立』（慶應義塾大学出版会、2006 年）202、252 頁。

第3章

対日平和条約の締結をめぐって

はじめに

　1952年2月、中華民国と日本の代表は台北で平和条約締結交渉を開始し、約二か月後の4月28日、日華平和条約（中国語は中日和約）に調印した。多くの研究がすでに明らかにしているように、元々中華民国政府は、前年9月にサンフランシスコで開催された対日講和会議への参加を目指していたが果たせず、日本と個別に二国間条約を結ぶことになったのであった。それゆえ、サンフランシスコ平和条約とは別個の平和条約を日本と単独で締結することは、中華民国にとって決して本意な形ではなかったのである[1]。さらに、成立した平和条約の内容は、国際情勢の推移や対日交渉の進展の中で、大陸時期の対日戦後処理構想と大幅に異なるものとなったことはもちろん、台湾移転直後に構想されていた平和条約案と比較しても、少なからぬ変更を加えられたものとなった。ともあれ、平和条約締結によって日華両国は戦争状態を法的に終了させ、正式な国交を樹立するに至ったのである。

　本章が解明を目指すのは、対日平和条約締結問題が具体的な政治課題として浮上した1950年前半から、日華平和条約が締結・批准された1952年後半までの間に、中華民国政府が日本との戦後処理という課題をどのように説明したかという問題である。より具体的には、講和問題に取り組む中で政府による過去、現在及び将来の日本に関する描写は、それ以前と比べていかなる変化を遂

げたのか。その発表する公式な論説の中で、日本との間にどのような平和条約を締結し、それによっていかなる新しい関係を構築するべきであると政府当局は提唱していたのか。さらに、実際に成立した対日講和は、そうした言論にどのような変化を与えたのか。これらの問題を解き明かすのが、本章の課題である。

中央政府の台湾移転にともない、島内における最も権威ある官製の言説は、省報の『台湾新生報』ではなく、政府に先んじて南京から移転して来た党報の『中央日報』から提出されることとなった[2]。政府の各部門、農会、市民代表会、議会、学校等は、いずれも『中央日報』を購読することが要求されたし、各企業も政府の政策を理解するため、自ら同紙を購読したのである[3]。そのため、『中央日報』の論説は重要な分析対象となる。

また、本章は、上述の論説がどのような社会的文脈の中で提出されていたかを浮き彫りにするため、次の二種類の資料も参照する。第一に、対米・対日交渉時における政府高官の発言や政府部内の会議記録である。ここからは、対日講和問題と関連して、政権内部で日本について実際にはどのようなイメージが語られていたのかが明らかにされる。さらに、こうした史料は、中華民国政府や台湾が当時置かれていた状況がどのようなものであったかを理解する上でも、参考になるものである。

第二に、在野系メディアの論説である。これらメディアの論調を検討することで、当局による言説がどの程度ユニークなものであったかを把握することが可能になる。そこで、本章の分析期間における台湾の言論環境と主要メディアの性格を確認しておこう。

1947年の二二八事件後、台湾の知識人達は、暴動鎮圧の過程で殺害・逮捕されたり、あるいは言論活動の舞台であった新聞や政論雑誌が廃刊に追い込まれたりすることで、大きく発言力を低下させる。とは言え、事件後の台湾において、当局に対する批判的な勢力が完全に根絶されたわけではない。陳儀の後を襲った台湾省主席魏道明の下、言論環境は一定程度改善され、国共内戦の進展にともない、若い知識青年層の中には左傾化の傾向も見られるようになったのである。

第3章　対日平和条約の締結をめぐって　125

　しかし、1948 年 12 月、蔣介石は魏道明に代って腹心の陳誠を台湾省主席に任命し、翌年には台湾省警備総司令部総司令と国民党台湾省党部主任を兼任させた[4]。同年 4 月 6 日、陳誠は、台湾師範学院と台湾大学の学生に対する一斉弾圧を実施する（四六事件）。中央政府の台湾移転を間近に控え、台湾における批判勢力の粛清に乗り出したのである[5]。四六事件は、共産党員摘発に名を借りた政治弾圧、いわゆる「白色テロ」の幕開けとなるもので、以後 1960 年までに政治逮捕事件は 100 件を超え、処刑された者約 2000 人、重罪を課せられた者は約 8000 人に達したと言われている。弾圧の対象となったのは、地下共産党員やその同情者と目された人々ばかりではなく、先住民族による自治要求や、国民党政権内部の権力闘争、特務機関同士の闘争によるものも含まれ、そのピークは 1950 年代半ばまで続いた[6]。「白色テロ」は二二八事件と異なり、特定の族群（エスニック・グループ）を対象としたものではなく、共産主義者であるとの容疑がかけられれば、外省人も弾圧の犠牲になることは避けられなかった。

　「白色テロ」を行う法的根拠となったのは、台湾で施行された「戒厳令」であった。1948 年 12 月、中共との内戦の中で政府は戒厳を布いたが、それは「新疆、西康、青海、台湾の四省とチベット」を除く地域にのみ適用されるものであった[7]。しかし、翌年の 5 月 20 日、陳誠は台湾においても「全省戒厳」を実施する。それにより、台湾は臨戦地区とされ、厳格な軍事統制を布くことが可能になったのである。さらに、警備総司令部は、「戒厳令」に基づいて制定した「台湾省戒厳期間新聞雑誌図書管理辦法」により、言論の統制を実施する。同法二条は、「およそ政府或いは首長を誹謗し、三民主義に違反し、政府と人民の感情を離間させ、敗北主義的・日和見主義的な言論、及び事実と符合しない報道を散布し、人民の耳目を惑わすことを意図して反乱鎮圧の軍事行動を妨害し、及び社会人心の秩序に影響を与える者は、ひとしくこれを取り締まりの対象とする」と規定していた[8]。

　言論統制を行う政府機関としては、警備総司令部の他に、行政院内政部が存在した。中央政府の来台にともない、内政部は前章で見た出版法に基づき、台湾の出版物に制限を加えたのである。さらに、政府機関にとどまらず、国民党

も引き続き言論統制に関与した。党中央宣伝部が担っていた役割は中央改造委員会第四組（後に、中央委員会第四組）によって引き継がれ、具体的には、「宣伝工作の指導」、「党義理論の宣伝」及び「文化運動の策定」がその担当と定められた。また、第四組はメディア統制も担当しており、①『宣伝通報』の配布による言論界への「正確な立場と観点」の付与、②「反動書刊」の取締り、③座談会開催による記者への指導、④メディア政策の検討などを実施していたのである[9]。警備総司令部、行政院内政部、国民党の三者が、相互に任務を重複させながら言論を統制するというのが、1950年代を通じた台湾における言論政策の形態であった[10]。

　しかしながら、本章の分析期間において、国民党政権は台湾の言論を完全に統制し、画一化することに成功していたわけではない。例えば、1950年11月、内政部は1947年に行政院臨時会議を通過したものの棚晒しにされていた出版法修正案の立法手続きを完成させるよう立法院に要請するが、審議は遅々として進まず、1952年4月になってようやく立法院を通過した。審議遅延の主要な原因は、立法委員の中に報道の自由を保証するよう求める声が強く、出版法修正に否定的だったためであるという[11]。立法院は、法律案、予算案、条約案等を決議する権限を有した最高立法機関であるが、正副総統の選出・罷免・憲法改正等を行う国民大会や、会計監察・弾劾等を行う監察院とならんで、中央級議会に相当する機関（中央民意代表機構と呼ばれる）の一つであり、その中では最も国民党の統制から一定の自立性を有していたとされる[12]。立法委員達は、そのほとんどが中国大陸で選出された後、中央政府と共に台湾に移転して来た人々であった。出版法修正案が速やかに立法院を通過しなかったというこの事例は、大陸出身の政治エリートの中に、党・政府が言論を統制することへの批判的な見解が少なからず存在したことを示すものだったのである。

　実際、1950年代に台湾で活躍した外省人知識人の中には、思想的に反共であると同時に、「民主憲政」の実現を強く支持して当局と意見を対立させる者もおり、そのことは、反共という枠組みの中で一定程度の自由な言論が可能であったことを意味していた。胡適や雷震らによって発刊された『自由中国』は、このような大陸出身の自由主義的知識人が多く論考を寄せた、1950年代

を代表する政論雑誌である。同誌の論調は、1949 年の創刊直後には、反共と
蔣介石の擁護を掲げるなど、基本的に政府見解と対立しないものであった。だ
が、その言論は徐々に政府の立場と矛盾するものになって行き、1951 年 6 月
には、社説の内容が当局を刺激して、保安司令部副主任の彭孟緝が編集者の逮
捕を画策したという [13]。

　外省人知識人達が拠り所としていた政論雑誌としては、他に中国青年党（青
年党）が発行していた『民主潮』と、中国民主社会党（民社党）による『民主
中国』がある。青年、民社両党は中国大陸で成立後、国民党と共に中華民国憲
法制定や国民大会選挙（1947 年）に臨むなど、国民党の「友党」として存在
していた。政府の台湾移転後も、両党は台湾での活動が認可されており、当時
「唯二の」合法的な在野政党であった。両党の勢力は微弱で、国民党の対抗勢
力となるまでには至らなかったが、地方選挙で台湾社会から一定の支持を集め
ることもあり、国民党の警戒心を惹起するという場面もあったのである [14]。本
章の分析から判明するように、対日関係について『民主潮』、『民主中国』の論
調は、基本的には政府の立場と歩調を揃えつつ、異なる見解を提出することも
あった。

　1950 年代の台湾で代表的なメディアとしては、他に『公論報』を挙げるこ
とが出来る。『公論報』は、前『台湾新生報』社長で台湾籍の李万居が創刊し
た日刊紙である。李が新たな新聞社創設を決断した背景には、『台湾新生報』
が魏道明系列の人員によって牛耳られるようになったことに憤慨したという経
緯があったという [15]。1947 年 10 月 25 日に第一号が発行された『公論報』は、
その在野的な性格から、『自由中国』、『民主潮』、『民主中国』と並んで「一報三
刊」と呼ばれるようになる。同紙は、日刊紙という性格から、前三者の政論雑
誌と比較すると理念面の整合性では劣っていたものの、官営紙とは異なった視
角からの報道に優れていたとされる。また、創刊時より台湾を発行区域として
いたため、『自由中国』等と比較すると、台湾が抱える現実的な問題について
より強い関心を有していた [16]。「一報三刊」の中では在野的色彩が最も濃く、
同紙所属の記者は、報道機関の中で、当局からの処分や逮捕を受ける件数が最
も多かったという [17]。

もう一つ、本章は 1947 年 10 月 10 日に顧培根（浙江省温州出身）によって創刊された『自立晩報』も参照することにする。同紙は、台湾初の中国語による夕刊紙であったが、1950 年 1 月に掲載した「草山衰翁」という文章が、当時草山（陽明山）に居住していた蒋介石を暗に指したものと見なされ、一度停刊処分を受けた後、1951 年 9 月に復刊する。復刊後の同紙は、福台企業公司を経営していた李玉階が顧に代わって社長兼発行人を務めた。李玉階は、江蘇省蘇州出身の国民党員で、中央政府の要人と良好な関係を有していた上に、その二人の息子が『自立晩報』に勤務していたことから、同紙復刊のために奔走することを要請されたのであった。その後、『自立晩報』の経営に携わることになった李は、同紙を完全な独立経営の民営紙に育て上げる。国民党員という李の背景にもかかわらず、その論調は、報道と人身の自由を強く提唱するなど自由主義的なものであり、1953 年には当局によって二度の停刊処分を受けている[18]。

　以上をまとめると、1950 年代初頭の台湾では、本省人知識人による言論は戦後初期に比べて低調になっていたが、他方で外省人知識人達は、この時期においても国民党政権に対する一定の批判勢力となり得ており、彼らの言論に対して当局の統制が及ばないこともあった。また、『公論報』の存在が示すように、台湾本土の観点から社会や政治について議論するというルートも、完全に遮断されていたわけではなかったのである。本章は、このような言論情況の中で、平和条約締結に関連して中華民国政府がどのような対日関係の「物語」を構築していったかを検討して行くことにする。以下、本章第一節は、講和問題の再浮上後、政府がどのように対応し、対日講和締結にどのような意義があると認識していたかをまず確認する。第二節では、第一節で検討した期間における公式な日本論がいかなるものであったかを、在野系メディアの論調と比較しながら分析する。第三節は、日本との平和条約交渉時と、同条約締結後の国内向けの説明の中で、政府が対日関係の過去と未来をどのように描写していたかを検討する。

1 対日講和問題の再浮上と中華民国政府の対応

（1） 台湾の法的地位問題の登場

1947 年以来、種々の構想は浮上するものの具体的な実現にまでは至らず、懸案事項のままとなっていた対日講和問題は、1950 年 4 月 6 日、米国務省顧問にジョン・フォスター・ダレス（John Foster Dulles）が就任することで再び進展を見せ始める。ダレスの担当任務は対日講和問題であり、ディーン・アチソン（Dean Acheson）国務長官が進める「超党派外交」の一翼を担うことが期待されていた[19]。

中華民国駐米大使の顧維鈞はその回想録の中で、早くも 4 月下旬頃から、ダレスと対日講和について意見を交換していたと記している[20]。台湾においても、3 月に立法院外交委員会所属の立法委員が対日平和条約の速やかな締結を提言するなど、講和実現を求める声が高まりつつあった[21]。なお、この提言は、4 月 12 日に立法院外交委員会で審査され、次のような決議として採択されている。

> 世界と東アジアの平和を確保するべく、中日両大民族は平和的に交際する必要があり、我が政府は中華民族伝統の以徳報怨の寛大原則を貫徹し、適宜対日関係の正常化を促進するべきである。行政院にこれが実現のための具体的な措置を採るよう求める。本院はこの件に対して深い関心を有しており、情勢の進展について随時本院に報告されたい。[22]

提出者の斉世英は、遼寧省出身で日本留学経験のある知日派である一方、国民党内の非主流派である CC 派に属しており、その政治的立場は党中央と必ずしも一致しないこともあった[23]。しかし、東アジアの国際秩序維持のために日本との提携が必要であり、対日講和を「以徳報怨の寛大原則」で処理するべきという決議の趣旨は、後述するように、中華民国政府が内外に向けて発信する方針とも合致していたのである。

5月7日、外交部は顧維鈞に対し、米国が講和問題に関して具体的な計画を有しているか探るよう訓令した[24]。6月1日、日本外務省は「戦後日本の移り変り」と題する情報部発表を行い、実現困難な全面講和を当てにして占領状態が長引くことは許容出来ないとして、「わが国を独立対等の国として認めてくれる」国との間にまず講和条約を結び、順次講和相手を増加させて行くという方針を表明する[25]。日本政府のこのような意志表示に加え、同月中旬にダレスと米国防長官、統合参謀本部議長らによる訪日が予定されていることから、顧維鈞は講和問題に転機が訪れたと判断した。6月2日、駐米大使館は本国に向けて、平和条約の内容に関する方針を速やかに定めるよう要請する[26]。

このような中、6月25日に朝鮮戦争が勃発した。その2日後、米国のトルーマン大統領は第七艦隊を台湾海峡に派遣し、中華人民共和国による「台湾解放」と中華民国による「大陸反攻」双方を牽制した。さらにトルーマンは、いわゆる「台湾中立化宣言」を発し、「台湾の将来の地位の決定は、太平洋における安全の回復、日本との平和条約の締結、あるいは国連による考慮が待たれるべきである[27]」と声明したのである。後に、ダレスは顧維鈞に対して、台湾の法的地位を一時的に凍結したのは、台湾が「中国」に帰属するとした場合、米国が台湾防衛のため第七艦隊を派遣する根拠が失われてしまうからであると説明している[28]。

しかし、中華民国にとって「台湾中立化宣言」は、台湾統治の根拠を揺るがしかねない危険性をはらむものであった。そもそも、戦後に中華民国政府が台湾接収の拠り所としたのは、1943年に発表されたカイロ宣言が「台湾、膨湖島の如き日本国が清国人より盗取したる一切の地位を、中華民国に返還[29]」すると規定していたことにあったが、「台湾中立化宣言」はこれを無実化するものだったのである。6月28日、葉公超外交部長は声明を発表し、米国の措置を原則上受け入れるとしつつ、中華民国の台湾に対する主権が影響を受けることはないと言明して、法的地位未定論を牽制している[30]。

しかしながら、このような声明とは裏腹に、米国の宣言は大きな衝撃をもって受け止められていた。こうして、中華民国政府にとって対日平和条約の締結は、単に第二次世界大戦の戦後処理というだけでなく、自らが地盤とする台湾

という地域の領有権にも関係する問題へと変貌したのである。

（2）「対日講和七原則」への対応

　総統府機要室主任の周宏濤の回想によれば、8月19日、蔣介石は行政院長陳誠、総統府資政張群、外交部長葉公超、総統府秘書長王世杰、行政院秘書長黄少谷らを招集し、対日講和問題を討議したという。その席上、蔣介石は、以下の三つのシナリオを提示した。最も望ましい第一のシナリオは、日本と直接条約を締結し、台湾を法的に「回収」する。次善のシナリオは、米国の政策に順応し、台湾の法的地位を凍結する。そして第三が、暫時正式な平和条約を締結せず、情勢の推移を待つというものであった。一方蔣は、カイロ宣言により台湾が中華民国に返還されたという立場を公式には堅持し、人民の動揺を抑えるよう指示したという[31]。これらの発言からは、政府にとって平和条約の中で台湾の地位を法的に明確化することが、対日関係の修復にも優先する課題であったことがうかがえる。

　9月に葉公超が講和問題に関して、特に注意すべきこととして顧維鈞に打電した内容もまた、当時の政府の関心が台湾の法的地位問題に向けられていたことを示すものであった。同訓令の冒頭には、次のように記されている。

　　（1）平和条約の内、我々にとって最も重要な問題は、台湾が我が国に返還されることである。
　　（2）もし日本が二国間条約の交渉・締結権を獲得した場合、日本が我々と条約を結ぶことを欲するかどうかが、差し迫った問題となる。
　　〔後略〕[32]

　しかしながら、このような優先順位のつけ方が、政策担当者全員によって合意されていたわけではなかった。顧維鈞のように、台湾の法的地位は名目的な問題に過ぎないと考える人物もいたのである。10月27日、顧は王世杰に打電し、目下必要なのは政府の代表権を保持することと台湾の安全を確保することであり、その他の法律理論は重視する必要はないと建言している[33]。代表権の

保持とは、「中国」を代表して日本との平和条約を締結することに他ならない。

　ただし、対日講和の問題を、戦後日本のあり方を規定するものという観点から議論していないという点では、顧維鈞も本国と同様であった。大陸時期と異なり、台湾移転後の中華民国政府内部においては、平和条約によって日本の再起に対して何らかの影響を与えることは、現実的な課題として議論されていなかったのである。

　政府のそうした態度は、この頃米国が作成した「対日講和七原則」に対する対応にも現れた。10月20日、ダレスから顧維鈞に渡された同原則は[34]、その第三項目で台湾の法的地位問題に関連して、「台湾、澎湖諸島、南樺太、千島列島の地位については、英、ソ、華、米の将来の決定に委ねる。ただし条約発効後一年以内に決定を見なかった場合には、国際連合の総会がこれを決定する」と規定し、さらに第六項目で対日賠償請求問題に触れ、日本からの賠償について「すべての当事国は、1945年9月2日以前の戦争行為から生じた請求権を放棄する」と記していた。

　ダレスはこの際口頭で、講和後の日本経済については、占領中に課していた各種の制限を撤廃し、自給を可能とさせる方針であると顧維鈞に伝えている。これに対し顧は、中華民国には日本へ報復する意思はないと応じ、もとより日本が再び軍国化して脅威となるのは望まないが、国内秩序を維持し、共産勢力に攪乱されないだけの実力を備えることは希望すると回答する。次いで、賠償問題については、「我が政府と人民」が受けた損害は甚大なため完全な放棄は困難であり、依然として若干の賠償を獲得するつもりであると表明したのである[35]。

　10月31日、行政院長陳誠の官邸に王世杰、黄少谷、葉公超の他、行政院副院長張厲生、総統府国策顧問陶希聖、外交部政務次長胡慶育らが招集され、「七原則」への対応が協議された[36]。会議では、「七原則」の内考慮が必要なものとして、①領土問題、②日本の「整軍問題」、③賠償問題の三つが挙げられた。政府が最重要事項と位置づけていた領土問題について会議の結論は、台湾と澎湖が法的にも事実上もすでに中華民国の領土であるという主張は継続するとし、こうした主張は米国の見解と一致してはいないが、米国側も中華民国の

第3章　対日平和条約の締結をめぐって　133

事情は諒解しているとの認識を示していた。そこで、同問題については可能な限りその決着を先送りし、「七原則」が規定する「条約発効後一年」という期間を延長すること、さらに、南樺太および千島の問題と台湾・澎湖の問題は同時期に、同様の決定がなされるよう米側に要求するものとされた。

　二番目の日本の「整軍問題」に関する会議の結論はごく簡単なもので、「米側の主張は我方のものと極めて近く、賛同して可」というものであった[37]。そして、第三の賠償問題については、米国の対日賠償放棄要求は政府の希望に反するものの、反対しても実益は少ない上、「対日示恵」の方針にも合わないので原則上は同意すべきであるが、付帯条件として、獲得物資や現金補償など賠償以外の面での優遇を要求するとの方針が固められたのである。

　数日後、米国の「七原則」に対する方針が首脳部によって決定され、王世杰から蒋介石に提出される。同方針は、まず対日講和をめぐる情勢分析と基本精神の確認を行い、その後具体的案件への対応策を定めていた。その冒頭部分は次の通りである。

　　我が国の現在の国際的地位は極めて低く、対日講和に関する発言力は非常に微弱である。さらに、日本にとっては、ソ連や中共〔＝匪偽〕の参加しない平和条約は限定的な価値しかないため熱意を抱けるものではなく、我が国との講和に二の足を踏むことは避けられない。ゆえに、現在我が国にとって対日平和条約を議論する利益はない。しかし、前述のように米側はすでに決意を固めており、我が国の反対は無益である。駆け引きを行い、〔講和が〕先延ばしになっては、米国の重大な反感と誤解を招くだろうし、我が国の対日寛大のスローガンにも反するものである。情勢に応じて、極力米側と協力し、日本に対しては寛大さを示すことで、米側には進んで我が国を助けるようにさせ、日本には我が国に対して冷淡にならないようにさせれば、依然として我が国は平和条約の締結に参加出来る。〔中略〕
　　我が国の対日基本主張は、依然として総統が三十七年〔西暦1948年〕五月二十一日に宣言した方針、すなわち日本に対して報復主義をとら

ず、「合理的に寛大」を基礎とする。[38]

　このような認識の下、同方針は領土問題、日本の再軍備問題、賠償問題等については、前出の行政院会議の結論と同様の提言を行った。この方針は、そのまま米国の顧維鈞にも伝えられている[39]。

　これに対し、顧維鈞は11月8日に葉公超に打電して、「七原則」に対する政府からの返答に修正を加えるよう進言した。すなわち、顧は賠償問題に関しては、「国民の感情と、フィリピンが強硬に賠償を求めていることにも鑑み、賠償放棄はその他の国々も全て放棄に同意することを条件とすべきである[40]」と建言したのである。この提案は中央でも受け入れられ、翌年1月22日に米側に伝えられた「七原則」に対する中華民国政府の正式回答には、この付帯条件が加えられた[41]。

　後日、極東委員会の中華民国代表を務めた李惟果は顧維鈞に対し、外交部が賠償の全面放棄という重要問題に関して唐突に米国に追随したことを批判した上で、政府が条件付き放棄という立場を採択したのは顧の建言によるものであったと称賛したという。これについて顧は、「この留保は政府の中国人民に対する立場を守ったものである。何と言っても、中国人民は日本の侵略の最大の被害者なのだから」と答えたと、その回想録に記している[42]。顧維鈞自身は、蔣介石の「以徳報怨」の方針にも否定的で、回想録の中ではそれを、「人民の意思に反したもの」と評価していた[43]。

　政府の「七原則」に対する回答が顧維鈞の建言を反映したものであったことは、1951年に作成されたと見られる文書「日本賠償返還及び工業水準等の覚書」によっても確認出来る[44]。同文書は他方で、「顧大使の方式」でも依然として賠償獲得は困難であるから、平和条約内に日本が2億米ドルを中華民国に償還する旨規定するよう米国に要請し、象徴的な賠償と位置づけることを提案していた。また、一部英連邦諸国から提出されていた、日本の工業水準に制限を課すべきであるという要求に対して文書は、現在同問題に口をはさむのは賢明ではなく、英米両国の協議を待つべきだとしていた[45]。

　このように、米国が対日講和の実現に向けて本腰を入れ始めた1950年の中

第3章　対日平和条約の締結をめぐって　135

華民国政府内部においては、第二次世界大戦の戦勝国として講和後の日本のあり方に対して関与することは、ほとんど想定されていなかった。こうした態度は、1940年代末から始まる、米国の「寛大な講和」方針への対応の延長線上にあったと言えるだろう。

（3）　目標の変更

　1951年3月、米国は極東委員会の全構成国、さらに日本、韓国、インドネシア、セイロン等各国に対日平和条約の草案を送付した。中華民国には28日に手交された同草案は、「日本は朝鮮、台湾及び澎湖諸島における一切の権利、権原と請求権」を放棄するとのみ記し、どこに帰属するかについては言及していなかった。一方、南樺太と千島については、「日本は樺太南部とその付近の島嶼をソ連に返還し、また千島列島をソ連に引き渡す」と、その帰属先を明記していたのである[46]。それは、台湾の法的地位のみを意図的に曖昧なままにするものであり、顧維鈞が抗議したように、中華民国にとって差別的な内容であった[47]。

　しかし、この頃から、台湾の法的地位問題に関して一定の妥協を行うことも政府内部では模索され始める。4月10日作成の、草案への対応策を検討した外交部の文書では、台湾澎湖の法的地位問題をめぐって米国と齟齬を来すのは得策ではなく、①日本の千島・南樺太・朝鮮および台湾・澎湖の放棄に関する記述は全て平和条約の中における同一の条項内に規定し、日本が放棄するとのみ記すよう米国に要求する、②条約内に「台湾澎湖はカイロ宣言とポツダム宣言に則り、速やかに中国への返還手続きが遂行される」という一項を加える、③条約締結時に、台湾澎湖が我が国領土に属する手続きが完成した旨声明する、という三案のいずれかで対応することが提案されていた[48]。

　法的地位問題に対するこのような姿勢の変化は、行政院に設置された「対日和約研究小組」の第二次会議においても現れた。同会議は、陳誠、張群、王世杰、黄少谷、葉公超、陶希聖、胡慶育の他、台湾省主席呉国禎らが出席して開催され[49]、そこで得られた結論は蔣介石に提出されている[50]。同会議で得られた結論は次の通りである。

第一に、目下中華民国にとって最も重要なのは、対日平和条約締結の機会を獲得することである。台湾経済は日本に依存する部分が多く、日華関係の中断は経済的に深刻な影響を及ぼす。さらに、現在米国は日本を反共陣営の重要な一員として育成することを目指しており、日華両国はいずれ緊密な協力関係を築くことになるだろうが、もし平和条約が調印できなければ、日本との「反共提携〔＝反共合作〕」への重大な障碍となる。

第二に、平和条約締結のため最も肝心なのは、日米両国の態度である。米国は概ね中華民国に友好的であるが、これは従来米側に示して来た協調的態度が功を奏したものと見える。対日講和問題においては、可能な限り米国と異なる立場をとることは控え、その同情を勝ち取らなければならない。

他方、日本が中華民国との関係樹立を希望するかどうか、現時点で確定的ではない。そこで「小組」は、以下のような対日工作の実施を提言した。第一に、日本朝野の人士と極力連絡をとること。第二に、日本との経済的な「合作」の推進である。後者に関しては、数日前に吉田茂首相が駐日代表団団長何世礼に対して食塩の輸入増加を希望し、何からは日本産肥料の輸入を希望するというやりとりがあったことを引き合いに出して[51]、このような経済方面の協力により、対華関係の必要性を日本側に認識させることが目的とされた。

しかし、従来の経緯から考えた場合、「小組」の結論の内最も重要な部分は、法的地位問題よりも「対日平和条約締結の機会を獲得すること」が最重要事項として設定されたことであった。一方、法的地位問題について「小組」は、もし千島・南樺太と台湾澎湖を同列に扱うという要求が米国の同意を得られなかった場合、条約締結後別途声明を発し、平和条約成立により台湾の返還手続きは終了した旨宣言するよう提言したのである。

これらの提言の趣旨は、蔣介石にも採用される。4月17日、蔣が発表した対日講和方針は次の通りであった。

　　一、日本と平和条約を締結する連合国は、我が国をその一員とする。連合国の一員という地位を失ってはならない。
　　二、我が国の台湾に対する統治権を損なわず、台湾での内政に干渉しな

い。

三、台湾、澎湖はいかなる軍事的干渉や侵犯も受けず、我が国の「大陸反攻」の基地としての地位を固めること。

四、以上の三原則に基づき、対日平和条約を締結する。台湾、澎湖の地位問題については、すでに事実上我が国に回収され、実効統治されているため、その名義について争う必要はない〔後略〕。[52]

　第四項目から分かるように、台湾の法的地位問題を米国と争うことは、この時点で正式に最優先事項から除外された。対日講和の最大の目標は、連合国の一員という資格で対日平和条約を締結することそのものへと切り替えられたのである。

　もっとも、そのことは、平和条約の内容について中華民国側が米国に対して完全に追随するようになったことを意味するものではなかった。例えば、米国の平和条約草案第十四条では賠償問題について、「日本国は、日本国及び日本人民が 1941 年 12 月 7 日から 1945 年 9 月 2 日までの期間において、各連合国本国内、日本国を離脱した領土内、連合国内の一ヵ国が国際連合の信託統治制度に基づき統治する領土内に保有していた一切の財産の権利及び利益に関し、それらを取得し、保有し、処分する権利を各連合国に付与する[53]」としていたが、それに対して中華民国側は、「1941 年 12 月 7 日」という文言の下に、「（中国については、その期日は 1931 年 9 月 18 日とする）」との補足をつけるよう米側に要求したのである[54]。この修正は、日本との戦争状態の開始が、中国のみは満洲事変にまでさかのぼるものと位置づけ、そのような立場について対外的な承認を獲得することを目的としていた。顧維鈞はダレスに対し、日付に関して上記の修正を要求する理由は、我が国人民に対する心理的な作用が大きいからであると説明している[55]。中華民国では、対日戦争を戦ったあらゆる連合国の内、中国人民が受けた苦痛と犠牲が最大であったと認識しており[56]、日付の補足要求も、そのような認識を公的なものとすることを目指したものだったのである。

（4） 講和会議からの排斥と二国間講和路線への転換

1951 年 6 月 4 日から 14 日まで、ダレスは英国を訪問する。目的は、「中国」問題をめぐる米英間の対立を調整することであった。前年に中華人民共和国を承認していた英国は、対日講和についても、「中国中央人民政府が、対日平和条約締結のいかなる交渉においても参加するよう招請されるべき」であり、さらに、「日本は台湾に対する主権を放棄し、これを China に割譲することを必要とする」と規定した覚書を米国に提示するなど[57]、その「中国」問題に対する姿勢は、中華民国を支援する米国と大きく食い違っていたのである。

訪英前日をとらえてダレスと面会した顧維鈞は、中国は日本の侵略に最も長く抵抗し、戦場での死傷者数は 300 万人、路頭に迷い死亡した人民が 2000 万人、財産の損失は無数に上ると説明して、それにもかかわらず英国等が中華民国の講和参加に反対していることに憤慨していると表明している。その一方、もし講和会議開催が不可能であるなら、各国がそれぞれ個別に日本と平和条約を結ぶという方式に賛同することを考慮するとも伝えていた[58]。政府首脳部は、この少し前に私的な資格で訪日し、吉田茂と面会した中国広播公司総経理の董顕光から、吉田本人は中華民国との平和条約締結を希望しているとの報告を受けており[59]、この時点ではいかなる形式であろうと、日本と講和を達成出来る可能性について、さほど懸念を抱いていなかったものと考えられる。

なお、この会談の際ダレスは、現在の状況ではたとえ貴国の調印問題が解決してもさらに難題はあり、平和条約成立に確信は持てないと顧維鈞に告げていた。これに対し顧が、残存する問題とは日本の再軍備と商船保有量の制限をめぐる問題かと尋ねると、ダレスは、意味する所は他にあるが、確かに英国、オーストラリア、ニュージーランド等が日本に種々の制限を加えようとしているのは問題であると答えた。顧維鈞はそれに応じ、「我が蔣総統は数年前からすでに報復的な平和条約に反対し、寛大を主張していた。ゆえに、我が国は終始一貫して衷心から貴国との協力を望んでいる」と述べて、米国への協力姿勢を強調した[60]。

しかし、6 月 19 日、ダレスと英外相モリソン（Herbert Stanley Morrison）は、講和会議にはいずれの「中国」代表も招請せず、日本の「中国」に対する

第3章　対日平和条約の締結をめぐって　139

将来の態度は主権回復後に日本自身が決める必要があるとする「ダレス・モリソン了解」を公表した。その内容は、すでに15日にダレスから顧維鈞にも伝えられている[61]。中華民国政府にとって、米英間のこの合意は衝撃であった。蔣介石は18日、平等な立場での平和条約参加という中華民国の要求に抵触する対日講和は、法的・道義的に無効であるばかりか、連合国の共同作戦史上に拭い去れない過誤をもたらしたとする声明を出して、米国の対応を強く非難する[62]。

　こうして、講和会議への参加が叶わなくなった中華民国政府は、以後、講和会議で列国が締結する対日平和条約とほぼ同内容の二国間条約を、同時期に日本と締結することに目標を転じ、工作を開始する[63]。その主要な対象となったのは、日本ではなく米国であった。

　6月18日、米国の駐華公使ランキン（Karl L. Rankin）と会談した葉公超は、英米間の了解に言及し、長期にわたる対日戦を戦い、日本の投降を受け入れた中華民国にとって、敗戦国の日本からいずれが「中国」を代表する政府であるかを選択されるのは受け入れられないと抗議した[64]。同様の趣旨は、何世礼もラスク（David Dean Rusk）国務次官補に対して述べていたし[65]、顧維鈞もダレスに対して言明している[66]。

　政府高官達が相次いで同趣旨の発言を行ったのは、蔣介石の意向に沿ったものであった。「ダレス・モリソン了解」発表の翌日、蔣介石は、日本に中華民国と「共匪」の間で選択をさせてはならず、日華講和に対しては米国が必ずその責任を負わなければならないとの指示を出したのである[67]。こうして、名目的にせよ、日本に「中国」問題の選択権を与えるという英米間の合意が、対日工作を実施するという選択肢を中華民国政府から奪い取ることになった。これ以後、対日講和問題に関する政治工作は、もっぱら米国を対象とするものに一本化される[68]。7月9日、葉公超と面会したランキンは、以前自分が勧めたように日本側と接触しているかと尋ねるが、葉は、日米間で話し合いが付けられ、中華民国の地位が安定するまで日本との接触は困難であると否定している[69]。また、6月初旬の時点では、もし対等な立場で講和会議に参加が叶わない場合、日本との戦争状態終了を単独で宣言するという案も外交部では検討さ

れていたが[70]、連合各国の対日平和条約と同様の条約を結ぶことが至上命題とされた結果、そうした案は選択肢から除外されることとなった[71]。

「ダレス・モリソン了解」は、また、日本にとっても中華民国との接触を忌避させる原因となった。そもそも日本外務省は、「中国」との講和問題の責任を米国に負わせることで、英国や国内世論の反発を回避することを期待していたが、「ダレス・モリソン了解」によって日本に選択が委ねられる形になったことで、日本は英米両国に配慮する必要性が生じたのである[72]。そのため日本政府が採用したのが、中華民国との条約締結の遷延策であった。米国は日本に対して、「貿易代表」の資格で人員を台湾に派遣し、合わせてその「代表」に条約締結の権限も付与して二国間条約締結の交渉を開始するよう促したが、サンフランシスコ講和会議開催後の9月中旬になっても、日本が中華民国側にアプローチすることはなかったのである[73]。こうして、「戦勝国」としての体面を重んじる中華民国と、「中国」問題に主体的に結論を出したくない日本の思惑が期せずして一致した。それにより日華双方は、平和条約の直接交渉開始にこぎ着けるまでの調整の一切を、米国に委任したのであった。

「ダレス・モリソン了解」の発表から数日後、顧維鈞と面会したダレスは、中華民国と日本の二国間平和条約は連合各国の平和条約締結後に締結され、発効は同時期になされるべきであり、その中身も各国の条約とほぼ同様のものであるべきだと告げた。ダレスはさらに、日華間の条約が各国より先に結ばれたか、それとも後であったかなどは一年後には皆忘れており、重要なのは対日平和条約を締結して、日華両国が共通の利益を発展させることであると述べて、顧維鈞を鼓舞したのである[74]。

しかし、「ダレス・モリソン了解」を受けて、日本側が中華民国との平和条約締結の遷延策をとったことは、政府内部に、対日講和成立の可能性そのものを危惧する見方を登場させていた。7月11日、ランキン公使との会談の際に葉公超は、各国と日本間の平和条約が発効した時点で日華間の戦争状態がまだ終了していなければ、主権を回復した日本は中華民国が保有するべき権利に対して異議を唱えて来るに違いないと述べている[75]。翌月に行われた会談においても葉は、もし米国が督促しなければ、日本は永遠に中華民国と条約を締結し

第3章　対日平和条約の締結をめぐって　141

ないだろうし、条約交渉も二年から三年の長きにわたるかもしれないと不安を
表明していた[76]。この際には、米側が日本には中華民国と条約を締結する意思
があると保証したにもかかわらず、同席した胡慶育がなおも懐疑的な見方を崩
さなかったことで、ランキンが苛立ちを見せるという場面もあった[77]。

　だが、講和成立のための障碍となったのは日本の態度だけではなかった。調
整を委任されていた米国も、講和問題に新たな難問を付け加えた。7月に入り
米国は、対日平和条約の中華民国側適用範囲を現時点で中華民国が実効支配す
る領域に限定するよう要求したのである[78]。顧維鈞の回想によれば、ダレス
は、適用範囲の限定は日本側が提出したものであると説明した。そのためダレ
スは、同問題が決着するまで米国としても日本に対華講和を促せないと迫った
という[79]。

　しかし、日本政府が実際に米国に対してこのような要求をしたかどうかは疑
問である。9月に作成された米国の文書には、日本政府は適用範囲問題を提起
せず、吉田は、中華民国との二国間条約の詳細について日本政府内ではいまだ
議論されていないと述べた旨記録されている[80]。また、作成日時不明の別の文
書では、適用範囲の制限について米国は中華民国とは話をしたが、日本とはし
ていないと記されている[81]。後述するダレス訪日に備えて日本外務省が11月
から12月にかけて作成した資料においても、日本側は英米両国が「中国」問
題について何らかの合意に達することに期待をかけるのみで、適用範囲につい
て検討してはいない[82]。おそらく、適用範囲の限定は、米国が日本政府の意向
を忖度したものであったか、日華接近に反対する英国の反発を避けることが目
的であったと考えられる。

　適用範囲問題は、当然ながら、「中国」の正統政権を自任する中華民国側の
強い反発を招く。8月21日、蔣介石は対日講和問題について、今後中華民国
は日米に対して主導的な立場を打ち出さなくてはならず、例えば平和条約が条
件を満たすものでない場合締結を拒むこともあり得るとし、もし平和条約の存
在しない日本との間で紛争が生じた場合、その責任は全て米国が負わなければ
ならないと指示した[83]。しかし、結局9月22日に蔣介石主催で開催された会
議で、政府は適用範囲問題に関する二つの案を米側に提示する旨決定する[84]。

米側に渡された甲乙二案は、その後 10 月 17 日に米側から後者、すなわち、日華間で結ばれる条約の合意議事録に「本条約は、……中華民国政府の支配下に現にあり、及び今後入るすべての領土に適用される」との記録を盛り込むという方式が望ましいとの回答がなされ[85]、中華民国側もそれを受け入れたことで、同問題はひとまず決着を見る[86]。

　しかし、中華民国政府が適用範囲問題に執着している間、すでに 9 月 4 日から 8 日の間、米国のサンフランシスコでは講和会議が開催され、連合各国と日本との間に平和条約が締結されていた。顧維鈞が批判的に回想しているように、そのことは、日本側の中華民国に対する立場を強めるという結果をもたらしたのである[87]。実際、10 月には岡崎勝男官房長官が中華民国との平和条約締結に否定的な発言を行い、また吉田茂が国会答弁で将来の中国との国交正常化の可能性を匂わせるなど[88]、日本の態度は次第に中華民国政府を憂慮させるものになっていった[89]。

　12 月のダレス訪日は、こうした状況の中で、中華民国との条約締結を日本に明言させるために行われたものであった。ダレスは特に、米上院における親台湾色の強い一部議員達が、もし日本が中国と条約を締結した場合、サンフランシスコ平和条約の批准を拒否するという手段に出ることを危惧していた[90]。日本側もダレス来日の意図は承知しており、米側の明確な意向が示されたことで、双方の協議は一週間で妥結する。12 月 24 日、日本政府は後に「吉田書簡」と呼ばれることになる書簡をダレス宛に送付した。書簡は翌年 1 月に米国から公表され、日本の中国非承認と、中華民国との条約締結の意向が内外に明らかにされたのである[91]。

　翌月、日本政府は河田烈率いる全権団を台北に派遣し、平和条約について日華双方の代表による交渉が開始される。それは、顧維鈞がダレスと対日講和問題について話し合ってから約二年後のことであり、第二次世界大戦の終結時から数えれば七年目にして、ようやく実現した直接交渉であった。

2 講和問題と対日関係論

(1) 『中央日報』の対日関係論

当初、対日講和の中で最も重視されていたのが台湾の法的地位問題の決着であったにもかかわらず、『中央日報』が対内的に日本との平和条約締結の意義について説明する際には、東アジアの平和と安全のために日本を反共陣営に引き入れる必要があるという理由が用いられ[92]、法的地位問題を論じることはほとんどなかった[93]。おそらく、同問題の存在を広言した場合に、政権が受ける威信上の打撃が懸念されたものであろう。

しかし、抗日戦争中、「321万1400人の官兵が死傷し、我が全国国民は1兆4643億9894万7859元の軍事費を支出し、壮丁1409万520人を供出した[94]」とされる中国に対し、経済と軍備が再建され、独立を回復した日本が再び脅威となって出現する可能性はないのか。この点について『中央日報』は、主に三つの理由を挙げてそうした懸念に反駁した。第一に、米国の占領により、日本はすでに軍国主義から脱却した。第二に、中華民国と日本が「合作」することは、蔣介石ばかりか国父孫文までもが提唱していた戦略である。そして第三が、日本は中華民国に対する好意と敬意を有しており、平和条約締結に積極的であるというものであった。以下、こうした言説についてより詳しく見て行こう。

1950年9月18日の『中央日報』社説は、現在大陸は中共の支配下に入ってしまったとはいえ、満洲事変以来の「我が全国軍民十四年の辛苦奮闘」は決して無駄ではなく、我々は「抗戦による成果」を三つ獲得したと解説している。第一に、(独立した)大韓民国が「反共抗ソ」(原文は「反共抗俄」。「俄」はソ連の意)の戦いを現在行っていること。第二に、台湾が「自由中国」の復興基地となり、中共に対する脅威となっていること。そして第三が、日本が「帝国主義を放棄し、平和民主的国家となって、世界の反侵略・反強権闘争の前進基地」となったことである[95]。

このように、抗日戦争の結果日本はすでに帝国主義国家ではなくなり、「平

和民主的国家」に再生したとする位置づけは、米国が主導する「寛大な講和」を支持する重要な根拠として度々持ち出されることになる。日本が軍国主義を放棄し、国際社会にとって安全な国家として生まれ変わるに至った直接的な要因は、米国による「五年間の再教育[96]」によって、民主主義の基礎が確立されたことにあるとされた。米国の占領政策が、日本の無害化に成功したというわけである。

　また、『中央日報』は、戦後日本を安定勢力として高く評価するだけではなく、心情的な面でも対日関係を再構築する必要があることを提唱した。12月12日の同紙社説は、蒋介石の8月15日演説以来、中華民国政府は日本との平和条約の早期締結を目指していたが、「中日両国民」間の障碍となって来たのが、中共や外国分子が展開する「反米扶日」運動であり、同運動が「中国国民の心理に毒素を散布し、日本国民の心理にも暗い影を与えた」と非難した。しかし、日本との間にあるわだかまりは、平和条約締結のためにも、また、今後太平洋地域の安全のため提携を行う上でも払拭する必要があり、「中国国民」は、もし日本が共産化した場合、台湾が受ける脅威と、中国大陸の共産主義勢力を優位に立たせる可能性について考える必要があると呼びかけた。そして、四つの島嶼を国土として独立する日本は、「自由中国」を含めたいかなる国に対しても二度と脅威にはならないと信ずるし、日華間には百年の遺恨があるわけでもないと論じたのである。

　社説はまた、日本に対して反省を呼びかけてもいたが、その理由は、もし日本が19年前に「侵華政策」を放棄していたなら、「中日両国民の道義的経済的提携」は促進されており、東アジア大陸および西太平洋に対するソ連の侵略を招くこともなかっただろうというものであり、中国に対して直接的に損害を与えたことを問責するものではなかった[97]。共産主義勢力への対抗のため日本と提携する必要があり、日本との提携を妨害しているのも共産主義勢力であると論じ、さらに日本が共産化した場合の脅威を想起させることで、この論説は日本との関係を早急に構築する必要性を強調したのである。

　こうした言説に権威を与えるため、蒋介石と共に言及されたのは、国父孫文であった。1951年5月28日の『中央日報』社説は、現在中共がソ連の指示の

下、日本の暴行告発運動を展開し、大陸人民の日本への憎悪をかき立てようと
しているが、大陸人民には日本に対する敵意は残っていないと主張した。なぜ
なら、かつて孫文が提唱し、蔣総統にも受け継がれた「中日合作」論が、人民
に強い印象を残していたからであった。社説はさらに、「中日合作」はもとよ
り「反共抗ソ」の過程で必要なものであるが、「反共抗ソ」に対する勝利後も
同様に必要であることを、我々は信じると結論付けていた[98]。もし、直接的な
統治下にない大陸の人民ですら、すでに日本に対して遺恨を持っていないので
あれば、中華民国の統治下にある台湾の住民も同様に敵意を克服するべきこと
になるだろう。このような言説の中で日本は、単に報復を加えないというだけ
にとどまらず、積極的に赦しを与え、提携を図るべき相手として描かれたので
ある。

　前節で見て来たように、対米交渉の場で政府の政策担当者達は、日本の意図
に対する不信感を表明することもあったため、こうした言説を額面通りに受け
取ることは出来ない。実際、「ダレス・モリソン了解」が発表された直後には、
講和問題と関連して、抗日戦争の記憶を社会的に喚起することも行われた。8
月、国防部中国電影製片廠は、一般の軍民を招待して「中国之抗戦」と題する
日中戦争の記録映画を鑑賞する上映会の開催を発表する。上映会は、中華民国
が対日講和会議に招請されなかったことに対する不満が人民の間で鬱積してい
ることに鑑み、抗日戦の記録映画による啓発を通じて、政府と領袖（蔣介石）
に対する敬愛の念を向上させることが期待されていた[99]。

　だが、このように一時的に抗日戦争の記憶を喚起することがあっても、それ
によって従来の対日関係論が影響を受けたわけではなかった。7月3日の同紙
は、私人としての資格で訪日していた総統府戦略顧問委員会主任の何応欽が、
大多数の日本人は「自由中国」との平和条約締結を望んでおり、中華民国が早
期に中国大陸を回復することも希望していると語ったことを伝えている[100]。
その数日後、何応欽は、台北市内でより詳細に訪日感を語った。何は、大多数
の日本人は終戦後蔣総統が8月15日演説を発表し、二百万人の日本軍民を寛
大に取扱って無事に本国へと送還してくれたことを感謝し、総統を崇敬してい
ると報告した。さらに、戦後数年間の努力により、日本は政党政治を実施し、

民主国家としての正しい道を歩むに至ったと述べ、日本人特有の勤勉精神とい
う長所は敗戦によっても失われるどころかむしろ高まっており、その仕事ぶり
は自然かつ懇切丁寧であって、こうした点は我々も見習う価値があると指摘し
たのである。最後に何応欽は、総統の指導の下、日本政府・人民と提携して東
アジアと世界の平和発展のため努力しなければならず、それが訪日で得た結論
であると述べて、会見を締めくくった[101]。

　何応欽は日本の陸軍士官学校を卒業した軍人であり、抗日戦争中は陸軍総司
令の職にあった。南京で岡村寧次の投降を接受したのも何応欽であり、張群と
並んで中華民国政府内の代表的な知日派要人として知られていたのである。何
の会見は、中華民国に対する日本人の好意的な態度と、日本の民主化の進展ぶ
りを強調することで、国民が対日講和に対して反感を抱くことを予防する目的
でなされたものと考えられる。

　『中央日報』が日本に関して唯一警戒感を表したのは、日本政府が反共陣営
に加入せず、中立路線を採用する可能性であった。そうした懸念は、「ダレス・
モリソン了解」発表後、日本政府が中華民国との条約締結の遷延策を採用した
際に高まることになる。抗日戦の戦勝記念日でもある９月３日の『中央日報』
社説は、中国侵略の非を深く後悔するよう日本に求めた上で、侵略勢力と自由
民主陣営の間で中立はあり得ないとし、日本国内で展開されていた中立化を求
める運動を非難して、日本は過ちを重ねてはならないと牽制した[102]。ここで
は、反共姿勢を鮮明にしないことが、戦前・戦中の教訓を学んでいないことと
同一視されたのである。

　とは言え、『中央日報』の対日関係論は、日本政府が中華民国と距離を置く
姿勢を見せた後でも、目立った変化を見せなかった。サンフランシスコ講和会
議閉幕後の９月10日に書かれた社説は、国際外交の次の戦役は「日本争奪戦」
であると指摘して、中華民国と日本が「反侵略」の旗印の下共同で奮闘してこ
そ、アジア人民の希望を繋ぎ止めることが出来ると解説した[103]。日本国内の
現状を紹介する際には、民間の反共団体による蒋介石支援運動が勃興しつつあ
ることに大きく紙面を割くなど、反共勢力としての力量を肯定的に取り上げる
のみであった[104]。こうした論調は、以下に見るように、在野系メディアの論

第 3 章　対日平和条約の締結をめぐって　147

説と比較すると、突出して日本に対して融和的なものだったのである。

（2）　在野系メディアの対日関係論

　1950 年代初頭の「一報三刊」の中で、対日関係に関する論述が最も『中央日報』と近かったのは『自由中国』であった。しかし、それすらも一定の留保をつけたものであり、『中央日報』のように手放しで戦後日本を肯定するものではなかったのである。

　1950 年 6 月 16 日の『自由中国』社説は、日本を『西遊記』に出て来る「紅孩児」に例えていた。「紅孩児」は、三蔵法師の肉を狙って孫悟空一行と敵対するが、後に観世音菩薩に調伏されて「善財童子」に生まれ変わったという妖怪である。社説は、日本も「軍閥専権時代」には「紅孩児」であったが、現在は観音菩薩に調伏された「紅孩児」になったと言えるとし、それは日本の人民にとって幸福なことであると論じた。この論説は、日本を妖怪になぞらえてはいるが、現時点では無害な国であると位置づけるものでもあった。また、社説は、明治維新後に日本を列強の一つにまで躍進させた日本人の民族的資質を高く評価もしており、共産主義の脅威を阻止出来る国家は、英米両国を除けば日本であるとしていた。その根拠として社説は、中国には意思強固な元首が存在するが、一般人民の政治的素養という点では日本の方が優っていることを挙げている。ただし、日本が「善財童子」となるには、「反共」の立場を明らかにし、世界平和に貢献するという「正しい」行動をとらなければならないという条件も付与しており、無条件に日本の現状を肯定するものではなかった[105]。

　上述の社説は、『中央日報』の論調とほぼ一致したものであったが、その翌月に掲載された湯恩伯の論考は、日本の潜在的危険性をより強調した上で議論を進めるものであった。湯は日本民族を、人を食べたことのある「一群の餓虎」と形容し、適切に指導しなくては世界の民主主義に害をなすであろうが、うまく導くことが出来れば、元来日本民族の伝統精神は反共であるから、反共抗ソの中堅的な勢力になり得るとしていた。湯によれば、ソ連は早くからこの点に気付いており、ソ連と中共はあらゆる手段を用いて日本の赤化を図っている。それゆえ、現在最も重要な問題は、いかに米国と歩調を合わせて日本を扶

助するかであると論じた[106]。

　湯恩伯は、日本の陸軍士官学校に留学経験のある軍人であり、終戦後には上海方面における日本軍の受降主管を務め、日本人居留民の送還も担当した。日本においては、その際の処置が極めて公正かつ温情的であったことから、「『日本人中の真の日本人に匹敵する』と評し、絶賛」する声も上がっていたという[107]。湯の没後には、渋沢敬三、藤山愛一郎、岡村寧次、安岡正篤、岡崎嘉平太らが発起人となって、その遺徳を顕彰する「湯恩伯記念会」が結成されている[108]。湯の上述の文章は、確かに対日関係の重要性を論じるものであったが、その議論は、日本人自体は危険であるかもしれないが、「反共抗ソ」のために利用価値があるとの論理で展開されていたのである。

　『民主中国』に「対日和約問題」と題する一文を寄稿した梁西岩は、日本人の性格を「好勇斗狼（威勢を張ってすぐ殴りかかる）」と形容し、それは伝統的にそうなのであって、急には改まらないものであると論じていた。そのため、連合軍の統治下にあっても、日本の四百万人の失業軍人達は腕を振るいたくてうずうずしていると述べ、その根拠として、終戦後の自身の中国大陸での経験を挙げている。当時太原の「日俘僑」集中営で度々日本人達に対して訓話を行っていた梁は、ある時に「二度と過去の夢を追い求めてはならない」と題して、かつての野心的な幻想を放棄するよう勧告した。それに対して、ある日本人尉官は、「閣下が我々に過去の夢を追い求めてはならないとおっしゃるのは、受け入れることが出来ます。しかし、将来の夢を我々は追い求めても良いでしょうか？」と尋ねたという。「将来の夢」が何を指していたかは分からないが、梁はそれを、日本の知識階級が依然として伝統的な闘争心を失っていないことの現れと解釈した。

　そのため梁は、反共陣営構築のための日本再武装に慎重な姿勢を崩さなかった。梁によれば、中国人は日本の再武装に警戒心を抱かずにはいられないが、連合軍は五年間の経験からすでにこの問題を検討して来ているはずで、常識から判断すれば、懸念を抱く必要はないだろう。しかし、弓の音にもおびえる鳥（＝驚弓之鳥）ですら、決して杞憂にとらわれているわけではないのである。この立論は、留保と接続詞を多用した分かりにくいものになっているが、著者

の複雑な心境を反映したものであったのかもしれない。

　また、梁は賠償問題にも論及していた。賠償に関しては、「以徳報怨」の道義から言っても現在の環境から考えても、絶対に日本から獲得しなければならないわけではないとした。ただし、付帯条件として、日本が「大陸反攻」戦争に対して物的・人的に協力することと、人口問題を解決し、再び「我々の領土」への浸透を企てないことを要求するべきだと主張した。さらに、賠償の要求は国民の切望していることであるから、その放棄については利害や大局について人民に丁寧な説明を行うべきだと提言していた。もし放棄を人民に無理に強いることになれば、政府に対する不満や対日感情の悪化をもたらし、好ましくない影響を与えるだろうというのが、その理由であった[109]。

　在野系メディアの内、日本に対して最も警戒的だったのは、『公論報』であった。1950年3月9日の同紙社説は、最近視野の狭い一部米国人が日本の再武装を主張しているが、それは危険で誤った考え方であると警告した。社説によれば、無条件降伏後に日本は厳格な処罰を受けるべきであったが、中国人民と政府は「以徳報怨」の寛大な態度でいかなる報復も行わず、日俘日僑を優遇した他、日本が自由民主国家となるよう希望するなど、我が中華民族の道徳精神をいかんなく発揮した。このような厚遇を受けた日本は、この機会に徹底的に国家を改造し、民主的な政治体制を確立して極東の平和安定勢力の一員となるべきである。しかし、軍国主義がいまだ完全に払拭されていない現状で日本の再軍備を求めた場合、第一次世界大戦後のナチスドイツをも上回る脅威が発生し得るのである[110]。

　4月24日の同紙社説も、当時日本の某団体が提出した平和条約案が、アジア各国が日本に最恵国待遇を付与し、工業力水準に制限は課さず、連合国への賠償は停止し、保有船舶の総トン数も無制限とするなど「意気盛ん」なものであったことを非難した。社説は、このような現実を踏まえ、対日平和条約については現下の国際情勢のみにとらわれず、長期的な視座から考慮し、日本帝国の再起を慎重に防止しなければならないと主張した[111]。戦後日本の民主化達成度を低く評価し、引き続き警戒を怠るべきではないと提唱していたのである。

1951 年に入ると、在野系メディアの一部は、その対日関係に関する論調を政府の立場に接近させて行った。最もそのような傾向が見られたのは、『自由中国』誌である。7 月 1 日の同誌社説は、政府の二十余年来の外交方針は道義的に極めて高く評価出来るものであると讃美して、その具体的な例として、国際連盟や国際連合に対する献身的な貢献の他に、蔣介石が抗戦勝利後に採用した対日寛大政策を挙げている [112]。さらに、満洲事変二十周年を記念して書かれた 9 月 16 日の社説では、事変が勃発した 9 月 18 日という日付は、その日以降両国の人民が屈辱と苦痛に見まわれたことから、「中日両国共同の国恥」であるとした。戦争をあたかも天災のように描写し、日本側の責任については論及しなかったのである。そして、「原子時代」の今日、日本が再び侵略国家となることは、日本の意図だけでなく、能力からもあり得ないと指摘した [113]。日本による再侵略の可能性は杞憂に過ぎないと断言するこの社説の論旨は、『中央日報』の論調とほぼ同様のものであった。

満洲事変勃発の 9 月 18 日が創刊日である『民主中国』は [114]、前述のように一年前には日本の再軍備に対する複雑な心境を反映した論考を掲載していた。しかし、この年の 10 月 1 日号では、日本の再武装は急を要しており、躊躇や遅延は許されないとの記事が登場しており、やはり政府の立場に接近している [115]。前年に受けた停刊処分が解け、9 月に復刊したばかりの『自立晩報』も 10 月 1 日の社説で、軍国主義が復活しないという前提をつけつつ、西ドイツと日本を再武装させて反共陣営の一員に加えることは、世界の平和と安全に裨益すると述べていた [116]。

しかし、日本の再侵略の可能性に言及するメディアも依然として存在した。『民主潮』誌社説は、青年党秘書長劉泗英による、日本は徐々に民主化しつつあり、中日「合作」により国際共産陣営の侵略からアジアを防衛する責任を共同で担うべきとの発言を引用して、支持を表明していた [117]。だが、同じ号に掲載された孫鐵齊の論説は、日本の再武装が野心家によって利用され、軍国主義を形成して侵略勢力へと変貌する可能性に対する憂慮を表明しており [118]、その編集方針は、社説の路線によって一本化されていたわけではなかったようである。

第3章　対日平和条約の締結をめぐって　151

　日本の再起に最も強く懐疑のまなざしを向けていたのは、やはり『公論報』であった。9月12日の社説は、まず日本国民に対し、近代の国際社会の中で、敗戦の代償が日本ほど軽微だった国家は存在しなかったことを心に銘記するよう呼びかけた。日本人は少数の戦犯以外ほとんど処罰されることがなかったし、自らの手で破綻させた経済も連合国の援助によって迅速に再建されつつある。このような幸運は二度とあるものではないので、もし日本の人民が、敗戦の代償がこの程度のものであると誤解したなら、それは非常に危険なことである。日本人民には、好戦的な傾向と迷信的性格が根強く存在しているので、敗戦の代償がかように軽々しく忘却されたなら、冒険主義の心理が容易に再生して来るだろう。

　社説は、占領下の日本で、天皇の非神聖化や言論の自由化が一定程度進展したことは評価した。しかし、占領当局による進歩的な措置は徐々に後退しつつあるとし、その例として、追放対象者の復権、財閥の復活、天皇の再神格化などが進みつつあることを挙げた。こうした現象が、保守勢力の集結により戦前の統治体制が再建される兆しなのだとしたら、遺憾なことである。さらに社説は、日本の有力な政治指導者達は、鳩山一郎や犬養健のように、そのほとんどが過去に軍部と結託していた政客であり、彼らの権力掌握は、占領終了後の日本で民主主義が発展する兆候となるものでは絶対にないと断言したのである[119]。

　また、日本の自由化や民主化を肯定的に評価し、日本との「合作」の推進を提唱していたメディアの中にも、サンフランシスコ講和会議以降の日本が対華関係に消極的になり始めたと解釈し、そのような態度に批判的な論説が掲載されることがあった。東京在住の余蒼白という記者は、吉田茂が国会答弁で中華民国との国交回復に消極的な態度を示したことを受けて、次のような一文を『自由中国』に寄稿している。余によれば、吉田発言は、中華民国や中華民国に同情的な人々にとって不可解なものであり、憤りをもたらすものであった。なぜなら、記者が自ら経験したところによれば、戦時中の日本が犯した途方もない大罪にもかかわらず、終戦後に蒋介石が「以徳報怨」という方針を表明したことに対しては、日本の津々浦々で感激の声が聴かれたし、現在に至っても

落涙する人々がいる。しかし、講和問題に関する日本政府の態度は、あたかも
そうした記憶を完全に脳裏から消し去ったかのようである。

　その理由として余は、元々国家間では恩義よりも利害によって敵や友が決ま
るものであるとした上で、さらに中華民国が日本に施した「恩」に関して、二
点の説明を補足した。第一は、文化人類学的な解釈で、中国と日本では「恩」
に対する概念が異なるというものである。すなわち、中国では「恩」という字
には、しばしば「如海」、「無窮」などの形容詞が付与され、崇高なイメージが
存在する。それに対して、日本語の「恩」は、「恩師」、「恩人」、「謝恩セール」
など卑近なものにも使用されることがあり、中国に対して感じる「恩」なるも
のも、実はその程度に過ぎないのではないか。第二は、米軍による占領の影響
である。終戦直後、日本では蒋介石の「以徳報怨」への感謝から、近衛文麿を
「謝罪使」として中国に派遣するよう求める意見が熱心に提唱されていた。し
かし、そうした声は、日本に進駐して来た米軍もまた温情的な態度であったた
め、瞬く間に下火になっていったのである[120]。

　『民主中国』も、なぜ日本は中華民国との条約締結に冷淡かを分析した鄧志
雲の論文を掲載した。鄧は、その理由を三点挙げている。第一に、条約締結に
ともない、中国大陸との貿易が切断されることへの危惧。第二に、朝鮮戦争勃
発後、米国が日本を重視するようになり、一部日本人が昔日の中国に対する優
越感を再び抱くようになったこと。第三に、英国と深い関係がある吉田首相
が、英国政府に追随して日英関係を発展させようとしていることである[121]。
このように、日本の軍国主義復活の可能性については否定的だった『自由中
国』、『民主中国』両誌も、講和問題に対する日本政府の態度には懐疑的な見解
を提出していた。

　以上の検討からは、1950年代初頭のこの時期、在野系メディアの対日関係
に関する論説は当局によって完全な統制を受けていたわけではなく、その論調
は各メディア間で少なからず差異があったことが分かる。そして、そのような
中で、当時最も日本との「合作」を熱心に提唱し、日本の民主化と中華民国に
対する誠意を強調していたのは、官製メディアだったのである。

3 日華平和条約の締結

（1） 対日交渉の開始

1952 年 1 月に「吉田書簡」が発表されたことを受けて、蔣介石は三点の指示を出した。第一に、講和交渉の代表を決定せよ（ニュースを発表せよ）。第二に、要員を派遣して交渉に参加するよう米国に求めよ。第三に、多国間条約が発効する以前に調印しなければならない（正式）[122]。三番目の指示の理由について浅田正彦は、日本の主権回復後に条約を調印するという形になった場合、中華民国が他の連合国と対等でないかのような形になり、なおかつ日本から講和相手として選択されるという外観が現れることを回避したいという「体面的側面」と、サンフランシスコ平和条約発効後、日本が中華民国に対して強硬な態度に出ることを防止したいという「実質的側面」があったのではないかとしているが[123]、妥当な推論であると考えられる。

日本全権団訪台に先立ち、台北では、台北在外事務所所長の木村四郎七と葉公超の間で会談が行われた。席上、葉公超が、①日華両国が締結交渉を行うのは平和条約である、②適用範囲は条約の中に規定せず、その他の方法で表現するものと了解していると述べると、木村は驚きを見せ、「吉田書簡」には「平和条約」を締結するとは記されておらず、もし日華両国の条約が同書簡の範囲を超えることになれば日本政府にとって困難なことになると回答した[124]。確かに、「吉田書簡」には、「かの多数国間平和条約に示された諸原則に従って、両政府の間に正常な関係を再開する条約を締結する用意があります[125]」と書かれており、「平和条約」という字句が明記されてはいなかったのである。木村は、外相を兼任していた吉田茂に、

> 思うに葉外交部長初め外交部幹部は素より陳行政院長王世杰総統秘書長等現在の国府首脳者は張群氏を除き日本の国内情勢に通ずる者殆どなく我が方の真意及び情勢を理解せしむるに甚だ困難を感じおり、本官としても表面上外交部との折衝と平行し張群氏とはその側近者を通じて絶え

ず密に連絡をとり中国側の空気緩和に努めおる次第〔後略〕。[126]

と報告している。

　条約の名称問題をめぐって早くも木村が感じ取っていたように、「中国」を代表する政権として対日平和条約を締結したい中華民国政府の立場は、「地方政権」との経済協定に近い条約を結ぶことのみを構想していた日本の立場と大きく食い違いを見せていた[127]。そのことは、交渉の多難さを暗示するものでもあったのである。

　2月20日午前、中華民国側全権葉公超と日本側全権河田烈との間で、第一回会議が行われた。同日の会談は、中華民国側が用意した平和条約草案を日本側に手交し、さらに両全権が会議開催のオープニング・ステートメントを発表して散会する。ステートメントの中で、葉公超は以下のように述べた。

　　本国政府は曾てしばしば日本との間に早期講和をすべきであるとの願望を、明白に表明して来たのであります。顧みれば民国三十四年九月十五日、蔣総統はその国内外への放送の中で、早くも将来の中日友好の必要性を予見せられ、当時既に国民に向つて、ただに旧悪を思わざるのみならず、更に進んで怨に報いるに徳を以てすべきであるとの崇高なる精神を昭かにされたのであります。
　　蔣総統は更に民国四十年六月十八日に発表した声明の中で、重ねて、久しい以前孫中山先生が制定された政策を言明されたのであります。即ち、中日二大隣国の誠意ある衷心よりの協力があつてこそ、はじめてアジアの安定を確保することができるということであります。蔣総統は次のように申されました。「自分は日本降伏後いくばくならずして『中国は日本に対して報復主義を採らない。すべからく合理的且つ寛大な政策を採り、又直接間接の種々の方法により、日本との平和条約をできるだけ早く完成すべきである。』ということを再三言明した」と。
　　本日我々がかくしてここに一堂に会しましたことは、中日両国人民間の平和の回復に対して、我々が共同の念願をもつていることを証明するに

第3章　対日平和条約の締結をめぐって　155

足るものであります。我々は東亜の平和は世界の平和にとつてかくべからざるものであると思ふのであります。我々は更に又、既にあくことなき侵略の蹂躙と脅威とを身にしみて受けているこの世界に在つて、我々が共同の努力によつて我々の関係を強固にすることなくしては、いかに我々が切実に平和を希求いたしましても、平和の実現は得られないものであると信ずるのであります。我々が今日サンフランシスコ平和条約の精神に基いて、両国間の平和条約締結を協議せんと希望することは、即ち、将来両国人民の希望する、更に一歩進んだ協力の基礎とするに足るものであります。[128]

それに対する河田烈の挨拶は、

最近日華両国の間におきまして、しばしば不幸な事件が起り、衷心より平和を希求する両国民の真意に反してついに戦争状態にまで陥りましたことはわれわれのまことに遺憾とする所であります。然るに終戦直後において、蔣総統は、唯今葉全権の述べられた通り、わが国に対して極めて寛大な態度を中外に鮮明せられました。これによつてわが国民は多大の感銘を受けたばかりでなく、深刻な反省をも促されたのであります。当時この総統の意を承けてわが在留民に対して寛厚親切な措置をとられた中国官民に対しまして、私はここにわが政府及び国民を代表して心から感謝の意を表明する次第であります。

また総統の崇高なる徳義に対しまして、われわれとしてはアジアの、特に東亜の全般的な復興と繁栄に最大限度の貢献をなし、もつてその安定に寄与することが、究極においては、これに報いる最善の道であることを確信するものであります。[129]

というものであった。

このように友好的な言葉の応酬で始まったにもかかわらず、中華民国側が提出した平和条約草案をめぐって交渉はしばしば緊張感に満ちたものとなり、時

には暗礁に乗り上げもした。それは、過去の解釈をめぐるものというよりは、中華民国が「中国」の正統国家であるか否かという、現在をめぐる対立だったのである。

中華民国側の草案は、二十二箇条から成るものであった。2月23日の第一回非正式会議の中で河田は葉に対し、中華民国の方針は日本側の精神と大きく異なっていると述べた。日本側は、まず国交を回復して東アジアの安定に寄与することを最優先事項と位置づけていたため、条約は簡潔なものとし、細目については今後詰めるものと考えていたのである。そうした立場からすれば、中華民国側の草案は条文が繁多に過ぎると河田は説明した。さらに河田は、日本国民は中華民国との条約締結に必ずしも賛成しておらず、もし条約がサンフランシスコ平和条約に倣うものとなれば、日本側が一方的な負担を課されることとなる上、条約内に敗戦国に対する表現の条文が含まれることとなって、日本国民を失望させるであろうと語ったのである [130]。数日後の会談においても河田は、日本政府は、国内世論の反対と英国の反応を考慮する必要があり、条約の名称問題については暫時棚上げし、先に内容について討議することを提案した [131]。

葉公超は、第三回の非正式会議で、中華民国は草案起草の際に寛大な態度をとったし、一般的に平和条約序文には戦争の原因と責任について記すものだが、日本側の感情を考慮して草案の中には盛り込まなかったと述べた。続けて葉が、条約名称を「中華民国と日本国の間の平和条約」とするべきであると述べると、意外にも日本側はあっさりと同意した [132]。実は、2月16日の時点で日本政府は河田に対し、「条約の名称に関しては、条約の内容につき中華民国政府と十分協議の上、『平和条約』とすることが適当と認められるに至つた際は、条約の内容と共に事前に請訓されたい [133]」と訓令しており、条約の名称問題について中華民国側とあくまでも争うことは想定していなかったのである。また、全権団も、中華民国側との交渉を通じて、同問題で譲歩を勝ち取ることの困難さを感じ取り、本国に報告していた。

　現在の国府は長年の対日不信に加うるにその追いつめられた環境もあり

第3章　対日平和条約の締結をめぐって　157

想像以上に思いつめた心理状態に在り（この点蔣総統が最も強い趣）疑心甚だ深きものあり従つてこれを解きほぐしつつ交渉を進めてゆく為には我が方として普通以上の忍耐と努力とを以てするに非ずんば我が方の誠意を了解せしむる事困難なる事を認識した次第である。又本件交渉の内容に対する国府側の態度特に国府の地位条約の名称等基本的問題に関する考え方は正に国府の「国体護持」であって極めて思いつめた心境を以てその立場を固守しており従っていささかにてもこれを傷つけるが如き措置は例え第三国の圧力の下に於ても到底容認し得ない心情にあるものと察せられる。[134]

　日本全権団が、名称問題を交渉カードとして使うことなく早々に中華民国側に歩み寄ったのは、このような判断に基づいていたものと考えられる。こうして、日華交渉の第一の関門は、ひとまず乗り越えられたのであった。

（2）　平和条約締結交渉

　名称問題が落着した後でも、平和条約締結交渉では、条約の内容をめぐってなおいくつかの争点が存在し、双方は激しい論争を繰り広げた。ここでは、そうした論争の中から、双方が過去をいかに表象しつつ、どのような講和が達成されるべきであると語っていたかを、交渉記録から検討したい。

　3月1日に開かれた第二回会議で河田烈は、日華間の二国間条約はサンフランシスコ平和条約に則ったものとするべきではないとする、前述の立場を繰り返した。これに対して葉公超は、次のように弁舌をふるった。

　　中国と日本の関係は、過去数十年において、二つの戦争と多くの不幸な事件とによつて傷つけられて来ました。全く、千九百年三十一年九月十八日の奉天事件から対日勝利の日に至るまで、中国の人民、特にわが国の東北各省の人民は、日本の絶え間ない軍国主義的侵略の不幸な犠牲とされたのであります。日本との長年月にわたる戦争は、中国の資源を荒廃に帰しその生活力を蚕食いたしました。そのため敵対行為の終結に

当つて、中国は、赤色侵略の打ち寄せる潮に、抵抗の意思のみあつて余力を有しなかつたのであります。全く、日本との戦争は、われわれにとつて高価なものにつきました。対日戦が齎した荒廃がなかつたならば、中国の本土は、今でもわれわれの手中にあり、また、四億五千万の中国人民は、共産主義者によつて始められた恐怖の支配を免れていたでありましょう。

中国が対日戦以後日本に対してとつた寛厚と和解の精神に忠実に従つて、われわれは、われわれ自身の意思に基き、サン・フランシスコ条約の精神に賛同する道を選びました。この条約は、国際社会に復帰し、平等の一員として平和の事業に参加することへの、日本に対する歓迎の精神であります。〔中略〕

私は、われわれの審議において、貴全権がこの草案の基調をなす善意と和解の精神を心に留めおかれるよう希望するものであります。私はさらに中国は、今なお連合国の地位を享有するものであり、また、わが政府は、共産主義の侵略による中国本土の一時的占領にもかかわらず、今なお全中国に対して完全な主権を保有することについて貴全権の御注意を喚起したいと希望するものであります。[135]

中華民国側が最も重視しているのは草案の第二十一条である、と副代表の胡慶育は、3月5日に行われた第四回非正式会議で明かした。同条は最恵国待遇を規定したもので、日本が第三国と締結した平和協定や戦後処理が、日華間の平和条約よりも大きな利益を当該国に付与することを定めた場合、同様の利益が中華民国にも与えられるとしていた。胡は、第二十一条はごく簡単なもので、サンフランシスコ平和条約第二十六条の最後の一節[136]に相当すると述べた。

これについて木村四郎七は、平和条約はサンフランシスコ平和条約を踏襲する必要はないという従来の見解を繰り返した。中華民国は連合各国と完全に平等な地位にあらねばならないと説明する胡慶育に対して木村は、日本は最近インドと平和条約締結を交渉しているが、その内容はごく簡潔なものであると前

第3章　対日平和条約の締結をめぐって　159

置きした上で、貴国と我が国の関係は日印関係よりもさらに密接であるし、貴国の日本に対する同情もインドより上なのだから、対日要求も日印平和条約の範囲を超えるべきではないとの意見を開陳した。胡は、我が方が抗日戦争で受けた損害はインドの比ではなく、サンフランシスコ講和会議に参加した国の中でも、実際に日本と戦争を行ってその占領を受けた国は少ないし、人民が受けた損害が中国に匹敵する国もないと述べて、中華民国が連合各国と同等の待遇を受けることは当然であると反駁した。木村は、我が人民はサンフランシスコ平和条約にも完全に満足しているわけではないと述べ、中華民国側の立論を根底から覆そうとした。それに対し胡は、講和成立後、敗戦国が平和条約の寛大さが十分でないと感じることはよくあるが、我が政府は、今次平和条約は可能な限り日本側に敗戦国という感覚を持たせないようなものにすることを希望しており、ただ中華民国が他の連合国より下位につくことが受け入れられないだけであると表明した[137]。

　中華民国側の平和条約草案では、その第十二条で賠償に関する規定が盛り込まれていたが、このような要求もまた、連合国との平等な待遇という形式をとるために出されたものであった[138]。しかし、3月7日に行われた第六次非正式会議の席上、木村は十二条全文の削除を求める。木村はその理由として、二点を挙げた。第一に、吉田首相がダレスに宛てた書簡の中で、日華間の条約は直ちに大陸までは及び難いと記されており、賠償問題を平和条約に規定するのは適当ではない。第二に、サンフランシスコ平和条約第二十一条には、中国が同条約第十条[139]および第十四条第二項[140]が規定する利益を受けられるとの文言があるため、日華間の条約で再提起する必要はない。特に、第十四条二項によって日本は中国における多くの権利を放棄しており、すでに国民にとって重すぎる負担となっている。もし日華間の平和条約でさらに賠償について規定すれば、日本国民をさらに刺激することになるであろう。最後に木村は、「日本は過去に少数の軍人の誤った指導により、侵略戦争を発動して貴国に空前の大惨禍をもたらしたが、日本全国上下を問わず痛切に後悔せざるものはなく、埋め合わせをすることを願っている。貴国には寛仁の態度で、更生の機会を与えて頂きたい」と述べて、寛大な処置を求めた[141]。

中国大陸に遺棄した財産により、中国に対する賠償は十分であるとの論法は、河田烈も提出した。3月17日の第七回非正式会議で葉公超は、賠償に関しては条約正文ではなく交換公文や議定書などに規定する案を提示する。しかし河田は、日本が中国大陸に遺棄した財産は米ドルに換算して数百億ドルに上り、今日さらに役務賠償を要求することは貴国の「対日寛大」という方針に背いていると指摘した。それに対し葉は、もし日本人民が戦争によって我が国に与えた損害について充分な認識と反省をもっているなら、我が方の役務賠償に関する立場を了解し、喜んで要求を受け入れるはずであると述べる。だが、河田はなおも、日本人は貴国に与えた損害の大きさを理解しているが、日本の海外資産の内70〜80％は中国に存在したと指摘して、譲らなかった[142]。

日本側の強硬な態度に直面し、中華民国側は譲歩を示す。3月19日、葉公超は、個人的な提案であっていまだ政府の指示を仰いではいないが、と前置きした上で、平和条約草案における未解決の部分について日本側が中華民国側の見解に同意することを条件に、中華民国が自発的に役務賠償の要求を放棄するとの案を提出した[143]。未解決の部分とは、最恵国待遇と適用範囲の問題であり、これらについて日本側が譲歩する見返りとして、賠償を放棄することも考慮すると提案したのである。

河田は、3月25日に行われた会談の際、本国政府の訓令を待たなければならないが、19日になされた提案によって「交渉は最後の段階に入ったと思う[144]」と語っており、個人的には中華民国側の譲歩を高く評価していたようである。他方、19日の会談では、中華民国が作成した議定書草案内に、サンフランシスコ平和条約内における連合国に対する財産の返還および権利・利益の回復に関する規定が、中華民国については、「一九三一年九月十八日」以降、中国に成立した偽政権（「満洲国」、「汪精衛政権」等）に属する財産、権利および利益のことを指すと記してあることについて、日本側が疑義を呈した[145]。葉公超は、この規定は日中戦争の開始時期をこの日付に定めたいという中国国民の希望を満足させるためのもので、いかなる実益をも獲得しようとするものではないと説明するが、開戦日時問題は、その後日華間の新たな争点となる。

さらに、賠償問題も、日本政府が作成し、全権団が3月28日に手交した「中

華民国と日本国の間の平和条約」第三次草案の内容が中華民国側を満足させなかったことにより、引き続き争点となった。すなわち、日本側草案は、最恵国待遇条項を削除しており、適用範囲についても、中華民国側草案では交換公文における「この条約の条項が、中華民国に関しては、中華民国政府の支配下に現にあり、及び今後入るすべての領域に適用がある」との文言の後ろに、「この了解は中華民国のその全領土における主権に対していかなる影響も与えない」との但し書きを付けることを要求していたにもかかわらず、その一文を削除していたのである[146]。草案を一読した葉公超は失望を露わにし、3月19日に提案した賠償放棄という提案を暫時棚上げにすることを宣言した上で、我が国は貴国を敗戦国と見なしたことがなく、将来の協力と友好のためという観点から講和を考え、賠償も放棄したにもかかわらず、貴国は連合国の一員としての我が国の地位を承認しないかのようであると難詰した。河田はこれに対し、恥かしく思うと述べつつ、自分としても努力するが、貴国も我方の草案を詳細に検討して欲しいと回答した[147]。

　後日河田は、この頃張群と面会した際、以下のように告げられたことを本国に報告している。

> 最近日本政府が国府を見下しているとして特に日本が米国の平和条約批准後の有利の地位に乗じて高圧的に引延し策に出て来たものであるとして政府部内の空気が非常に悪化して来ているので自分としてもトラブルシューターの役を果すことは非常に困難と思われ交渉の前途は憂慮に堪えない、是非貴全権から日本政府の再考を求められたい〔後略〕。[148]

　しかし、日本政府の態度は強硬であった。4月12日の第十回非正式会議で河田は、日本政府が賠償問題に関する提案に同意出来ない理由として、中華民国側の提案では、サンフランシスコ平和条約第十四条（a）項1に規定された役務賠償[149]を放棄するとされているが、同条（b）項[150]に規定された一切の請求を放棄するとの部分には言及していないことを指摘し、「一切の賠償要求」を放棄するとの文言を入れるよう要求した。葉公超は、賠償問題に関する規定

はサンフランシスコ平和条約の条文が適用されるから、日本側の懸念は無用であると答えたものの、木村四郎七は重ねて、もし一切の賠償要求を放棄すると明言すれば、我が国人民の心理に大いに裨益するだろうし、この点について本国政府は強硬であるとして、中華民国側の理解を求めた[151]。日本側は、中華民国が将来的に役務賠償以外の賠償を要求して来る可能性を、平和条約によって封じることを目指していたのである。

　また、同日夜の会談では、日中戦争の開戦日時についても話し合われた。河田は、中華民国側が平和条約前文と議定書に入れるよう求めていた「（1931 年）9 月 18 日」という日付の削除を日本側が要求するのは、過去の歴史を遡っていたずらに両国間の不快な感情を増す必要はないという理由の他に、この日付はサンフランシスコ平和条約内にも記されていないからであると述べた。葉は、サンフランシスコ平和条約署名国の中で満洲事変の当事国はないし、我が国の立法院には東北出身者が多く、この問題に強い関心を持っていることを了解されたいと説明した。さらに、前文に 9 月 18 日という日付は明記せず、議定書内に記された日付も交換公文の中に移動させるという譲歩案を提示する。しかし、東京はこの問題に関して強硬であると説明する河田から、同意を得ることは出来なかった[152]。

　結局、賠償問題については、4 月 13 日の第十二回非正式会議で、サンフランシスコ平和条約第十四条（a）項の中華民国側解釈を「同意された議事録」に記入することを条件に、日本側が中華民国作成の草案に同意するとの合意がなされ、決着する[153]。また、開戦日時の問題については、序文でも議定書でも交換公文でもなく、「同意された議事録」内に、次のような文を挿入することを日本側が提案し、採用されることとなる。

　　中華民国代表
　　私は、千九百三十一年九月十八日のいわゆる「奉天事件」の結果として
　　中国に設立された「満州国」及び「汪精衛政権」のような協力政権の日
　　本国における財産、権利又は利益は、両当事国間の同意によりこの条約
　　及びサン・フランシスコ条約の関係規定に従い、中華民国に移管されう

第 3 章　対日平和条約の締結をめぐって　163

るものであると了解する。その通りであるか。

日本国代表
その通りである。[154]

　その後、最恵国待遇問題や適用範囲問題等の懸案も 4 月 27 日までには妥結
し、翌 28 日、日華平和条約が調印された。よく知られているように、それは
対日講和会議参加国によるサンフランシスコ平和条約が発効するわずか数時間
前に行われた。平和条約を日本と別個に調印し、各国の条約と同時発効という
ダレスの構想には及ばなかったが、平和条約発効前に調印しなければならない
という蔣介石の指示は、辛うじて実現することになったのである。

（3）　日華平和条約の批准
　平和条約締結の翌日、『中央日報』の社説は、孫文が生前唱えた日華両国の
「合作」論を蔣介石も継承し、抗戦中のカイロ会談では、日本の国体は日本国
民自身に選択させるよう主張して天皇制を保存し、抗戦終結後には、「不報復
主義」を政府の対日方針に定めたと解説した。すでに見たように、孫文から蔣
介石に至るまでの対日政策を終始一貫したものと位置づけ、その延長線上に対
日講和も実施されるとするこうした論法は、対日交渉時でも用いられており、
単なる日本向けの外交辞令ではなく、中華民国の公式見解となっていたことが
うかがえる。
　社説はさらに、過去六年間「中日両国民」の置かれた境遇が異なっていたこ
とが、双方の見解に異同を生じさせたと続けた。中国国民がソ連の暴力下で辛
酸をなめていた頃、日本国民は連合軍の占領下で改造され、復興を図っていた
のである。そのため、中国国民はソ連の侵略と征服の痛苦を味わった経験を通
じて、中国の敵がアジア共通の敵であり、世界人類共通の敵でもあることを理
解している。しかし、この点について日本国民はいまだ十分な認識がなく、一
部人士は「独立」を「中立」と誤解し、米ソ冷戦や米英間の矛盾から「一時の
利」を博することが出来ると考えている。そこで社説は、日本国民には国家百

年の大計とアジア太平洋の大局から考え、くれぐれも区々たる利害にこだわることなく、東アジアと世界の平和のため責任を果たすよう希望すると続け、もしこのような願望が実現するなら、日華間の平和条約は両国の「合作」と東アジア安定の礎となるであろうと論じたのであった[155]。

7月10日、中央社の東京電は、前日に東京で開かれた日華両国の関係者による会合に出席した河田烈が、日華平和条約が国会を通過したことを報告した後、要旨以下のような演説を行ったことを伝えている。すなわち、役務賠償の放棄と戦犯の釈放は、蔣総統が終戦後発表した寛大な精神を示したものである。条約そのものも、戦勝国と戦敗国の間で締結されたとの痕跡が見えないもので、事前に想像していたよりもさらに「寛厚」なものであった。交渉終了後、蔣総統から日華平和条約締結をうれしく思うと告げられたが、それは人生の中で最も恩を感じた瞬間であった、と河田は述べたという[156]。

7月15日、立法院において日華平和条約の審議が始まる。冒頭、行政院長の陳誠から、条約の趣旨についての説明がなされた。

　　　まず各位に申し上げますのは、我が国の対日基本政策であります。国父孫中山先生はかねてから、アジアの安定を確保するためには、中、日両大国の誠意ある提携が必要であることをはっきりと認識されておりました。この対日政策は、我が政府によって変わることなく忠実に守られ、この数十年来の国際情勢の変遷は、この政策の正確さを証明したのであります。当時日本の軍閥は、この道理が理解出来ず、アジアで覇を唱えようとの野心を起こして我が国を侵略し、最初はゆっくりとした蚕食だったのが、後には大胆にも一挙に併呑しようとして、我が国の八年間の抗戦を引き起こしました。皆様ご存知の通り、この長期の戦争の結果、日本は敗戦し、無条件降伏した後、全国が占領されました。我が国は総統の英明な指導の下、最後には光栄ある勝利を獲得しましたが、八年間の抗戦を経て、国力も大きく損なわれました。戦敗国と戦勝国双方が、重大な損害を受けたのです。アジアの安定も、このために大きく損なわれました。総統は我が国が勝利を獲得した後、一人遠大な見識を備

え、国父の定められた政策に則り、中国は日本に報復主義をとらず、合理的に寛大な政策をとらねばならないと宣告し、さらに直接・間接的な方法で、対日講和の早期実現を目指されました。この寛大政策は、中日両国の今後の提携のために道を開いてアジアの安定を図り、以て世界の平和と安定に裨益することを目的としたものであります。我が国は戦後六年来、終始この政策を堅持して来ました。[157]

　ここで、「戦敗国と戦勝国双方が、重大な損害を受けた」と評価することによって、中国が日中戦争から受けた被害が相対化されている。続けて陳誠は、講和成立まで終戦から六年の歳月を要したことを、ソ連の責任に帰した。

　　しかしながら、第二次世界大戦終結後、ソ連は野心をあふれさせ、全力を尽して侵略の機会を設け、対日講和の成立を望まず、我が国やその他の連合国が対日講和促進のためいかに努力しようとも常に妨害し、平和の実現を不可能にし、戦争終結後六年を経過しても講和が成立していないという結果をもたらしました。この間、ソ連は我々が八年の抗戦によって国力を損なったことに乗じ、共匪傀儡を利用して我が国内で反乱を発動し、侵略の目的を達成しました。今日我が大陸が共匪の手に落ち、韓国で侵略戦争が発生し、アジア全域が不安定化し、世界の平和が緊迫した状況にあるのは、ひとえにソ連が作り出したものでありますが、日本軍閥がかつて我が国を侵略したことは、期せずしてソ連のための先陣の役割を果したのであります。こうした歴史的事実を振り返ると、当時日本が我が国父の中日合作という賢明な政策を理解出来なかったことは、極めて残念なことであると思わされます。[158]

　このような中で、今回対日平和条約の締結に至ったのは、米国が一昨年の秋から対日講和への取り組みを本格化させたからであったと陳誠は位置づける。しかし、大陸がすでに中共の支配下に入り、「少数の見識の浅い国家」が同政権を承認している現状は、平和条約締結のために理想的な環境であるとは言い

難かった。

> 我々は、この時に対日平和条約を協議することは、必然的に我が国にとって不利となることははっきり分かっていました。しかし、我々は東アジアの大局、さらにアジアの自由国家が協力し、共産党の侵略に共同で抵抗する将来から考え、米国政府の〔対日講和推進という〕行動は賢明であり正確なものであると考えます。また、我が国の中日提携政策、対日寛大政策、さらに早期の対日講和という主張とも合致します。それゆえ、我が政府は米国の立場を支持することを決定し、力を尽して米国に協力し、この困難な任務が一日も早く完成することを期したのであります。[159]

　しかし、サンフランシスコ講和会議への参加は、国際政治の現実の前に阻まれることになる。そこで、中華民国は日本との二国間条約締結を決断し、以下の三つの立場を設定した。第一に、連合軍各国と平等な立場を堅持する。第二に、日華間の平和条約はサンフランシスコ平和条約の内容とほぼ同様のものとする。第三に、平和条約の中で、日本は我が国が「中国全部」の領土上に主権を有する事を承認する。陳誠は、今回調印された日華平和条約、および議定書、交換公文、同意記録を詳細に確認した所、「それらは政府が先に定めた三項目の立場と完全に一致するように思われます[160]」と、委員達に保証した。

　演説記録の中で該当する部分は見当たらないが、翌日の『中央日報』の報道によれば、陳誠はこの際、「過去はすでに過去のものとなりました。現在我々は感情面の傷を包み込み、苦しみの記憶を止め、勇敢に過去を終わらせ、現実を掴み取り、未来を創造しなければなりません」とも述べたという[161]。同じ日の同紙社説は、この発言をそのまま引用し、国を思う責任感を湛えたものであるとして、支持を表明している[162]。

　また、同日の立法院で行われた葉公超による補足説明では、トルーマンによる「台湾中立化宣言」発表後の一時期、最重要事項と位置づけられていた台湾の法的地位問題について解説がなされた。すなわち、日華平和条約はサンフラ

ンシスコ平和条約に制約されており、日本がかつて占領していた中国の領土については放棄すると規定するのみで、我が国に返還するとは規定していない。しかし、当該領土は元々我が国に所属するものであり、かつ現在我が国が統治しており、さらに日本が重ねてその放棄を承認したので、事実上はすでに我が国に帰属している[163]。すでに見たように、前年蔣介石は、台湾・澎湖の法的地位問題は、すでに中華民国が実効支配しているため争う必要はないと声明していたが、上述の葉公超の説明からは、同問題が依然として政府の懸案事項であったことが見て取れる。結局、法的地位問題は、日華平和条約締結の結果としてよりは、すでに中華民国が事実上統治を確立していることを主要な理由として、その決着が宣言されたのであった。

　政府側は、日華平和条約が中華民国の要求を満たしたものであり、国益に適うものであると説明していた。しかし、立法委員の一部からは、異議も提出されていたようである。『民主中国』8月16日の「短評」は、この頃訪日した張群が吉田茂と面会した折、吉田から、立法院で日華平和条約が採決された際、反対側に立った立法委員が多かったことに驚いたが原因は何であろうかと尋ねられたという消息を取り上げている。張群の答えは、立法院における反対派は国民党以外の党派であり、彼らの反対理由は、平和条約内で中華民国が獲得すべき多くの利益を得られなかったことによる、というものであったという。これについて「短評」は、立法院での質疑には日本も人を派遣して傍聴させていたから、誰がどのような発言をし、反対の理由は何であるかについて吉田は報告を受けているはずであり、吉田の質問は彼の狡猾さを表したものに他ならないとした。また、張群の回答も事実ではなく、陳誠院長の報告や葉公超部長の説明のいずれにおいても、条約が理想的なものではないと認めていたし、立法委員の内反対を表明した委員は104人に上ったが、非国民党の民社・青年両党を合わせても議席は30席しかなく、その他は全て国民党員である。張群氏がこのように事実を曲げ、責任を転嫁した発言をしたのは残念なことである、と「短評」は批判した[164]。同様の趣旨は、民社党の立法委員周樹聲も立法院で発言していた[165]。

　これらの論説や記録が示唆しているように、立法委員達の日華平和条約に対

する態度は、満場一致による賛成というわけではなかったようである。『公論報』の社説によれば、立法院長張道藩は討論終了後、全委員に向けて、「国家は現在種々の困難に見まわれており、我々は沈痛な心情の下、中日和約を通過させた」と述べたという。同社説もまた、あらゆる観点から見て日華平和条約は戦争終結の理想的な取り決めではなく、我が国の「寛大精神」に対して日本側から十分な反応がなかったと評していた。その一方で社説は、「より遠大な利益のために、忍耐することが必要だ」とも述べ、基本的には日華平和条約の締結を肯定する姿勢を見せた。社説はさらに、日本人は勤勉、質素、勇敢で実際的な民族であると肯定的に評価し、半世紀の恩讐は歴史の中に痕跡をとどめるのみとなったと描写して、日華両国の協力関係構築を提唱した[166]。対日講和問題の浮上以来、台湾の主要メディアの中で最も日本に対して警戒的な論説を展開していた『公論報』ですら、この時点に至ると論調を緩和させ、『中央日報』にやや接近した議論を提出していたのである。その他のメディアも、日華平和条約の締結を歓迎し、数十年来の両国の敵対関係が講和成立により過去のものになったと総括した[167]。

　立法院を通過した日華平和条約は、8月5日、発効する。中華民国と日本の間の戦争状態は、紆余曲折を経ながらもこのようにして法的に終了し、日華両国は国交を樹立するに至ったのであった。

小結

　第二章で見たように、1940年代後半の台湾では、省営の『台湾新生報』によって、日本に対して警戒的な論説が展開されていた。戦後初期においては、日本および一般の日本人に対して、蔣介石の「以徳報怨」方針に基づき寛大な態度で臨むことが提唱されていたが、次第にその論調は硬化し、一般の日本人が戦争や植民地統治に果たした役割を問責するようになり、日本人の民族性までもが非難の対象となったのである。中国大陸では、党報『中央日報』が、米国の日本占領政策の転換と共にその日本論を大幅に融和的なものとさせていたが、『台湾新生報』の論調は、その時期においても依然として日本に対する不

信感を表明していた。

　中央政府の台湾移転と共に、台湾における最も公式な見解を反映するメディアは、『中央日報』となる。大陸時代の末期、同紙は日本の軍国主義復活の危険性は軽減したと論じていたが、来台後はさらに、米国の占領政策は日本人の再教育に成功したから、戦後日本はすでに脅威ではなくなったと説明していた。また、日華両国をアジアの二大国と位置づけ、この二国が「合作」することが、共産主義勢力に対抗し、世界の平和と安定維持に寄与する方法であると主張していた。こうした観点から同紙は、対日講和を早期に実現するべきであると提唱した。

　実際には、中国大陸を失い、国際的地位の低下した中華民国政府は、「中国」の正統政権としての外観を堅持することを重視しており、対日講和問題への対応も、そうした体面に関する思惑がしばしば前面に押し出された。政権内部で交わされていた議論や、対米・対日交渉時の記録からは、政府首脳部の関心の内の多くが、台湾・澎湖が中華民国に返還されたというカイロ宣言の内容を明文化すること、「中国」を代表する政権として講和会議に名前を連ねること、あるいは、連合国の一員という体裁を保持したまま平和条約を締結することといった名目的な問題で占められていたことがうかがえる。これらの問題について『中央日報』が言及することもあったが、政府首脳の発言や記録と比較すると、同紙の方がより権力政治的な観点から対日講和を論じていた。

　しかし、こうした論調の違いはあれ、官製メディアの論説と政策担当者達の公式・非公式の言論は、いずれも、日本の再起について懸念を示していないという点で共通していた。さらに、両者とも日本との過去にこだわるべきではないと論じ、日本からの明確な謝罪を求めることもしなかった。戦争発生の原因は、「軍閥」の野心という抽象的な説明で片づけられ、真相の究明や責任者の処罰を求める言説は皆無であった。平和条約内に戦争責任の所在を明記するよう日本側に要求し、駆け引きの材料とすることすら行われなかったのである。

　こうした態度は、同時期の在野系メディアの論説と比較しても、「寛大」なものであった。『自由中国』、『民主中国』、『民主潮』、『公論報』、『自立晩報』といった新聞・雑誌は、責任者の省籍や党派、さらには論調の違いなどがあっ

ても、いずれも『中央日報』ほど、留保をつけることなく日本を肯定はしなかった。1950年代初頭における台湾の言説空間の中で、当時日本に対して最も融和的な言説を展開していたのは、政府当局だったのである。

　国民党の機関紙と政府要人が再三にわたってこうした寛大な態度を内外にアピールしたにもかかわらず、平和条約交渉の際、日本の代表団は中華民国側のさらなる譲歩を求めた。事前に作成された平和条約草案や、交渉時のやりとりを点検すれば、成立した日華平和条約が中華民国にとって満足出来るものでなかったことは明らかである。しかし、ここでも不本意な現状を正当化することに貢献したのは、蔣介石の8月15日演説に端を発する戦後日華関係の＜起源の物語＞であった。寛大な内容の対日講和を早期に実現することは、終戦直後からの蔣介石の意思であり、中華民国の一貫した方針であったとされた。一見敗戦国に対する譲歩が多過ぎるように見えても、それは総統の遠大な戦略に則った政策なのである。そもそも日華平和条約は、「戦敗国」と「戦勝国」間の条約という体裁にはしないと中華民国側は日本全権団に対して告げていたし、国民に対しても説明していた。

　1940年代後半と比較して、戦後日華関係の「物語」に生じた変化は、そうした寛大な態度が、国父孫文の「中日合作」論を継承したもので、その延長線上にあると位置づけられたことである。蔣介石自身は8月15日演説の中でそうした内容は語っていなかったし、対日政策と「以徳報怨」方針が結び付けて論じられる際にも、その淵源が孫文にあるとされたことはほとんどなかった[168]。このような変化は、1950年代に入って顕著になったものだが、当局の言説をより権威づける効果が期待されていたことは確かであろう。戦後日華関係の「物語」は、孫文という根拠を獲得し、また、寛大な日華平和条約という新しい逸話を加え、さらに充実したものとなったのである。

　こうした「物語」を構築する上で、中華民国側の努力と同様に重要であったのは、日本側の態度であった。上述のように、平和条約締結交渉の際、日本の交渉団は多くの争点をめぐって強硬な態度を示し、譲歩を迫った。しかし日本側は、日中戦争が中国に多大な損害を与えたこと、その責任の多くが日本にあること、といった前提については中華民国側と争うことをしなかった。交渉の

第3章 対日平和条約の締結をめぐって　171

最中には、日本側が戦争に対する反省の弁を口にすることもあったのである。このような発言が本心のものであったか、それとも交渉上の戦術の一つであったかを知る術はない。だが、重要なことは、このような発言がなされたという事実であり、また、それを根底から否定するような趣旨の言論が中華民国側の目に留まることもなかったということである。日本の人士が蔣介石の「以徳報怨」方針に感激しているという報道はよくなされていたし、そうした報道が全くの架空のものではなかった証拠に、日本人が中華民国の要人に対して、直接その旨を告げることもあった。真意がどうであれ、もし日本人は責任や罪の意識を有してしかるべきであるとの前提を共有しないのであれば、赦されたことに対して感謝するという論理は成立し得ないであろう。

　韓国の事例を考えれば、こうした日本側の態度がなければ、「物語」の構築ははるかに困難であったであろうことが分かる。よく知られているように、日韓交渉においては日本代表久保田貫一郎が、大日本帝国の朝鮮統治を肯定する発言をして韓国側の強い反発を買い、交渉が中断するという一幕があった[169]。仮に日華間の交渉で同趣旨の発言がなされ、そのことが明るみになっていたら、日本は寛大に処遇されるに値するという政府当局の説明に対し、強い疑念が抱かれることは避けられなかったものと考えられる。

　ただし、第四章で見るように、日本の統治が台湾の近代化に与えた影響を高く評価する言説は日本人の間に存在していたから、もし 1952 年に始まった交渉が日本と「台湾」という主体の間で行われたものであったとしたら、久保田発言に類する言説も飛び出していたかもしれない。しかし、日華交渉は、中華民国を在台湾の一地方政権と位置づけたいという当初の日本側の思惑にもかかわらず、やはり日中戦争を終結させる講和問題として取り扱われた。そのため、植民地統治や脱植民地化の解釈をめぐる論争は、交渉の中で展開されなかったのである[170]。戦後の日本と台湾の間の政治的関係が、「日台関係」よりも「日華関係」として始まったことが、国交樹立過程で歴史問題の表出を抑制した大きな要因であったと言えるだろう。

注

1 石井明「中国と対日講和：中華民国政府の立場を中心に」(渡辺昭夫・宮里政玄編『サンフランシスコ講和』東京大学出版会、1986 年)、殷燕軍『中日戦争賠償問題：中国国民政府の戦時・戦後対日政策を中心に』(お茶の水書房、1996 年)、袁克勤『アメリカと日華講和』(柏書房、2001 年)、王景弘『強権政治與台湾：従開羅会議到旧金山和約』(台北：玉山社、2008 年)、劉維開「蔣介石與『中日和約』」(黄克武主編『遷臺初期的蔣介石』台北：中正記念堂、2011 年) など。

2 『中央日報』の台湾移転の経緯は、龔選舞『一九四九国府垮台前夕：龔選舞回憶録』(新北：衛城出版、2011 年) 346-350 頁。台湾移転後の『中央日報』については、朱彦碩「『台湾光復』論述的建構：以《中央日報》「台湾光復節」特刊 (1949-1987) 為中心的分析」(国立政治大学歴史学系九十七年度碩士学位論文、2008 年) の第二章第三節「《中央日報》在台湾的発展」を参照。

3 呂東熹『政媒角力下的台湾報業』(台北：玉山社、2010 年) 156 頁。

4 若林正丈『台湾：変容し躊躇するアイデンティティ』(筑摩書房、2006 年) 77 頁。

5 丸川哲史『台湾における脱植民地化と祖国化：二・二八事件前後の文学運動から』(明石書店、2007 年) 17 頁。

6 若林正丈、前掲書、101 頁。

7 『総統府公報』(第 175 号、1948 年 12 月 11 日)。

8 『台湾省政府公報』(夏字第 67 期、1949 年 6 月 23 日) 835 頁。

9 楊秀菁『台湾戒厳時期的新聞管制政策』(板橋：稲郷出版、2005 年) 149-151 頁。

10 同上書、131 頁。

11 同上書、66、88 頁。

12 松田康博『台湾における一党独裁体制の成立』(慶應義塾大学出版会、2006 年) 122、129-150 頁。

13 薛化元『《自由中国》與民主憲政：1950 年代台湾思想史的一個考察』(板橋：稲郷出版社、1996 年) 89-90 頁。薛化元は、同書の中で『自由中国』と政府当局との関係を、①交融期 (1949 年 11 月～1951 年 5 月)、②摩擦期 (1951 年 6 月～1954 年 12 月)、③緊張期 (1955 年 1 月～1956 年 9 月)、④破裂期 (1956 年 10 月～1958 年 12 月)、⑤対抗期 (1959 年 1 月～1960 年 9 月) の四つの時期に分類している。

14 任育徳『向下紮根：中国国民党與台湾地方政治的発展 (1949-1960)』(板橋：稲郷出版社、2008 年) 349-361 頁。

第3章　対日平和条約の締結をめぐって　173

15　許雪姫編註『灌園先生日記（十九）』（台北：中央研究院台湾史研究所・中央研究院近代史研究所、2011 年）、1947 年 10 月 4 日の条、498 頁。

16　薛化元「《公論報》史料意義的分析：従《公論報》看台湾民主憲政体制的発展與問題」（国立編訳館主編；薛化元編『《公論報》言論目録暨索引』（台北：文景書局有限公司、2006 年）。

17　呂東熹、前掲書、104 頁。

18　同上書、314-326 頁。

19　細谷千博『サンフランシスコ講和への道』（中央公論社、1984 年）67-68、107-110 頁。

20　顧維鈞著・中国社会科学院近代史研究所訳『顧維鈞回憶録第 9 分冊』（北京：中華書局、1989 年）、6 頁（以下、『顧維鈞回憶録⑨』）。

21　「速訂対日和約立委提出議案」（『中央日報』1950 年 3 月 26 日）。

22　「立院外交委会建議従速対日議和恢復正常関係」（『中央日報』1950 年 4 月 13 日）。

23　斉世英については、沈雲龍、林泉、林忠勝訪問・林忠勝紀録『齊世英先生訪問紀録』（台北：中央研究院近代史研究所、1990 年）。

24　外交部発顧維鈞宛（1950 年 5 月 7 日）「対日和約一冊」B-210-I, Wellington Koo Papers, Box 151, Rare Book & Manuscript Library, Columbia University, New York（以下、Koo Papers）。

25　「『単独』で順次拡大　対日講和・政府の見解」（『朝日新聞』朝刊、1950 年 6 月 2 日）。

26　顧維鈞発外交部宛（1950 年 6 月 2 日）「対日和約一冊」B-210-I, Koo Papers, Box 151.

27　Statement Issued by the President, June 27, 1950, *Foreign Relations of the United States*（henceforth, *FRUS*）, Korea, vol. 7, 1950（Washington, D. C.: United States Government Printing Office, 1976）, pp. 202-203.

28　中華民国外交問題研究会編『中日外交史料叢編（八）金山和約與中日和約的関係』（台北：中華民国外交問題研究会、1966 年）6 頁（以下、『金山和約』）。

29　「カイロ宣言」（竹内実・21 世紀中国総研編『［必読］日中国交文献集』蒼蒼社、2005 年）248-249 頁。

30　「葉部長声明」（『中央日報』1950 年 6 月 29 日）。

31　周宏濤口述、汪士淳執筆『蔣公與我：見證中華民国関鍵変局』（台北：天下遠見、2003 年）284-285 頁。

32 葉公超発顧維鈞宛（1950 年 9 月 16 日）「対日和約一冊」B-210-I, Koo Papers, Box 151.

33 顧維鈞発王世杰宛（1950 年 10 月 27 日）『蔣中正総統文物』典蔵号00209010300125 2、台北、国史館。

34 「対日講和七原則」は、11 月 24 日に米国務省から正式に公表された。細谷千博、前掲書、113 頁。

35 『金山和約』、7-8 頁。

36 「十月卅一日晩七時陳院長在其官邸招集会議討論対日和約問題及聯合国有関台湾各案之因応辦法」（1950 年 10 月 31 日）「対日和約」『外交部档案』档号 012.6/0035、台北、中央研究院近代史研究所。

37 安全保障問題に関する「七原則」の規定は、「国際連合が実効性を持ち、責任をとるといった満足すべき、別途の安全保障のとり決めが出来るまでは、日本領域での国際平和と安全の維持のために、日本国の施設とアメリカもしくはその他の国の軍隊の間で協力的責任関係が存続することを、条約は考慮する」とするのみで、日本の再軍備に制限を加えなかった。

38 「関於美方所提対日和約節略之因応方案説明書」（1950 年 11 月 4 日）『蔣中正総統文物』典蔵号 002020400053021、台北、国史館。

39 「関於美方所提対日和約節略之因応方案説明書」「対日和約一冊」B-210-I, Koo Papers, Box 151.

40 顧維鈞発外交部宛（1950 年 11 月 8 日）「対日和約」『外交部档案』档号 012.6/0035、台北、中央研究院近代史研究所。

41 『金山和約』、16 頁。

42 『顧維鈞回憶録⑨』、187 頁。

43 同上書、48 頁。

44 「関於日本賠償帰還及工業水準等問題之説帖」（中華民国外交問題研究会『中日外交史料叢編（七）日本投降與我国対日態度及対俄交渉』台北：中華民国外交問題研究会、1966 年）322 頁。

45 同上書、322-326 頁。

46 『金山和約』、22 頁。

47 同上書、28 頁。

48 「関於美方所提対日和約稿之説帖」（1951 年 4 月 10 日）「対日和約」『外交部档案』档号 012.6/0039、台北、中央研究院近代史研究所。

第3章　対日平和条約の締結をめぐって　175

49　「行政院対日和約問題研究小組第二次会議紀録」（1951 年 4 月 16 日）「対日和約」
　　『外交部档案』档号 012.6/0040、台北、中央研究院近代史研究所。

50　「行政院呈蔣中正対日和約研究小組認為最主要問題為取得参加簽約問題」（1951 年
　　4 月）『蔣中正総統文物』典蔵号 002020400053030、台北、国史館。

51　吉田茂と何世礼のやりとりは、外交部に記録が存在する。「四十年四月五日何団
　　長世礼與日本首相吉田茂談話紀録」（1951 年 4 月 5 日）「対日和約」『外交部档案』
　　档号 012.6/0040、台北、中央研究院近代史研究所。

52　秦孝儀総編纂『総統蔣公大事長編初稿　巻十』（台北：財団法人中正文教基金会、
　　2003 年）105-106 頁（以下、『大事長編初稿⑩』）。

53　『金山和約』、25 頁。

54　同上書、33 頁。

55　同上書、29-30 頁。もっとも、ダレスは、1931 年 9 月 18 日という日付には好意的
　　な態度を示さず、盧溝橋事件のあった 1937 年 7 月 7 日ならば、まだ同意出来るとし
　　ていた。5 月 17 日、外交部は顧維鈞に対し、もし米側の同意が得られなければ、7
　　月 7 日に妥協しても構わないと訓令している。外交部発顧維鈞宛（1951 年 5 月 17 日）
　　「対日和約」『外交部档案』档号 012.6/0041、台北、中央研究院近代史研究所。

56　『金山和約』、16 頁。

57　Memorandum of Conversation, by the Deputy Director of the Office of British
　　Commonwealth and Northern European Affairs (Satterthwaite), *FRUS*, Asia and
　　the Pacific, vol. 6, 1951 (Washington, D. C.: United States Government Printing Office,
　　1977), p. 953.

58　『金山和約』、37 頁。

59　吉田茂と董顕光の会談録は、「王世杰呈蔣中正董顕光與日本首相吉田茂関於対日和
　　約等問題談話摘要」（1951 年 5 月 7 日）『蔣中正総統文物』典蔵号 002020400053035、
　　台北、国史館。

60　『金山和約』、37-38 頁。

61　同上書、78 頁。

62　『大事長編初稿⑩』157-159 頁。

63　「我国政府関於対日和約之政策――民国四十年七月十八日行政院院長陳誠於立法院
　　第一次臨時会之報告」（秦孝儀主編『中華民国重要史料初編：対日抗戦時期　第七編
　　戦後中国（四）』（台北：中国国民党中央委員会党史委員会、1981 年）、717 頁（以
　　下、『戦後中国（四）』）。

64 『金山和約』、83 頁。

65 Conversations with Mr. Dean Rusk in his room at the Imperial Hotel, (1951 年 11 月 4 日)「対日和約」『外交部档案』档号 012.6/0059、台北、中央研究院近代史研究所。

66 『金山和約』、136 頁。

67 『大事長編初稿⑩』、160 頁。

68 7 月 19 日の国民党中央改造委員会第一七三次会議で、蔣介石は対日講和問題に関する宣伝について指示を出すが、その対象は米国のみで、日本に対しては言及しなかった。同上書、217 頁。

69 『金山和約』、60 頁。

70 「関於我争取参加対日和約問題之説帖」(1951 年 6 月 6 日)「対日和約」『外交部档案』档号 012.6/0043、台北、中央研究院近代史研究所。

71 「総統府代電」(1951 年 11 月 22 日)「対日和約」『外交部档案』档号 012.6/0059、台北、中央研究院近代史研究所。

72 井上正也『日中国交正常化の政治史』(名古屋大学出版会、2010 年) 20-21 頁。日本政府の思惑は、米側にも看取されていた。The United States Political Adviser to SCAP (Sebald) to the Secretary of State, June 28, 1951, *FRUS*, Asia and the Pacific, vol. 6, 1951, p. 1162.

73 『金山和約』、162 頁。もっとも、8 月に日本は、元蔵相の河田烈を財政顧問として派遣する構想を間接的に中華民国に打診するが、和平交渉の全権という立場が明確でないとして拒絶されるという経緯があった。『大事長編初稿⑩』、251 頁。

74 『金山和約』139-141 頁。

75 同上書、66-67 頁。

76 同上書、149 頁。

77 同上書、151 頁。

78 同上書、142-144 頁。

79 『顧維鈞回憶録⑨』、179、181 頁。

80 The Acting United States Political Adviser to SCAP (Bond) to the Secretary of State, September 1, 1951, *FRUS*, Asia and the Pacific, vol. 6, 1951, p. 1314.

81 Handwritten Notes by the Deputy Assistant Secretary State for Far Eastern Affairs (Marchant), undated, *Ibid.*, p. 1400.

82 外務省編纂『平和条約の締結に関する調書　第一冊』(巌南堂書店、2002 年)

424、428-429、436-437 頁。

83 『大事長編初稿⑩』、252 頁。

84 周琇環編『戦後外交部工作報告（民国三十九年至四十二年）』（新店：国史館、2001 年）247 頁。

85 The Charge in the Republic of China（Rankin）to the Secretary of State, September 27, 1951, *FRUS*, Asia and the Pacific, vol. 6, 1951, pp. 1362-1363.

86 『戦後中国（四）』、754-755 頁。

87 『顧維鈞回憶録⑨』、261 頁。

88 『金山和約』、170-173 頁。

89 例えば、顧維鈞は、主権回復後の日本が中共政権やインドと提携して「アジア人のためのアジア政策」を実施し、中立傾向を高める可能性を米側に警告していた。顧維鈞発葉公超宛（1951 年 11 月 29 日）「対日和約」『外交部档案』档号 012.6/0060、台北、中央研究院近代史研究所。

90 細谷千博、前掲書、282-283 頁。

91 この間の経緯については、井上正也、前掲書、29-35 頁。

92 例えば、「社論　対日和約的条件」（『中央日報』1950 年 11 月 6 日）。

93 例外的に、1950 年 11 月 11 日の『中央日報』の特集記事「対日和約　程序・賠償・武装・領土　対日和約中四大課題」（『中央日報』1950 年 11 月 11 日）が法的地位問題に言及しているが、中華民国が対日平和条約に参加出来れば、台湾に関する法理問題は解決すると述べている。

94 「社論　独立自由的日本」（『中央日報』1950 年 11 月 3 日）。

95 「社論　九一八以後的十九年：由第一独立戦争到第二独立戦争」（『中央日報』1950 年 9 月 18 日）。

96 「社論　対日和約」（『中央日報』1951 年 1 月 27 日）。

97 「社論　中日両国的諒解」（『中央日報』1950 年 12 月 12 日）。

98 「社論　（一）中日合作的重要性」（『中央日報』1951 年 5 月 28 日）。

99 「『中国之抗戦』五日開始放映」（『中央日報』1951 年 8 月 1 日）。

100 「何応欽由日返台讃日本復国精神」（『中央日報』1951 年 7 月 3 日）。

101 「日人希望我早回大陸密切合作建遠東和平　何応欽在報業公会茶会講詞」（『中央日報』1951 年 7 月 6 日）。

102 「社論　紀念九三」（『中央日報』1951 年 9 月 3 日）。

103 「社論　日本争奪戦的開始―論旧金山和会―」（『中央日報』1951 年 9 月 10 日）。

104 「日掀起支援蔣総統運動　呼吁組太平洋反共同盟」(『中央日報』1951 年 10 月 4 日)。

105 「社論　向日本人民進一言」(『自由中国』第 2 巻第 12 期、1950 年 6 月 16 日)2 頁。

106 湯恩伯「遠東消滅赤禍之関鍵」(『自由中国』第 3 巻第 2 期、1950 年 7 月 16 日)9 頁。

107 「湯恩伯記念会設立趣意書」(湯恩伯記念会『日本の友湯恩伯将軍』湯恩伯記念会、1954 年) 411 頁。

108 同上書、411-414 頁。

109 梁西岩「対日和約問題」(『民主中国』第 1 巻第 5 期、1950 年 12 月 1 日) 9-10 頁。

110 「社論　重整日本武装？」(『公論報』1950 年 3 月 9 日)。

111 「社論　対日和約問題」(『公論報』1950 年 4 月 24 日)。

112 「社論(一) 我們的立場」(『自由中国』第 5 巻第 1 期、1951 年 7 月 1 日) 3-4 頁。

113 「社論 「九一八」二十周年敬告日本人民」(『自由中国』第 5 巻第 6 期、1951 年 9 月 16 日) 3 頁。

114 ただし、創刊時の社説には、「九一八」という不幸な記念日は、本来日本の投降によって我々の意識から消滅するはずであったが、日本の侵略により世界の均衡が破れ、「第二の強盗」(ソ連)が掠奪を行う機会を獲得したことから、再び「不幸な名詞」になったと記されていた。9 月 18 日を創刊日に選んだのは、今後我々が努力を行う方向性を定め、奮闘を励ますためであると説明されており、日本に対する遺恨を忘れないようにとの意図ではなかったようである。匀田「社論　接受歴史的教訓」(『民主中国』第 1 巻第 1 期、1950 年 9 月 18 日) 4 頁。

115 梁上椿「日本再武装的透視」(『民主中国』第 3 巻第 4 期、1951 年 10 月 1 日)3 頁。

116 「我們的話　西徳重整軍備與日本再武装」(『自立晩報』1951 年 10 月 1 日)。

117 「社論　我們対於対日和約問題的看法」(『民主潮』第 1 巻第 20 期、1951 年 7 月 25 日) 2 頁。

118 孫鐵齊「日本将重行武装」(『民主潮』第 1 巻第 20 期、1951 年 7 月 25 日) 10 頁。

119 「社論　忠告日本人民」(『公論報』1951 年 9 月 12 日)。

120 余蒼白「従東京看中日和約前途」(『自由中国』第 5 巻第 10 期、1951 年 11 月 16 日) 26-27 頁。

121 鄧志雲「日本当前的抉択」(『民主中国』第 3 巻第 10 期、1952 年 1 月 1 日) 12 頁。

122 『戦後中国 (四)』、771 頁。

123 浅田正彦「日華平和条約と国際法 (2)」(『京都大学法学論叢』第 151 巻第 5 号、2002 年 8 月)。

第3章 対日平和条約の締結をめぐって 179

124 『戦後中国（四）』、193 頁。

125 「吉田内閣総理大臣のダレス米大使あて書簡」（外務省中国課監修『日中関係基本資料集』霞山会、1970 年）28 頁。

126 木村事務所長発吉田外務大臣宛（1952 年 2 月 14 日）外務省記録マイクロフィルム「日華平和条約関係一件」B'-0033、東京、外交史料館（以下、「日華平和条約関係一件」）。

127 井上正也、前掲書、42 頁。

128 日華条約第一回会議議事録（1952 年 2 月 20 日）「日華平和条約関係一件」。

129 同上。

130 『戦後中国（四）』、811 頁。

131 同上書、813 頁。

132 同上書、814-815 頁。

133 「外務大臣より河田全権に対する訓令」（1952 年 2 月 16 日）「日華平和条約関係一件」。

134 河田全権発吉田外務大臣宛（1952 年 2 月 28 日）「日華平和条約関係一件」。

135 「日華条約第二回会議議事録」（1952 年 3 月 1 日）「日華平和条約関係一件」。

136 第二十六条の最後の一文は次の通り。「日本国が、いずれかの国との間で、この条約で定めるところよりも大きな利益をその国に与える平和処理又は戦争請求権処理を行つたときは、これと同一の利益は、この条約の当事国にも及ぼさなければならない。」「日本国との平和条約」（鹿島平和研究所編『日本外交主要文書・年表 第 1 巻 1941 〜 1960』原書房、1985 年）439 頁。

137 『戦後中国（四）』、827-832 頁。

138 外交部の亜東司長汪孝熙は日本側に、「賠償については中国は他の連合国が要求せざる場合は、中国が要求せざる意向であったが桑港条約に役務、技術等の賠償方式が規定されフィリッピン等が要求している現状にかんがみ民衆の手前中国も同種の方式による賠償要求はださざるを得ない、但し実質上は技術合作等の形とする内意である」と語ったという。河田全権発吉田外務大臣宛（1952 年 2 月 29 日）「日華平和条約関係一件」。

139 第十条「日本国は、千九百一年九月七日に北京で署名された最終議定書並びにこれを補足するすべての附属書、書簡及び文書の規定から生ずるすべての利得及び特権を含む中国におけるすべての特殊の権利及び利益を放棄し、且つ、前期の議定書、附属書、書簡及び文書を日本国に関して廃棄することに同意する。」鹿島平和

研究所編、前掲書、425 頁。

140　第十四条第二項「〔前略〕各連合国は、次に掲げるもののすべての財産、権利及び利益でこの条約の最初の効力発生の時にその管轄の下にあるものを差し押え、留置し、清算し、その他何らかの方法で処分する権利を有する。

（a）日本国及び日本国民

（b）日本国又は日本国民の代理者又は代行者

並びに

（c）日本国又は日本国民が所有し、又は支配した団体

　この（I）に明記する財産、権利及び利益は、現に、封鎖され、若しくは所属を変じており、又は連合国の敵産管理当局の占有若しくは管理に係るもので、これらの資産が当該当局の管理の下におかれた時に前記の（a）、（b）又は（c）に掲げるいずれかの人又は団体に属し、又はこれらのために保有され、若しくは管理されていたものを含む。」鹿島平和研究所編、前掲書、429-430 頁。

141　『戦後中国（四）』、866-867 頁。

142　同上書、888-891 頁。

143　同上書、898-899 頁。

144　同上書、930 頁。

145　同上書、906-907 頁。

146　日本側提出草案の全文は、同上書、946-951 頁。

147　同上書、944-946 頁。

148　「日華条約交渉に関する件」（1952 年 3 月 31 日）「日華平和条約関係一件」。

149　第十四条（a）項および 1 は次の通り。「（a）日本国は、戦争中に生じさせた損害及び苦痛に対して、連合国に賠償を支払うべきことが承認される。しかし、また、存立可能な経済を維持すべきものとすれば、日本国の資源は、日本国がすべての前記の損害又は苦痛に対して完全な賠償を行い且つ同時に他の債務を履行するためには現在充分でないことが承認される。

　よって、

　1　日本国は、現在の領域が日本国軍隊によつて占領され、且つ、日本国によつて損害を与えられた連合国が希望するときは、生産、沈船引揚げその他の作業における日本人の役務を当該連合国の利用に供することによつて、与えた損害を修復する費用をこれらの国に補償することに資するために、当該連合国とすみやかに交渉を開始するものとする。その取極は、他の連合国に追加負担を課することを避けな

第3章　対日平和条約の締結をめぐって　181

ければならない。また、原材料からの製造が必要とされる場合には、外国為替上の負担を日本国に課さないために、原材料は、当該連合国が供給しなければならない。」鹿島平和研究所編、前掲書、429頁。

150　第十四条（b）項は次の通り。「（b）この条約に別段の定がある場合を除き、連合国は、連合国のすべての賠償請求権、戦争の遂行中に日本国及びその国民がとった行動から生じた連合国及びその国民の他の請求権並びに占領の直接軍事費に関する連合国の請求権を放棄する。」同上書、431頁。

151　『戦後中国（四）』、967-968頁。

152　同上書、978-986頁。

153　同上書、992-993頁。日華平和条約の「同意された議事録」における、該当する記述は次の通りである。「日本国代表：私は、中華民国は本条約の議定書第一項（b）において述べられているように、役務賠償を自発的に放棄したので、サン・フランシスコ条約第十四条（a）に基き同国に及ぼされるべき唯一の残りの利益は、同条約第十四条（a）2に規定された日本国の在外資産であると了解する。その通りであるか。

　　中華民国代表：然り、その通りである。」

　　また、上記「議定書第一項（b）」とは、「中華民国は、日本国民に対する寛厚と善意の表徴として、サン・フランシスコ条約第十四条（a）1に基き日本国が提供すべき役務の利益を自発的に放棄する。」というものである。

154　「日本国と中華民国との間の平和条約」竹内実・21世紀総研編、前掲書、304頁。

155　「社論　対日和約之苦心：正其義不謀其利」（『中央日報』1952年4月29日）。

156　「中日和約充分顕示蔣総統寛大精神」（『中央日報』1952年7月10日）。

157　「行政院長陳誠在立法院関於中華民国與日本国間和平条約案之説明（民国四十一年七月十五日、台北）」（『戦後中国（四）』）、1070頁。

158　同上書、1070-1071頁。

159　同上書、1071頁。

160　同上書、1072-1073頁。

161　「陳院長昨向立法院説明中日締和経過」（『中央日報』1952年7月16日）。

162　「社論　陳院長対中日和約的説明」（『中央日報』1952年7月16日）。

163　「外交部長葉公超向立法院提出中日和平条約案之補充説明（民国四十一年七月十六日）」（『戦後中国（四）』）、1075頁。

164　「短評　異哉張群與吉田的談話」（『民主中国』第5巻第5期、1952年8月16日）。

165 伯秋「立法院批准中日和約」(『民主中国』第 5 巻第 5 期、1952 年 8 月 16 日)。

166 「社論 論中日新関係」(『公論報』1952 年 8 月 2 日)。

167 「我們的話 賀日本之甦生」(『自立晩報』1952 年 4 月 28 日)、「時事述評 祝中日和約告」(『自由中国』第 6 巻第 9 期、1952 年 5 月 1 日)4 頁、「社論 中日関係展開新頁」(『民主潮』第 2 巻第 15 期、1952 年 8 月 10 日)2 頁。

168 ただし、蒋介石は戦前には、「中日関係」の重要性を論じる際に孫文の発言を引用していた。例えば、1934 年 12 月 20 日の『外交評論』第 3 巻第 11、12 期合併号に徐道鄰の名前で掲載された論文「敵乎？友乎？—中日関係的検討—」を参照。黄自進主編『蒋中正先生対日言論選集』(台北：財団法人中正文教基金会、2004 年)286-306 頁。

169 日韓国交正常化交渉については、大田修『日韓交渉：請求権問題の研究』(クレイン、2003 年)を参照。

170 日華平和条約の中で、唯一台湾の脱植民地化と実質的に関係のある条文は、第三条であろう。「日本国及びその国民の財産で台湾及び澎湖諸島における中華民国の当局及びそこの住民に対するものの処理、並びに日本国におけるこれらの当局及びそこの住民の財産並びに日本国及びその国民に対するこれらの当局及び住民の請求権（債権を含む）の処理は、日本国政府と中華民国政府との間の特別取極めの主題とする。国民及び住民という語は、この条約で用いるときはいつでも法人を含む。」しかし、結局日華間で「特別取極め」が交わされることはなかった。

第二部　対日関係史の公的記憶

第4章

被害の記憶と日華関係

はじめに

　第一部で見たように、台湾に中央政府を移転させた中華民国は 1952 年 4 月、日本との間に平和条約を締結した。日華双方の代表は、それぞれ思惑を抱えつつも、平和条約が蔣介石の 8 月 15 日演説において示された寛大な精神に基づいて締結されたとする「物語」を共有し、法的に過去の関係を清算したのである。それは同時に、日本と台湾の間の脱植民地化という課題が、日華間の戦後処理の中に埋没したことをも意味していた。このような「物語」によって中華民国は、戦時中には「倭寇」とすら呼称していたかつての敵国に対して、「思想改造」や賠償の支払いを要求出来なくなったという事実を目立たなくさせたのである。中華民国にとっての重要な「合作」相手と位置づけられた日本は、すでに民主化され、多くの美質を持ったアジアの有力国家と描かれるまでになった。このような日本と寛大な平和条約を締結したというのが、関係清算に関する公的記憶となったのである。

　本章以下の第二部では、対日講和成立後の台湾における、過去の対日関係に関する公的記憶の内容を明らかにする。第四章が扱うのは、1950 年代における公的な対日関係史の解釈である。この問題は、より具体的には二つの観点から検討が加えられる。第一に、分析期間の中華民国政府による公式な歴史叙述の中で、日本は「我々」に対してどのような危害を加えたと描写されていたか

である。ここでは、歴史叙述が 1950 年代の時代状況から受けていた影響を浮き彫りにするために、戦時中と戦後初期（1945 ～ 49 年）の二つの時期における叙述も参照しながら、分析を行う。第二に、中華民国政府が対日関係を運営する中で、日本との過去に関する問題をどのように取り扱っていたかという問題である。

　本章の分析にあたっては、主に四種類の資料を用いる。第一に、蒋介石が発表した演説や談話である。蒋が国内外の民衆に対して自らの言説がおよぼす影響力や効果をきわめて高く見積もる傾向のある指導者であったことは、第一章ですでに触れた。本章においても、『総統蒋公思想言論総集』や『蒋中正先生対日言論選集』に収録された蒋介石の演説や論文の中で、日本が「我々」にいかなる被害をもたらしたと描写されていたかを検討する。

　第二に、台湾の学校で使用されていた歴史教科書である。戦後台湾の教育内容に関しては、すでに多くの研究成果が存在する[1]。その中で藍適齊は、1945年 10 月から台湾で出版された小・中学校の歴史教科書では、台湾人の第二次世界大戦における戦争体験は描かれなかったと指摘する[2]。ただし、同論文の分析期間は 1953 年までであるし、考察の力点は台湾人の集団的アイデンティティ形成に戦争が与えた影響に置かれており、本章と必ずしも問題意識を共有しない。また、蔡佩娥、管美容・王文隆、森田健嗣らの研究は、1950 年代の歴史教科書ではソ連や中共に対する敵愾心が植え付けられる一方、日本に対する敵意や問責の態度はそれより量的に少なかったと述べているが、質的な分析はあまり行われていない[3]。本章はこれらの研究を参考にしつつ、近代以降の日中関係と、台湾における植民地統治を教科書がどのように叙述していたかについて、より詳細に検討する。

　第三に、国民党中央委員会第四組が発行していた『宣伝週報』という資料である。第四組は、国民党中央の最高意思決定機関である中央改造委員会（後に中央常務委員会）の傘下にある組織で、宣伝工作の指導や党理論の宣伝、文化運動の立案・策定などがその任務とされていた（第三章）。『宣伝週報』は、第四組が国民党の「党内刊物」として回覧していたものであり、個々の宣伝政策の方針とその具体的な内容を記載していたのである。とりわけ、そこに記載さ

れている「宣伝要点」や「宣伝大綱」は、各級の党部や新聞・通信社に送付され、その内容に沿って宣伝を行うよう指導するためのものであった[4]。

　そして第四は、第三章でも使用した『中央日報』や「一報三刊」など、官製・民営の主要なメディアである。党営の『中央日報』は、『宣伝週報』の宣伝方針が最も如実に反映されていたものと考えられる。また、非国民党系のメディアも上述のように国民党の宣伝方針から影響を受けていたものと想像されるが、第三章で見て来たように、これらはしばしば官製メディアとは異なった独自の見解を打ち出すこともあり、言論統制下にありながら、在野勢力の間で存在した論調の一端をうかがい知ることが出来る。

　本章が、分析の期間を1950年代末までに区切った理由は、第六章で詳述するように、1960年代に入って台湾の言論環境や内外情勢などにいくつかの変化が生じたからである。そのため、60年代以降については、第六章で論じることとする。

1　被害の記憶

（1）「内戦の国際化」

　日本との戦争は、中国大陸に甚大な被害をもたらした。殷燕軍によれば、中華民国政府はすでに戦時中の1938年から将来の賠償請求を視野に入れて「対日戦争損失評価」の調査に着手し、41年にはその最初の成果として「抗戦三年来我公私損失初歩估計」（非公開）をまとめ、さらに45年8月には「中国対日戦時損失之估計」を発表した[5]。ただし、こうした調査に現れた数字は、それだけでは歴史叙述を構成するものではない。日本がもたらした被害は、どのようなものであったと説明されたのだろうか。

　蔣介石は、1943年7月7日、盧溝橋事件勃発六周年を記念して発表した「抗戦建国六周年紀念告全国軍民書」の中で、日本軍占領下で人民がいかなる状態におかれているか、詳しく論じている。それによれば、日本は「治安強化」のスローガンの下、我々の忠節な同胞と無辜の婦女子を「焼き、殺し、犯し、掠奪」し、犠牲者数は数え切れないほどに上った。運良く虐殺を逃れた人々も、

敵とその傀儡による統制の下で、財産は時を選ばず没収され、商店は気まぐれ
に占領され、婦女は思うままに凌辱されたのである。さらに、銅や鉄の献上を
強制され、数量や納期が満たされない場合、違反者は処刑された。壮丁達は、
騙されて東北や南洋などに連れて行かれ、苦しい労働や兵役への従事を強いら
れた。河北、山東、チャハル、山西等の省では、たった半年の間に百八十万人
以上の人夫が徴集され、関外に送られている。また、占領区では賭博場や娼館
が林立し、耕地の大半はアヘンの栽培を強制された。こうした種々の圧迫によ
り、占領区の農産物は激減し、わずかに残った米や麦も日本軍に提供されたた
め、各地の青年や学生達は、敵が配給するぬかや皮混じりの雑穀で飢えをしの
いでおり、胃潰瘍を患ったり、餓死や病死したりする者が続出している[6]。

　戦時中の蒋介石は、このような被害の記憶を忘れてはならないと呼びかけて
いた。上述の声明を発表してから二年後の 1945 年 7 月 7 日、蒋は「抗戦建国
八周年紀念告全国軍民書」の中で、次のように訴えている。我々は、「敵寇」
（日本）が南京で行った大虐殺、各地で行った同様の残虐行為、および重慶等
の地で行った爆撃などを絶対に忘れることは出来ない。また、日本占領区にお
いて、男性がいかに殺戮・使役され、女性がいかに聞くに堪えないような侮辱
を受け尽し、犠牲となって来たかについても、痛切に心にとどめなくてはなら
ない。こうした深い憎しみ（＝深仇大恨）は、常に心に銘記するべきであっ
て、「敵寇」が一日駆除されなければ、憎しみも一日忘れられないのである[7]。

　しかし、抗日戦争の終了後ほどなくして、公式な言説における戦争被害の語
られ方には、変化が生じることになる。それは、国共間で内戦が勃発したこと
の影響であった（第一章）。このような状況の中で、蒋介石は抗日戦争の記憶
を、中共に対する国民の敵愾心をかき立てるために動員した。1947 年 7 月 7
日の「抗戦建国十周年紀念告全国軍民同胞書」の中で蒋は、「共匪」が東北に
侵入したのは「帝国主義者日本」と「満洲国〔＝偽満漢奸〕」の衣鉢を継いだ
ものであり、「中華民族」による東北の主権接収を妨害しているばかりでなく、
日本軍の残余部隊を利用して中国の大地を蹂躙し、人民を殺害していると非難
した。東北は日本統治下で十数年にわたって奴隷的屈辱に耐えて来たが、抗戦
の勝利がもたらしたものは「匪軍」の恐怖と抑圧、強奪と虐殺であり、日本帝

第 4 章　被害の記憶と日華関係　189

国主義の強暴な統治に中共が取って代ったに過ぎないのである[8]。

　上述の戦時中から戦後にかけての蔣介石による三つの言説は、いずれもその年の 7 月 7 日に提出されたものであるが、終戦後二年が経って早くも、日本軍による被害は中共軍が現在もたらしている被害と同列に論じられ、相対的な重要性が低下していたことが分かる。1948 年元日、蔣介石は、中共は人民の国家に対する観念を失わせ、家庭を破壊し、人倫を消滅させ、社会秩序を破壊するなど、その意図する所の危険性と災厄としての深刻さは、「日寇」による侵略にも優っているとまで非難した。この時点で、ついに中共の方が、日本よりも「中国」に大きな害をなすものであると描写されるようになったのである[9]。

　1948 年に蔣介石は、後に「中国」への侵略に関する叙述に大きな影響を与えることになる、もう一つの言説を提出している。それは、「内戦の国際化」と呼ばれるものであった。同年春頃から、国共内戦が中共側の有利に転換し始めたため、蔣介石は中共軍との戦闘を単なる内戦ではなく、民主主義対共産主義の対立という冷戦イデオロギーによって説明し始めた。このように説明することによって、米国を中心とした自由主義陣営から支援を受けることを期待したのである[10]。1948 年 11 月 12 月に米国に送付された蔣介石のトルーマン大統領宛書簡は、現下の中国における軍事情勢の悪化は、一義的にはソ連が中ソ友好同盟条約を遵守しないことによると説明し、同条約の締結は米国の助言によるものであったと付け加えた。さらに蔣は、ソ連の一貫した援助がなければ中共が旧満洲地方を掌握することは出来なかったはずであると指摘し、自らを「世界における共産主義の浸透から民主主義を共同で守る者」と位置づけた。このようにして、米国に対し、自らへの迅速かつ大々的な軍事援助と支持を要求したのである[11]。

　とは言え、蔣介石のソ連非難は、この時点ではまだ抑制されたものであった。ソ連は、中華民国が首都を南京から広東に移転させた際、ともに大使館を広東に移動させた唯一の大国であり、国民党政権としても対ソ関係を決定的に悪化させることは回避したかったのである[12]。しかし、中共軍が南京を攻略した直後の 1949 年 4 月 27 日、蔣介石は公然とソ連を非難することに踏み切る。

上海で行った演説の中で、蒋は次のように述べている。

> 我が愛国軍民同胞が八年の血戦により日本軍閥の鉄蹄の下から光復した
> 首都は、四年にも満たない時を経て、又国際共産党の鉄のカーテンの中
> に陥落した。〔中略〕我々は、共産党の問題は国際問題であり、我々中
> 国が単独で解決出来るものではないことを知っている。〔中略〕共産党
> は第三次世界大戦が起こればソ連の作戦を助けると公然と発表し、その
> 国際的第五列の面目を暴露した。[13]

このような「内戦の国際化」の試みが国内でどれほど理解を得られたかは分からないが、米国においては、これに呼応するような動きが見え始める。同年8月、トルーマン政権は『中国白書』を発表して、国民党政権の崩壊は彼らの弱体さと腐敗に起因したと説明し、米国の中国政策の誤りによるものではないと印象づけようとした。それは共和党などによる政府批判の回避を目的としたものであったが、政権の案に相違して、米国の国民党政権支援が不十分だったのではないかという国内の非難は、ますます強まることとなる。この際に批判派が用いた論理は、中国の共産化は共産主義陣営の拡大を意味し、太平洋における米国の戦略的地位を脅かすものであるが、それにもかかわらず、ワシントンは「世界国際主義」の陰謀・脅威について全く無理解かつ無策であるというものであった[14]。中国の内戦に国民党が敗北したことが、西太平洋における自由主義陣営の敗北と同一視されたのである。

「内戦の国際化」は、1950年6月25日に朝鮮戦争が勃発し、「中国人民志願軍」が参戦することで、現実味を帯びるものとなった[15]。1951年2月、米国は中華民国と「相互防衛協定」を締結し、一旦停止していた軍事援助と経済援助を再開する。また、同年4月には軍事顧問団も台湾に派遣された。米国は台湾を、平時においても敵対勢力の下に置くべきでない地域として、戦略的に位置づけるに至ったのである[16]。

「内戦の国際化」は、台湾における中共政権に対する公的な描写にも反映されるようになる。蒋介石は、国内向けの演説でしばしば中共のことを「ソ連の

傀儡〔＝俄寇的傀儡〕」と呼称した。1950年の国慶節に発表した声明の中で蒋は、昨年（49年）に「人民政府」という名の傀儡政権が出現して以来、ロシア人が陸続とやって来て、中国大陸の港、空港、鉄道、鉱山などは皆彼らによって掌握されてしまったと描いている[17]。さらに翌年4月、軍官学校での演説では、次のように述べていた。

> 現在中国大陸全体は、ソ連の傀儡である朱徳・毛沢東共産匪賊によって占領されている。我が中央政府の台湾移転後、諸君の郷里の父母、おじ、兄弟、妻子、姉妹、姑嫂[18]、親戚、朋友、および大陸の全ての同胞達は、政府の保護を失ったため、共匪の暴力と圧迫の下、正義も道理もない暗黒社会の中で、生きることも死ぬことも出来ない日々を送っている。〔彼らは〕自由を完全に失っただけではなく、ほとんどソ連の奴隷・牛馬と化し、さらにほしいままに侵略され、匪賊に虐殺され、生命の保証は少しもなく、甚だしきに至っては奴隷や牛馬にも及ばない状態にいるのである。[19]

中国人は、同胞の共産主義者に統治されているのではなく、「ソ連の奴隷・牛馬」になっているとされたのである。同年末にも蒋は、ソ連帝国主義が「共匪朱毛漢奸集団」を利用して中華民国を消滅させ、「中華民族」を奴隷のように酷使していると非難している[20]。中共はソ連の傀儡に過ぎないとしてその自立性を否定し、中国人はソ連の支配下に置かれているという現状把握が、現状の中国大陸に関する公式な描写となったのである。蒋介石は、1950年代を通じてこうした叙述を一貫して保ち、50年代末や1960年に行われた米国人との会談の中でも、中ソ対立の可能性はなく、中共はソ連の統制下にあり反抗は不可能な状態であるとの見解を語っていた[21]。

中国大陸がソ連の「侵略」に遭い、占領されていると位置づけられたことは、過去の日本に関する評価にも影響を与える。国民党第七次全国代表大会（1952年10月13日）の席上、蒋介石は、孫文が革命を提唱し始めてから六十年来、国民党は累次にわたって困難に見まわれて来たが、ソ連帝国主義（＝俄

帝）と「奸匪」のように凶悪かつ陰険な敵に直面したことはなかったと演説した。それを蒋は、日本との対比によって説明している。蒋によれば、日本の侵略主義との戦闘では、彼の武力には我の武力、彼の駆使するスパイや漢奸に対しては防諜工作や粛清などの手段によって対抗することが出来た。しかし、ソ連と中共は整然とした組織を有し、その活動は、ありとあらゆる手段を動員して社会的秩序を瓦解に導き、法制度を破壊して人心を動揺させ、最後に武力で攻撃するというものであった。その悪辣さは、人類史上空前のものであると蒋は断じたのである[22]。

　さらに蒋はこの際、ソ連の陰謀は帝政ロシア時代から一貫したものであったと、北東アジアの近代史を解釈して見せる。1860 年にロシアは沿海州にウラシオストクを建設するが、この都市の名はロシア語で「東方の支配」を意味するものであった。ロシアの沿海州進出は「西方列強」の中国分割の野心を刺激し、特に日本に北進を企てさせるきっかけとなる。対日関係が悪化し、日清戦争が勃発したのも、ロシアによる侵略が引き起こしたものであった[23]。蒋によれば、東北地方は戦略上の要地であり、日清・日露戦争など国際紛争の焦点となって来た。そのため、世界平和の観点から考えれば、中華民国が「東北の固有の領土主権」を保持することが出来るようになって、初めて大戦勃発の危機を防ぐことが出来るようになる。東北の主権を回復することが国民革命の目的であり、また抗日戦争の目的でもあった。第二次大戦末期、ソ連はヤルタ協定の下で東北に関する侵略的な要求を提出して来たが、その意図は日本を攻撃することではなく、中国を攻撃することに他ならなかったのである[24]。

　このように、中国大陸はソ連の侵略を受けており、それは日本の侵略よりも悪質なものであるという位置づけは、国民党の公式な宣伝方針としても採用された。1954 年 11 月の『宣伝週報』は、孫文の生誕記念と国民党立党六十周年に関する「宣伝要点」を規定していたが、その内容は上述の演説の内容とほぼ同様のものであった。

　　　　中国をうかがう帝国主義者は、中国の復興を妨害するだけでなく、中国の領土を侵略し、中国人民を殺害する。そのやりくちはいずれも同じで

あり、まず本党に重大な損害を与え、その後漢奸を利用して政権を盗み取る。日本軍閥のやりくちはこうしたものであり、ソ連帝国主義侵略者の陰謀はさらに悪辣で、朱毛奸匪を利用して大陸を赤化し、同胞を虐殺して我が数千年の優れた伝統文化を破壊し、我が中国を赤色ロシアの植民地におとしめ、我が同胞をロシア侵略者の奴隷にし、国際共産集団のために欧州に達する近道を開いて、〔中国を〕世界の赤化と人類の奴隷化のための一大基地とし、今日のアジアの動揺と世界的な混乱をもたらしている。[25]

　このような宣伝方針は、直接『中央日報』の社説にも反映されている。1956年9月3日の同紙社説は、今日の「ソ連帝国主義者」は、過去に直面したどの敵よりも手強く、「朱毛匪」は、かつての汪兆銘政権よりも狡猾で腹黒いとしていた。しかしながら、我が「革命軍」は「中華民族」の「至大至高の民族精神」を代表し、さらに人類の公理と正義の力をも代表しているため、いかなる強権や暴力にも絶対に敗北することはないと、読者に保証したのである[26]。朱徳と毛沢東の率いる集団を汪兆銘政権になぞらえ、中華民国が人類の正義を代表していると述べることで、中共政権が外国勢力の傀儡であることを印象づける論旨となっている。

　こうして、「内戦の国際化」は、ソ連を「中国」に対する最大かつ現在進行形の侵略者として位置づけ、日中戦争を戦った日本の存在を後景に追いやることとなった。抗日戦争時に受けた被害よりも、今現在ソ連が行っている侵略がもたらした被害の方が、公式な歴史叙述の中で強調されていたのである。

（2）　近現代の対日関係史

　ソ連が「中国」に対して与えている被害が、過去の日本によるそれよりも甚だしいものであると設定された一方で、加害者としての日本が具体的にどのような行為を行ったかについては、いかなる叙述がなされたのだろうか。本節は、「光復」以来の初級／国民中学[27]と高級中学[28]における歴史教科書を分析することで、この問題を検討する。

1945 年 10 月、台湾省行政長官の陳儀は、台湾と澎湖諸島の中華民国編入を宣言し、台湾省行政長官公署を正式に発足させた。同年末に発表した 1946 年度の「工作要領」の中で陳儀は、言語、文字、歴史の面から「台湾同胞」の「民族精神」を発揚させることを掲げ、国語、国文、三民主義、歴史の四教科を主要科目とし、教学時間を増加させると宣言した[29]。日本統治下で「皇民化教育」を受けていた台湾人に対し、「中国意識」を注入することが、教育の大きな目的として設定されたのである。1946 年 2 月、台湾省行政長官公署教育処が編纂した『国民学校暫用歴史課本』は、編集の主旨として、「従来の日本の誤った宣伝を取り除き、学生をして祖国を認識し、現下の世界情勢を理解させ、以て民族意識を呼び起こし、三民主義共和国建設への志望と自信を有らしめるよう導くことを中心とする」と謳っていた[30]。本章冒頭で紹介した藍適齊の研究が指摘するように、こうした編集方針は歴史教科書の中から台湾人の第二次世界大戦時における経験を捨象させることとなったが、そうした傾向は戦争中の描写にとどまらず、近代の対日関係史全般においても、台湾という主体はベールに包まれることとなったのである。

上述の教科書は、台湾割譲という結果をもたらした日清戦争について、以下のように説明する。明治維新後、帝国主義国家となった日本は「大陸政策」を定め、中国への侵略を始めた。民国前三十三年（1878 年）に琉球を併呑し（沖縄県設置は 1879 年）、次いで中国の保護国であった朝鮮を奪取し、日清戦争を引き起こした。元々準備をしていなかった中国は、開戦後陸・海軍共に敗北し、下関条約の締結を迫られ、朝鮮の独立を承認し、台湾を日本に割譲したのである。

一方、これに対して台湾人が示した反応は、戦争よりも特筆大書されていた。教科書によれば、台湾人は日本への割譲を肯んじることなく、唐景崧巡撫を総統に推し立てて抵抗を準備した。日本軍上陸後に唐が大陸へ逃走すると、さらに劉永福を「民主大総統」に担ぎ、台南一帯で五ヶ月あまり抗戦した。1895 年に日本が台湾を占領した後も、台湾人の「革命運動」は止むことなく繰り広げられたのである。日本人が台湾を指して「五年に一大変、三年に一小変」と述べたのは、そうした実情を反映したものであった[31]。

しかし、その後日本の台湾統治に関する叙述は消滅する。日本と「我々」との関わりは、日本と中国大陸の関係史のみに限定されるのである。満洲事変に至る日本の対華政策の背景を教科書は、「我が国の国民革命が順調に発展することへの嫉妬」と位置づけた。さらに、満洲事変の原因は、当時中華民国の東北建設が成果を上げつつあったことへの日本側の懸念に求められた。その後、東三省や熱河に日本が進出した理由は定かにはされず、叙述は淡々と出来事を記すのみとなり、1937年7月7日に盧溝橋で戦端が開かれる。さらに8月13日、日本軍は上海で挑発を行い、全面戦争が開始される。中華民国は自衛を宣言し、全国軍民の抗戦を指導したのである[32]。

開戦後、戦況がどのように進展したかについて、この教科書はほとんど触れていない。その代わりに力点が置かれたのは、「侵略国家」と「民主国家」の二大陣営が形成され、中華民国が後者に加入する過程であった。そのため、戦争による犠牲者数や、経済的損失などは記述されなかったのである。他方、終戦後に東北・台湾・澎湖等の失地を回復したことは、百年来の恥辱を雪いだものと評価されており、第二次大戦の戦勝は、近代以降の対日関係を清算したものと位置づけられている[33]。

同年に出版された別の教科書(『台湾省中等学校暫用中学歴史課本』)では、日中戦争についてもう少し詳しい記述がなされている。ここでは、盧溝橋事件の勃発から1938年10月の武漢撤退までを抗戦の第一期とし、それ以後から戦勝までを第二期と区分していた。第一期に「我が軍」が採用したのは、「消耗戦略」であった。その目的は、敵軍に速攻を許さず消耗させることであり、それにより我が方は「若干の」都市を失ったが、敵軍は七十万余の兵力を消耗したのである。その戦果は、「戦略上の大成功」と呼ぶべきものであった[34]。

それに対し、第二期は積極策に転じた時期であった。「我が軍」は敵の後方を奪い、地形を利用し、民衆を組織して、各方面から敵を襲撃した。そのため、1939年以降敵軍は足止めを余儀なくされた一方で、中国軍は戦闘を重ねるごとに強くなった。この間、湖北会戦、鄂予会戦、滇緬会戦といった大戦役は、いずれも中国軍が大勝を博したのである。1945年の湘桂会戦で大勝して後、「我が軍」は完全に主導権を握ることとなった[35]。ここでは、抗日戦争におけ

る輝かしい戦績に焦点が合わされ、戦争がもたらした災禍や被害については、ほとんど言及されなかったのである。

　中華民国の台湾移転後、歴史教科書における近現代史の記述は、1940年代のものよりも詳細になるが、叙述の基本的な構造は変化していない。1952年に出版されたある歴史教科書（『初級中学新世紀教科書　歴史　第五冊』）は、19世紀の歴史に関して、やはり日清戦争そのものよりも、戦争終了後台湾人が日本への割譲に対して反対闘争を展開したことに多くの紙幅を割いている[36]。また、別の教科書（『初級中学歴史　第六冊』）は、1927年に日本の田中義一首相が「世界の征服には、まず中国を征服しなくてはならず、中国の征服には、まず満蒙を征服しなくてはならない」とする密奏を行い、「大陸政策」の伏線を敷いたが、その日本が最も恐れていたのが「中国の統一と進歩」であったとしている[37]。

　日中戦争による被害も、依然としてほとんど取り上げられなかった。上述の教科書は、抗日戦を三つの段階に分けている。「抗戦第一期」に、中国軍は粘り強く抵抗する一方、「長期抗戦」を宣言して日本側の「城下の盟」締結の目論みを打ち砕いた。なお、首都攻防戦についてこの教科書は、「1937年12月13日、南京が敵の手に落ちる（南京陥敵）」と記すのみで、虐殺行為があったとは説明していない。その一方で、1938年に山東省の台児荘で「我が軍」が「空前の大勝」をあげ、三万余の敵軍を殲滅したことが紹介されている。武漢撤退以降の「抗戦第二期」に中国軍は積極策に転じ、いくつかの会戦で重要な勝利を収めた。そして、日本軍の真珠湾攻撃以降の「抗戦第三期」に、中華民国は世界の民主主義陣営の盟邦となり、共同作戦を展開することになるのである[38]。抗日戦争の過程で、日本軍に対抗出来ず敗走したという局面を描写している教科書もあったが、そこでも自軍や自国民の犠牲よりは日本軍に与えた打撃やその死傷者数の方が強調されていたし、南京についても「陥落」としか説明はされなかった[39]。

　1950年代半ばになると、歴史教科書には従来の内容に加えて、台湾移転後の政府の治績も記述されるようになる。1955年出版のある教科書（『初級中学標準教科書　歴史　第四冊』）は、「遷台」以来の新政の成果として、「軍事の

改造」、「地方自治の進展」、「土地改革の実行」、「生産建設の成就」の四項目を挙げていた。ただし、日本統治時代についての記述が依然として存在していなかったため、どこまでが新政による実績か判然としないことは否めない。

　また、同じ教科書は、終戦後に蔣介石が「以徳報怨の態度」で、日本に対して寛大であるよう主張したことも紹介していた。1952年4月に日華両国が締結した平和条約の内容は、四項目にまとめられている。①日本は台湾、澎湖諸島、南沙諸島、西沙群島に対する一切の権利と要求を放棄する、②「中日両国」が民国三十年（1941年）十二月以前に締結した一切の条約、専約及び協定は戦争の終結により無効となる、③日本は中国における一切の特殊権益を放棄する、④「中日両国」は、それぞれ国連憲章の原則を遵守して相互に協力し、両国の共同の福利を促進する。教科書はその内容を、「我が国の対日寛大の精神を充分に表現したもの」であり、「中日合作」の新たな基礎を確立したものと位置づけた。そして、平和条約締結により、両国はアジアの安全を守り、国際共産主義の脅威を消滅させる責任を共同で負うことになったと結論づけたのである[40]。

　高級中学の教科書は、初級中学や国民中学のものより内容は充実しているが、叙述の構成はほぼ変わらない。1955年の『高級中学標準教科書　歴史』は、日本が最も恐れていたことは中国が強大になることであったとし、そのような思惑を「侵略」の原因として位置づけた。「全面抗戦」開始後の1937年8月、日本軍が上海から進攻して来ると、中国海軍は長江を封鎖し、空軍は敵陣・敵艦を猛爆撃して痛撃を加え、赫々たる戦果を上げた。日本軍は二十万の増援部隊を投入したが、「我が軍」はさらに三か月間にわたって抵抗を続け、「民族の独立精神」を高らかに示したのである。しかし、同年12月、南京は陥落した。ここで教科書は、日本軍が同市で虐殺を行い、死者数は三十万人であったと記している[41]。中学とは異なり、高校では南京事件の犠牲者数を明記する方針であったようである[42]。もっとも、後述するように1970年代以降の歴史教科書では、国民中学においても高級中学においても、虐殺の模様について具体的に記したものが登場するようになるが、それらの叙述と比べると、この教科書の虐殺事件の描き方は、単に事件の存在と犠牲者数を記すのみの抑制

的なものであった（第六章）。その一方で、戦争中に挙げた戦果については豊富な叙述がなされており、中国がほとんど独力で日本軍に勝利出来たという印象を読者が受けるよう工夫されている。

　他方、日本の台湾統治については相変わらず言及がなく、「台湾同胞」が「伝統的な民族革命精神」に則って不屈の反抗を行っていたと記したり、日本が連合国に投降すると「台湾同胞は欣喜雀躍した」と述べたりすることで、台湾人が植民地統治下で苦悩していたことを間接的に示唆するだけにとどめていた[43]。

　このように、「光復」後の台湾の歴史教科書は、近現代において日本から「我々」が直接受けた被害よりも、「中華民族」がいかに民族精神を発揮し、果敢に日本に抵抗したかを描くことに重点を置いていた。抗日戦争においても、こうした民族精神が遺憾なく発揮され、日本に対して大きな打撃を与えたことが叙述の中心を占めていたのである。「台湾同胞」もまた、こうした精神に基づき、日本の台湾統治に一貫して反抗的な態度を崩さなかったと描かれたが、植民地統治下の台湾人がいかなる辛酸を嘗めていたがゆえに、抵抗を選択したかという点についての説明は乏しかった。

　抗日戦争に関する描写において、民族精神と並んで重要な地位を占めたのは、中華民国が「民主陣営」の一員として、「侵略国家」に勝利したという構図である。これにより、抗日戦争の勝利は、単なる二ヵ国間の戦争における勝利ではなく、世界の平和に貢献する勝利であると位置づけられたのである。さらに、中華民国が平和条約で「対日寛大」の精神を示したと描かれたことで、戦勝国の道義性の高さが読者に強く印象付けられるものとなっていた。その上で、中華民国と日本は近代以来の不正常な関係を講和によって清算し、反共闘争を共に戦うため「合作」して行くことが確認され、日華関係は大団円を迎えたとされたのである。

（3）　日本の台湾統治について

　歴史教科書が日本の台湾統治の実態に関する具体的な説明をほとんどしていなかったといえ、公式な論説の中で、日本統治時代について全く言及されな

第4章　被害の記憶と日華関係　199

かったわけではない[44]。1946年、台湾省「光復」一周年を記念して発表した
声明の中で蒋介石は、台湾の同胞は五十一年間にわたって日本人の抑圧を受
け、政治的・経済的な不平等を味わって来たと述べている。声明は次いで、国
父孫文による国民革命の主要な目標の一つは台湾の「光復」であったとし、抗
日戦争中に全国の同胞が数えきれないほどの犠牲を払うことで、ようやく台湾
が「祖国の懐」に帰るようになったと説明した。そして、台湾においても日本
統治時代に林大北事件や簡大獅事件などの抗日運動が相次いで発生したが、そ
れらはいずれも「愛国的革命精神の表現」であったとし、こうした全国および
台湾の「革命先烈」による犠牲があった史実を心に刻み、団結して新しい台湾
と三民主義の新しい中国建設に邁進しなくてはならないと訴えた[45]。この声明
は、中華民国による台湾接収から間もない時期に出されたものであることか
ら、「抗日」という点において大陸と台湾が同様の経験をして来たとの一体感
を住民の間で醸成するために出されたものであろう。

　その一方で、意外なことに蒋介石は、日本の治績を肯定的に評価したと解釈
出来るような発言も行っている。1949年11月に行った演説の中で蒋は、日本
の植民地当局による台湾建設と、それを成し遂げた精神を称揚した。

> 台湾に着いた後、日本の帝国主義者が過去にここで行った数多くの建設
> を見て、私は感慨が尽きることがなかった。三十五年〔1946年〕、私は
> 初めて訪れた台湾で日月潭の水利工事を参観し、一昨日は阿里山を訪問
> して、入山鉄道の工事と営林場の管理を見学した。そこで、日本が狭い
> 小国から世界に雄を唱えることが出来るまでになったのも、絶対に偶然
> ではなかったと思ったのである。台湾が日本に割譲されたのは、甲午戦
> 争〔日清戦争〕以後である。彼らは二十年間経営する中で、最初は台湾
> を、土地は痩せ民も貧しく、収入が支出に追いつかないと考えていた。
> そのため、かつては一億フランでフランスに売却することも考慮したの
> である。しかし、児玉〔源太郎〕と後藤〔新平〕が台湾総督として赴任
> して来て以来、台湾を開発すれば自足が可能になるだけでなく、日本帝
> 国の宝蔵にすらなり得ると考えるようになった。そのため彼らは一群の

幹部を招集し、内陸に入り込んで調査研究を行い、その上で初めて積極的な建設を開始し、二十年の苦闘を経て、日月潭の水利工事を完成させ、阿里山の天然の森林を切り開いた。阿里山の入山鉄道は、山の裾野から海抜三千メートルの山頂まで登るもので、その計画の遠大なこと、工程の困難なことは、当時の台湾の状態からすれば実に驚嘆に値する。[46]

　ただし、ここで称賛されているのは、大掛かりな事業を成し遂げることの出来る日本人の能力についてであり、日本の植民地統治自体が全面的に肯定されたわけではなかった。1951年に台湾省の県市議会議員達に向けて行った講演の中で蒋は、日本の五十年間の統治の中で台湾人は奴隷のように酷使されたと述べ、国民党による国民革命の最大の目的は、圧政にさらされている台湾同胞を苦境から解放し、自由と民主を獲得させ、暗黒から光明へと導くことであったと、「光復」直後と同様の説明を行っている[47]。また別の講演では、より具体的に、日本統治時代、台湾人は教育・法律・政治・経済の各方面において不平等・不自由な待遇を受けていたと指摘していたが、その一例として挙げられたのは、衛生政策であった。日本留学の経験のある蒋は、日本では国民の衛生管理が徹底されており、農村では警察が毎月一回検査を行い、さらに年に一回大規模な検査も行っていたことを知っていた。しかし、日本人は台湾ではこうした衛生政策を実施しておらず、そのことからも、日本の植民地に対する施策が本国におけるものとは明らかに異なっていたことが分かると述べたのである[48]。

　しかしながら、上述の講演で蒋介石が強調したのは、日本統治時代に受けた不公正な待遇を銘記し、対日関係の教訓とすることではなかった。蒋が聴衆に求めたのは、多大な犠牲を払って台湾の祖国復帰をもたらした「全国軍民同胞」の苦労を追想することであった。さらに、現在ソ連と中共の支配下で呻吟している中国大陸の同胞達を解放するという使命について、聴衆達が認識を新たにすることだったのである[49]。こうした論理は、1953年の『宣伝週報』により詳しく述べられている。

我々は台湾同胞および大陸から台湾にやって来た同胞に告げなければ
ならない。八年間抗戦し、百万以上の軍民が犠牲になったのは、日本の
大陸侵略に対抗するためだけではなく、同時に台湾を光復し、五十年来
受けて来た苦痛から解放するためであった。抗戦に勝利したからこそ、
台湾は光復し、祖国の懐に復帰させることが出来たのである。現在大陸
は陥落し、大陸同胞はソ連侵略者と共産党反乱集団〔＝俄寇奸匪〕の迫
害を受けている。今日台湾にいる同胞は、抗日当時の精神と努力でもっ
て反共抗ソを行い、大陸を光復しなければならない。[50]

　また、植民地統治による被害の程度に関する描写も、日中戦争と同様に「内
戦の国際化」から影響を受けていた。1951 年の光復節に発表した声明の中で
蒋は、中国大陸の同胞がソ連と中共による二重の搾取に遭い、その苦痛は五十
年間日本統治下にあった台湾をはるかに上回ると述べている[51]。ここでも、加
害者としての日本像は、ソ連と中共の影の中に埋没することとなったのであ
る。
　党営の『中央日報』だけではなく、民営紙の『公論報』と『自立晩報』も、
その論説の中で上述の宣伝方針のように、日本統治時代を不自由と不平等の時
代と位置づけ、そこからの解放をもたらした抗日戦争の勝利による「光復」を
大陸反攻と結び付けて論じていた[52]。植民地統治時代の記憶は、かつての宗主
国の責任を追及する目的では動員されず、中共政権の「迫害」から大陸の同胞
を解放する必要性を説くために用いられたのである。
　もっとも、論説内容について指導を受けていた民営紙も、常に当局の宣伝方
針に完全に則った社説を掲載していたわけではない。1951 年、『公論報』の社
説は対日講和問題と関連して、日本統治期の迫害は過去の歴史となったが、台
湾人民、特に過酷であった統治の前半期を経験した人民にとっては忘却出来る
ものではないと述べた。そして、今後の日本政府の政策がこうした記憶を呼び
起こすようなものであるならば、台湾人民の容認出来るものではないと釘を刺
したのである[53]。

同じ社説はさらに、以下のように議論を展開した。台湾を占領していた半世紀の間、日本は多くの建設を行った。それらの成果は台湾人民の血と汗によって完成したものであり、また、台湾人の労働と富を搾取することが目的であったにもかかわらず、一部の浅はかな本省人民、特に偏った教育を受けて来た人々は、そうした建設を過大に評価する傾向がある。こうした傾向はここ三、四年の間に顕著になったものだが、日本の植民地統治に賛同しているかのような誤解を容易に招くものである。しかし、そのような傾向は「光復」以後の経済状況の悪化に対する反応に過ぎず、台湾人民は日本占領時期に受けた迫害を絶対に忘れるものではない。もし、日本政府や彼らの代表が、上述したような表面的な現象を見て外交政策を展開するようであったら、それは最も愚かなことである[54]。

『自立晩報』もまた、日本統治の記憶を現在の対日関係と関連させて議論を展開することがあった。日本産綿布輸入への反対を主張する同紙の社説は、植民地時代に台湾で紡績業が発達しなかったのは日本が台湾経済の命脈を掌握し、日本製品の市場としてのみ機能させることで、台湾人の血と汗を搾取して来たからであると分析した。そして、「光復」後の現在もいまだ台湾の紡績業は脆弱であり、日本産綿布の輸入を開放するべきではないと主張したのである。社説の末尾は、過去の侵略戦争の過失も明らかに清算していない中で、日本がさらに新たな経済侵略を妄想しているとしても、今日の「自由中国」の国民は絶対にその計略にはまることはないとの決意で締めくくられていた[55]。

また、1954年、教師節の翌日に掲載された同紙の社説は、植民地統治時代の公的な位置づけについて、より正邪を明らかにするよう政府に促していた。教師節（9月28日）は、孔子の誕生日とされる日で、学生たちが教師に感謝を表明する他、永年勤続や優秀な教師を表彰する行事が実施される。この年の9月29日の『自立晩報』は、前日に表彰された教師達の中に「日本帝国主義教育」に対して忠実であった教師が含まれており、理解に苦しむと非難した。表彰されるべきは、日本統治下にあっても忠節を貫き、私塾などで祖国に対する愛を学生達に植え付けた教師であるというのが、その論拠であった[56]。

このように、民営紙においては、日本の台湾統治について、当局よりも具体

的で厳格な論説が展開されることもあった。しかし、政府の公式な論説の中における植民地統治期の評価は、先述したような「奴隷のような酷使」、「暗黒」、「不平等」といった漠然とした説明があるのみであった。また、この時期に関する記憶も、主に三つの目的で動員されるに過ぎなかった。第一に、台湾解放が革命の最重要事項であったとし、国民党を台湾人に対する解放者と位置づけることで、「中国」および国民党と台湾の間に存在する絆が、長年にわたるものであるとのイメージを与えること。第二に、植民地当局に対する抵抗が不断に行われていたと描くことで、「中国人」としてのナショナリズムが台湾人の間に普遍的に存在していたと印象づけること。第三に、大陸の同胞が台湾「光復」に果たした役割を想起させ、今度は自分達が大陸の同胞達を中共政権の圧政から解放するべく、奮闘しなければならないとの自覚を台湾人に持たせることである。

　結局、植民地時代に関する公式な叙述の中で、総じて日本の存在は曖昧なものであり、その統治がいかなるものであったかについての総括も、断定的な論調ではありながら、それ以上に抽象的なものであった。そのことは、「我々」に対する加害者としての日本像の中で、台湾に対する植民地宗主国としての一面は、茫漠としたイメージが結ばれるのみであったことを意味していたのである。

2　日華関係と歴史認識

（1）　過去をめぐる問題への基本方針

　前節までの検討で、台湾における官製の歴史叙述の中で、「我々」が日本からいかなる被害を蒙ったと描写されていたかが明らかになった。日本による加害に関する叙述は、ソ連を「中国」に対する主要敵と位置づけ、さらに「中華民族」が異民族の侵略に対して発揮し得る「民族精神」の力量を喧伝しようとする国民党政権の思惑により、部分的かつ抽象的なものだったのである。本節以下は、平和条約締結後の日華関係を運営する中で、中華民国政府が過去をめぐる問題をどのように扱っていたかを検討する。

1952年8月5日、日本政府と中華民国それぞれの代表は、台北で日華平和条約の批准書を交換し、当日条約は正式に発効した。同月7日の『宣伝週報』は、今後の日華関係について次のような宣伝方針を記している。

　……これより両国間の六十年来の不正常な状態は終わりを告げ、両国は新しい平等な協力関係を開始する。
　しかし、中日両国国民間の協力の基礎は依然として薄弱であり、我々の宣伝工作は此の点に関して努力しなければならない。我々は大陸から来台した同胞に対し、今日の国際情勢に注意を喚起させ、過去を忘れて新たに合作のパートナーを求めるようにさせる必要がある。本省の同胞に対しては、さらに民族的自信を深めるよう促進し、今後の対日関係は完全に平等な国家間の友好関係であることをはっきりと認識させ、ゆえに一切の卑屈な心理は駆逐し、報復的心理はなおのこと取り除くようにさせなければならない。このようにして初めて、両国の合作に有利となるのである。[57]

　本省人、外省人双方に対して、「六十年来の不正常な関係」は正常化されたと宣伝し、日本との「過去を忘れて」、「報復的心理」を取り除くよう求めたのである。これまでも、こうした宣伝は蔣介石の8月15日演説を引用しつつ行われることがあったが、日華平和条約発効により、名実ともに従来の不平等な対日関係は清算されたと位置づけられた。
　一方、「合作」の相手である日本側に対する宣伝方針は、いかなるものであったか。

　日本人民に対しては、我々は国民外交の方式で、中日両民族の歴史的、文化的背景に注意を向けさせ、誠実に合作をさせるよう促進する必要がある。二股をかける態度をとって、匪賊の一味と経済関係を樹立しようという幻想を抱かせてはならない。なぜなら、こうした幻想は、侵略の下心を持つソ連帝国主義と匪帮からの好感を得ることが出来ないばかり

か、自由中国との真の友誼をも失うものであり、双方から歓心を得よう
とする一種の妄想だからである。日本の前途のために計れば、〔日本は〕
徹底的に民主国家の側に立ち、中国・米国と合作して太平洋地域の真の
秩序を樹立し、中日両国の恒久平和と繁栄のために努力する必要があ
る。[58]

　「不正常な関係」の片方の主役であった日本に対しては、中華民国と「誠実
に合作」をし、中共と接近しないことを要求するのみだったのである。そのた
め、過去に対して何らかの態度をとることは、この中で求められなかった。
　こうした、対日関係において歴史認識を重視しないという宣伝方針がいかに
台湾の言説空間に影響を与えたかは、日韓関係に関する論評の中で如実に現れ
る。日韓両国は、すでに 1951 年から国交正常化を目指して予備交渉を開始し、
1952 年 2 月からは数次にわたって本会談を行っていた。しかし、第一回本会
談開始の前月に韓国側が「大韓民国隣接海洋の主権に対する大統領の宣言」を
行い、いわゆる「李承晩ライン」を韓国周辺の公海上に設定して日本漁船の立
ち入りを禁止したことで、日韓交渉は序盤から緊張に満ちたものになってい
た。さらに、両国の立場は、以下の三つの点で鋭く対立したのである [59]。
　第一に、会談の位置づけをめぐる問題である。日本側は、交渉目的を将来の
ための友好条約締結と設定し、「友好条約草案」を提示していた。これに対し
韓国側の会談に対する解釈は、両国間の過去の様々な問題を解決し、今後の関
係を規定する実質的な対日講和会議というもので、「基本条約案」を提示して
いたのである。
　第二に、歴史認識をめぐる問題であった。韓国側は、1905 年の保護条約（第
二次日韓協約）と 1910 年の韓国併合条約が、武力による強制であったためい
ずれも無効であると主張し、日本側はそのような位置づけに対して、難色を示
していた。
　第三の対立点は、請求権の性格をめぐるものであった。韓国側は、古書籍や
美術品など文化財の「返還」を柱とした「韓日間財産および請求権協定要綱
八ヵ項目」を提示していた。一方日本側は、植民地統治時代に日本人が韓国で

保有していた財産の対韓請求権に加え、朝鮮戦争によってそれが損傷していた場合には原状回復の費用を請求する権利があると主張して、韓国側を反発させた。

さらに事態を紛糾させたのは、1953年10月から開始された第三次会談における、日本代表久保田貫一郎の発言であった。久保田発言は、請求権問題に関して行われたもので、その論点は五つから成り立っていた。第一に、日本の植民地統治は朝鮮の山の緑地化や港・鉄道の建設に貢献したし、大蔵省は多い年で二千万円も持ち出していた。第二に、日本が併合していなければ、その他の列強が朝鮮を占領したかも知れない。第三に、カイロ宣言には「朝鮮の人民の奴隷状態」との文言があるが、それは「戦争中の興奮状態によるヒステリーの表現に過ぎない」。第四に、在韓日本人の引揚げは占領軍の強制によるものであり、占領軍が日本人の財産を没収して韓国側に引き渡したのは、国際法違反である。第五に、日本に関する限り韓国の独立を承認したのはサンフランシスコ平和条約の発効日であって、それ以前に独立した韓国を樹立したのは国際法違反である[60]。これらの発言は、韓国側の猛反発を招き、以後日韓会談は四年半にわたって中断することになった。このように、日本と韓国の間では、早くも1950年代から歴史問題が重要な争点となっていたのである。

日韓関係の悪化は、もし東アジアにおいて反共陣営が結束を図ろうとするのであれば、疑いもなくその障碍となるものであった。1954年1月から韓国は、アジア各国に親善訪問団を派遣し、アジア自由陣営の同盟形成について各国の意向を打診する。その結果、政府レベルでの同盟は困難なため、同年6月に「民間」による「アジア人民反共会議」が開催された。会議には、韓国の他、中華民国、タイ、フィリピン、ベトナム、マレーシア、沖縄から代表が参加したが、日本は招請されなかったのである[61]。李承晩は、「反共」と「反日」は同時に遂行して行くものであり、前者が後者より優先されることはないと述べ、中華民国に対しても、日本が米国の容認のもと「容共中立」の路線をとって再びアジアの制覇を目論んでいるとして、共同して反日政策をとることで、米国の誤った対日政策に影響力を行使するよう提案していたという[62]。

韓国のこうした態度は、アジアに反共陣営を形成して中ソ同盟に対抗するこ

とを構想していた中華民国政府を困惑させた。蔣介石はこの頃米国人に対し、平和憲法を持ち、共産党を非合法化していない日本の現状では、その力量は利用したくとも出来ないと述べ、米国が中華民国と韓国さえ支援してくれれば「共匪」を叩くには十分であり、日本の手を借りる必要はないと語ったことがあった[63]。他方で、米国の仲介のもと、中華民国、韓国、日本の三カ国間で何らかの条約を締結することも構想しており、華・韓・日の三国をゆるやかな形で一つの陣営にまとめることには関心を示していたのである[64]。

アジア人民反共会議に出席した代表の一人である胡健中は、出発直前に立法院外交委員会で行われた座談会の中で、日本と一部のアジアの国の間ではいまだに旧怨が残っており、そうした民族感情を理解することは出来るが、大敵に直面している今日、各国の人士にはしばらく歴史的な怨讐を放棄するよう忠告するとし、日本が近い将来アジア人民反共会議に参加出来ることを希望すると述べた[65]。『中央日報』もその社説で、日本は一部の国との間でいまだに旧怨が解消していないためにアジア人民反共会議に招請されなかったと論じた上で、今日の世界では共産集団こそが我々の共同の敵であり、日本が反共陣営に立つことを希望している以上、彼らを排斥して自陣営の力量を削ぐ理由はないと指摘した。そして、次回以降の反共会議には、日本代表が参加することを求めたのである[66]。

これらの論説では、「一部のアジアの国」の国名は特定されていなかったが、同年末になると『中央日報』紙上では、日韓関係がなぜ進展しないかについての解説記事が累次にわたって掲載されるようになる[67]。12月に米国と中華民国が米華相互防衛条約に調印すると、行政院長の兪鴻鈞は、同条約締結後に政府が第一の課題とするのは、華、日、韓三国間の団結を促進することであると記者会見で述べた[68]。

上述の言説において、歴史問題はあくまで韓国と日本の間に存在する懸案として描かれ、中華民国にとっても関連のある問題として論じられることはなかった。さらに蔣介石は、日韓間の紛争は韓国側の態度の方により問題があると考えていたようである。1954年7月、日本商工会議所会頭の藤山愛一郎は蔣介石と会談した際、日韓関係が好転しないのは東アジアの自由国家の団結に

も関わる問題であるとして、中華民国の調停を要請した。同席した芳澤謙吉駐華大使も、韓国が「アジア人民反共会議」に日本を招請しなかったことを遺憾とした上で、米国はアジア人の心情が理解出来ないため、日韓両国を仲介出来るのは蔣総統しかいないと同調する。これらの意見について蔣は、孟子の「以大事小（大国であっても、隣の小国を侮らずに礼を厚くして交際する）」、「以小事大（こちらが小国ならば、いかに圧迫されてもよくこらえて大国につかえて安全をはかる）」の論を引用しつつ[69]、新興国家が先進的な地位を求め、人から重視されないことを恐れる心理は理解出来るとした。そして、中華民国と日本は韓国に対し、「以大事小」の精神によって大国の襟度を示して行けば、協力関係を構築することも可能であろうと述べたのである[70]。陳誠副総統も、1956年8月に日本からの親善団と会見した際、多くの人が韓国の対日態度は、劣等感が尊大さに変容したものだと考えている旨を紹介している[71]。

　蔣介石は、1959年に日本政府が在日朝鮮人を北朝鮮に送還することによって韓国との関係を再度緊張させた際には、米国の陸軍副参謀長に対して、日本側がその責めを負うべきであると語ったが、その際にも、同問題発生以前の日韓交渉失敗は、主に李承晩大統領に原因があると述べている[72]。そのため、韓国が日本に対して過度に感情的であるとの見方は、単なる日本側への外交辞令にとどまるものではなかったと考えられる[73]。

　韓国ほど日本との間で過去の問題を争点化しないという傾向は、政府高官の発言や官製メディアの論説にとどまらず、在野系の政論雑誌においても同様に見られるものであった。これら雑誌は共通して、「中国人」の日本に対する怨恨は、韓国人の日本に対するそれよりも少ないか、あるいはすでに消滅したと位置づけていた。

　前者の例としては、『民主中国』に掲載されたある記事を挙げることが出来る。同記事は、戦後蔣総統は「以徳報怨」を声明し、フィリピンのキリノ大統領も「旧怨を水に流す」旨発表したが、かつて日本の植民地であった韓国にとって、怨みを解消することは困難であり、韓国人の日本人に対する悪感情は、中国人やフィリピン人よりもさらに強いと論じた。なぜなら、戦争原因の消滅後、交戦国と和解をして共通の敵に立ち向かうことは比較的困難ではない

が、植民地から独立した国家においては、旧統治者に対する反感が国民の間に蔓延しているからである。そして、日韓交渉の破綻の原因は主に日本代表の傲慢な態度にあったとして、日本側に誠意ある態度を求めた[74]。

　後者の例としては、『自由中国』の社説がある。アジア人民反共会議への期待を表明した同誌1954年8月1日の社説は、韓国が日本を会議に招待しなかったことに触れ、植民地統治期や独立後の韓国に対する日本政府の態度には多くの過誤があり、韓国人が悪感情を懐くのは自然なことであるが、国家のためには感情よりも理知を重んじなくてはならず、韓国のためを考えるならば、人民の日本に対する悪感情を次第に薄めて行き、しまいには無くしてしまうようにするべきであると助言した。そして、我々「中国」は、日本に対して宿怨があるという点で韓国と変わらなかったが、その宿怨は日本が投降するに及んで消滅したと論じたのである[75]。翌年に掲載された社説ではさらに、韓国人が日本を怨みに思う感情については、過去に「我々」も同様の悲惨な経験をして来たために同情するとしつつ、中国は八年間の抗日戦争中に多くの人民の生命と財産を失ったが、日本投降の当日、蔣総統が即座に「旧悪を念はず、怨みに報いるに徳を以てする」と宣言したというエピソードを取り上げ、この言葉は韓国の友人達にとって参考に値すると紹介していた[76]。

　日韓関係に関するこうした論説は、日本との間で歴史認識をめぐっては争わないという日華講和成立直後に提出された宣伝方針が、台湾の言説空間に与えた影響を示す最初の事例となった。植民地統治から脱却したばかりの韓国政府と異なり、日本の台湾統治時代をほとんど「自国史」の中に組み込んでいない中華民国政府の施政下にあって、台湾の各種メディアは、「戦勝国」としての体裁をとりつつ、対日関係を論ずることが出来たのである。

（2）　日本人の台湾論

　中華民国のこのような未来志向的な態度に対して、日本側はどのような反応を示したと描かれたのであろうか。すでに前章で、日華平和条約締結交渉の際に日本側は、日中戦争で「中国」に大きな被害を与えた責任について言及しており、そうした態度が台湾においても知られていたことを取り上げた。

しかし、平和条約締結時においては争点とならなかった台湾の植民地統治という過去について日本側が正当化を図っていたとしたら、日華間の紛争の種となった可能性はあるだろう。抽象的な描かれ方であったとは言え、ともかくも、日本統治下の「台湾同胞」は五十年間苦痛に苛まれていたというのが、中華民国の公式な歴史叙述だったのである。では、日本では、台湾統治の経験についてどのような議論が存在したのだろうか。

　馬場公彦によれば、1950年代前半の日本社会において、台湾に関する問題はほとんど関心の範囲外であった。しかし、1955年頃から、日本論壇は徐々に中華民国に加えて台湾と台湾人をも論ずるようになる。その嚆矢となったのは、1955年に東京で台湾共和国臨時政府を設立した廖文毅が、台湾独立を訴えるべく同年に発表した記事「祖国台湾の運命：蔣政権をセント・ヘレナに流せ」（『文芸春秋』1955年4月号）であった[77]。馬場が描くように、廖文毅や邱永漢など、台湾脱出後に半ば亡命のような形で日本に滞在していた台湾人知識人達の存在が、日本の論壇をして台湾に関心を向けさせるきっかけとなったことは確かである。また、1954年後半から、中国による金門島砲撃や、中ソ両国による対日「平和攻勢」が開始されたことにより、それらに対する「抵抗の拠点」としての台湾が「焦点化」するようになった面も見逃せないであろう[78]。

　台湾および台湾人が論じられるようになることで、一部では、日本の台湾統治や台湾人の旧宗主国に対する態度といった問題についても言及する日本人が登場することとなる。1954年、元文相の前田多門は日本に立ち寄った元駐米大使の胡適から、晩餐会の席上次のような「心温まる話」を語られたことを新聞に寄稿している。

　　　いま台湾で一般に認められていることは、日本統治時代に良い民政の基
　　　礎が築かれたことである。殊に忘れ得ざる人々は初期時代の総督児玉源
　　　太郎、その下に民政長官であった後藤新平、そのまた下で殖産局長を勤
　　　めていた新渡戸稲造で、この三人の行政者によりまじめな努力が払われ
　　　産業衛生の面でも、当時の偉績は今に至りその恵福を現地に与えてい

第4章　被害の記憶と日華関係　211

る。[79]

　胡の発言をこのように引用した後、前田の脳裏には、当時問題となっていた
韓国との関係がよぎったようである。エッセイの末尾を、前田は韓国との対比
で締めくくっている。

> われわれ日本人は過去のいわゆる帝国主義的外地統治につき今もって責
> 任を感じている。たとえその時に多少の善事があったにしても、こちら
> から言うのは差控えたい。それを旧エン（怨）を忘れて、率直に、虚心
> に、先方から認めて下さるというのは、さすがは胡適先生、何と心床し
> い話であろう。先般久保田発言が日韓会談の中絶を招いたのはその逆の
> 例であるが、世の中はどうか先夜の会のようにありたいものである。[80]

　ここで発言を引用されている胡適が、世界的に知名度の高い自由主義的な知
識人であり、また国民党政権の権威主義的性格に対して批判的な見解の持ち主
であったことを考え合わせると、前田のこの一文は政権にとってかなり刺激的
な内容であったと言うべきであろう。しかし、「帝国主義的外地統治につき今
もって責任を感じている」という部分が評価されたか、あるいは新聞に掲載さ
れた小さな記事であったため目に留まらなかったか、いずれにせよ台湾ではほ
とんど反響を呼ばなかった。
　しかし、翌年末に駐華公使清水董三が『文藝春秋』誌に寄稿した随筆は、台
湾で小さな波紋を引き起こすこととなる。清水の随筆はまず、台湾人が主観的
にも客観的にも大陸の住民とは別個の存在であるとの観測から始まるもので
あった。

> 私が一昨々年、台湾に赴いて、その後二年有半暮してみて、大いに感じ
> たことは、台湾の住民は中国大陸の住民と甚だしく離れているというこ
> とである。
> 「台湾は古来中国のものだ。中国のものは中国に返せ」というのがソ連

や中共の「台湾解放」の前提であるが、台湾人にしてみれば、自分が中国に帰ることなどは毛頭考えていない。

〔中略〕この台湾人たちは中共の人々と同じ漢民族でありながら、自分を大陸の中国人と同様だとは思わないのだ。なる程先祖は大部分福建省南部の出身の人々だが、現在人民服を着ている中国本土の連中とは、縁もゆかりもないもののように思い込んでいる。[81]

　そうした観察の根拠として清水は、彼が台湾で出会った青年やホテルの女中の発言を引用した。「ところで」、と清水は続ける。「この台湾人の生活は、かれらが半世紀の間日本の統治下にあつたので非常に日本的なのだ[82]」。彼らは日本家屋に住み、刺身を食べ、青年が入営する際には家々に「祝何々君入営」という墨痕鮮やかな幟が揚がり、昔懐かしい日本の軍歌が唱われることすらある。日本映画は島内で圧倒的な人気があり、通用語もほとんど日本語である。漢民族でありながら国語（北京語）は全く判らない。

　　その他、商習慣、法律生活、すべて日本式である。一国の五十年間の行政の成果が如何に偉大なものであるかをまざまざと伝えるに充分な事実といわねばなるまい。
　　このように台湾人はもはや中国人とは違つた習慣を持ち違つた民族性をもつている。かれらにとつて中国人は「異民族」でしかないのだ。だからかれらは大陸の人の支配ということに対しては非常に奇異な感じを抱く。早い話が現在の国民政府を見るのもややもすれば外国人の進駐を迎えるような気持で見守つている人もある。[83]

　清水の観察によれば、このような彼らが今一番たよりにしているのは、日本である。地理的、経済的に密接な関係があり、対外貿易の約五割が日本に依存している。現地では日本からの技術者を必要としており、顧問という名目で二百名程の日本人が工場で就業しているが、まだまだ不足している状況である。加えて、かつて「宝の島」と呼ばれた台湾は年産百七十万トンの米がと

れ、砂糖、果実、石炭等、今の日本にないものが何でもと言って良いくらい産
出する。

　　このような国と技術提携するなり、合弁会社を作るなりして、どんどん
　　日本人が進出してゆくことは非常に望ましい。今の段階は、まだ国民政
　　府の方の受入体制が出来てないので、そう簡単には話は運ぶまいが、い
　　ずれ、日本のためにも台湾のためにもなることだから大いにやらなくて
　　はならない。
　　しかも台湾人は、おそらく親日的な他民族の中でも最も親日的な人々な
　　のだ。
　　〔中略〕日本の占領時代、台湾に出かけた人々が、単なる出稼ぎ根性や
　　征服者の優越感を捨てて住みついた余徳であろう。
　　昔生蕃といわれた高砂族の人々も、日本人が行くと非常になつかしがる
　　のだつた。[84]

　これらの諸条件を前提として、清水は、今後日本のとるべき政策と台湾の将
来像について次のように提言する。それは、台湾住民の福利向上を願望する一
方で、国民党政権の政治的正当性を否定しているかのようにも受け取れるもの
であった。

　　……台湾には半世紀にわたる日本の文化、経済の根が張つている。これ
　　をますます助長するように私たちもかげながら努力しなければならな
　　い。そして将来、台湾に本当の意味での民主政治が行われ、島民が生活
　　の向上により、安楽な生活を送ることの出来る日が一日も早からんこと
　　が望まれるのだ。[85]

（3）「感謝する日本」

　清水董三の文章に対して、強い反応を示したのは『公論報』であった。同紙
は、清水論文を社説で取り上げ、批判の俎上に載せたのである。社説はまず、

清水の謬論は本来一顧だに値しないものであるが、『文藝春秋』が日本で発行部数の多い雑誌であり、本省の一部にも読者がいることから、その錯誤について分析することにしたと前置きする。次いで社説は、清水の文章の目的はただ一つであると喝破した。それは、大日本帝国の統治が台湾人民からの支持と懐旧の念を獲得していると説明し、台湾の将来の地位に関する日本の希望を表明することである。

そこで社説が非難を加えたのは、「台湾人は親日」という「不正確な見通し」であった。確かに、日本が統治した五十年間に「新興の日本文化」は台湾の政治経済に影響を与えた。異民族統治は人民の憎むところであるが、一部の人間が「時流に乗った」文化の害毒を受けたことや、現実的な利益があることにより、異民族統治に忠誠を誓うようになるのも必然的なことである。台湾人の中に少数の「親日派」が存在するのも、「世界史の通例」と言える。満洲族による清朝の統治は漢族の反抗を引き起こしたが、清朝滅亡後、宣統帝に忠誠を尽くした漢族の遺老は百人や千人を下らなかったではないか。

また、台湾人の中には、いまだに日本語を使用し、日本の風俗を遵守している者もいるが、それは植民地統治が五十年に及んだことの余波に過ぎないものであり、英国の上流階級もフランスの支配を脱した後、数百年にわたってフランス語を話していたのである。日本語を話し、日本の書籍を読み、日本の風俗に従い、日本商品を愛用するのも、五十年にわたって文化的影響を受けたことの残滓に過ぎず、過去の植民地統治を懐旧するものでないことは、論ずるまでもないのである[86]。

この文章は、日本人外交官の暴論に対する反駁という体裁をとってはいるが、清朝最後の皇帝である宣統帝に忠誠を尽くした漢人官僚が多数いたことを引き合いに出して、「親日派」台湾人の存在を「世界史の通例」と相対化した部分などは、日本人に対するメッセージというよりも、むしろ一部本省人が旧植民地宗主国に対して示す態度について、政府当局に弁明するという意味合いが強かったようにも解釈出来る。すでに触れたように、『公論報』は台湾籍の李万居が経営する新聞であり、1950年代の台湾において、在野勢力の声を最も代弁するメディアとして知られていた。

第 4 章　被害の記憶と日華関係　215

　『公論報』の思惑がどのようなものであったにせよ、上記社説は、日本人の間に植民地統治を肯定的に論ずる言説が存在するという事実が台湾において広く知られていたことを示唆している。そして、そのような言説に対し、当時の台湾を代表する民営メディアは、強く反発を示していたのである[87]。

　しかし、『公論報』とは異なり、『中央日報』においては、清水の随筆を非難する論説が掲載されることはなかった。『宣伝週報』の「宣伝要点」においても、台湾人の日本語使用や台湾に残る日本文化の払拭を目指した宣伝方針が掲載されることはあったが（第五章）、日本が植民地統治を美化し、日本人が台湾人の「親日」を強調しているとの問題意識から出発して、宣伝内容を決定することはなかったのである。

　日本が過去に対してどのような態度を示しているかについて論じる際に、官製メディアが引き合いに出した有力なエピソードは、平和条約発効直後に行われた昭和天皇と張群の会見であった。1952 年、中日文化経済協会会長張群が、蔣介石の名代という資格で 8 月初頭から 11 月末まで日本を訪問する[88]。張訪日の目的は、滞在中に日本各界の人士と政治経済から文化交流に至るまで、幅広いテーマで討論を行うことであった[89]。富永望の研究によれば、9 月 18 日に張群は昭和天皇と会見するが、その際天皇は過去の両国間の紛争について遺憾の意を表したという。富永は、当時の報道は詳しい発言内容を報じていないが、天皇から謝罪があったと見て良いだろうとした上で、「昭和天皇自身は独立後のかなり早い時期に、当時の中国政府に謝罪していたことになる」と評している[90]。

　一方、台湾の『中央日報』は、張群と昭和天皇のやりとりを比較的詳細に報じている。報道によれば、皇居の客間で行われた会談で、昭和天皇は将来の「中日両国間の合作」に強い関心を示し、日華平和条約の締結によって両国関係が新たに幕を開けたことに対して深い喜びを表明した。さらに天皇は、蔣総統が終戦後発表した告示は日本の民衆を非常に感激させたと論じ、こうした寛大な精神が日華平和条約の中にも再度出現したことは、さらに嬉しいことであると述べたという。そして、両国間の過去を回顧した際には、張群が戦前に外交部長として日華の友好関係構築のために尽くして来た努力が水泡に帰したこ

とについて、「深い遺憾を表明した」のである。

これに対して張群は、「日本軍閥」は日華両国が共同の利益のため、平等な基礎の上に友好協力関係を構築することを妨げていたと述べ、前回の戦争における中華民国側の目的は、まさにこのような障碍を除去することであったと答えた。次いで、蔣総統は日本の皇室と人民が「中国」に対して友好的であると信じており、こうした信念は早くもカイロ会談の中で表明されていたと述べたのである。会談は一時間ほどで終了し、張群は昭和天皇の態度について、「愉快で穏やか」であったと記者に話したという[91]。

昭和天皇との会見の様子は、張群が帰国後に提出した報告書の中にも記されている。それによれば、天皇は蔣総統がカイロ会談時と終戦時、および平和条約協議中に表明して来た対日寛大政策に対していずれも感激を表明した。また、日本政府の官員や社会各界の人々からもこうした発言はよく聞かれたし、吉田茂総理も我が国の寛大政策は「忘れられないもの」と述べたという。張群は、こうした人々の態度から、現在日華関係には良好な要素があるのみで、不安要素は全くないと報告していた[92]。

日本朝野の人々が中華民国に対して好意的であるという観察は張群個人のものであったが、日本人の蔣介石個人に対する好意と、中華民国への感情を同一視しているきらいもあった。張群の観察とは裏腹に、1950年代前半の日本においては、中華民国政府は日本に対して親近感を持っていないとの見方が広範に語られていたのである。すでに触れたように、日華平和条約の交渉時に日本代表の河田烈は、中華民国側の態度を評して、「長年の対日不信に加うるにその追いつめられた環境もあり想像以上に思いつめた心理状態に在り（この点蔣総統が最も強い趣）疑心甚だ深きものあり〔後略〕」と報告していた（第三章）。こうした観察は、外務省内では国交樹立後も引き続いて存在し、1952年10月に駐華大使芳澤謙吉は、国民党が台湾移転後に着手した「改造[93]」の結果、党執行部に就任した顔ぶれについて、

　　　尚我方として特に注目に値することは今回専任された中央執行委員の顔振れが大部分は〔中略〕少壮軍人又は欧米系の党内新人で、従来から日

本側に知られていた党元老、要人は全部中央評議員として第一線を退き
　　所謂日本通と称される人は殆んどその内に見受けられないことであり、
　　斯る国民党内の動向には日本側としても充分思いを致すべきであると思
　　う。[94]

と本国に打電している。

　1955 年に掲載された、朝日新聞の前台北特派員が台湾事情を紹介した記事
も、「過去の吉田内閣の態度は国府との政治関係に関する限り、つかず離れず
の形式的外交にこもりがちで、国民政府の失望は大きかったようである」と述
べ、そのために知日派の勢力は衰退し、「陳誠氏を頭とする米国派」や、「蔣経
国中将を中心とした国粋派と呼ばれる軍人勢力」が政治的に主流を占めるに
至ったと解説していた[95]。「知日派」、「欧米系／米国派」、「国粋派」といった
ように政権内の諸勢力を分類し、それらのパワーバランスによって中華民国の
対日政策が左右されるという見方は、日本の官民を問わず広範に存在していた
ものと考えられる。1950 年代前半の日本においては、このような勢力配置か
ら、中華民国は日本とは距離を置こうとしているとの観察が少なからず語られ
ていたのである。

　それにもかかわらず、台湾においては、張群訪日時に天皇以下様々な日本人
が示した態度が、日華間に歴史問題が存在しないことを象徴するエピソードと
して、広範に紹介されていた。1952 年 11 月の『宣伝週報』は、張群訪日時に
天皇と日本政府当局は、蔣総統が示して来た「対日寛大の政策」に対していず
れも感激を示し、社会の各界にもそうした態度を表明する人々が多かったとし
た。そして、このような態度が存在したという事実は、日華両国が歴史的な積
怨を払拭し、恒久的な協力関係を樹立する上での基礎となるものであると位置
づけたのである[96]。こうした宣伝を裏付けるように、同年 10 月、戦後の初代
駐華大使として赴任して来た芳澤謙吉は、信任状を蔣介石に捧呈した後、昭和
天皇からの伝言として、「戦後の以徳報怨という厚意」について懇切な謝意を
表明したと報道された[97]。

　このような宣伝や報道に現れた日本人の発言は、フィクションではなく実際

に語られたものであったことが、記録にも残っている。1955 年に自由党衆議院議員大野伴睦を団長として訪台した日本の国会議員団は、蔣介石と面会した際、戦後日本に対する蔣の寛大な措置に感謝の意を表明した。会談記録によれば、蔣介石はこれに応じて、「八年間の苦戦」の後、中国国民の日本への憎しみは、もし放置したままであれば三十年や五十年経っても消え去らないであろうことが分かったため、国民に対し「以徳報怨」を呼びかけたが、その意図は両国の宿怨を解消してアジアの再建に寄与し、外国の侵略と圧迫を一致して防ぐためであったと答えている。さらに蔣は、当時英米等の諸国、とりわけ英国は中華民国のこのような措置を嫉視していたが、自分は「中日百年の大計」から英国の反発を顧慮しなかったとも付け加えた[98]。

　戦後日本の総理大臣として、初めて蔣介石に対して直接過去に関する遺憾の意を表明したと報じられたのは、岸信介である。1957 年 6 月 3 日、台湾を訪問した岸は蔣介石との会談の際、日本は過去に「中国」に対する認識が不足しており、両国間で不幸な戦争が発生するに至ったと述べた上で、蔣の「旧悪を念はず」、「以徳報怨」という政策への感謝を表明した。それに対し蔣は、日華両国が過去に仲たがいをしたことは、すでに一場の悪夢のように消え去っており、今日再び提起する必要はないと答え、現在最も重要な問題は両国が反共のための協力を強化することであると付け加えたという[99]。

　昭和天皇であれ、日本の政治指導者達であれ、彼らは日本のどのような行為が何をもたらし、それに対していかなる責任が存在することを承認するといった、具体的な点にまで言及したと台湾で報じられたわけではなく、また、日本が「すでに変わり、もはや同じではないという条件で[100]」赦しを求めたと説明されたわけでもなかった。彼らは、「以徳報怨」という言葉に集約された蔣介石の寛大な措置に感謝の意を表したのであり、中華民国側はそれに応じて、すでに両国の敵対関係には終止符が打たれたことを鷹揚に告げたものとされた。このようなやりとりの中に現れた日本側の態度こそが、過去の問題に関する日本の公式な態度であり、それは「我々」にとって満足出来るものであると描写されたのである。

　政府当局はさらに、日本側に対して、蔣介石の寛大な処置に対して感謝を表

第4章　被害の記憶と日華関係　219

明するよう、ことさらに要求するべきではないとも論じていた。1955年9月
の『中央日報』社説は、「自由中国」を訪問する日本朝野の人士達は、「我が政
府が戦後日本に対して採用した以徳報怨の寛大な政策に対して、深い感謝の意
を示さない者はいなかった」と述べる一方、「そうした感謝の意が日本人士の
内心から発したものであれ、それとも一種の外交辞令に過ぎないものであれ、
中華民国が日本を支持して来たことは争いようのない事実である」とし、日本
側の態度が誠実なものであるか否かについて一定の留保を付けていた。しか
し、社説は続けて、そのようなことはさほど重要な問題ではないと断言したの
である。

> 我々中国人は、従来から「旧悪を念はず」と「恩を施して報いを望まず
> 〔＝施恩不望報〕」という美徳を有して来た。そのため、我々はこれに
> よって日本に施した恩恵を誇りに感じようとは思わないし、当然日本に
> 感謝を要求する必要もなく、ましてこれによって日本から何か埋め合わ
> せを求めようとは思わない。我々が日本に希望するのは、我々の総統が
> 戦後日本に寛大政策を採用した意味は、他でもなく今後のアジア全体の
> 情勢を見すえたものであり、深い見識からのものであることを理解する
> ことである。総統は早くからソ連帝国主義者の世界侵略の野心を見抜い
> ており、中日の提携がなければ侵略に抵抗するには充分ではなく、アジ
> アの安全と平和を保つ上ではさらに不充分であることをはっきりと認め
> ていたのである。[101]

　ここに現れた言説は、過去に対する日本人の態度が「我々中国人」からの不
満を惹起する可能性を抑制する上で、蔣介石が戦後日本を寛大に取り扱ったと
いう〈起源の物語〉に、二重の機能が存在していたことを示唆している。第一
に、すでに見て来たように、天皇や総理大臣を始めとする多くの人士が日中戦
争の勃発に遺憾の意を示し、蔣介石の寛大な態度に感謝を表したことを、日本
の過去に対する公式な総括を表明したものと位置づける。第二に、仮にこのよ
うな感謝の念が本心からのものではなかったとしても、「恩を施して報いを求

めない」ことが「中国人」の伝統的な美徳であるため、それについて言揚げする必要はないという議論を導く。こうして、日本が過去の「我々」に対する行為について責任の所在を明らかにしたり、明確な謝罪や反省を表明したりすることは、日華関係の運営にとって必要な項目から除外されることとなったのである。

　ただし、日本に対して寛大な態度を示すことのあたかも必然的な帰結として、再生した日華両国が「合作」を行うものと論じられたことは、もしそのような「合作」が理想通りに実現しない場合、「合作」の前提であった＜起源の物語＞もまた、変調を来たし得ることを意味していた。1950 年代後半になると、＜起源の物語＞に対する懐疑的な見解が、在野系メディアから提出されるようになるのである。

3　＜起源の物語＞の再編

（1）　＜起源の物語＞の動揺

　米国内の政争と朝鮮戦争勃発の影響により、中華民国は台湾移転後からほどなくして再び米国の支持を獲得するという僥倖に恵まれていた。しかし、1950 年代半ばになると、国際情勢は以下の二つの要因によって、中華民国にとり好ましくない方向に転換し始める。

　第一に、東西両陣営の緊張緩和が始まったことである。その発端となったのは、1953 年 3 月のスターリン（Iosif Vissarionovich Stalin）の死去であった。同月末、新首相マレンコフ（Georgiy Maksimilianovich Malenkov）は、ソヴィエト最高会議で「関係諸国の相互理解に根ざした平和的手段で解決できない問題は何ひとつない」と演説し、東西両陣営の「平和共存」を呼びかける[102]。その具体的成果として、同年 7 月には朝鮮休戦協定が締結されたのである。

　さらに翌年 4 月、中国はインドとの間で「中華人民共和国とインド共和国の中国チベット地方とインドの間の通商および交通協定」を結び、その中に「平和五原則（主権と領土保全の相互尊重、相互不可侵、相互内政不干渉、平等互

恵、平和共存）」を明記する。同原則は、東西対立が激化していた時期、社会制度の異なる国同士の関係を改善する理念として国際社会から注目を集めた[103]。「平和五原則」は、6月に周恩来首相とネルー（Jawaharlal Nehru）首相の共同声明という形で再確認され、翌年開催されたアジア・アフリカ諸国会議（バンドン会議）では、「平和十原則」へと発展する[104]。また、1954年に開かれた朝鮮問題とインドシナ平和問題に関するジュネーブ会議では、米中間で四回の大使級会談と二回の閣僚会談が行われ、朝鮮戦争後初となる米中接触が実現した[105]。このように、中ソ両国が「平和攻勢」を展開したことは、「内戦の国際化」という戦略により米国の支援を獲得していた中華民国にとって、強い逆風となるものであった。

第二に、米国の東アジア政策と中華民国の対外政策の間に矛盾が存在することが、次第に鮮明になりつつあったことである。中華民国政府はかねてから米国に対し、韓国、中華民国、東南アジア諸国との間で二国間相互防衛条約か、あるいはこれらの国々との多国間防衛条約を締結するよう要請していたが[106]、1954年9月に成立した東南アジア条約機構（SEATO）に、中華民国は加入を許されなかった[107]。また、米国の仲介のもと、華・韓・日の三カ国で何らかの条約を締結することも構想していたが[108]、日韓関係が進展しない中で、そうした構想が実を結ぶ可能性は限りなく低いものであった。

中華民国にとって残された道は、米国との間で二国間相互防衛条約を締結することであった。しかし、再三の米側への要請にもかかわらず、米側は中華民国の「大陸反攻」に巻き込まれることを警戒して、消極的だった[109]。そのことは、すでに安全保障条約を米国と結んでいる日本や韓国と比べて、中華民国のみが不当に扱われているという意識をかき立てるものだったのである。同年10月になって、ようやくアイゼンハワー（Dwight D. Eisenhower）大統領は中華民国との相互防衛条約締結を決断するが、それは蔣介石が台湾と澎湖諸島において防御的な態度をとるという条件付きであった[110]。12月に締結された米華相互防衛条約は、もし中華民国が中国大陸を攻撃する際には事前に米国と協議しなければならないことを規定しており、米側がそのような企図に同意する確率は非常に低かったから、事実上「大陸反攻」の可能性を封じるもので

あった。さらに、条約の適用範囲も、中華民国側については台湾と澎湖諸島だけと定められ、「中国」の正統政府を自任する国民党政権にとっては不満なものだったのである[111]。

このような状況の中、中華民国政府をしてより一層憂慮を深めさせたのは、日中関係が徐々に進展し始めたことである。1954 年 10 月 12 日、中ソ両国は「対日共同宣言」を発表し、「両国政府は、それぞれステップを踏んで日本との関係を正常化させたいと願っている」ことを表明する。その上宣言は、「日本が中華人民共和国およびソ連邦と政治関係と経済関係の樹立に努力することは、中国、ソ連邦側の全面的な支持をかちうるであろう」と日本側に呼びかけたのである[112]。

こうした呼びかけを、中華民国政府は、共産陣営による日本中立化の企みであると解釈した。そして、蔣介石が講演の中で、ドイツ中立化に失敗したソ連が次に中立化政策の一大目標としているのは日本であると述べていたように[113]、反共陣営に属するアジアの有力な国家の内、最もその反共的態度が不鮮明で中立化の危険が高いのは日本であると、政府では認識していたのである。蔣介石は米国に対して、日中貿易拡大の危険性について警鐘を鳴らした他[114]、日本がインドのような中立国となることを防止するため、影響力を行使するよう要請した[115]。さらに、日本から来台した政治家や新聞記者に対しては、日本共産党を非合法化するよう数度にわたって勧告もしていた[116]。

それにもかかわらず、日本政府は共産党の活動を禁止しなかったし、日本国内における対中貿易への関心の高まりにつれ、日中の民間交流は拡大していった。1954 年 12 月、政権を発足させた直後の鳩山一郎首相は、中ソとの交通・貿易拡大の希望を表明し[117]、台湾海峡両岸の政府を「ともに立派な独立国の政権」であると発言するなど[118]、共産圏との関係改善の意向を明らかにした。さらに翌年 4 月の国会で鳩山は、台湾問題に触れ、中華人民共和国と中華民国の「二つの中国」の存在を認めることが最も良い折衷方法であり、「台湾解放」と「大陸反攻」のいずれも希望しないという趣旨の答弁を行う。この発言は、中華民国が「中国」唯一の正統政権であるとする立場に公然と異議を唱えるものであり、中華民国側が日本政府に抗議を行う事態にまで発展した[119]。

第 4 章　被害の記憶と日華関係　223

　こうした日本の態度に対して台湾の各種メディアは反発を示し、1950 年代
前半よりも厳しい日本論が登場するようになって来る。そこで懐疑の眼差しを
向けられたのは、戦後日本を寛大に遇することが、賢明な政策であり、有用な
措置でもあったとする＜起源の物語＞であった。

　1956 年 7 月の『自立晩報』社説は、清末以来の対日外交が常に失敗に終わっ
たのは、敵の危機に乗ずることをせず、「歯には歯を」式の報復をしないとい
う我が国の「寛大」で「従容」とした態度に原因があったと説いた。なぜな
ら、日本にとってそうした態度は、弱者の虚勢にしか過ぎないものだからであ
る。日本が投降した日、中華民国は中国大陸における二百万人の日本人を、そ
の罪を問うことなく送還した。さらに、平和条約締結の際には、八年間の「血
債」に対して一文の賠償も求めないという近代史上に例のない措置をとった。
しかし日本は、敗戦国がそうした優遇を得られたということに痛みを感じるこ
とはなかった。我が国に感謝するという言葉は外交辞令の中にこそ登場する
が、実際には日本政府が人民に対して、このことから教訓を学ぶよう訓戒する
こともなかったのである。日本人は心中で、対米政策に失敗したことは認めて
いるものの、アジアの戦勝国に対しては見て見ぬふりをして態度を変えず、捲
土重来の野心を有している[120]。

　『自立晩報』の社説は、日本が中華人民共和国との通商関係を進展させつつ
あることを懸念して書かれたものであったが、日本はそれ以後も「政経分離」
という形で対中民間貿易を拡大し、1958 年 3 月には中国大陸との間で「第四
次日中民間貿易協定」を調印した。協定は、過去三回の貿易協定を上回る貿易
額が設定され、民間通商代表部には外交機関に準じる待遇を与えるなど、
「一九五〇年代における日中関係の到達点[121]」となるものだったのである。当
時の岸信介政権は、貿易協定の締結に熱心ではなかったが、積極的に協定成立
を抑制することもなかった。

　こうした岸の反共という点で不鮮明に見える姿勢は、台湾では「両岸外交」
と呼ばれ、中華民国に対して誠意を欠いた態度であるとの非難が沸き起こるこ
ととなる。この頃『民主潮』に掲載されたある論説は、民間貿易協定の締結を
受けて、従来の政府による対日交渉のあり方を再検討するよう主張した。

日本と共匪の貿易は今に始まったものではなく、貿易協定は今まですでに四回締結されている。第一次の協定締結は五年ほど前のことであり、我が政府がかつて日本と何の交渉もしなかったと言うことは出来ないが、その態度が十分に積極的で確固としたものでなかったことは疑うべくもないことであり、それゆえ、日本人は我方をどうでも良いもののように見なすようになったのである。もし我々に李承晩大統領のような厳正で確固とした態度があれば、少なくとも日本は共匪と交渉を行う前に、我々と相談をしただろう。我々は往々にして、道義や恩恵、甚だしきに至っては個人の歴史的関係から、日本が我が国に友好的であることを期待して来た。日本が実は最も現実を重んじる国家であることを知らなかったのである。[122]

　「道義や恩恵」、「個人の歴史的関係」といった言葉が指しているのは、蔣介石が「以徳報怨」の方針を打ち出して日本に対する報復を禁じ、再生した日本と中華民国は「合作」して共産勢力に対抗するという戦後日華関係の＜起源の物語＞であることは明らかであろう。実際この論説は、我々の「寛大」で「従容」とした態度が、日本からは軟弱で騙しやすいものと解釈されたと、『自立晩報』と同様の議論を展開していたのである[123]。

　翌年1月の『公論報』の社説は、より直截的に、日本人は口頭ではいわゆる「蔣介石の以徳報怨」に感謝を述べるが、外交問題を処理するにあたっては態度が友好的でないこともあったとし、政府の日本に対する態度は「中国人民」の感覚からすれば、過度に道義を重視するものであったと非難した[124]。こうして、1950年代後半に入り、戦後日本に対して寛大であったことは中華民国の外交的資産とはなっておらず、日本の中立化的傾向については、「厳正で確固とした態度」をとるべきであるとの見解が提出されるようになって来たのである。

（2） ＜起源の物語＞の再編

第四次日中民間貿易協定の締結は、特に通商代表部に中華人民共和国の国旗掲揚を承認するか否かという問題をめぐって、日華関係を紛糾させることとなった。中華民国側は、五星紅旗の掲揚は外交特権の付与に相当し、中共政権を承認するに等しいとして、日華間の貿易交渉と対日商務契約の一時停止や、台湾における日本映画の上映禁止など、様々な制裁措置をとる[125]。しかし、日本側は五星紅旗掲揚阻止の明確な保証を与えなかったし、期待した米国の斡旋も取り付けることが出来ず、早くも制裁開始の翌月中華民国政府は、葉公超外交部長と堀内駐華大使の間で数度にわたる折衝を行った末、日華双方で「相互の立場に対して一歩進んだ了解に達した」という趣旨の声明を出すという形で紛争の幕引きを図った[126]。ほどなくして、日本との通商も再開される[127]。政府のこうした弱腰とも見える姿勢は、前述したような、日本に対する「厳正で確固とした態度」が必要であるとする議論を喚起することになるのである。

しかし、こうした中にあっても中華民国政府は、その対日政策を「李承晩大統領のような厳正で確固とした態度」を基調としたものに転換するという選択肢は採用しなかった。その代りに政府が採用したのは、日本側との「個人の歴史的関係」をより強化することであった。この目的のため中華民国政府は、日本の親華人士との提携強化や駐日大使館の機能拡充の他、＜起源の物語＞を再編して、「道義や恩恵」について日本人の認識を新たにさせることを模索するようになる。こうした措置の必要性は、すでに 1956 年 5 月、前月に親善訪問団を率いて訪日した立法院長の張道藩が帰国後に国民党中央委員会で行った報告の中でも論じられていた。張は、日本は終戦時の経緯から蔣介石総裁に対する尊敬の念と中華民国への好感情を有しているが、終戦から十年が過ぎこうした感情が次第に薄れて来ているので、こうした良好な感情が維持されるような方法を考慮すべきだと提言したのである[128]。

張道藩の提言が国民党内部でどのような反響を呼んだかは、記録に残されていないため、明らかではない。しかし、国民党政権は実際に張の提言通り、その数年後日本人の蔣介石個人に対する「恩義」の感情を持続させるための宣伝を開始することになる。

その舞台となったのは、1957年に創設された「日華協力委員会」という半官半民の親善団体であった（同委員会設立の経緯については、第五章）[129]。1959年末、台湾で開催された第五回日華協力委員会の席上、中華民国側の谷正綱委員長が、初めて伝える秘話であると前置きして、戦中から戦後初期にかけて蒋介石が日本のために行った措置は、従来知られているもの——カイロ会談における天皇制擁護の主張や8月15日演説の布告とそれに基づく日本軍民の早期送還、および日華講和時における賠償請求放棄——以外にもう一つあったことを日本側に明らかにしたのである。

谷正綱によれば、その秘話とは次のようなものであった。終戦後、米国から中国に対し、日本への進駐軍派遣の要請があった。しかし蒋介石は、中国軍の派兵がソ連の日本進駐を誘発し、それによって日本が分断国家化する危険性を憂慮して拒絶した。日本がドイツのように東西両陣営によって分割されなかった原因は、蒋の配慮にあったというのである。これを聞いた日本側参加者は大きな感銘を受け、蒋介石への感謝の念を新たにしたという[130]。

この発言が、谷正綱個人による単なる思い出話の披露ではなく、日本側に強い印象を与えるための意図的なものであったことは、次の二つの事実から明らかである。第一に、このような逸話は、それまで蒋介石の対日寛大政策について述べる際に、中華民国側から言及されたことがなかった（第一、第二、第三章）。それにもかかわらず、この時を境にして、以後政府高官によって頻繁に取り上げられるようになるのである。また、後述するように、各種メディアにとっても「分割占領阻止」は、蒋介石の対日戦後処理を論じる際に欠かせない要素となった。もし、中華民国が日本の分断国家化阻止という大きな貢献を果していたとすれば、どうしてそれがこの時点まで蒋介石本人はおろか、政権幹部の誰によっても言及されず、一般に知られないということがあっただろうか。

第二に、そしてより重要なことに、この逸話は史実に忠実なものではない。序論で述べたように、戦後初期の中華民国は当初日本に派兵する意向であったが、国共内戦の激化により中止したことが、すでに石井明の研究によって明らかになっている。当時の中国大陸における『中央日報』においても、日本への

第 4 章　被害の記憶と日華関係　227

派兵案は公然と報道されていたし[131]、その一方でソ連の日本進駐を牽制するために派兵を中止したとの報道は存在していないのである。

　それにもかかわらず、「分割占領阻止」というこのつくられたエピソードは、＜起源の物語＞を構成する一部分として、日華双方で速やかに定着していくことになる。1961 年 6 月、元外相・駐華大使の芳澤謙吉、元駐ソ大使田中都吉、元台湾総督長谷川清、元陸軍中将根本博、漢学者塩谷温、日商会頭足立正ら約三十人により、蔣介石に対する国民的感謝運動を起こすことを目的とした「中正会」という団体が日本で設立された。同会は芳澤を会長とし、その基本方針を次のように謳っている。

　　　蔣総統は終戦時、皇室の保護、<u>日本の分割占領の阻止</u>、賠償権の完全放
　　　棄などわが国に対して重大な寄与をしており、この恩義に対して国民的
　　　な感謝運動を起こすとともに、蔣総統に対して精神的後援を行う[132]。
　　　〔下線は筆者〕

　このように、谷正綱が日華協力委員会で公開した逸話は、蔣介石に好感を抱く日本人達の間で、自明なものとして語られるようになっていたのである。こうした変化が、日本人一般の蔣介石に対する感謝の念をより強固なものとする効果をもたらしたかどうかは明らかではないが、日本政府は中華民国を支持しなければならないとする議論のバリエーションをより豊富にしたとは言えるであろう。

　台湾においても「分割占領阻止」は、政府公認の「物語」として語られるようになる。1960 年、陳誠行政院長は立法院での質疑の中で、少数の人しか知らないことであるがと断ってから、蔣総統の「以徳報怨」政策には、日本の「分割占領阻止」という実績もあったことを明かしている[133]。1964年7月の『中央日報』社説は、ソ連が「千島列島返還」をテコとして、日本との平和条約締結と、日本世論の沖縄返還要求を惹起することによる日米離間を企てていると警鐘を鳴らすものであったが、ここにも「分割占領阻止」が登場する。社説は冒頭で、終戦時ソ連が千島列島にとどまらず北海道へも派兵しようとしていた

のに対し、中華民国は九州への占領軍派遣を拒絶した上、ソ連の北海道進駐に反対して米国による単独占領を支持したと論じた。そして、それこそが日本の統一が保全され、占領軍撤退後に日本が即座に独立国家たり得た原因であったと指摘したのである[134]。

1950年代末になって、蒋介石の対日戦後処理政策に新たなエピソードが加えられたという事実は、日本は現実を重んじる国家であり、「道義や恩恵」、「個人の歴史的関係」などを強調しても効果は乏しいという一部の批判にもかかわらず、中華民国政府が依然として<起源の物語>を堅持して、日本からの協力的態度を引き出そうとしていたことを意味するものであった。そして、このように中華民国の対日戦後処理が一貫して寛大なものであったと位置づけられたことは、現在の問題と過去の歴史を直結させ、日本が「我々」に対して積み重ねてきた「血債」を償わせなければならないという議論が公式な言説となることを、1950年代を通じて抑制していたのである。

小結

本章は第一に、戦時中から1950年代末に至る中華民国の公式な歴史叙述の中で、日本との過去の関係がいかに描かれていたかを分析した。第二に本章は、中華民国が対日関係を運営する中で、日本との過去に関する問題をどのように取り扱っていたかを検討した。以下、本章の考察から明らかになったことをまとめよう。

戦時中には日本から受けた被害の実態について詳細に記録し、描写していたにもかかわらず、戦後の公式な歴史叙述の中で、「我々」がいかなる被害を受けたかという問題は、さほど重視されていなかった。その原因としては、次の三点を挙げられる。まず、国民党政権が、中共との闘争を「内戦の国際化」というレトリックによって説明したことである。中共政権をソ連の傀儡と位置づけたことによって、ソ連が「中国」に対する史上最も悪辣な侵略者とされた。それにより、日中戦争を戦った日本は、加害者としては二番手以降の重要性を与えられるにとどまったのである。

次に、教育方針の中で台湾人の「中華民族」としての「民族精神」発揚が重んじられたことである。それによって、歴史教育では台湾史の存在が抜け落ちる一方、もっぱら中国大陸の歴史が教えられることとなった。さらに、「中国」に対する日本の侵略は、第二次大戦時に「民主国家」の陣営に属した中華民国が抗日戦争に勝利することで幕を閉じたとされたのである。もし、歴史教科書の中で、台湾の五十年間にわたる植民地統治期の歴史について詳細に叙述することになっていたら、「我々」の対日関係史を勝者としての栄光に満ちたもののように描くことは、ずっと困難になっていたはずである。

　最後に、そしておそらく決定的に重要であったことは、「反共」の観点から日本との「合作」が重んじられたことである。日華平和条約に関する宣伝方針や、日韓紛争に関連した言論においては、過去に日本から侵略を受けた経験があっても、その記憶を寛大に水に流して提携し、共産陣営という共通の敵に立ち向かうべきであるとの言説が展開されていた。歴史教科書の中で、戦争の過程で日本が中国にもたらした惨禍がどのようなものであったかについて具体的に叙述されていなかったことには、こうした「反共」のための対日「合作」への配慮が大きく関係していたと考えられる。

　中華民国の公式な歴史叙述の中で、「我々」に対する「加害者」としての日本の描写がこのようなものであったならば、第二の課題はほとんど検討する必要もないもののように見える。しかし、もし日本において一定の権威をもって語られる歴史解釈が、中華民国政府や台湾住民からの不満を惹起するようなものであったとしたら、日本との間で歴史問題が発生した可能性もあっただろう。だが、実際にはそのような事態が発生することはなかった。日本の政治指導者達は、日中戦争の勃発に遺憾の意を表明し、さらに終戦後から日華平和条約締結に至るまでの蒋介石の一貫した寛大な措置に対して感謝の言葉を述べたと紹介された。そして、中華民国政府は、日本側のこのような態度は受け入れ可能なものであり、日華間の敵対感情を霧消させ、新たな関係構築の基盤となるものであると評価したのである。日本での「中正会」発足が象徴するように、蒋介石の「以徳報怨」に対して感謝する日本人は実際に存在しており、日華間の過去がこのように総括されることについて、日本側も目立った異論を提

出することはなかった。

　中華民国と日本の歴史解釈が衝突する可能性があったとすれば、台湾の日本統治時代をめぐる評価であったろう。日本では、総督府による植民地統治が先進的なものであり、台湾の発展に重要な貢献をしたとの見解が根強く存在したのである。しかし、こうした言説が、日華間の紛争を惹起することもなかった。その理由としては、上述したような日本との「合作」への配慮の他に、台湾における公式な歴史叙述の中で、植民地統治の実態に関する描写が捨象されていたことが挙げられるだろう。「我々」と日本との間の歴史的関係が、第一義的には中国大陸と日本との関係史であるとされたことが、植民地統治期の台湾に対してノスタルジーを抱く日本人の存在を、ごく目立たないものにさせていた。

　最後の点は、政策担当者達があらかじめ意図したものではなかったであろう。だが、結果として、中華民国政府が台湾で編纂した公式な歴史叙述は、日本との間で歴史認識に起因する問題が発生する可能性を抑制するものであった。対日関係の運営が、台湾における公式な歴史叙述のあり方に影響を与えただけではなく、様々な要因によって形成された歴史叙述もまた、対日関係に影響を及ぼしたと解釈することが出来るのである。

注

1　ただし、後述する藍適齊や蔡佩娥などを除き、多くの研究の関心は台湾の民主化後に従来の叙述がどう変化したかに向けられており、本章が扱う 1950 年代における教科書の内容についてはほとんど取り上げていない。張原銘「台湾の歴史教科書における日本認識の一考察：『歴史』と『認識台湾』を中心に」(『立命館産業社会論集』第 38 巻第 3 号、2002 年 12 月)、李宗川・庄司春子「台湾」(中村哲編『東アジアの歴史教科書はどう書かれているか：日・中・韓・台の歴史教科書の比較から』日本評論社、2004 年)、菊池一隆『東アジア歴史教科書問題の構図：日本・中国・台湾・韓国、および在日朝鮮人学校』(法律文化社、2013 年) など。

2　藍適齊著、安部由紀子訳「台湾における『大東亜戦争』の記憶一九四三～五三年：当事者の不在」(『軍事史学』第 45 巻第 4 号)。

3　蔡佩娥『由国中小教科書看戒厳時期台湾之国族建構：以国語文科和社会類科為分

析中心』（国立政治大学台湾史研究所碩士学位論文、2008年）、管美容・王文隆「蔣中正與遷台初期的教育改造（一九四九‐一九五四）：以『課程標準』與『大学連考』為例」（黄克武主編『遷台初期的蔣中正』中正紀念堂、2011年）、森田健嗣「1950年代台湾における『敵』認識教育」（『中国研究月報』第68巻第9号、2014年9月）。

4 「附：怎様運用宣伝要点」（『宣伝週報』第19期、1952年12月5日）2頁。

5 殷燕軍『中日戦争賠償問題：中国国民政府の戦時・戦後対日政策を中心に』（御茶の水書房、1996年）48頁。

6 「抗戦建国六周年紀念告全国軍民書」（秦孝儀主編『総統蔣公思想言論総集　巻三十二』台北：中央委員会党史会、1984年）35-36頁。（以下、『総統蔣公思想言論総集　巻三十二』）。

7 「抗戦建国八周年紀念告全国軍民書」、同上書、116-117頁。

8 「抗戦建国十周年紀念告全国軍民同胞書」、『総統蔣公思想言論総集　巻三十二』、172、175頁。

9 「中華民国三十七年元旦告全国軍民同胞書」、同上書、193頁。

10 武見敬三「台湾をめぐる危機の原型」（小此木政夫、赤木莞爾編『冷戦期の国際政治』慶應通信、1987年）181頁。

11 The Acting Secretary of State to the Secretary of State, at Paris, November 12, 1948, *Foreign Relations of the United States (henceforth, FRUS)*, The Far East: China, vol. 8, 1948（Washington, D. C.: United States Government Printing Office, 1973）, pp. 201-202.

12 武見敬三、前掲論文、181-182頁。

13 「和平絶望奮闘到底」、『総統蔣公思想言論総集　巻三十二』、211-212頁。

14 松村史紀『「大国中国」の崩壊：マーシャル・ミッションからアジア冷戦へ』（勁草書房、2011年）259-262頁。

15 武見敬三、前掲論文、188頁。

16 若林正丈『台湾：分裂国家と民主化』（東京大学出版会、1992年）70頁。朝鮮戦争勃発前後における米国の台湾政策の変容をより詳しく描いたものに、張淑雅『韓戦救台湾？：解読美国対台政策』（新北：衛城出版、2011年）。

17 「中華民国三十九年国慶紀念告全国軍民同胞書」、『総統蔣公思想言論総集　巻三十二』、273頁。

18 ある女性と彼女の兄弟の妻の関係を指す。

19 「軍校学生求学的目的及其成功的要道」（秦孝儀主編『総統蔣公思想言論総集　巻

二十四』台北：中央委員会党史会、1984 年）64 頁。（以下、『総統蔣公思想言論総集　巻二十四』。）

20　「中国国民党党員守則浅釈」、同上書、297 頁。

21　Memorandum of Conversation, October 21, 1959, *FRUS*, China, vol. 19, 1958-1960 (Washington: United States Government Printing Office, 1996), p. 616; Memorandum of Conversation, June 18, 1960, *Ibid.*, p. 676, 679.

22　「対本党第七次全国代表大会政治報告」（秦孝儀主編『総統蔣公思想言論総集　巻二十五』台北：中央委員会党史会、1984 年）112-113 頁。

23　同上書、115 頁。

24　同上書、118-119 頁。

25　「国父誕辰紀念曁本党建立六十周年紀念宣伝要点及実施項目」（『宣伝週報』第 4 巻第 19 期、1954 年 11 月 5 日）2 頁。

26　「社論　慶祝第二届軍人節」（『中央日報』1956 年 9 月 3 日）。

27　どちらも日本の中学校に相当する教育機関であり、1968 年まで「初級中学」と呼称されていたが、同年の九年国民教育実施により「国民中学」に改称される。

28　日本の高等学校に相当。

29　黄英哲『「去日本化」「再中国化」：戦後台湾文化重建（1945-1947）』（台北：麥田出版、2007 年）35 頁。

30　「台湾省国民学校暫用歴史課本編輯大意」（台湾省行政長官公署編印『国民学校暫用歴史課本』台北：台湾省行政長官公署教育処、1946 年）。

31　台湾省行政長官公署編印、前掲書、7-8 頁。「五年に一大変、三年に一小変」は、正確にはおそらく「五年に一大乱、三年に一小乱」という言葉であったと考えられる。この言葉は、清国の官吏が反乱の頻発する台湾を指して表現したものであるという。伊藤潔『台湾：四百年の歴史と展望』（中央公論新社、1993 年）47 頁。

32　台湾省行政長官公署編印、前掲書、14-15 頁。

33　同上書、16-24 頁。

34　台湾省行政長官公署教育処編印『中等学校暫用中国歴史課本』（台北：台湾省行政長官公署教育処、1946 年）42 頁。

35　同上書、42-43 頁。

36　夏徳儀編『初級中学新世紀教科書　歴史　第五冊』（台北：世界書局、1952 年）15-17 頁。

37　王徳昭・李樹桐編『初級中学歴史　第六冊』（台北：正中書局、1952 年）21 頁。

第 4 章　被害の記憶と日華関係　233

この密奏は、いわゆる「田中上奏文」と呼ばれるものであるが、日本や米国、イギ
リスなどでは「怪文書」であることが自明のものとされている一方、中国、台湾、
ロシアなどでは少なからずその実存が信じられているという。「田中上奏文」につ
いて詳しくは、服部龍二『日中歴史認識：「田中上奏文」をめぐる相克　一九二七-
二〇一〇』（東京大学出版会、2010 年）。

38　同上書、38-47 頁。

39　労榦編『初級中学歴史　第六冊』（台北：勝利出版、1953 年）34-36 頁、董作賓・
　　労榦・姚従吾・夏徳儀編『初級中学歴史　第六冊』（台北：台湾中華書局、1953 年）
　　43-44 頁。

40　中学標準教科書歴史科編輯委員会編『初級中学標準教科書　歴史　第四冊』（台
　　北：台湾省政府教育庁、1955 年）93-96 頁。

41　中学標準教科書歴史科編輯委員会編『高級中学標準教科書　歴史　第二冊』（台
　　北：台湾省政府教育庁、1955 年）308-309 頁。

42　南京で日本軍に殺害された中国人被害者の数は、事件をめぐる論争の最大の争点
　　となっている。歴史家の秦郁彦は、3.8 ～ 4.2 万人ほどと推定している。秦郁彦『南
　　京事件：「虐殺」の構造』（中央公論新社、2004 年）。

43　中学標準教科書歴史科編輯委員会編、前掲『高級中学標準教科書　歴史　第二冊』
　　321-322 頁。

44　1954 年に台湾省文献委員会によって出版された『台湾省通志稿　巻九　革命志
　　抗日篇』（台北：台湾省文献委員会、1954 年）には、植民地統治期の台湾人による
　　「義民武装抗日」、「反日行動」、「思想運動」、「政治運動」などが記述されている。
　　だが、同資料は一般の人々の啓蒙向けに作成されたものとは考えにくいため、本書
　　の分析対象とはしない。

45　「台湾省光復一周年紀念告全省同胞書」、『総統蔣公思想言論総集　巻三十二』、
　　156-158 頁。

46　「陸海空軍聯合演習要旨並説明革命建国的基本精神」（黄自進主編『蔣中正先生対
　　日言論選集』台北：財団法人中正文教基金会出版、2004 年）989-990 頁。

47　「対台湾省各県市議員同志的期望」、『総統蔣公思想言論総集　巻二十四』、229 頁。

48　「反共抗俄的工作要領和努力方向」、同上書、73、78 頁。

49　同上書、74 頁。

50　『宣伝週報』（第 2 巻第 9 期、1953 年 8 月 28 日）2-3 頁。

51　「台湾省光復六周年紀念告全省同胞書」、『総統蔣公思想言論総集　巻三十二』、

318 頁。

52 「社論　祝台省九屆光復節」(『中央日報』1954 年 10 月 25 日)、「社論　慶祝光復佳節・感念総統勧労」(『公論報』1951 年 10 月 25 日)、「社論　慶祝台湾！拯救大陸」(『自立晩報』1950 年 10 月 25 日)。

53 「社論　論與日本恢復外交関係」(『公論報』1951 年 10 月 2 日)。

54 同上。

55 「我們的話　堅決拒絶日本棉布進口」(『自立晩報』1952 年 4 月 26 日)。

56 「社論　日帝功狗，於我何益？」(『自立晩報』1954 年 9 月 29 日)。

57 『宣伝週報』(第 2 期、1952 年 8 月 7 日) 8 頁。

58 同上、8-9 頁。

59 以下、三つの対立点については、鄭敬娥「歴史認識をめぐる日韓摩擦の構造とその変容」(菅英輝編『東アジアの歴史摩擦と和解可能性：冷戦後の国際秩序と歴史認識をめぐる諸問題』凱風社、2011 年) 184-185 頁に依拠している。

60 同上書、187 頁。

61 なお、これらの国と地域の内、台湾とベトナムからは政府関係者が代表を務めた。松田春香「東アジア『前哨国家』による集団安全保障体制構想とアメリカの反応：『太平洋同盟』と『アジア民族反共聯盟』を中心に」(『アメリカ太平洋研究』5、2005 年 3 月) 148 頁。

62 呉瑞雲『戦後中華民国の反共連合政策：台日韓反共協力の実像』(台北：中央研究院東北亜区域研究、2001 年) 15-17 頁。

63 「総統蔣中正與美国特使符立徳会談有関美国対遠東政策及日本在遠東之反共地位等第二次談話紀録」(1954 年 5 月 13 日)『蔣経国総統文物』典蔵号 005-010205-00115-003、台北、国史館。

64 The Ambassador in the Republic of China (Rankin) to the Department of State, May 10, 1954, *FRUS*, East Asia and the Pacific, vol. 12, part 1, 1952-1954 (Washington, D.C.: United States Government Printing Office, 1984), p. 478.

65 「我将促請亜洲国家捐棄旧嫌団結反共」(『中央日報』1954 年 6 月 11 日)。

66 「社論　亜洲反共聯盟中国総部成立」(『中央日報』1954 年 7 月 31 日)。

67 「被忽視了的日韓宿仇」(『中央日報』1954 年 11 月 18 日)、「妨礙日韓協調的問題」、「改善日韓邦交的展望」(『中央日報』1954 年 11 月 19 日)。

68 「促成中、日、韓団結為東北亜安定力量　兪院長対記者談話」(『中央日報』1954 年 12 月 19 日)。

第4章　被害の記憶と日華関係　235

69　「以大事小」、「以小事大」の論は、孟子巻二、梁惠王章句下に見られる。「斉の宣
　　王がたずねられた。『隣国と交際するのに、なにかよい方法があるだろうか。』孟子
　　はお答えしていわれた。『そりゃ、ございますとも。たとえ、こちらが大国であっ
　　ても、隣の小国を侮らずに礼を厚くして交際することが肝心ですが、これはただ仁
　　者だけができることです。だから、むかし殷の湯王は無道な葛伯につかえ、周の文
　　王は西の蛮族昆夷（犬戎）につかえたの〔が、そのよい例〕です。また反対にこち
　　らが小国ならば、たとえいかに圧迫されてもよくこらえて安全をはかることが肝心
　　ですが、これはただ智者だけができることです。だから、むかし周の大王は北の夷
　　の獯鬻（匈奴）につかえ、越王勾践は南の蛮国呉につかえたの〔が、そのよい例〕
　　です。こちらが大国でありながら、よく小国と交際する君主は、天を楽しむひとで
　　あり、こちらが小国であるのを知りぬいて大国によくつかえ〔て安全をはか〕る君
　　主は、天を畏れるひとです。天をたのしむ君主は天下を保つことができ、天を畏れ
　　る君主は自分の国を保つことができます。〔後略〕』小林勝人訳注『孟子（上）』（岩
　　波書店、2003年）75頁。

70　「総統接見日本全国商工総会会長藤山愛一郎談話簡要紀録」（1954年7月7日）『蔣
　　中正総統文物』典蔵号002-080106-00065-013、台北、国史館。

71　「接見日本訪問団副団長堀越禎三御手洗辰雄団員高橋亀吉談話紀要」『陳誠副総統
　　文物』（1956年8月24日）典蔵号008-010106-00002-022、台北、国史館。

72　「総統與美国陸軍副参謀長李尼茲上将談話紀録」『蔣経国総統文物』（1959年4月
　　15日）典蔵号005-010205-00097-011、台北、国史館。

73　蔣介石は日記の中で、李承晩が日華関係にも干渉しようとしたことを強く非難し
　　ていた。呂芳上主編『蔣中正先生年譜長編　第十冊』（台北：国史館、国立中正紀
　　念堂、財団法人中正文教基金会、2015年）、「蔣介石日記」（未刊本）1957年9月
　　25日の条、749頁。

74　植之「日韓談判破裂的前因及後果」（『民主中国』第9巻第3期、1954年3月16日）
　　7-8頁。

75　「社論　対亜洲人民反共会議的期望」（『自由中国』第11巻第3期、1954年8月1日）
　　4頁。

76　「社論　亜盟会議的流産與亜洲団結反共」（『自由中国』第12巻第11期、1955年
　　6月1日）3頁。

77　馬場公彦『戦後日本人の中国像：日本敗戦から文化大革命・日中復交まで』（新
　　曜社、2010年）170、217頁。

78　同上書、168 頁。

79　前田多門「きのうきょう　台湾の功績者」(『朝日新聞』1954 年 4 月 16 日)。

80　同上。

81　清水董三「地は血よりも濃し」(『文藝春秋』第 33 巻第 22 号、1955 年 12 月)105 頁。

82　同上論文、106 頁。

83　同上。

84　同上論文、108-109 頁。

85　同上論文、109 頁。

86　「社論　闢清水董三」(『公論報』1956 年 2 月 29 日)。

87　清水論文に言及したものとして、他に「群言堂　不説日語的人」(『文星報』第 2 巻第 2 号、1958 年 6 月 1 日) 2 頁。

88　中日文化経済協会については、第五章。

89　「張岳軍先生的抱負」(『中央日報』1952 年 8 月 2 日)。

90　富永望『象徴天皇制の形成と定着』(思文閣出版、2010 年) 89 頁。

91　「総統寛宏大度日人極表感戴」(『中央日報』1952 年 9 月 19 日)。

92　張群『日本視察報告 (極機密)』(出版地不祥:出版社不祥、出版年不祥)12-13 頁。

93　蔣介石は、大陸での内戦の敗北の基本的原因を、党員の腐敗と組織のゆるみ、軍の士気の低下と軍閥化に求め、党の「改造」が必要と考えていた。1950 年から始まった「改造」は、①現有党員の再登録と不良党員の粛清、②新規党員の吸収、③党員の組織編入という手順で進められた。1952 年 10 月に国民党第七回全国代表大会が招集され、「本党は革命民主政党である」という党規約と党綱領を採択し、あわせて 40 名の中央評議員と 32 名の中央委員を選出。さらに、党総裁蔣介石の指名により 10 名の中央常務委員を選出して、「改造」の総仕上げとされたのである。若林正丈『台湾:変容し躊躇するアイデンティティ』(筑摩書房、2006 年) 95-96 頁。

94　在中華民国特命全権大使発外務大臣宛 (1952 年 10 月 20 日)、外務省記録マイクロフィルム「中華民国 (国民政府) 内政並びに国情関係雑件　国民大会関係」A'-0227、東京、外務省外交史料館。

95　「今日の台湾　下―近藤前台北特派員―」(『朝日新聞』朝刊 1955 年 6 月 2 日)。

96　『宣伝週報』(第 18 期、1952 年 11 月 28 日) 6 頁。

97　「日本駐華大使芳澤昨観総統呈国書並代日皇感謝総統寛大」(『中央日報』1952 年 10 月 7 日)。

98　「総統接見日本国会議員親善訪華団団長大野伴睦並宴請全体団員談話紀録」(1955

年 8 月 26 日）『蔣中正総統文物』典蔵号 002-080106-00065-021、台北、国史館。

99 「蔣総統接見岸総理希望中日合作反共」（『中央日報』1957 年 6 月 4 日）。

100 ジャック・デリダ著、鵜飼哲訳「世紀と赦し」（『現代思想』2000 年 11 月）95 頁。

101 「社論 中日合作」（『中央日報』1955 年 9 月 5 日）。

102 石井修『国際政治史としての二〇世紀』（有信堂、2010 年）214-215 頁。

103 石井明「中ソ・CIS 関係」（岡部達味編『中国をめぐる国際関係』岩波書店、2001 年）168-169 頁。

104 松岡完、広瀬佳一、竹中佳彦編『冷戦史：その起源・展開・終焉と日本』（同文舘出版、2003 年）120 頁。

105 青山瑠妙『現代中国の外交』（慶應義塾大学出版会、2007 年）143 頁。

106 The President of the Republic of China (Chiang Kai-shek) to President Eisenhower, June 7, 1953, *FRUS*, China and Japan, vol. 14, part 1, 1952-1954 (Washington, D. C.: United States Government Printing Office, 1985), pp. 203-204.

107 中華民国の東南アジア条約機構加盟には、英、仏、フィリピン、パキスタン などから反対が表明されたという。戴天昭『台湾戦後国際政治史』（行人社、2001 年）148 頁。

108 The Ambassador in the Republic of China (Rankin) to the Department of State, May 10, 1954, *FRUS*, East Asia and the Pacific, vol. 12, part 1, 1952-1954, p. 478.

109 The Ambassador in the Republic of China (Rankin) to the Department of State, May 24, 1954, *Ibid*, p. 512; Memorandum of Discussion at the 201st Meeting of the National Security Council Held on Wednesday, June 9, 1954, *Ibid*., p. 552; Memorandum of Discussion at the 214th Meeting of the National Security Council Held on Sunday, September 12, 1954, *Ibid*., p. 905.

110 Memorandum by the Secretary of State to the Assistant Secretary of State for Far Eastern Affairs (Robertson), October 7, 1954, *FRUS*, China and Japan, vol. 14, part 1, 1952-1954, p. 708.

111 米華相互防衛条約に対する中華民国政府の反応は、戴天昭、前掲書、152-159 頁。

112 「対日共同宣言」（鹿島平和研究所編『日本外交主要文書・年表 第 1 巻 1941 〜 1960』原書房、1983 年）671 頁。

113 「国内外局勢的新発展與反共革命争取最後勝利之道」（1955 年 3 月 3 日）（秦孝儀主編『総統蔣公思想言論総集 巻二十六』台北：中央委員会党史会、1984 年）276 頁。

114 Memorandum by the Ambassador in the Republic of China (Rankin) to the

Secretary of State, July 8, 1954, *FRUS*, China and Japan, vol. 14, part 1, 1952-1954, pp. 490-491.

115　The Ambassador in the Republic of China（Rankin）to the Department of State, September, 9, 1954, *Ibid.,* p. 582.

116　「総統與緒方竹虎第二次談話紀録」（1952 年 5 月 9 日）『蔣中正総統文物』典蔵号 002-080106-00065-005、台北、国史館、「総統面告日本記者為拯救我大陸同胞我們 必須反攻回去」（『中央日報』1954 年 11 月 1 日）。

117　「共産圏とも平和共存　文京支部結成大会鳩山首相演説」（『朝日新聞』1954 年 12 月 13 日朝刊）。

118　「ともに独立国　鳩山首相談　中共と国府」（『朝日新聞』1954 年 12 月 15 日夕刊）。

119　在中華民国特命全権大使芳澤謙吉発外務大臣重光葵宛電報「中国問題に関する 鳩山総理発言に対する国府側の抗議の件（1955 年 4 月 21 日）、外務省記録マイク ロフィルム「日本・中華民国間外交関係雑件」A'-0356、東京、外務省外交史料館。

120　「社論　這算是日本的高明嗎？」（『自立晩報』1956 年 7 月 11 日）。

121　井上正也『日中国交正常化の政治史』（名古屋大学出版会、2010 年）140 頁。

122　張希為「『両岸外交』往何処去？」（『民主潮』第 8 巻第 7 期、1958 年 4 月 1 日）8 頁。

123　同上。

124　「社論　論中日合作」（『公論報』1959 年 1 月 12 日）。

125　「日商與匪訂『貿易協定』外交部昨厳正声明促日政府勿予批准」（『中央日報』 1958 年 3 月 14 日）、「我反対日匪『貿易協定』将採強硬措置」（『中央日報』1958 年 3 月 18 日）、「反対日匪貿易協定擁護政府強硬措置各地影院一致停映日片」（『中央 日報』1958 年 3 月 25 日）。

126　井上正也、前掲書、145 頁、「関於『日匪貿易協定』事中日会談達成協議外交部 昨発表公報」（『中央日報』1958 年 4 月 10 日）。

127　「国府日本と通商再開」（『朝日新聞』1958 年 4 月 11 日朝刊）。

128　「中国国民党第七届中央委員会常務委員会第二七五次会議紀録」（1956 年 5 月 28 日）類 7.3、號 298、台北、国民党党史館。

129　日華協力委員会については、向山寛夫による以下の説明が分かりやすい。「第 2 次世界大戦後の国共内戦による中華民国政府の台湾遷移に伴って、矢次一夫らが中 華民国政府要人の張群らと協議し、日華両国の政治・経済・文化における親善提 携、共同合作のために、台北の中日合作委員会に対応して、1957（昭和 32）3 月 12 日に東京に民間団体として設けた日華同数の委員からなる常設の委員会。72 年

９月の日本の中華人民共和国承認まで、東京と台北で交互に年２回ないし１回、総会を開いたほかに、政治上の具体的な問題と事件を合意に基づき、それぞれの政府に働きかけて解決するとともに経済提携と文化交流を斡旋し、日華両国の国民外交を広く推進した。国交断絶後に総会は開かれないが、両委員会の事前の申し合せに基づいて双方の委員の情報交換と、それぞれの立場に立つ政策中心の調査立案機関として、石井光次郎会長と矢次一夫事務総長を中心に主に委員の交流をおこなっていた。しかし、石井、矢作（ママ）、張群だけでなく日華双方の委員も死亡し、現在は有名無実で実質的に消滅している。」外務省外交史料館日本外交史辞典編纂委員会『新版　日本外交史辞典』（山川出版社、1992 年）747 頁。また、池井優「日華協力委員会：戦後日台関係の一考察」（『法学研究』第 53 巻第 2 巻、1980 年 2 月）も参照。

130　堀越禎三「日華協力委員会第五回総会報告」（『経団連月報』第 7 巻第 11 号、1959 年 11 月）41 頁。

131　「呉部長答記者問共同佔領日本」（『中央日報』1945 年 9 月 27 日）、「我派駐日本佔領軍第二師候令啓程」（『中央日報』1946 年 5 月 9 日）。

132　「中正会が発足　蔣総統に国民的感謝の運動」（『毎日新聞』1961 年 6 月 21 日）。

133　『立法院公報』（第 25 会期、第 1 期）73 頁。

134　「社論　匪俄対日闘争的政治武器――千島列島」（『中央日報』1964 年 7 月 21 日）。

第5章

日本文化論の変遷

はじめに

　前章の検討で、1950 年代の台湾において、過去の日本との関係が公式には
どのように叙述されていたかが明らかになった。1949 年に中華民国中央政府
の移転が完了して以来、台湾における公式な論説の中で、日本を侵略者と位置
づけ、その危険性に警鐘を鳴らす言説は急速に下火になって行く。1952 年に
日本との間で平和条約が締結されてからは、日本との「歴史的な積怨」は名実
共に解消したものと描かれた。また、日本人が過去の過ちに対して公式に示し
て来た態度も、「我々」にとって満足出来るものと評価されていた。

　こうした叙述を成立させる上で大きな役割を果したのが、蔣介石の 8 月 15
日演説であった。日本人を侵略的な軍閥と一般の人民とに二分し、人民に対す
る寛大な態度を説いたこの演説は、過去の敵対的な日華関係を清算し、戦後の
新しい関係の基礎になるものと位置づけられた。新しい関係の内容は、国共内
戦の進展や国際情勢の変動、とりわけ米国の東アジア政策の変化にともなって
当初のイメージから大きくかけ離れたものとなり、敗戦国日本は、独立を回復
する頃には戦勝国であったはずの中華民国よりも国際的に有利な立場を保有す
るまでに至る。しかし、中華民国政府が構築した戦後日華関係の「物語」は、
戦勝時に発せられた 8 月 15 日演説を起源とすることで、そのような乖離を縫
合し、存在しないかのように取り繕うことを可能にしたのである。

台湾における過去の日本との関係に関する公的記憶は、もっぱら日中戦争との関係から説明されていた。しかし、台湾の多くの住民にとって、戦前日本とは、第一義的には交戦国ではなく植民地宗主国であった。たとえ、公式な歴史叙述で植民地統治下の経験が捨象されていたとしても、日本統治期の影響は言語や文化の面で強い影響を台湾社会に与えていたのである。そして、終戦後に来台した中華民国政府の官員達が直面したのが、この日本文化の問題であった。すでに多くの先行研究が指摘しているように、「光復」した台湾を急進的に「再中国化[1]」しようとした彼らは、島内に残る日本文化の影響を「毒素」と断じ、その払拭に努めたのである。具体的には、上映映画に対する審査基準の導入（ここでは、三民主義、国民政府政令および時代精神に違反せず、風俗を乱さないもののみが放映を許可された）、日本語のレコード・楽譜の禁止、新聞・雑誌における日本語欄の廃止などの措置を当局は矢継ぎ早に実施した[2]。また、市区道路や駅の日本式名称、公文書中の日本的用語を「日本化名詞」とし、その改正を台湾社会に呼び掛けることもした[3]。

　こうした政策は、それ自体は物議を醸す性格のものではなかったかも知れないが、当局が本省人知識人を政治的・社会的に枢要な地位から排斥し、そのことを正当化するために、彼らが日本文化に毒されて「皇民化」、「奴隷化」しているとの根拠を用いたことで、社会的な緊張をもたらすことになる。日本文化を「毒素」と形容することは、元来は日本による統治の清算を目的としたものであったが、台湾社会で「省籍」に基づく新たな矛盾をもたらすことにもなったのである。

　菅野敦志の研究によれば、上述の傾向は1950年代にも継続していた。50年代に入ると、日本語書籍の発行・輸入禁止や日本映画の輸入・上映禁止などの規制の一部は、条件付きで緩和される。しかし、依然として政府は、公共の場所における日本楽曲の放送、地名や人物における日本式名称の使用、学校や県・市議会、役所での日本語使用などに対する禁令を発し、日本の痕跡を除去するべく努めていたという。日本の教育が本省人に与えた影響をどのように評価するかという問題も引き続き社会的な論争を引き起こしており、日本教育は受けたものの「国語」が出来ない人間を「文盲」と認定するかをめぐって、論

戦が繰り広げられることもあった[4]。李衣雲は、政府が日本文化を厳格に抑制していた一方で、省籍矛盾の顕在化や二二八事件の影響により民間での自主的な「脱日本化」への意欲は低下し、日本文化はアンダーグラウンドで発展することになったと指摘している[5]。黄智慧は、戦後の台湾で出版された「日本文化論」には、「侵略される側の日本観」と「植民される側の日本観」という相容れない二つの日本観が存在し、前者の議論は侵略への怨恨から中国文明の偉大さを称揚することに帰結する一方、後者の日本観は多元的であったと論じる[6]。1994年に封切られた呉念真監督の映画『多桑』には、主人公の父親として、日本製ラジオや日の丸に深い愛着を示し、皇居と富士山の参拝を宿願とする炭鉱夫の男性が登場するが、日本統治下の皇民化教育と台湾「光復」以降の文化政策をいずれも経験した世代の複雑な心境を切り取ったものと考えることが出来よう。

　一方、中央政府の台湾移転以降に実施された文化政策については、「脱日本化」一辺倒ではなかったと指摘する研究もある。1945年から72年までの台湾における日本語出版物の輸入体制を検討した林果顕は、日華関係が友好的だった1950年代後半には、日本語書籍の輸入量が拡大したことを明らかにしている[7]。1960年に台北で開催された日本映画見本市を分析した三澤真美恵は、中華民国政府にとって「脱日本化」は1950年代以降も課題であり続けたが、「反共」・「日華関係強化」の必要性から「『親日』を演出」することもあったと指摘し、映画見本市開催もその一環として開催されたものであったとしている[8]。

　中華民国政府が文化政策で「『親日』を演出」していたという側面を三澤以上に評価しているのが、序論でも取り上げた徐叡美の著作である。1950年代から60年代の台湾映画において日本がいかに表象されていたかを分析した徐は、銀幕上の日本は、政治的には「反共友邦」、経済的には「経済貿易のパートナー（＝経貿夥伴）」、文化的には「文化友人」として描かれていたとする。映画の内容は当局の強い統制下にあったから、そのような叙述は、政府の宣伝方針に沿ったものでもあった[9]。

　このように見て来ると、1949年以降の台湾では、それ以前と同様に「脱日

本化」政策が実施されていたようではあるが、中華民国政府がこの時期におい
て、日本文化をいかに公的に位置づけていたかについては、研究者の間でも統
一したイメージが形成されていないようである。1950年代以降も引き続き「脱
日本化」が推進されていたとしたら、その時代にあっても日本文化は「毒素」
と形容されていた可能性が高いように思われる。しかし、そうだとしたら、日
本を「文化友人」と呼称することは矛盾しているのではないだろうか。二種類
の両極端な位置づけは、どちらかが成立しないものなのだろうか。それとも、
この二つを矛盾なく成立させられるような説明が存在したのだろうか。

　こうした問いは、換言すれば、「中国史」の枠組みで過去の日本と「我々」
の関係に関する叙述がなされていた中で、かつて台湾を植民地統治した集団の
文化という、そのような歴史叙述に包含され得ない記憶について、公式にはど
のような叙述がなされ、社会に提出されていたかを解き明かそうとするもので
ある。ここで言う日本文化には、書籍や映画、歌謡曲などの文化的産品にとど
まらず、「後天的・歴史的に形成された、外面的および内面的な生活様式の体
系[10]」としての広義の文化をも含むものとする。次節で詳しく紹介するよう
に、先述した戦後初期の当局が本省人知識人に向けた「奴隷化」という批判
も、単に彼らが日本語を解し、日本式の習慣を受容していたことだけによるも
のではなく、「中国人」として保有するべき思想や精神が欠如しているとの論
理によるものであった。蔣介石もまた、文化とは狭義の文芸、文物、文学など
のみを指すものではなく、民族の精神、思想、心理、志節、政治制度・組織、
社会の気風、習俗や倫理道徳、人民の生活・言行から、果ては青年の清掃、立
ち居振る舞いやお辞儀に至るまで、皆文化の範疇に入ると発言したことがあ
る[11]。

　したがって、中央政府の台湾移転後、日本文化が公式にはどのように位置づ
けられていたか、その説明はいかなる変遷をたどったのかを解明することは、
政府当局が台湾社会の文化的「脱日本化」と「再中国化」を目指す一方で、か
つての支配者である日本人に関するどのような公的記憶を再構築しようとして
いたかを明らかに出来るものであると考えられる。本章は、第一に、1940年
代後半の台湾と中国大陸における官製の日本文化論を確認し、両者の間にどの

ような異同があったかを検討する。また、「日本文化＝毒素」論は、どのような論拠に基づくものであったのかも明らかにする。第二に、中央政府の台湾移転後における文化政策と公式な日本文化論の関連について考察する。第三に、1950年代中盤から日華関係が進展する中で開始されるようになった「中日文化合作」（日華間の文化提携）について、その内実と論理を明らかにする。第四に、「文化合作」が実施される中で、日本文化論がどのように変容したか、あるいはしなかったかについて論じる。

1　戦後初期の台湾海峡両岸における日本文化論

（1）　台湾

「光復」した台湾でどのような文化政策を実施するべきか。台湾の祖国復帰を論じた1945年9月17日の『中央日報』社説が最優先課題として挙げたのは、日本による同化政策の影響を払拭することであった。それによれば、日本は台湾同胞をして祖国を忘れさせるために、その言語と文字を放棄せしめ、日本語と日本文字を使用させた。そのため、今後真っ先に取り組むべきは、「敵人」による教育の影響を徹底的に粛清し、文化的な「消毒」を行って、台湾同胞の祖国に対する認識を強化することであった[12]。

こうした中央の認識は台湾を接収した官員達にも共有されたが、同化政策の影響が「消毒」の対象とされたことは、「毒」にかかっているとされた台湾人や台湾社会の文化程度を不当に低く評価する言説をも生み出した。そのことがよく分かるのが、同年11月6日の『台湾新生報』社説である。同社説は、「台湾新文化の建設」と題して文化政策について論じていたが、その冒頭部分は、次のように切り出されていた。

> 台湾の文化程度に対する評価は一様ではなく、或る者は余りに高く或る者は余りに低く評価し過ぎてゐる。前者は台湾の科学が盛んで経済が発達し文物制度ともに祖国よりも現代化してゐるとなしてゐる。後者は台湾は一国の植民地で一切が落伍してゐるとなしてゐる。〔中略〕或る方

面に於ては台湾は確かに祖国より進歩してゐる。がしかし或る方面に於
ては台湾は尚幼稚である。中国の眼光を以て台湾文化を評価すればその
欠点は少なくない。台湾は祖国から五十年間隔離されてゐたのでその点
実際已むを得ないのである。但し世界的眼光を以て台湾を見れば台湾文
化の優秀な面は可成り多い。どんな風に云はうとも台湾は日本の五十年
間の統治下に何物かを学んでゐる筈である。これをつき進めて云へば台
湾の民族文化は祖国に如かずと雖どもその世界性的文化は絶対に低くな
いのである。[13]

　「世界性的文化」と社説が論じたのは、科学などの学術であった。しかし、
「民族文化」の面では、「中国文を用ひず特に国語に通暁しないため」、台湾は
中国大陸に対して劣位にあり「幼稚」であると見なされたのである。このよう
な状況をもたらしたのは日本による統治であり、したがって、日本文化の影響
の内、「民族文化」と抵触するものは一掃されなければならなかった。

　　中国々家を現代化するには世界性的文化を必要とする。この方面にかけ
　　ては台湾には幾多の特長がある。台湾は須らくその特長を以て国家に報
　　いるべきである、民族主義の立場に立つて日本文化を清算する場合我々
　　は世界性的文化を保存する必要のあることを忘れてはならない。もしも
　　日本から学んだ一切のものが悪く一つも取るに足るものがないとせば結
　　果は台湾人をして無能な毫も自信のないものにしてしまふこれは誤りで
　　ある、また我々は須らく文章、言語も文化であると同時に科学芸術も文
　　化であることを知らねばならぬ、もしも中国文に慣れず或ひはよくない
　　と見てすぐ「台湾の文化が低い」と断言したらそれこそとんでもない間
　　違ひである。
　　我々は台湾新文化建設の指導方針として中国化の必要があると同時にそ
　　の世界化をも要し、二者ともに偏向してはならないとするものである。
　　中国化によつて自主的民族精神を発揚せしめ以て台湾人民を奴隷化せん
　　とした「皇民化」を粛清し台湾をして完全に国内のその他の省と同じや

第5章　日本文化論の変遷　247

うにする。同時にまた台湾文化をして世界的水準に達せしめ、世界にその存在を主張し世界に対して貢献するところがなければならぬ。その中国化、世界化を問はず台湾同胞の一人一人が努力し前進せねばならぬ。[14]

　この論説は、台湾の科学技術の高さを引き合いに出して、その文化状況を全面否定することを戒めたものであった。それは裏を返せば、「中国の眼光を以て台湾文化を評価」し、日本統治の影響で「祖国」との間に文化的距離が存在することを根拠に、「台湾文化」を過小評価する言説が広範に存在したことを示唆してもいた。『台湾新生報』自身、上述の理想主義的な主張にもかかわらず、1945年末の社説では次のように述べている。

　　この五十年の間日本の台湾に対してとつた統治手段は、政治上にあつては「民はこれを由らしむべくこれを知らしむべからず」の愚民政策をとり〔中略〕文化思想上にあつては更に無数の毒素を散布し、以て台湾同胞をして日々その麻酔と薫陶のなかに於て、祖国に対する観念を模糊たらしめることにより次第にその心を離間させ、よつて「日本化」と「皇民化」の目的を達しようとしてゐたのである、それ故ただに言語文字の上に於て極力日本の模倣、日本への学習を強迫するのみならずあらゆる図書、雑誌、小説、映画、演劇によつて広範に大和民族の軍国主義の謬論を注入し、台湾同胞をして知らず知らずのうちに自然と一種の日本崇拝による自己卑下の心理を発生させようとしたのである[15]。

　ここでは、植民地当局の意図について論じるという体裁を取りつつ、言外に本省人がすでに「毒素」に感染し、「日本崇拝による自己卑下の心理」を保有していることを指弾してもいた。その証拠に社説は、このような「思想毒素の粛清もまた目前の急務」であると論じており、植民地当局のもくろみが一定程度成功を収めていることを前提にしていたのである。そこで社説が提言した対策は、以下の四つであった。第一に、日本の雑誌、小説、映画、演劇、音楽の

審査会を組織し、「我が国を侮辱するもの、大和魂を高揚するもの、武士道を鼓吹するもの、日本皇室を尊崇するもの、民主に反対し独裁を謳歌する一切の文学、図書」はいずれもこれを発売禁止、没収、焼却する。第二に、期限を定め、上記書籍を所有する書店及び出版社は所管官署に提出させるか、自発的に棄却させる。第三に、審査を経ていない日本映画や、日本語を使って上映する映画の上映を許可せず、日本の楽曲や音楽についても審査を行う。第四に、残留日本人向けの中小学校教科書に対して調査を実施し、必要に応じて改正や教授禁止を命令する[16]。

　社説に登場した「軍国主義」、「大和魂」、「武士道」、「日本皇室」、「独裁」などのキーワードは、日本が「文化思想上」台湾人にもたらした害悪の具体的な現れとして列挙された。日本文化は、これら「侵略的」と想定された要素の淵源をなすものと位置づけられたのである。1946年2月11日、行政長官公署は、台湾省が五十一年間占領されていたことから、「文化思想上、敵の遺毒に深く感染した」として、次の各項目に該当する図書、雑誌、新聞の販売禁止と没収を布告した。

（1）「皇軍」の戦績を称揚したもの
（2）人民に「大東亜」戦争への参加を奨励したもの
（3）我が国土の占領状況を報道し、以て日本の武功を誇示したもの
（4）「皇民化」奉公隊の運動を宣揚したもの
（5）総理総裁及び我が国の国策をそしるもの
（6）三民主義を曲解するもの
（7）我が国の権益を損ねるもの
（8）犯罪方法を宣伝し治安を乱すもの[17]

　当局が実施する「脱日本化」は、このように日本の「文化思想」を危険に満ちたものと描くことによって、正当化された。さらに、「脱日本化」が「再中国化」と表裏をなしていたように、日本文化も度々中国文化との比較を通じて、その価値を否定されることとなった。警備総司令部参謀総長の柯遠芬が

1945 年 11 月、「日本は敗戦したか？」というテーマでラジオ演説を行ったことはすでに触れたが（第二章）、同演説の中では日中の比較文化論も披露されていた。柯によれば、「中華民族」は有史以来の「仁」の文化を立国の基礎としており、それが抗日戦争を戦う原動力となったものであった。その一方、日本には文化と言えるものはなく、もしあるとすればそれは武士の文化、軍国主義の文化に過ぎないのである [18]。

　もう少し穏健な見解の持ち主は、日本文化の存在を肯定したものの、それは中国文化の亜流に過ぎないものとした。行政長官公署民政処副処長の高良佐は、引揚者達に向けた一文の中で、「〔日本の〕多くの文化、それは秦、漢、隋、唐いづれの時代を問はず、中国の文化を母体として成長しない物は一つも」なく、「中国文化の注入がなかつたならば貴国の文化は恐らく建設出来なかつたであらう」と論じている [19]。このような議論は、日本人向けのものであり、中国文化の優位性を誇示する意図が透けて見えるものであったが、そうした必要性がない場合には、やはり中国文化と日本文化の相違点の方が強調された。『台湾新生報』1946 年 6 月 10 日の社説は、日本の文化は中国と西洋から得たもので、独自色と言えるものはないが、もしあるとすればそれは「黷武主義を主要な要素とした神道文化、侵略文化」であるとした。そのような見方によれば、日本文化は、「神道と武力が結合した産物」で「部落時代、封建時代の文化」に過ぎず、その他の現代国家の文化と比較して数段低級なものであった [20]。

　こうした論調は、1947 年の二二八事件の勃発後、より顕著になる。『台湾新生報』の社説は、「日本の文化思想の毒素」が人心に深く根付いていることが、事件発生の一因であると主張した [21]。なぜなら、日本の台湾領有後に生まれた人々の大多数は台湾を出たことがなく、日本の事物と宣伝しか見聞きしたことがないため、日本のものを世界最高とする一方、「祖国」を蔑視するに至ったからである [22]。そのため『台湾新生報』は、民族教育の徹底を強く訴えた。5 月 4 日に掲載された台湾省編訳館館長の許寿裳による一文は、日本人の国民性を「浅薄、妥協、虚偽、吝嗇、自大、保守、さらに無道徳、忘恩不義、我利我利亡者〔＝有己無人〕」と位置づけ、こうした「毒素」が台湾同胞にも深く浸

透している現状を問題視し、新たな「五四運動」の必要性を提唱していた[23]。

　さらに、中国文化が日本文化よりも優れているという論法も、依然としてこうした宣伝の一環であった。4月8日の同紙社説は、中日両国の文化を比較する際には、一時の国運の盛衰よりも歴史的な基礎の厚みをこそ見るべきだと論じ、中国文化が日本文化に優越することは比較にならないほどであるとした。そして、近代日本の抬頭は、帝政ロシアと清朝の衰退に乗じた一時的なものに過ぎなかったし、それも結局は文化的基礎の脆弱さから破綻したと論じたのである[24]。

　このように、1940年代後半の台湾において、日本文化に対する公的な評価は、無内容というものから「侵略文化」というものまで若干の幅はあったが、総じて極めて低いものであった。日本文化の影響を警戒し、批判する論説は、行政長官公署が廃止された1947年5月以降も断続的に出現したのである[25]。

（2）　中国大陸

　抗日戦争のさなか、蔣介石は、今次戦争は「文化戦争」であると述べたことがある。蔣によれば、欧米の三百五十年来の民族主義と社会主義の成敗興亡、ならびに中国五千年の悠久の文化および道徳精神の興廃は、いずれもこの戦争にかかっていた。そのため、もしこの戦役で侵略主義者に勝利することが出来れば、人類の文化は輝きを増し、中国文化は発揚されることになるのである[26]。ここでは、「侵略主義者」である日本の文化に対して、「人類」、そして「中国」の文化が截然と区別されることが前提となっていた。

　戦勝が目前に迫ると、中華民国政府の内部では、日本が侵略戦争を発動した原因を除去するため、日本社会の変革をも視野に入れた議論が展開される。1945年8月12日に国防最高委員会が審査決定した参考資料「処理日本問題意見書」には、政治、経済、教育、法律の各方面から日本を「改造」し、民主化を実現させ、平和愛好国家へと生まれ変わらせることが提案されている。ここで、とりわけ問題視され、「改造」の対象とされたのは、日本人の思想であった。「意見書」は、政治面では日本の「神権」と「武士道」を侵略の源泉と位置づけ、思想と組織の両面から根絶することを提唱した。また、教育面では小

中学校の各種教科書が侵略を鼓舞し、民族的優越感を涵養していることを挙げ、書籍や映画、演劇、雑誌、新聞なども含めて、徹底した民主化が必要だとした。さらに、社会面では日本の長子相続制が非長子を侵略に駆り立てたと指摘し、矯正の必要性を提起したのである[27]。「武士道」の問題視や、日本の文化的産品に侵略主義の種が内包されているとする評価は台湾でも論じられていたものであり、その起源が中国大陸におけるこのような議論にあったことがうかがえる。

　日本が正式に降伏した後、『中央日報』が繰り返し提唱したのも、日本人の中にある侵略主義的な思想を根絶しなくてはならないという主張であった。1945年10月5日の同紙社説は、日本の軍国主義的・民族主義的思想には60年の歴史があり、平和愛好的で自由民主的な日本を造り出すには、10年以上の歳月を要するだろうと論じている[28]。その数日後の社説においても、政治・軍事・文化上の「侵略武装」が根絶されない限り、日本を隣邦として親しむことは出来ないとしていた[29]。このような見方は、1945年以降も度々出現し、日本の教育と文化面における「黷武主義」的要素を徹底的に除去するよう日本占領軍当局に要求し[30]、「武士道」や「大和魂」のような「侵略思想」が日本国民の心理に残留することで、日本が「捲土重来」する可能性への警鐘を鳴らしたのである[31]。

　こうした論調は、日本に対して警戒的という点で同時期の『台湾新生報』と共通していたが、重要な相違点も存在した。『中央日報』は、戦時中の蔣介石の発言にもかかわらず、日本人の「軍国主義」や「民族主義」といった「思想」について批判を加える一方、こうした「思想」が日本文化に由来するという議論を行うことはなかったのである。その結果、日本文化が問題視され、中国文化との比較が繰り返し行われることもなかった。それは、中国大陸では日本による長期間の統治とそれにともなう日本式教育や「皇民化」を経験することがなく、読者に対して日本文化の危険性と中国文化の優位を強調する必要性が低かったという歴史的背景に由来するものであったと考えらえるが、そのことによって中国大陸の官製メディアは、将来的に日本人と和解する可能性が存在することを、台湾のメディアよりも容易に論ずることが出来るようになっ

た。なぜなら、「思想」は「文化」よりも容易に変化し得る。そして、もし日本人を侵略に駆り立てたものが危険な「思想」であったなら、その「思想」が克服された場合、理論的には、日本を警戒する必要性も大幅に減じることになる。

　実際、『中央日報』の論調は、まさにこのような論理で変化を遂げていった。1947 年後半頃から、米国がその日本占領政策を非軍事化・民主化路線から経済復興路線へと転換させ始めると、中華民国政府は中共との内戦を戦う必要性から、米国の路線転換を支持する立場に転じた。そうした変化と軌を一にして、1948 年以降の『中央日報』には、日本人が過去の戦争に対して反省的であり、日本の再起を過度に恐れるべきではないとする主張が掲載されるようになる。1948 年 8 月から 9 月にかけて日本を視察した前行政院長の張群は、このような論調の変化を最も体現した人物の一人であった（第一章）。

　張群は、この頃に発表した一連の言説の中で、日本人の「思想」と「文化」についても注目すべき発言を行っている。訪中日に行ったラジオ演説の中で張は、日本人に対し積極的に「思想革命」と「心理建設」を実施するよう促した上で、中日両国は歴史、地理、文化、経済各方面で密接な関係があると述べ、もし日本が「思想革命」と「心理建設」に成功したなら、中日関係は正常に戻り、日本国民との「合作」も可能になると告げたのである [32]。さらに帰国後、中国国内向けに行ったラジオ放送の中でも張は、日本人民の思想信仰、風俗習慣の中には未だに「歴史余毒」が残留しているとしつつ、日本の軍国主義復活をいたずらに恐れる必要はなく、日本の民主化を指導し、その復興にも条件付きで賛同するべきであると提唱した [33]。これらの演説は、『中央日報』でその内容が詳しく報道され、社説でも肯定的に論評された [34]。

　これらの発言の中で特筆すべきは、張群が日本の「思想」を終戦直後ほど深刻視しなかったことの他に、中国と日本の間で文化的に「密接な関係」が存在するとしている点である。もちろん、このように日本との文化的類似性を指摘する言説は張群の独創と言えるものではなく、著名な作家の林語堂のように、日中両国の文化が多くの面で共通することを指摘する人々が戦前から存在した [35]。蒋介石も、1934 年に徐道鄰の名で発表した論説「敵か？友か？――中

日関係の検討」の中で、中国人と日本人は風俗習性がほとんど似通っていると論じていたし[36]、戦時中に日本人に向けて発表した声明文の中でも、「中日両国」は「兄弟之邦」であり、人種的・文化的に深い縁があると述べている[37]。重要なことは、戦後しばらくの間、こうした言説は対日関係を論じる際に持ち出されることは少なかったにもかかわらず、1948年に入って再び政府高官によって語られるようになったということである。

張群の発言はまた、台湾の言論情況と比較しても際立ったものであった。すでに見て来たように、『台湾新生報』紙上では、中国文化と日本文化は大きく異なると論じられていたし、後者が有する価値については、強い表現で否定されるのが常だったのである。実際、張群の演説を取り上げた『台湾新生報』の社説は、軍国主義復活の懸念が減少したという部分ではなく、日本人の「思想革命」と「心理建設」を呼びかけた部分のみを論評していた[38]。台湾と中国大陸では、日本文化に関する公的な位置づけが大きく異なっていたことが分かる。

このような中、中共との内戦に敗北した中華民国中央政府は台湾に移転し、そこを臨時の根拠地と定める。台湾では、すでに1949年に入ってから、多くの国民党幹部が反共文化工作に着手しており、左翼思想や人物、政府批判などを含んだ書籍に対して発禁処分を下すなどの措置をとっていた。中央政府の移転後、台湾は「全中国を代表する政権」の直接的な支配下に置かれることとなる。それにより、台湾における文化政策も「中国の一周縁に位置する国民の祖国化」から、「唯一の正統中国における模範中国国民の創出」を目的とするものへと変容していった[39]。次節では、1950年代に入り、台湾での日本文化に関する公的な評価がどのように変化したかを検討することとする。

2　中央政府台湾移転後の日本文化論

（1）「反共抗ソ」と文化政策

1950年3月1日、前年に下野していた蒋介石が総統職に復帰した。当日発表された声明の中で蒋は、中共が中国をソ連の属国の地位に貶め、人民の生命

財産を毀損しているとして、中華民国の領土主権回復と同胞の救済のため全力を尽すことを宣言する[40]。

その実現のために蔣介石は、旧敵国である日本から軍事教官を雇用することも厭わなかった。しかし、日本人を教官とすることに対しては、反発も存在したようである。そこで蔣は、同年5月に開催された「革命実践研究院軍官訓練団」成立式の席上で次のように演説している。すなわち、訓練生達は日本人教官の精神態度や言動から学び、模範としなくてはならない。西洋人教官は価値観の面で東洋人と相容れない面があるのに対し、日本人の「文化・社会は我々と同様であり、特に彼らの骨身を惜しまず労苦に耐え、勤勉で質素な生活習慣は我が国と完全に同様」である。かつての抗戦相手から学ぶことには抵抗感もあるかもしれないが、国父孫文が一貫して日本を「同文同種」、「兄弟之邦」と位置づけて「中日合作」の実現を提唱していたことを想起すれば、そうした感情は誤りである[41]。ここで、日本人の文化が「我が国と同様」とされたばかりでなく、日本人教官の「精神態度」が学習の対象となったことは、戦後初期の言論情況と比較して重大な変化であった[42]。

蔣介石はまた、1940年代後半の『中央日報』が日本から払拭するよう再三論じていた「武士道」や「大和魂」に対しても、積極的な評価を与えた。蔣の考えでは、日本が日清戦争以来急速に一等国の地位に登りつめたのは、「大和魂」と「武士道」を持ち、さらに王陽明の「知行合一」の精神を実践して、必要と認識した学理や知識の習得に邁進した結果であった[43]。もっとも、「武士道」自体に対しては、神道、儒教と仏教が融合したものに過ぎないとしてその独自性を否定しており[44]、蔣の言説の主眼は、日本を肯定することよりも、「武士道」の元となった中国の伝統思想を称揚することにあったと解釈することも出来る。いずれにせよ、これらの発言は、中華民国の領袖が今や日本の軍国主義復活の可能性に対して、さほど警戒的ではないことを聴衆に印象づけるものであったと考えられる。

日本に関してこれらの発言をする一方、この年蔣介石は、以後の台湾における文化政策に長く影響を与えることになる重要な見解を表明した。8月14日に行った演説の中で蔣は、「反共抗ソ」の戦争が、生産力や戦闘力の基礎とな

る「科学の戦争」であると同時に、「文化の戦争」でもあると述べた。なぜならば、中共政権は唯物史観と階級闘争の歴史を宣伝することで中国の歴史文化、社会倫理及び国民道徳を毀損しており、これに対しては、「仁愛」を基礎とした伝統的な倫理と道徳で対抗しなければならない[45]。こうして、台湾における文化政策は、「反共抗ソ」の闘争の一部と位置づけられることになったのである。

　蔣介石は、中国大陸における内戦敗北の原因も、教育の失敗による国民道徳の頽廃であると考えていた[46]。このような認識の下、1952 年元日、蔣介石は「反共抗ソ総動員運動」の開始を発表し、その一環として「文化改造運動」の展開を宣言する。同運動は、「明礼尚義、雪恥復国」をスローガンに掲げ、「革命精神を発揚し、科学技術を高め、以て全国民に反共抗ソ戦争推進のための敵愾心を奮い立たせ、反共抗ソ戦争を担う活力を青年に養わせる」ことを骨子とするものであった[47]。

　さらに翌年 11 月に蔣は、『民生主義育楽両篇補述』を発表して、以後の文化政策の指針とする。同著は、図書館や博物館の建設、青少年の教育の充実、民族的な文芸作品の創作、映画やラジオ番組の内容健全化等を提唱した他、中共が文芸運動に力を入れ、文学や演劇を通じて階級闘争の思想を国民に浸透させていることから、一般国民が「黄色〔扇情的〕でなければ赤色〔共産主義〕の毒を受けている[48]」ことに注意を喚起してもいた。

　こうして、1950 年代以降の台湾における文化に関する公式な言説の中で、三つの重要な変化が生じることとなった。第一に、日本の思想のみならず文化に対しても、40 年代後半のように全面的に否定することがなくなった。すでに見たように、50 年代に入り、日本が侵略主義的な傾向を有していると論じられることは急速に少なくなって行ったが（第三、第四章）、こうした傾向と軌を一にして、日本の思想・文化自体を侵略主義の淵源として危険視する言説も下火になって行ったのである。

　第二に、中国文化が「反共抗ソ」という国策を正当化するために動員されるようになった。中共政権統治下の大陸で伝統的な思想や道徳が破壊されているという批判は、中華民国統治下の台湾においては、中国文化の良質な部分が保持

されているという自己認識を前提としていた。こうした、敵側に属すると位置づけた陣営を中国文化という規準によって否定する論法は、終戦後の台湾では日本に対して用いられていたものであったが、50年代に入り、否定の対象が中共政権に移行したのであった。

　第三に、島内に外部から文化的な害悪をもたらすものとして共産主義という「赤色の毒」が新たに加わったことである[49]。前述の「黄色の毒」は、日本の文化的産品に含まれているとされたこともあるので[50]、「赤色の毒」は、中央政府の台湾移転前後で新しく導入された概念と言える。

　上記三点の変化は、それぞれ、日本文化が直接的な批判の矢面に立たされることを少なくする効果をもたらすことになる。ただし、そうした言説上の変化は、次節で見るように、日本の文化的産品の流入に対する当局の方針に目立った影響を与えるものではなかった。

（2）　日本の文化的産品への輸入規制

　1950年代前半、台湾では日本の文化的産品の台湾流入に関連する新たな規則がいくつか制定される。それらの規則は、日本文化を有害なものと論じていた戦後初期と比較すると、輸入規制を若干緩和させたものであったが、日本の文化的産品への警戒心は依然として容易に見てとることが出来た。例えば、1950年4月21日の「台湾省日文書刊及日語電影片管制辦法」では、台湾省政府が許可した日本語書籍と映画のみ部分的に輸入が解禁されるが、それには「社会の安全と善良な風俗」を損なわないという条件が付されていた[51]。より具体的には、書籍については、①純科学的なもの、②純医学的なもの、③反マルクス主義及び反強権、反暴力思想の理論的著作、④その他我が国社会及び文化に裨益するもの。映画に関しては、①「反共抗ソ」の意識を有するもの、②科学教育の意義を有するものであることが、輸入許可の条件とされた[52]。

　日本語書籍については、翌年に制定された「台湾省日文書刊管理辦法」によって、輸入の可否に関する基準がより詳細に定められた。輸入を許可するものとしては、①自然科学及び応用化学、②教育文化機関団体の参考用、③学術性の研究あるいは文学的名著、④「反共抗ソ」の理論書、⑤医薬、衛生、料

理、裁縫等に関する書籍が指定された。一方、禁止対象となったのは、①中華民国の利益あるいは民族の尊厳を損なうもの、②中華民国の教育趣旨に合わないもの、③公共の秩序を破壊するもの、④善良な風俗を乱すもの、⑤迷信・邪説を吹聴するものと定められた[53]。

　映画については、少し後になるが、1954 年 6 月に公布された「国外電影片輸入管理辦法」第五条に、各国別に映画輸入割当額を定めることが規定されていた[54]。同法に基づき、1955 年度の日本映画の輸入は年 24 本までに制限された。他方、この年米国映画は 327 部、仏・伊・英国は計 63 部、その他 20 部を輸入すると定められており、日本映画の割当額は、西欧諸国とは同程度であるものの、米国と比較した場合低水準に設定されていた[55]。同法制定前に開催された国民党中央委員会常務委員会の会議録では、内政部長の黄季陸が、日本映画の管理に関しては外交部の意見を聴取しながら各国映画に対する管理法と一括して処理すべきであり、単独に制限を課すことによって差別的な印象を与え、対日関係の妨げになってはならないと述べたことが記録されている[56]。黄の発言は、国民党政権が特に日本映画を規制の対象として考えていたことを、はしなくも露呈したものと言えよう。

　これらの規則や法令が示唆しているように、1950 年代前半の台湾では、日本文化が公然と「毒素」として非難されることはなくなったものの、日本の文化的産品が台湾に流入することに対しては、消極的な態度を崩さなかったのである[57]。それでは、なぜ日本の文化的産品に対する規制は存在し続けたのだろうか。

　本書の関心からすれば、この問題は二つの面から検討する必要がある。第一に、規制政策がとられた実際の理由は何か。第二に、規制政策実施は、どのような理由によるものと公式には説明されたのか、である。日本文化に対する公的な位置づけを向上させたにもかかわらず、日本の文化的産品の流入に制限を課し続けたことは、どのような論理によって正当化されたのだろうか。

（3）　日本文化と「赤色の毒」

　まず、実際の理由から見て行こう。ここでは、主に党内刊物であった『宣伝

『週報』の記述を手がかりにする。第一に挙げられるのは、やはり日本統治期の影響を払拭する必要性である。1953年6月の『宣伝週報』には、次のように記されている。

> 台湾省が光復してからすでに八年になる。しかし、一般人の会話では、必要がないにもかかわらずしばしば日本語が用いられており、これは好くない現象である。ある国民が自らの国語を話さず、外国語で話をするのは、根本を忘れるというものである。日本が台湾を占拠したのは、我々中華民族の恥ずべき出来事である。台湾同胞の故郷は海の向こうの福建と広東であり、我々が民族意識と固有の文化を発揚するのは、必ずや日常生活から始めなければならない。[58]

　言語が「台湾同胞」の民族意識の根幹をなすのであれば、日本語の書籍や刊行物、映画を台湾人から遠ざけようとするのは自然な帰結と言うべきであろう。前章で見たように、韓国における反日感情の高さは、公式な論説では概して否定的にとらえられていたが、かつての植民者による「余毒」の払拭という点では、韓国人の方が台湾人より意識が高いとして肯定的に取り上げられることもあったのである[59]。

　第二が、風俗に与える影響である。1954年1月の『宣伝週報』では、日本語雑誌の内、入境を許可されているのは『婦人倶楽部』、『主婦と生活』、『主婦の友』と『リーダーズ・ダイジェスト』の四種類のみであるにもかかわらず、これら以外にも多くの雑誌が不法に流入していることが問題視されていた。そうした雑誌として名前が挙げられたのは、『妖奇』、『千一夜』、『夫婦生活』、『夫婦性典』、『結婚実話』、『美の女神』、『夫婦小説』、『結婚生活』、『世界娼婦』、『東京夜話』、『風俗科学』、『面白倶楽部』、『傑作倶楽部』、『実話と読物』、『小説倶楽部』、『娯楽倶楽部』、『読切倶楽部』、『オール読物』、『オール読切』、『小説の泉』、『花形倶楽部』等であるが、これらを取り締まる理由としては、ほとんどが「黄色雑誌（扇情的な雑誌）」であることが挙げられた[60]。

　第三が、侵略主義的な要素が含まれていることである。『宣伝週報』は、

第 5 章　日本文化論の変遷　259

　1956 年 3 月、近年台湾で放映されている『清水次郎長伝』、『太平洋の鷲』、『牛若丸』、『蛍の光』などの日本映画には、好戦的な色彩と侵略的雰囲気が濃厚に含まれており、人心を刺激して社会に悪影響をもたらすおそれがあるので、所管部署は輸入映画の内容に細心の注意を払うよう通達している [61]。

　そして、第四が、蔣介石が述べる所の「赤色の毒」が含まれているという理由である。国民党中央改造委員会第 373 次会議を通過した「中日合作政策」という文書には、日本は依然として共産党の合法的な活動を認可するなど、戦時下の我が国とは社会状況が異なるので、「中日文化の合作」については一定の制限が課せられるべきであると記されている [62]。また、前述した 1954 年 1 月の『宣伝週報』は、日本の雑誌については「黄色雑誌」以外に、内容が左傾化し、中共政権の宣伝を掲載しているものも取締りの対象に加えるよう通達していた。例として挙げられたのは、『中央公論』と『改造』の両誌であった [63]。

　次に、規制実施の理由が公式にはどのように説明されていたかを見よう。1952 年 7 月、訪日を翌月に控えていた張群は [64]、台湾の記者団との会見の際に次のように述べている。日本の書籍・新聞の中には「自由中国」に対して不正確な認識があり、また、日本では共産党が非合法化されていないため、その言論には不適切な部分がある。日本の書籍や新聞の輸入を規制しているのは、そのためである [65]。張群訪日は、蔣介石個人の代表という資格であったが、この発言は公式な見解であったと考えられる。なぜなら、このような発言は、後に政府高官達によって繰り返し表明されたのである。同年末、行政院長の陳誠は毎日新聞の記者によるインタビューの中で、日本の新聞、雑誌やその他の出版物に対する輸入制限は改善の見込みがあるかと尋ねられる。これに対する陳誠の回答は、原則的な制限というものが実際にあるわけではないが、安定した台湾の人心を混乱・複雑化させないためには一定の制限を課す必要があり、反共抗ソの国策に違反しないものであれば、問題はないというものであった [66]。中日文化経済協会文化委員会（後述）の陶希聖も、1953 年に来台した日本人使節団に対して、日本の新聞、雑誌、図書、映画等の輸入に関しては思想の問題があり、両国の共産主義に対する態度の相違に起因すると述べている [67]。

　このように、日本の出版物や映画の中にいわゆる「赤色の毒」が含まれてい

ることが、輸入規制の最も重要な理由として説明されていたのである。ただし、これらの発言がいずれも訪日前や、日本人との対話の際に行われたものであることを考えると、聞き手として想定されているのは、台湾の住民よりも、むしろ日本人であったととらえるべきであろう。中華民国政府は、日本の出版物や映画が台湾の「脱日本化」や風俗に与える影響や、侵略主義的な要素を警戒していたにもかかわらず、日本向けの説明においては、「赤色毒素」への懸念を最も重要な理由に挙げていたのである。そのことは、1940年代後半と異なり、文化政策の実施が対日関係に悪影響をおよぼす可能性を政府が懸念していたことを示すものであった。

3 「中日文化合作」の開始

（1）「東方文化」を共有する日本文化

　政府当局が日本の文化的産品の開放に消極的であった一方で、日華平和条約が締結され、批准を控えるのみとなった時期から、日本との間で文化的な「合作」の推進が提唱され始めた。その象徴となったのは、1952年7月29日、張群を理事長として発足した中日文化経済協会という団体である。同協会は、張群と何応欽の両名が発起人となり、主要な参加メンバーに雷震、黄朝琴、邵毓麟、方治、斉世英らがいた。成立時の会員は155人に達し、当時台湾において日本と関係のあった人士や日本問題を研究していた政界及び学術界の要人が含まれていたという[68]。協会の規約では、総則を記した第一章の第二条で、「中日両国民」の感情をつなげ、文化交流を促進し、経済関係を増進させることが活動の主旨であると規定されていた。また、任務について記した第二章第四条では、「中日両国」の文化、教育、経済および人民の生活状態を研究すると定められている[69]。

　中日文化経済協会創設の目的については、活動趣旨に日本との国民外交推進を掲げているものの、当時政府は国民外交を必ずしも重視していなかったことから、8月に訪日する予定であった張群に肩書きを付与し、対日交流推進の一助とすることにあったのではないかとする解釈もある[70]。もっとも、設立当時

の趣旨がどのようなものであれ、1950年代に日本との交流活動を行う上で、同協会が重要な役割を果たしたことは間違いない。日本の大使や視察団が来台した時には協会主催の歓迎会が実施されており、政府の対日外交を補完する機能が期待されていたものと見られる[71]。

いずれにせよ、ここで重要なことは、政府の強い影響下で設立された団体が、その活動趣旨に日本との「文化交流」を掲げたということである。さらに、同協会設立直後の8月1日、『中央日報』社説も、文化と経済面での対日「合作」を強化し、国民間の相互理解を促進するよう訴えていた[72]。同紙が日本との文化交流拡大を主張したのは、この時が初めてである。

日本の文化的産品受け入れを規制する一方で、「文化交流」や文化的「合作」を推進するとは、どういうことを意味したのか。こうしたアイディアを初めて公式な場で披露したのは、蔣介石であった。それは、これより少し前の5月12日、日本の緒方竹虎副総理との会談に臨んだ時のことである。席上蔣は、必ずや東方文化の特長を発揮し、東方固有の道徳を高揚させなくてはならない、と発言した。そのようにして、初めてアジアの問題を解決することが出来るからである。西洋文明ではアジアの共産主義（の問題）を解決出来ないため、日華両国は反共という原則の下、経済面での「合作」以外に、文化思想方面でも共同研究を行わなければならない。

これに対し緒方は、総統の卓見に敬服すると応じ、日本文化の源流は中国にあり、地理的歴史的関係から、仏教その他各種の文化を受け入れて来たと述べた。そして、それらの文化の内で中核を構成したのが儒教であったが、近年日本の儒教文化は衰退しつつあり、そのことが各種の問題を引き起こしていると説明した。このような理由から、日華両国は文化面で密接に提携しなくてはならない。蔣介石は、緒方の見解は重要であると同意した後、政治経済方面では英米から学ばなければならないが、文化方面では日華両国が相互に「合作」し、「固有の東方文化」を発揚して、実際的な問題の解決に取り組まなければならないと答えている[73]。

日華関係における文化の問題に関する上述の蔣介石の発言は、日本人との会談の際に出たものだが、ほどなくして国内向けにも同趣旨の言説が語られるよ

うになる。中日文化経済協会理事長の張群は、協会の設立大会で次のように述べている。

　　中日両国は文化的に共通しており、経済的には相互に必要としている。
　　共通しているから合作は容易であり、相互に必要としているから、合作
　　は不可欠である。〔中略〕日本は戦争終結後、政治的民主化と国民心理
　　の改造を獲得した。民主的な政治制度の下、軍人はすでに国策の枢機に
　　参画していない。国民心理の改造の中で固有の文化を追求し、道徳倫理
　　を重んじた。現在中日両国は政治制度がきわめて相似しており、両国が
　　固有の文化をもし発揚することが出来たなら、国民外交も必然的に従来
　　よりも力量を発揮出来るようになる。[74]

　しかしながら、と張群は続ける。「中日両国」は共通の危険を抱えている。
それは、ソ連を中心とする共産勢力がアジアに侵略の手を伸ばしていることに
他ならない。

　　アジアにおいて、真っ先に赤禍を受けているのは中国大陸であり、現在
　　文化の整風と洗脳が猛烈に展開されている。〔中略〕中日両国の置かれ
　　た状況がこれほど危険であるなら、我々の文化的合作の内最も必要性が
　　急迫しているのは、我々の東方文化を用いて、我々の精神を奮い立たせ
　　ることである。[75]

　先述したように、蔣介石は共産主義勢力との「文化の戦争」を戦うために
は、中国の伝統的な倫理と道徳で対抗しなくてはならないと考えていた。蔣の
緒方に対する発言や張群の演説は、こうした考え方を踏襲しつつ、日本文化を
中国文化と共通するものと位置づけ、両国共同で「東方文化」を発揚させるこ
とに文化的「合作」の意義を見出すものであった。
　国際文化論研究者の平野健一郎は、「国際交流」や「文化交流」を、自らの
ものとは異なる文化との接触を意図的に行い、「文化触変（acculturation）」を

社会にもたらす活動であるとしたが[76]、「中日文化合作」の言説は、相手側に存在する自らの伝統と共通する部分を共同で振興することに主眼を置くものであった。それは、戦後初期からの「脱日本化」政策と、台湾移転以来の「反共抗ソ」のイデオロギー、さらに、日本の協力が必要で、日本文化は中国文化と同根のものであると位置づける蒋介石の発言の三者を全て矛盾なく成立させられる地点に構築された言説だったのである。

　このような、通常の意味での文化交流とは趣を異にした「文化合作」は、日華間で実際に行われた。1954 年 11 月、日本から前田多門（元貴族院議員、文相）と宇野哲人（中国哲学研究者）が台湾を訪れる。歓迎演説の中で教育部長の張其昀は、両名が日本精神を代表していることに深く敬意を払うと述べ、真の日本精神は中国精神とその源を同じくし、いずれも東方文化の継承者であると挨拶した[77]。同日、前田と宇野は張の招きで教育部に赴き、学術審議委員会と教育研究委員会の委員達の前で講演を行っている。講演終了後、張は次のように挨拶した。

　　　　ただ今、前田、宇野お二方の講演を聞いて、我々は大きな励ましと啓発を頂きました。お二人は、中国文化が東方文化の正統だと考えていらっしゃいます。国際間では道義による交わりが最も貴く、また最も豊かな収穫をもたらすものです。お二人は、中日間の文化交流が両国の政治経済の合作の前提になるとお考えです。このようなご見解は、まさに「仁徳のある人の言葉は利益が広く及ぶもの〔＝仁人之言其利博〕」であります。我々はこれに対し深く同感致します。[78]

　このように述べた後、張は現在までに行われている日本との文化交流を、十項目に分類して紹介している。それらは、①中国政治哲学の研究センター設立、②海外講演開催、③大学教授の交換、④留学生の交換、⑤大学教員の海外視察、⑥国際学術会議の実施、⑦図書の翻訳、⑧図書の交換、⑨美術の展覧、⑩中国文化論集の刊行というものであった。これらの内、①と⑥〜⑩の内容は、いずれも中国の伝統文化振興と関連するものだったのである[79]。このよう

に、中華民国の考える日本との「文化合作」は、その具体策においても、やはり共同して中国文化を発揚することを骨子とするものであった。最後に張は、日本との戦後処理のあり方もまた、「東方文化」に基づくものであったと評価している。

> 第二次大戦が終了した時、蔣総統が日本国民に対してラジオ放送を行い、寛大を旨とする政策を公表したのは、東方の王道文化による伝統精神が新たな光芒を放ったものです。中日両国の有識者が、今後文化交流を基礎に、経済的相互協力を手段とし、政治的連合を目的として誠実に合作を行えば、東アジア最大の安定勢力を構成するだけでなく、太平洋全域の平和と安全をも保障することになるでしょう。[80]

こうして、日本文化は概念の上では、中国文化と同様に「東方文化」の伝統を受け継ぐものとして、肯定的に位置づけられることになった。このような言説の中で日本文化は、軍国主義や侵略主義の源泉として批判されないだけではなく、中国文化とほぼ同格の地位を獲得するに至っている。とは言え、こうした言説上での変化は、やはり日本の文化的産品に対する態度に大きな変化をもたらすものではなかった。そして、そのことは、日本側の不満を引き起こすこととなるのである。

（2）　日本からの規制緩和要求

中華民国政府が「中日文化合作」を提唱する一方、文化的産品の流入には制限を加え続けていたことを、日本側はどのように認識していたのだろうか。1952年12月、駐華日本大使館は、東京の外務本省に対し次のように打電している。

> 中華民国政府は台湾を最後の牙城として世界情勢の好転するまで持ちこたえようとしている。このため島内の治安維持、民心の把握を重要施策の一として準戦時体勢下に厳重なる言論、出版の統制及び思想取締を

行っている。掛る情勢下にある台湾と言論、出版が極めて自由であり且つ過去において五十年間台湾を支配して来た我国との間における文化の交流について中華民国政府が、危惧の念を抱き相当の制限を加えようとしていることは寧ろ当然であり我方としてはこの先方の立場を諒とし文化関係の調整は当分漸進主義をもって臨むことが適当と考え以下に述べる各般の問題をこの方針をもって処理しおるところこれに対する本省の御見解を御尋ね致したい。[81]

　在華大使館は、日本統治下にあったという台湾の歴史的事情に鑑み、文化交流の拡大を性急に要求するべきではないという方針を固めていた。こうした認識に基づき、大使館は、書籍については、まず学術雑誌の輸入緩和を要求することから始めることが適当であると報告した。さらに、映画に関しては、日本が台湾映画の輸入制限をしなければ日本映画の輸入本数も制限しないと中華民国側が説明していることを紹介した上で、このような主張を逆手に取り、まず日本側が台湾映画に対する輸入規制を撤廃することで、日本映画の台湾進出を図るべきだと提言した。これに対する外務本省の返電は、書籍については大使館の方針通りで差支えないものの、外国映画について日本政府は輸入割当制をとっているため、中華民国に対してのみ特殊な待遇を行うことは出来ないというものであった[82]。

　このように日本外務省は当初、日華間の文化交流については「漸進主義」を方針としていた。しかし、日本の文化的産品受け入れに関する問題は、次第に日華間の争点となっていく。1953年9月、駐華日本大使館は本省に対して、中華民国が「日本の新聞雑誌、及び図書等の全面的輸入禁止」を行っており、「右は日華両国間の学術文化の交流及び友好関係を著しく阻害」するものであるから外交部長に対し至急解除措置を講ずるよう申し入れたものの、「未だ何らの回答に接していない」と、ややいらだちを含んだ調子で報告していた[83]。日本映画に関しても、大使館はその輸入制限緩和を中華民国側に依頼していたが、満足出来る回答を得られずにいた[84]。日本政府は、日華間で「文化合作」が行われることだけでは満足せず、日本の文化的産品が台湾で受け入れられる

ことを希望していたのである。

こうした中、1956 年 8 月、自民党の石井光次郎衆議院議員を団長とする親善使節団が台湾を訪問する。同使節団は、中日文化経済協会の何応欽からの招待に応じて結成されたもので、経団連事務局長の堀越禎三、国策研究会事務局長矢次一夫の他、エコノミストの高橋亀吉、社会党衆議院議員松岡駒吉、さらに防衛庁 OB や財界人も参加するなど、日本各界の人士を含んでいた。8 月 14 日に到着した一行は、各地で視察や会談を行った他、20 日から 22 日にかけて、中華民国側関係者との懇談会に参加する。懇談会は、政治、経済、文化の三部門に分かれ、日華間がかかえるそれぞれの諸問題について討論を行った。文化部門は、張其昀教育部長が司会を務め、中華民国からは立法委員、監察委員、大学学長・教授、新聞・放送界代表らが出席し、日本側は評論家の細川隆元、矢部貞治、画家の宮田重雄、大阪府議で映画連盟顧問の種田鉄馬、NHK ラジオ局長の春日由三、読売新聞政治部次長の橋本文男らが参加者に名を連ねた。

8 月 17 日の『宣伝週報』は、親善使節団の訪問に触れ、「中日文化交流」の強化は、「同文同種」の両国が「東方文化」を共同で発展させるという使命に基づいている他に、「反赤色文化、反強権思想」のため取り得る唯一の道であると記していた。さらに、中華民国が年来展開して来た「反共文化闘争」と「思想作戦」の経験を日本側と交換すれば、日本の「反共文化闘争」に裨益するだろうとも論じている[85]。

しかし、日本側の主な狙いは、「東方文化」を一緒に振興したり、「反共文化闘争」のアドバイスをもらったりすることよりも、日本語書籍や雑誌、映画等の輸入に関する規制緩和を要求することであった。懇談会の席上、日本側団員は中華民国側に対して、①学術に関する書籍、資料の輸入を容易にするため、日華双方から成る合同委員会を設置し、中華民国にとって必要と思われる書籍を選択・推薦する、②学者・学生の交流及び絵画等美術展覧会の開催を増加する、③放送の技術援助と録音番組の交換を実施する、④日本映画の輸入割当を増加する、⑤中華民国側指導者の日本理解促進のため、日本の有力紙の限定的輸入方法を検討するという五点を提案する。後日、矢次一夫は、書籍と映画の輸入に関する討議模様を次のように報告している[86]。

第5章　日本文化論の変遷　267

二、書籍、新聞、雑誌等の輸入の問題

東京において中日両国から成る混合委員会を組織し、中国にとって必要と思はれる各新聞、雑誌、書籍等を、同委員会で推薦すること。この委員会の委員は中日両国から同数の委員を依嘱する。

現在の台湾は、新聞としては内外タイムス一紙が、また雑誌としては一、二の婦人雑誌が輸入されているのみ。これは日本の新聞雑誌の多くが、中国側から見て容共的で、極めて好ましからずという理由から、輸入を認められてはいないのである。同部会の論争は、したがって主としてこの点に集注されたが、中国側でも日本側の主張に傾聴する者多く、とくに学術書の輸入については、全面的に賛同を得たので、いわゆる混合委員会の設置が申合はさるゝに至った次第である。

〔中略〕

四、映画の問題

中国側で、もっと日本映画の輸入本数を増やすよう努力すること、また中国男女優を交えた日華合作映画を作ることが諒解された。

この問題は、米英系映画が三百数十本も年間輸入されているのに対し、日本映画は僅かに二十四本という状態である。然し日本側からの増加要求に対し、中国側は日本映画がとかく容共的であること、風教上好ましからぬものが多いことなどで、強い反論があり、その結果として、日華合作映画が熱意をもって迎えられた所以である。

　もっとも、この報告では、日本側の提案が概ね好意的に受け入れられたかのようであるが、外務省の記録では、中華民国側委員は「中国の新聞、放送、美術及び映画割当の現状を説明し弁明に努めるのみで具体案をしめさなかった[87]」と記されており、矢次が描くほど交渉は順調なものではなかったようである。駐日大使の沈覲鼎が葉公超外交部長にあてた電報には、「日本語書籍の制限について、日本側はしつこく言い立てており、我が方が詳細に説明しても説き伏せることが出来ずにいる[88]」との記述があり、中華民国側に存在した不

快感を表したものであろう。

　しかし、日本側委員は、8月21日には蔣介石に、24日には陳誠に対しても、日華合同で日本の書籍・新聞や雑誌輸入の可否を検討する審査機関の設立を働きかけた。こうした積極性から考えるに、この合同審査機関設置の構想は、日本側で十分な意思統一がなされた上で提出されたものであったと推察される。日本側の提案について蔣介石は、同問題は張群と検討すると答えて積極的な反応は示さなかった[89]。また、陳誠は、書籍の輸入問題は将来改善されるだろうと答えつつ、共産中国からの「赤色毒素」が日本経由で流入することを危惧するという、いつもの理由を付け加えた[90]。

　だが、日本側提案の内、日華合同で両国の「合作」推進のために合同機関を創設するという部分には、中華民国側も関心を持った[91]。帰国した矢次一夫は、「中日親善と文化合作」のための「混合委員会」設立に関する草案を中華民国側に送付する[92]。それを受けて12月14日、総統府秘書長張群を主席に、総統府戦略顧問委員会主任何応欽、経済部長江杓、教育部長張其昀、アジア反共聯盟理事長谷正綱、外交部次長沈昌煥らを招集して、委員会創設の是非をめぐる検討会議が開催された。会議では、委員会の名称を「中日合作委員会」とすること、委員会設立の趣旨を「中日両国の文化、政治、経済の親善合作」とすること、また、中華民国側から参加するメンバーとして、谷正綱の他、黄朝琴（中日文化経済協会）、汪公紀（中日文化経済協会）、王撫洲（経済部）、呉俊昇（教育部）、陳雪屏（立法委員）、羅萬俥（立法委員）、楊雲竹（駐日公使）、張伯謹（駐日公使）、胡光泰（駐日商務参事）を選任することが決定された[93]。

　この決定は後日矢次に送付されるが、その際には蔣介石と張群が、日本側委員に日本商工会議所会頭藤山愛一郎を加えること、さらに、駐日中華民国大使館が、元駐米大使井口貞夫の参加を希望している旨が付言された。また、年明けに上述の参加者名簿が矢次の下に届けられると、日本側は中華民国側委員の中に現職官吏が数名参加していることに難色を示したが、駐日大使館が在日華僑の中には適任者がいないと説明して、日本側を押し切ったという[94]。こうしたやりとりからは、もっぱら文化交流促進のための機関設立を考えていた日本

第5章　日本文化論の変遷　269

側に対し、中華民国側はより政治的性質を帯びた団体の創立を構想していたことが見て取れよう。しかし、後に見るように、日華間で「合作」推進を主旨とした機関を創設したことは、日本側が目指していた通り、日本の文化的産品受け入れ拡大を中華民国側に容認させる結果となったのである。

（3）　規制緩和

　日華間で設立が合意された委員会は、後に中華民国側では「中日合作策進委員会」と名を改められ、日本側では「日華協力委員会」と呼称された（本書は、以後日本側の名称を採用する）。1957 年 4 月 3 日に、第一回総会が東京で開催される。中華民国側代表団訪日の当日、『中央日報』社説は、「歴史、地理、種族、文化のあらゆる方面から言っても、中日両国は悠久の厚く深い関係を有しており、まさにいわゆる『兄弟之邦』である[95]」と述べて、委員会の成功に期待感を表明した。総会参加者達は、政治、経済、文化の三分野に関して、三日間にわたって討議を行う。終了後、共同で出された声明書は、文化について以下のように謳っていた。

　　　　両国の文化交流を一段と高めるためには、学者・留学生の交換、学術研究ならびに芸術の交流、図書・新聞・雑誌をはじめ映画、ラジオ、テレビジョン等の近代的マス・コミュニケーションの交換とその相互援助が必要である。しかしこの必要性に直面する両国の間には、これらの問題について幾多の隘路（欠点）が横たわっているのを遺憾とするが、この隘路（欠点）を打開することこそ両国の文化の交流を盛んにする道だと信ずるのである。このために本委員会に委員外の専門家の参加も得て文化小委員会を設置し、具体的な成果を目指して直ちに活発な活動を開始することに意見が一致した。[96]

　後に外交部が作成した文書「中日文化合作工作進度報告」によると、中華民国側委員は実際に第一回総会から帰国後、政府の関連部局と折衝を行い、日本書籍の審査基準を大幅に緩和させた。その結果、日本書籍の審査合格率は

96％強にまで上がり、1958年度の輸入日本書籍の冊数は8412種、約20万冊に上ったという[97]。

また、映画については、第一回総会の場で御手洗辰雄が、日本映画の輸入割当本数が年間24部であるのを倍増させて欲しいとの要望を提出した。これについて中華民国側は、当初輸入枠を定める際、過去の国別輸入実績を基準にした結果、米国が年間約400部、日本は20部未満であったことが現在の比率をもたらしたわけであって、ことさら日本映画を圧迫する意図があるわけではないと釈明している。それに対し日本側委員の一人は、「貴国が日本映画を制限するのは島民の日本へのノスタルジアをおそれてのこと、今まで考えていたのですが、故意の制限はしないとの御説明で安心致しました。たゞ日本の映画は左傾したものが多いとの心配は今後とも無用であります」と応じたという[98]。

映画については、1957年10月に開かれた第二回総会においても再び争点となった。日本側委員の一人で、同年4月に日本映画海外普及協会副会長に就任していた井口貞夫は、日本映画の年間24部という割当は英米仏と比較して不当に低く抑えられているとして、その増加を要請している[99]。こうした要求に直面した中華民国側は、この第二回総会開催からほどなくして、日本映画の輸入量を年間34部に増加させた[100]。

日華協力委員会で日本側委員が行った要求は、日本政府の後押しを受けたものでもあった。同年6月に岸信介首相が訪台する直前、日本外務省は蔣介石との会談に備え、想定会談要旨を作成している。同要旨には、

> 文化交流の問題につきましては〔中略〕日華協力促進委員会でいろいろ検討されたところによって促進して行きたいと思います。日本よりの新聞、雑誌、書籍、映画の輸入等についても充分考慮していただいている模様ですが、よろしくお願いします[101]

と記されていた。この記述からは、日華協力委員会での日本側委員の主張が、東京の支持を受けたものでもあったことが分かる。委員会の討議と政府間交渉のどちらが決定的な影響を与えたかは分からないが、いずれにせよ、日本の文

化的産品輸入の開放は、日本側からの要求を中華民国が受け入れたことにより実施されたのである。

4　「文化合作」の同床異夢

1959 年 10 月に開催された第五回日華協力委員会総会では、第一回総会以来行われて来た「文化合作」の進展状況をまとめた報告書が作成されている。それが、前述の「中日文化合作工作進度報告」である。報告書によれば、過去四回の総会で決議された「文化合作」関係の案件は、合計十三件に及んだという。以下は、時系列に沿ってまとめられた決議案の一覧である。

一、日本図書出版物の台湾輸入促進に関する件

二、日華文化界の思想反共運動共同促進に関する件

三、文化交流の経済的諸条件に関する件

四、中華民国学生の日本留学手続改善に関する件

五、日本各階層の人士が中華民国の正確な呼称を使用するよう促進する件

六、日華文化界の思想反共運動共同促進案を再確認する件

七、日本映画の中華民国輸入割当本数に関する件

八、日華映画事業協力に関する件

九、日華双方がそれぞれ文藝作品の奨励事業を主催する件

十、日華現代美術の交換展覧主催に関する件

十一、日華印刷技術協力の促進に関する件

十二、日華テレビ事業協力の促進に関する件

十三、日華両国の中小学校教科書交換に関する件 [102]

これらの内、「一」の出版物と「七」の映画に関する内容は、すでに見たように、日本側の要求が通ったものであった。一方、「二」の「思想反共運動共同促進」という活動は、中華民国側が熱心であった。「六」にもあるように、

この活動は、実行することの再確認決議が後に出されているが、それは中華民国側が求めたものだったのである[103]。では、「思想反共運動共同促進」では、具体的にどのような事業が展開されて来たのか。中華民国側が作成した報告書には、次のように記されている。

1．共同で共産主義の謬論を反駁し、ならびにお互に研究の成果を交換するため、すでに本会を通じ日本側委員各位に対して、日本文化界の反共団体および組織を調査してその名簿を取り寄せるよう依頼し、更にそれを各関係団体に送付して、それぞれ密接な連携がとれるようにした。

2．東洋の倫理道徳を発揚させるため、すでにわが国の教育部に要請し、先ずわが方の中小学校教科書中に載せられてある徳目を調べて貰った上、それを日本側に転送した。

3．東洋文化の優秀なる伝統を発揮せしめるため、孔徳成奉祀官の渡日講義および日華書道の交換展覧を促進し、すでにそれぞれ実現を見た。

4．反共名著の翻訳については、すでに蔣総統の名著「中国のなかのソ連」の日本文版の出版を完成した。

5．日華新聞界の連繋に関しては、本会委員と政府の共同の努力により、すでに相前後して日本新聞界訪問団及び日本の学者であり、また本会の日本側委員でもある小野秀雄氏のわが国訪問を招請した。〔中略〕このほか、本会は更に日本新聞界の来台訪問者多数を相前後して接待した。

6．日華両国人士の相互訪問等、接触が頻繁となった。留学生の交換については、近年来日本学生の中国〔引用者注＝台湾〕に留学するもの漸く増え、わが国からは交換留学生を引き続いて送り、中華民国四十六（一九五七）年以来、留学試験に合格した学費自弁の日本留学生もまた、すでに陸続として日本に渡っている状態である。[104]

第 5 章　日本文化論の変遷　273

　この報告書に記されているように、1950 年代末になって、「中日文化合作」
は日華双方の希望をある程度反映したものとなっていた。一方では、日本側の
要望に沿って、日本語書籍や映画の輸入に対する規制が部分的に緩和された。
そして、もう一方では、「東洋文化」を日本と共同で振興し、共産主義陣営に
対する「文化の戦争」を戦うという中華民国側の思惑も「文化合作」の内容に
盛り込まれたのである。1959 年 10 月 15 日の『中央日報』社説は、日華協力
委員会の開催以来、両国の合作は経済・文化面で多くの成果を上げて来たと評
している [105]。

　とは言うものの、両国の「文化合作」は、二つの意味で同床異夢のもので
あった。第一に、日本の文化的産品流入に対する警戒心は、依然として中華民
国側に存在し続けた。沈昌煥外交部長は、1963 年 1 月に駐華韓国大使から中
韓文化専約 [106] の締結を打診された際、現在日本から映画・書籍の輸入拡大や
日本番組の放映などを要求されているのに対し、中華民国は日本文化の過度な
浸透を防ぐために拒否しているが、韓国との間で文化専約を締結した場合、日
本を刺激してさらなる要求を突き付けて来るかもしれないとの理由を挙げて、
消極的な反応を示している。この際に韓国大使が、日本文化浸透への懸念は韓
国も共有すると答えると、沈外交部長は、以前日本側から、日本文化の大部分
は中国発祥なのに、なぜ日本文化が「中国」に流入するのを望まないのかと聞
かれ、日本の文化界には中立主義者や「二つの中国」論者、毛沢東主義者など
か存在するから規制せざるを得ないのだと答えたことがあるというエピソード
を紹介し、こうしたやりとりにも、我が国の対応の難しさが表れていると付言
した [107]。日本の文化的産品の流入規制は脱日本化のためではなく赤化対策だ
と説明しつつ、日華両国が「東方文化」を共有すると位置づけたことは、日華
間の友好ムードを醸成する一方で、文化政策に関する対日交渉力を損なっても
いた。だが政府は、自らの論理に弱点があることを認識しつつも、大規模な規
制緩和に踏み切ることはなかったのである [108]。

　第二に、「中日合作」に占める文化の役割について、日華間で認識が異なっ
ていた。日本側で「中日合作」を推進していた人々は、そもそも日華協力委員
会設立の経緯からも分かるように、台湾との間の文化や経済的関係の促進を重

要事項と位置づけていた。そのため、委員会の日本側首席委員は、ほとんどが
政界関係者ではなく財界人が務めたし、総会後に出される共同声明でも、政治
色や反共色を薄めようとしたのである[109]。それに対し、中華民国側にとって、
政治・経済・文化の各分野で行われる日華間の合作の内、最も優先されるべき
は政治面であり、その他の分野は枝葉に過ぎないものであった。そうした見解
は、1957年9月16日の『中央日報』社説で明確に表明されている。

> 今日、中日合作を論じる人は、大部分が経済と文化方面に偏り、政治を
> 軽視している。実際は、経済・文化方面〔の合作〕は、そのほとんどが
> 技術的な問題であり、互いの需要に基づけば、解決方法をまとめること
> は難しいことではない。ただ政治的立場と基本的な観点が一致して、は
> じめて強固な合作の基礎を確立出来るのである。さらに、政治と経済・
> 文化は、はっきりと分けるのが困難なものであり、もし政治的立場に距
> 離が存在すれば、経済・文化方面の合作も困難さを増すのである。[110]

　数日後、訪日中の張群も京都で同趣旨の発言を行っている。張群は、日華両
国が共同の政治思想を持つようになって、はじめて双方の経済と文化の交流を
促進出来ると語った。さらに、同じ論理で、「自由中国」と日本が文化・経済
交流を積極的に展開出来ずにいるのは、政治思想上の距離が存在するからであ
ると述べたのである[111]。ここで述べられている政治思想上の距離とは、「反
共」という課題に対する態度の違いに他ならない。
　こうした、経済・文化に対する政治優先という姿勢は、1960年代に日本の
池田勇人政権との間で発生した紛争の際に、如実に現れることになる。1963
年7月4日、倉敷レイヨンが中国との輸出契約を調印し、翌月20日、池田政
権が倉敷レイヨン製ビニロン・プラントの日本輸出入銀行融資による延べ払い
輸出を承認した。これに対して中華民国政府は、日本の政府系金融機関が対中
貿易に関与することは、中共政権に対する「経済援助」にあたるとして強く反
発する。さらに、10月7日に中国訪日代表団の通訳として来日していた周鴻
慶の亡命事件が起き、当初台湾への亡命を希望していた周の身柄が、本人の意

第 5 章　日本文化論の変遷　275

思の二転三転もあり結局中国大陸に送還されると、日華関係は一段と緊張したのである[112]。この間に開かれた国民党第八回中央委員会常務委員会第四七四次会議では、池田政権への対応策が検討された。そこで出された結論の一つは、「民族精神教育を強化し、日本の映画、音楽、書籍等の文化浸透への警戒心を高め、防備に注意する」というものであった[113]。翌年には、周鴻慶亡命事件への対応として、各新聞に対して日本商品の広告掲載を全面停止すること、街頭の広告にも制限を加えること、民間において「自発的に」日本映画を見ず、日本音楽を聞かず、日本語を話さず、日本商品を買わず、日本旅客機に乗らず、親共的な日本の友人と交際しないという「愛国運動」が行われるのを奨励するという方針が定められた[114]。映画に関しては、行政院が公営事業に対し日本製品購入への禁止令を出したのを受けて、「台湾省電影戯劇商業同業公会」が日本映画の上映を停止した[115]。政治的な問題をめぐって日華間が対立した場合、経済と文化は、政治的圧力を行使するための手段とされたのである。

　しかしながら、日本からの文化的影響に対してこれほど警戒的であり、かつ、政治的立場をめぐって対立関係に陥ることすらあったにもかかわらず、公式な論説の中で、日本文化が中国文化と根源を同じくするという説明が撤回されることはなかった。1966年から中国で文化大革命が始まると、日華両国の提携により「東方文化」を振興するという課題の重要性は、さらに高く評価されることになる。同年10月に開催された日華協力委員会第十一回総会では、「共同して東方文化を保衛し、アジアの動乱の根源である共匪を消滅させることは、今後の中日両国人民の主要な課題」であると決議されている[116]。

　日本との間に文化的絆が存在することは、日華関係の現状だけでなく、過去について説明する際にも用いられた。池田政権との紛争が収束した後の1964年末、『中央日報』社説は、次のように論じている。

　　　国際関係の最も強靭な紐帯は、文化の類型と歴史的淵源である。中国が日本に対して半世紀忍耐し、八年の抗戦を経た後でも講和後に報復せず、過ちを問わなかったのは、両国間にある強靭な文化及び歴史的紐帯

のためである。共産主義は人類の生活方式を改変したが、もしそれをす
ら一種の「文化」と呼ぶなら、それは我々のものとは截然と異なるもの
であり、決して相容れることのない「文化」である。[117]

　ここで、「我々（中国と日本）の文化」と共産主義の「文化」は、決して相
容れることがないものとされている。日本文化は中国文化と同様のものであ
り、一方、共産主義という「文化」の方が、「我」よりも遠く離れたものであ
るとされた。このように叙述することで、「中日関係」の緊密さと共産主義の
他者性が、国民に対して強調されたのである。そして、日中戦争の戦後処理を
報復的なものにしなかった理由としても両国間の文化及び歴史的紐帯を挙げる
ことで、この論説は、日本文化論を戦後日華関係の＜起源の物語＞の中にも組
み入れたのであった。
　対日戦後処理の寛大さを日華間の文化的紐帯から説明する言説は、元中華民
国駐日大使館文化参事の宋越倫が 1966 年に出版した『中日民族文化交流史』
という学術的な書籍においても見られる。同書は、縄文時代から明治維新に至
るまでの日本史に、いかに中国文化が影響を与えたかを論じたものだが、その
自序の中で宋は、戦後大多数の中国民衆が蔣総統の「以徳報怨」という方針に
無条件に従ったのは、中国人に度量と文化的修養があったことに加え、日本民
族に対する一種の血統的・文化的親近感が、中華民族の潜在意識に影響を及ぼ
したのではないか、と推論していた[118]。元教育部長の張其昀が序文を寄せて
いることから、同書の内容は、政府公認のものであったと考えられる。
　書籍や映画などの具体的な日本の文化に対して、当局はほぼ一貫して警戒的
であったし、日本と「文化合作」を行うことも、本来の意味での文化交流とは
趣旨を異にするものであった。しかし、概念としての日本文化の位置づけは、
1950 年代に入って大幅に向上したのである。ただしそれは、日本文化の特色
を肯定した結果ではなかった。日本文化は、あくまで中国文化と同じという部
分が切り取られ、高い評価を受けたのである。

小結

　イギリス史研究者の木畑洋一は、脱植民地化には、旧宗主国からの独立とい
う「政治的脱植民地化」以外に、経済的側面や、文化的・精神的側面について
も考える必要があると説いている。かつて植民地統治下にあった地域の人々の
多くは、自分達の文化を、支配する側の「進んだ」文化、「すぐれた」文化と
は対照的な「遅れた」文化、「劣った」文化と評価され、文化的自己実現を抑
制されていた。彼らの間では、政治的独立の達成後も、旧来の支配者の文化的
影響を払拭出来ないという状況がしばしば見られたのである。木畑はそこで、
ケニアの作家グギ・ワ・ジオンゴ（Ngũgĩ wa Thiong'o）の言葉を引用し、「精
神の脱植民地化」という課題が、「政治的脱植民地化」と同様に重要であると
述べている[119]。

　植民地統治を脱したばかりの台湾における公式な言説の中で、日本文化は台
湾人にとっての「毒素」であると叙述されていた。そうした言説においては、
単に台湾人を「中国人」へと再統合する上で旧支配者の文化的影響が好ましく
ないからというだけでなく、そもそも日本文化は中国文化と本質的に異なるも
のであり、価値の低いものであるという説明がなされたのである。このような
説明は、特に1947年の二二八事件勃発以後、顕著なものになった。しかし、
それは台湾人の文化的自己実現の促進よりも、事件勃発の原因を植民地統治が
台湾人の「思想文化」に与えた「毒素」の責任に帰すことで、自らの執政を正
当化することを意図した宣伝であった。台湾省行政長官公署が廃止され、台湾
省政府が設立されてからも、このような宣伝傾向に大きな変化は生じなかっ
た。

　それに対し、同時期の中国大陸の官製メディアにおいては、日本の「軍国主
義」、「大和魂」や「武士道」などの「思想」を危険視することはあっても、日
本文化そのものが非難の対象になることはまれであった。冷戦の進展にともな
い、米国が日本育成策に踏み出してからは、日本の思想的状況に対する評価も
向上した。日本人の間で軍国主義が復活する危険性は低減したと説明され、日

華間で「合作」が行われる可能性まで示唆された。日本と中国との間に文化面で密接な関係があるという見解が、政府高官によって公言されるようにすらなったのである。

1940年代後半に中華民国政府が中国大陸で行っていた宣伝が以上のようなものであったから、中央政府の台湾移転後に島内で行われる宣伝も、大陸時代の論調を色濃く反映したものとなった。1950年以降、公式には日本文化を「毒素」と位置づけて、大々的に宣伝を行うことはなくなる。戦後初期以来の「脱日本化」政策の必要性が1950年以降減じたわけではなかったし、日本の文化的産品が台湾に流入することに対しても、当局は警戒的であった。それにもかかわらず、台湾における最も公式な言説においては、日本文化に対し直接的な非難を行うことはなくなったのである。

日本文化に代って「毒素」の座についたのは、共産主義思想という「赤色の毒」であった。そして、共産党を非合法化していない日本の書籍や雑誌には「赤色の毒」が含まれていることが、日本側に対して、その文化的産品の輸入規制を正当化する論拠として用いられた。

一方で、1952年の日華平和条約締結後から、日本文化は「我々と同じもの」、もしくは、「根源を同じくするもの」であると位置づけられるようになる。そして、日本文化は、中国文化と同様に「東方文化」の伝統を継承するものであることから、日華両国が共同して「東方文化」発揚に努め、共産主義に対抗しなければならないとの構想が提唱された。日本文化は、「軍国主義」や「侵略主義」の淵源とされなくなったばかりでなく、「我々と同じもの」として、ほぼ対等に近い地位まで評価を向上させたのである。日華関係について論じる言説では、両国に存在する文化的絆が度々強調されるようになり、このような考え方は、より端的には、「同文同種」という成語によって表現された。

日華両国が「東方文化」を共有するという位置づけ自体は、中国の古典に精通した日本人にとっても、異論のあるものではなかった。実際、緒方竹虎や前田多門らが、儒学などの古典思想に対する理解を示さなかったら、「中日文化合作」というアイディアは、カウンターパートを持たない一人よがりなものとなっていただろう[120]。ただし、中華民国側の言説を子細に検討すると、日本

文化はそれ自体の価値ではなく、中国文化と共通していると見出された部分が評価されたのであり、前者に対する肯定は、つまるところ後者の価値を称揚する意味を持つに過ぎないものであったことが分かる。日本政府は、中華民国側の再三の要求にもかかわらず共産党を非合法化しなかったし、中国との間で民間貿易協定が締結されるのを放任することで、中立化志向や対中接近の意図を疑わせることもあった。1960年代の池田政権期には、日華関係は国交断絶寸前にまで悪化したのである。そうした中にあっても、概念としての日本文化に対する高い評価が一貫して変わらなかったのは、日本文化に対する賛辞が自国の文化を否定したり、引け目を感じさせたりするものにはならず、むしろ満足感を与えるものであったからに他ならない。中華民国政府は、実際の文化政策上でも、宣伝上の虚構の世界においても、いずれにしても本当の意味では、日本文化を必要としてはいなかったのである。

注

1　黄英哲『「去日本化」「再中国化」：戦後台湾文化重建（1945-1947）』（台北：麥田出版、2007年）。

2　「台湾省電影審査暫行辦法」『台湾省行政長官公署公報』（第2巻第1期、1946年1月20日）、「台湾省行政長官公署訓令」『台湾省行政長官公署公報』（秋、1946年7月26日）、「台湾省行政長官公署代電」『台湾省行政長官公署公報』（冬、1946年10月3日）。

3　「社論　日本化名詞の改正」（『台湾新生報』1945年12月26日）。

4　菅野敦志『台湾の国家と文化：「脱日本化」・「中国化」・「本土化」』（勁草書房、2011年）。

5　李衣雲『台湾における「日本」イメージの変化　1945-2003：「哈日（ハーリ）現象」の展開について』（三元社、2017年）。

6　黄智慧「台湾における『日本文化論』に見られる対日観」（『アジア・アフリカ言語文化研究』No. 71, 2006, 3）。

7　林果顕「欲迎還拒：戦後台湾日本出版品進口管制体系的建立（1945-1972）（『国立政治大学歴史学報』45（2016年5月）。

8　三澤真美恵「『戦後』台湾での日本映画見本市：一九六〇年の熱狂と批判」（坂

野徹、愼蒼健編著『帝国の視角／死角：＜昭和期＞日本の知とメディア』青弓社、2010年）。

9　徐叡美『製作「友達」：戦後台湾電影中的日本（1950s-1960s）』（新北：稲郷出版社、2012年）。

10　平野健一郎『国際文化論』（東京大学出版会、2000年）10頁。平野が同書で使用している「文化」の定義は、クライド・クラックホーン（Clyde Kluckhohn）の論文"The Concept of Culture," in R. Linton, ed., *The Science of Man in the World Crisis* (New York: Columbia University Press, 1945) p. 94. から採用したものであるという。

11　「国父誕辰暨文化復興節紀念大会致詞」（秦孝儀主編『総統蔣公思想言論総集　巻二十九』台北：中央委員会党史会、1984年）240頁。

12　「社論　台湾重返祖国懐抱」（『中央日報』1945年9月17日）。

13　「社論　台湾新文化の建設」（『台湾新生報』1945年11月6日）。

14　同上。

15　「社論　思想毒素の粛清」（『台湾新生報』1945年12月17日）。

16　同上。

17　「台湾省行政長官公署公告」（『台湾省行政長官公署公報』春、1946年3月1日）。

18　「日本戦敗了麼？柯参謀長発表広播」（『台湾新生報』1945年11月19日）。

19　高良佐「日僑に寄す（上）」（『台湾新生報』1946年4月10日）。

20　「社論　日本人的反省」（『台湾新生報』1946年6月10日）。

21　「社論　冷静的想一想」（『台湾新生報』1947年3月21日）。

22　「社論　重視教育文化工作」（『台湾新生報』1947年3月22日）、「社論　『二・二八』不是民変」（『台湾新生報』1947年3月28日）。

23　許寿裳「台湾需要一個新的五四運動」（『台湾新生報』1947年5月4日）。

24　「社論　対祖国応重新估価」（『台湾新生報』1947年4月8日）。

25　「社論　歴史賦予我們的両個任務」（『台湾新生報』1948年3月3日）、「社論　文物展覧在台湾」（『台湾新生報』1948年3月24日）、「社論　本省教育二三事」（『台湾新生報』1948年8月7日）、馮放民「専論　台湾需要怎様的教育」（『台湾新生報』1949年6月19日）。

26　「中華民国三十五年青年節告全国青年書」（秦孝儀主編『総統蔣公思想言論総集　巻三十二』台北：中央委員会党史会、1984年）142頁。

27　「処理日本問題意見書―民国三十四年八月十二日国防最高委員会審定参考資料」（中華民国重要史料初編編輯委員会『中華民国重要史料初編―対日抗戦時期　第七

第 5 章　日本文化論の変遷　281

編　戦後中国（四）』台北：中国国民党中央委員会党史委員会、1981 年）638-639 頁。

28　「社論　根絶日本的軍国主義」（『中央日報』1945 年 10 月 5 日）。

29　「社論　日本新閣與戦争罪犯」（『中央日報』1945 年 10 月 8 日）。

30　「社論　管制日本的認識」（『中央日報』1946 年 5 月 29 日）。

31　「社論　送王外長渡美」（『中央日報』1947 年 9 月 6 日）。

32　「赴日視察結束定今返国　張群対日人発表声明」（『中央日報』1948 年 9 月 12 日）。

33　「張群広播赴日観感」（『中央日報』1948 年 9 月 29 日）。

34　「社論　従亜洲全局看日本問題－評張群『日本観感』」（『中央日報』1948 年 9 月
　　29 日）。

35　小島晋治、伊藤昭雄、光岡玄共著『中国人の日本人観 100 年史』（自由国民社、
　　1974 年）230 頁。ただし、その理由は、「日本はかつて中国のすぐれた弟子であり、
　　近代以前の日本文明は、その全構造が完全に中国的であり、中国からもち運んで
　　いったものだったからだ」とされていた。

36　「敵乎？友乎？―中日関係の検討」（黄自進主編『蔣中正先生対日言論選集』（台
　　北：財団法人中正文教基金会、2004 年）303 頁。

37　「抗戦建国週年紀年告日本国民書」（秦孝儀主編『総統蔣公思想言論総集　巻
　　三十』台北：中国国民党中央委員会党史委員会、1984 年）278 頁。

38　「社論　張群対日本的臨別贈言」（『台湾新生報』1948 年 9 月 14 日）。

39　菅野敦志、前掲書、137-138 頁。

40　「復行視事文告」秦孝儀主編、前掲書、55-56 頁。

41　黄自進主編、前掲書、1008-1009 頁。

42　なお、1950 年代には日本人軍事顧問を高く評価していた蔣介石だが、1960 年代
　　に入ると、新しく雇用したドイツ人軍事顧問の Oskar Munzel の方を重視するよう
　　になる。1968 年の日記では、Munzel とその助手がこの二年間に行ってきた教育の
　　価値は、白鴻亮らによる過去十八年間の教育の価値を上回ると記している。前者が
　　実際的かつ基本的であるのに対し、後者は時代遅れであるというのがその理由で
　　あった。呂芳上主編『蔣中正先生年譜長編　第十二冊』（台北：国史館、国立中正
　　紀念堂、財団法人中正文教基金会、2015 年）、「蔣介石日記」（未刊本）1968 年 5 月
　　18 日の条、519 頁。白鴻亮とは、元日本軍人の富田直亮の中国名である。戦後渡台
　　して蔣介石の軍事顧問となった日本軍人たちについては、野嶋剛『ラスト・バタリ
　　オン：蔣介石と日本軍人たち』（講談社、2014 年）を参照。

43　「総理『知難行易』学説與陽明『知行合一』哲学之綜合研究」（秦孝儀主編『総統

蔣公思想言論総集　巻二十三』台北：中央委員会党史会、1984 年）337-341 頁。

44　「建国建軍必先確立制度造成風気（下）」、同上書、431 頁。

45　「本党今後努力的方針」、同上書、353-354 頁。

46　「教育與革命建国的関係」（秦孝儀主編『総統蔣公思想言論総集　巻二十四』台北：
中央委員会党史会、1984 年）207-213 頁。

47　「中華民国四十一年元旦告全国軍民同胞書」（秦孝儀主編『総統蔣公思想言論総集
巻三十三』台北：中央委員会党史会、1984 年）3 頁。文化改造運動」の詳細につ
いては、林果顕『「中華文化復興運動推行委員会」之研究（1966-1975）：統治正統
性的建立與転変』（板橋：稲郷出版社、2005 年）49-60 頁、菅野敦志、前掲書、142
-145 頁。

48　「民生主義育楽両篇補述」（秦孝儀主編『総統蔣公思想言論総集　巻三』台北：中
央委員会党史会、1984 年）245 頁。

49　1954 年から始まる「文化清潔運動」では、「赤色の毒」、「黄色の毒」の他、「黒
色の毒」も打倒の対象となった。「黒色の毒」とは、報道関係者がスキャンダルを
追い求め、事実を捏造する風潮を指したものである。ただし、「黒色の毒」は、外
部から流入して来るものとは考えられていなかったことが、前二者との相違点であ
る。林果顕、前掲書、62 頁、陳芳明『台湾新文学史　上』（台北：聯経、2011 年）
268、271 頁。

50　「社論　黄色刊物與日本刊物」（『公論報』1950 年 4 月 21 日）。

51　「台湾省日文書刊及日語電影片管制辦法」（『台湾省政府公報』39 年夏字第 62 期、
1950 年 6 月 12 日）。

52　「台湾省日文書刊暨日語電影片審査会組織規程」、同上。

53　「台湾省日文書刊管理辦法」（『台湾省政府公報』40 年秋字第 47 期、1951 年 8 月
14 日）。

54　「国外電影片輸入管理辦法（1954 年 6 月 22 日）」（『総統府公報』第 509 巻、1954
年 6 月 29 日）。

55　行政院新聞局令（1955 年 6 月 28 日）（『総統府公報』第 614 巻、1955 年 7 月 1 日）。

56　「中国国民党第 7 届中央委員会常務委員会第 100 次会議紀録」（1954 年 5 月 3 日）
『陳誠副総統文物』典蔵号 008-011002-00015-021、台北、国史館。

57　1956 年 7 月の『自由中国』は社説で、日本の書籍・新聞に対する輸入検査手続
きは煩瑣に過ぎ、思想的政治的に問題のないものまで規制をかけているが、これで
どうして日本の世論からの好感を得られようかと批判している。「社論　人無遠慮、

第 5 章　日本文化論の変遷　283

必有近憂」（『自由中国』第 15 巻第 1 期、1956 年 7 月 1 日）5 頁。

58　『宣伝週報』（第 47 期、1953 年 6 月 19 日）14-15 頁。

59　『宣伝週報』（第 3 巻第 20 期、1954 年 5 月 14 日）13 頁。

60　『宣伝週報』（第 3 期第 5 期、1954 年 1 月 29 日）7 頁。ただし、ここで列挙され
ている雑誌名の大半は、実在が確認出来なかった。

61　『宣伝週報』（第 7 巻第 11 期、1956 年 3 月 9 日）7 頁。

62　「中日合作政策」（1952 年 7 月 25 日）『蔣中正総統文物』典蔵号 002-080106-00065-
006、台北、国史館。

63　『宣伝週報』（第 3 巻第 5 期、1954 年 1 月 29 日）7 頁。

64　張群訪日については、第四章でも触れている。

65　「張群昨対記者談　定於下月二日赴日友好訪問」（『中央日報』1952 年 7 月 31 日）。

66　沈昌煥発陳誠宛（1952 年 12 月 30 日）『陳誠副総統文物』典蔵号 008-010301-
00155-018、台北、国史館。

67　「努力維護東方文化必須中日共求解決　陶希聖在文化座談会中致詞」（『中央日報』
1953 年 12 月 1 日）。

68　許雪姫総策画『台湾歴史辞典』（台北：行政院文化建設委員会、2004 年）117 頁。

69　「中日文化経済協会章程」（『中央日報』1952 年 7 月 30 日）。

70　許雪姫総策画、前掲書、117 頁。

71　「中日文化経済協会招待日議員」（『中央日報』1952 年 9 月 2 日）、「長谷川『如是亡』
昨在英専漫談人生問題中日文経会今茶会招待」（『中央日報』1954 年 4 月 24 日）、「新
任日使堀内今晨呈遞國書　中日文経協会定明酒会歓迎」（『中央日報』1955 年 12 月
27 日）。

72　「社論　立法院会通過中日和約」（『中央日報』1952 年 8 月 1 日）。

73　「総統與緒方竹虎第三次談話記録」（1952 年 5 月 12 日）『蔣中正総統文物』典蔵号
002-080106-00065-005、台北、国史館。

74　「中日文化経済協会成立会中張群致開会詞」（『中央日報』1952 年 7 月 30 日）。

75　同上。

76　平野健一郎、前掲書、179 頁。

77　「歓迎前田宇野両氏張其昀致詞全文」（『中央日報』1954 年 11 月 11 日）。

78　張其昀『張其昀先生文集　第十九冊　文教類（四）』（台北：中国国民党中央党史
委員会、国史館、中国文化大学、1989 年）10371 頁。

79　同上書、10371-10376 頁。

80　同上書、10367 頁。

81　在中華民国日本国大使館「対中華民国政府交渉条件本省打合事項目録」(1952 年
12 月 25 日)、外務省記録マイクロフィルム「日本・中華民国間外交関係雑件」A’
-0356、東京、外務省外交史料館。

82　アジア局第二課「対中華民国政府交渉案件打合事項」(1953 年 2 月 3 日)、外務省
記録マイクロフィルム「日本・中華民国間外交関係雑件」A’-0356、東京、外務省
外交史料館。

83　木村参事官発倭島アジア局長・黄田経済局長宛 (1953 年 9 月 3 日)、外務省記録
マイクロフィルム「日本・中華民国間外交関係雑件」A’-0356、東京、外務省外交
史料館。

84　アジア二課「中華民国に解決方折衝中の懸案」(1955 年 6 月 12 日)、外務省記録
マイクロフィルム「日本・中華民国間外交関係雑件」A’-0356、東京、外務省外交
史料館。

85　『宣伝週報』(第 8 巻第 7 期、1956 年 8 月 17 日) 1 頁。

86　矢次一夫「日本訪華使節団の成果に関する報告」(1956 年 11 月 6 日)、外務省記
録マイクロフィルム「本邦要人アジア、大洋州諸国訪問関係雑件」A’-0389、東京、
外務省外交史料館。

87　在華堀内謙介大使発高碕達之助外相臨時代理宛 (1956 年 9 月 3 日)、外務省記録
マイクロフィルム「本邦要人アジア、大洋州諸国訪問関係雑件」A’-0389、東京、
外務省外交史料館。

88　沈覲鼎駐日大使発葉公超外交部長宛 (1956 年 9 月 24 日)「中日合作策進委員会」
『外交部档案』档号 031.3/0044、台北、中央研究院近代史研究所。

89　「総統召見日本訪問団副団長御手洗辰雄暨団員高橋亀吉等五人談話紀録」(1956 年
8 月 21 日)『蔣中正総統文物』典蔵号 002-080106-00067-004、台北、国史館。

90　「接見日本訪問団副団長堀越禎三御手洗辰雄団員高橋亀吉談話紀要」(1956 年 8 月
24 日)『陳誠副総統文物』典蔵号 008-010106-00002-022、台北、国史館。

91　同構想については、『中央日報』の社説でも好意的に論じられている。「社論　有
感於日本友人之言」(『中央日報』1956 年 8 月 21 日)。

92　張群発葉公超宛 (1956 年 10 月 24 日)「中日合作委員会」『外交部档案』档号
031.3/0044、台北、中央研究院近代史研究所。

93　「討論中日合作組織会談紀録」(1956 年 12 月 10 日)「中日合作策進委員会」『外交
部档案』档号 031.31/0044、台北、中央研究院近代史研究所。

94 矢次一夫発井口貞夫宛（1957年1月29日）外務省記録マイクロフィルム「本邦における文化団体関係　日華協力委員会関係」I'-0101、東京、外務省外交史料館。なお、日本側は石井光次郎が林柏寿と許丙の、矢次が張厲生の参加をそれぞれ中華民国側に要請したという。

95 「社論　確立中日合作的観点」（『中央日報』1957年4月1日）。

96 堀越禎三「第一回日華協力委員会」（『経団連月報』第5巻第5号、1957年5月）17頁。

97 「中日文化合作工作進度報告」（1959年10月15日）「中日合作策進委員会」『外交部档案』档号031.3/0038、台北、中央研究院近代史研究所。

98 「特別通信　日華協力委第一次会議開く（五）」（1957年4月10日）外務省記録マイクロフィルム「本邦における協会及び文化団体関係　日華協力委員会関係」I'-0101、東京、外務省外交史料館。

99 外交部発駐日大使館宛（1957年日付不明）「中日合作策進委員会」『外交部档案』档号031.3/0035、台北、中央研究院近代史研究所。

100 行政院新聞局令（1958年6月27日）『総統府公報』（第927号、1958年7月1日）。

101 「中華民国総統との会談要旨（岸総理発言集）」（1957年6月）外務省記録マイクロフィルム「岸総理第一次東南アジア訪問関係一件（1957.6）携行参考資料」A'-0153、東京、外務省外交史料館。

102 「訳文　文化協力報告」（1959年10月15日）「中日合作策進委員会」『外交部档案』档号031.3/0038、台北、中央研究院近代史研究所。

103 「訳文　日華文化合作に関する提案の処理経過報告」（1958年1月）「中日合作策進委員会」『外交部档案』档号031.3/0037、台北、中央研究院近代史研究所。

104 「訳文　文化協力報告」（1959年10月15日）「中日合作策進委員会」『外交部档案』档号031.3/0038、台北、中央研究院近代史研究所。

105 「策進中日両国政治合作」（『中央日報』1959年10月15日）。

106 「専約」は条約の一種で、現行の条約を補充するものや、専門的問題に関するものを指す。

107 「外交部沈部長接見韓国大使金信将軍談話紀録」（1963年1月21日）「韓崔新外長訪華」『外交部档案』档号012.22/0073、台北、中央研究院近代史研究所。

108 中華民国と韓国は、1965年に「文化協定」を締結している。「中韓両国政府簽定文化協定」（『中央日報』1965年5月16日）。だが、日本との間に同種の協定を結ぶことはなかった。

109 池井優「日華協力委員会：戦後日台関係の一考察」（『法学研究』第53巻第2号、1980年2月）15頁。

110 「社論　歓送張群特使訪日」（『中央日報』1957年9月16日）。

111 「促進中日文化経済交流　需要共同政治認識」（『中央日報』1957年9月22日）。

112 清水麗「日華関係再構築への模索とその帰結：一九五八－七一年」（川島真・清水麗・松田康博・楊永明『日台関係史1945-2008』東京大学出版会、2009年）76-78頁。

113 「中国国民党第八届中央委員会常務委員会第四七四次会議紀録」（1963年10月2日）類8.3、号474、台北、国民党党史館。

114 中国国民党第九届中央委員会常務委員会第九次会議紀録」（1963年1月11日）類9.3、号9、台北、国民党党史館。

115 葉龍彦「日片進口問題之探討」（『台北文献』直字125期、1998年9月）146頁。

116 「中日合作策進委会声明　共同保衛東方文化消除亜洲赤禍根源為中日両国人民今後主要課題」（『中央日報』1966年10月30日）。

117 「社論　中日合作的基礎」（『中央日報』1964年12月7日）。

118 宋越倫編著『中日民族文化交流史』（台北：正中書局、1966年）。

119 木畑洋一『イギリス帝国と帝国主義：比較と関係の視座』（有志舎、2008年）215-216頁。

120 例えば、緒方は朝日新聞社の記者時代に上司から『孟子』の熟読をすすめられ、外国留学中も漢籍を持参するなど、中国の古典に造詣が深かった。三好徹『評伝緒方竹虎：激動の昭和を生きた保守政治家』（岩波書店、2006年）33-35頁。

第6章

公的記憶の変容と未完の関係清算

はじめに

　1960 年代に入り、台湾における言論統制は、より厳格なものとなった。1960 年 3 月、蔣介石は総統三選を禁止した憲法の規定を凍結し、再選を果たす。蔣介石三選に最も強く反対の論陣を展開した雑誌の一つが、『自由中国』であった。同年 8 月、同誌創刊者の一人である雷震が、自由主義的な外省人知識人、さらに呉三連、李万居、郭国基、高玉樹ら本省人有識者とも組んで、新政党「中国民主党」結成を宣言する。しかし、翌月雷震は「共産党のスパイ庇護」と「反乱煽動」の罪で逮捕され、禁固十年の判決を受けた[1]。その数日後、『自由中国』は停刊処分を受け、新党組織運動は終焉する（「『自由中国』事件」）。1961 年には李万居の『公論報』が、『自由中国』事件の影響を受けて廃刊に追い込まれ、1965 年には『自由中国』のリベラリズムを受け継いだと評される文芸誌『文星』（1957 年創刊）も廃刊を命じられる[2]。1964 年に発生した、いわゆる「彭明敏事件」は、著名な国際法学者で台湾大学教授の彭明敏が、その学生の魏廷朝、謝聡敏と共に「台湾人民自救運動宣言」を印刷したところで逮捕され、国際的な注目を集めた。「宣言」は、「一つの中国、一つの台湾」が存在することを世界は承認すべきこと、「大陸反攻」の不可能なことなどを訴えており、その内容が当局の忌諱に触れたのであった[3]。

　こうした言論統制の強化は、台湾の言説空間を逼塞させた。社会学者の蕭阿

勤は、1960年代になると、戦後に教育を受けた「戦後世代」の若い知識人達が登場するが、彼らは本省人・外省人を問わず、いずれも「消極・沈黙の世代」であったと評価している[4]。蕭がこのように述べるのは、1970年代に登場し、政治に対する異議申し立てを活発に行うようになった若い世代（70年代に20〜40歳代）との対比であった。70年代の青年知識人達は、60年代末に日米両国との間で発生した尖閣諸島（中国語では、釣魚台）の帰属をめぐる問題や、1971年から始まる米中接近、同年の中華民国国連脱退、72年の日中国交樹立と日華断交などの衝撃に直面し、台湾の現実問題に即した政治・社会改革を求めて声を上げるようになったのである。

　蕭は、70年代の青年世代は、「現実に回帰した世代〔＝回帰現実世代〕」を構成したとし、現在に至るまでの戦後台湾の中軸となる世代であったとしている[5]。この世代は、さらに、対日関係史の集合的記憶についても大きな変化をもたらした。国民党への異議申し立て（「党外運動」）を展開する中で、彼らは日本統治時代の「抗日運動」を再発見する。そして、自分達の「党外運動」を、「抗日運動」と同じく「中国ナショナリズム」に基づいた愛国的な運動と位置づけたのである[6]。こうした言説が、実際に「中国ナショナリズム」に基づいていたのか、それとも、戒厳令下で「台湾ナショナリズム」を大っぴらには主張出来ない本省人活動家達による、「敵を欺く偽装」であったのかは意見が分かれる[7]。ともあれ、70年代になって、台湾における「我々」と日本との関係史に関する解釈が、それまでの公式な歴史叙述の枠組みを絶対視するものではなくなり始めたことは、確かなようである。

　実際、1975年に行われた立法院での質疑の中で、台湾籍の立法委員康寧祥は、台湾人の抗日運動の歴史を学校教科書の中に盛り込むよう蔣経国行政院長に提案して、肯定的な反応を引き出している。康は、日本統治下の五十年で台湾民衆が日本から受けた苦痛と犠牲は、大陸同胞が八年間の抗戦中に受けた苦痛に劣るものではなかったと述べ、日本に反抗する壮烈な革命政治運動の中で、祖国を思う志こそが最大の拠り所と自信であったと論じた。そこで、この台湾民衆による貴い抗日運動を歴史教科書の中に記載し、青年達をして彼らの父母や祖先達が、かつて祖国への思慕と民族の尊厳のためにこの土地で血と涙

第 6 章　公的記憶の変容と未完の関係清算　289

を流し、日本帝国と激しい闘争を行ったことを知らしめねばならないと主張し
たのである[8]。それに対して蒋経国は、「非常に賛成」であると前向きに答弁
している[9]。

　だが、こうした 70 年代に生じた「抗日運動の発見」と、1960 年代の言論統
制強化や戦後世代の沈黙は、どのようにして結びついたのだろうか。「党外運
動」に関する蕭阿勤の研究は、60 年代と 70 年代の時代状況の違い（中華民国
の国際的地位低下や、釣魚台運動など）については触れながらも、分析の重点
は 70 年代の青年知識人達がどのような意識の下、言説を展開したかという問
題に置かれている。こうした傾向は、80 年代以降に顕著になる「台湾ナショ
ナリズム」の起点をどこに読み解くかという問題意識に基づいたものであろ
う。

　しかし、このような問題意識から出発した研究は、台湾における「アイデン
ティティ・ポリティクス」（認同政治）の実態解明には寄与するものの[10]、対
日関係の公的記憶に関心を抱く本書にとっては、十分なものではない。70 年
代における「抗日運動の発見」と、60 ～ 70 年代の公的記憶の間には、どのよ
うな関係があったのだろうか。青年知識人達は、公的記憶とは関係なく、自ら
抗日運動を「発見」したのだろうか。それとも、公的記憶の変化が、青年知識
人達の抗日運動「発見」に影響を与えた面はなかったのだろうか。

　本章は、1960 年代から 70 年代にかけての対日関係史の叙述がどのようなも
のであったかを検討する。まず、日本との間で紛争が生じた際に、過去の対立
の記憶がいかに動員されたかを検討する。分析の対象となるのは、前章でも触
れたビニロン・プラント輸出問題と周鴻慶事件が発生した際の当局による宣伝
政策である。次いで本章は、60 年代に生じた内外情勢の変化が、公的記憶を
成立させていた条件に徐々に変化を生じさせていたことを確認する。最後に、
日華間の国交が断絶した 1972 年以降、公的記憶がどのように変化したかを検
討する。本章の考察を通じて、先述した 70 年代の青年知識人達による「抗日
運動の発見」は、国交断絶後の公的記憶の変容とも関係していたことが明らか
にされる。

1 紛争発生時の公的記憶

（1） 日華紛争の発生と記憶の動員

　前章までの検討で明らかになったように、1950年代の中華民国政府は、日本との間で過去の解釈をめぐって紛争が発生する可能性を様々な言説的実践によって抑制して来た。50年代後半になって、戦後日本に対して寛大であったことは中華民国にとって何の資産にもなっておらず、より厳格な対日政策が必要であるとする論説が在野系メディアから出現するようになったが、それにもかかわらず、政府の基本的な態度は変わらなかったし、日本の分割占領を阻止したという新たな逸話を紹介して、＜起源の物語＞を再編することまで行ったのである。また、終戦直後からの脱日本化政策を継続した一方で、日本文化を日本人の民族性と関連させて、批判的に論ずることも減少していった。

　しかし、1963年から64年にかけて、ビニロン・プラント輸出問題と周鴻慶事件に起因する日華紛争が発生すると、中央政府の台湾移転以降では初めて、敵としての日本の記憶が大々的に動員された。1963年9月16日の『宣伝週報』を読むと、このような動員は、政府の対日政策を歴史的な背景から正当化することを目的としていたことが分かる。以下、その内容を見て行こう。

　『宣伝週報』は、満洲事変勃発から三十二周年の記念日となる9月18日に関して、大々的な宣伝を実施するよう指示していた[11]。この時点で、台湾において過去の日本との敵対関係を想起させる記念日は、元々は「抗戦勝利紀念日」であった9月3日（軍人節）と、台湾の「光復」が発表された10月25日（光復節）のみであり、9月18日は重視されていなかった[12]。ところが、この年の『宣伝週報』は、突如として満洲事変に大きな重要性を付与したのである。その冒頭には、池田勇人政権が「見利忘義（利益に目がくらんで正義を忘れる）」の態度でビニロン・プラントを「共匪」に売却したことにより、「全国上下」が皆等しく憤慨していると記されていた。そこで、日本による東北侵略の史実を人々に思い起こさせ、歴史の教訓を復習し、対日関係を検討するために、「各新聞単位」は以下の要点を参照して宣伝を行うよう指示がなされたの

である。要点としては、以下の六点が挙げられていた。

第一に、「九一八」に日本軍閥が侵略を発動した史実に基づき、中華民国の抗戦は、国家と民族の生存および東アジアの平和のために戦ったものであることを説明する。一方、日本が世界の一等国という地位から無条件降伏するまでに至った理由は、日本軍閥が不遜で無知であり、侵略を行ったからに他ならないとする。

第二に、中国大陸が共匪の魔手に陥った主な理由は、日本が「九一八」以来不断に「我が国」を侵略したため、政府は「匪賊の討伐〔＝剿匪〕」を一時中断して抗日戦に転じざるを得ず、その間共匪が勢力拡大の機会を得たことによる。そのため、今日の我々の苦境をもたらしたこの「歴史記念日」に、中国大陸の「赤禍」をもたらした日本の責任について検討せざるを得ないとする。

第三に、抗戦勝利後、我が領袖が日本に対して「以徳報怨の寛大政策」をとった背景には、日本人をして徹底的に覚醒せしめ、以て戦後両国間の関係を敵対から友好へと変えると共に、ソ連と共匪による侵略の陰謀についてはっきりと認識させ、アジアの安全保障と世界平和のために協力させるという目的があったことを説明する。戦後、日本経済が迅速に復興出来たのは中華民国が対日寛大政策を採用した結果であったが、日本当局と財閥は、我が国が上下一致して国土の回復を目指している時に道義的な同情を寄せないばかりか、貿易に名を借りて「共匪」に通じようとさえしている。こうした「見利忘義」、「以怨報怨」の態度は、「投井下石（他人の危機に乗じて最後の一撃を加える）」という行動に他ならず、心に刻みつけて忘れないようにし、警戒心を高める必要がある。

第四に、1931年の「九一八」事件の発生は、当時の日本軍閥の不遜と無知による独断専行の錯誤であり、日本の歴史に最も恥ずべき記録を残したが、今次ビニロン・プラント輸出問題に関連した日本財閥の行動も、日本の人民に深刻な結果をもたらすと指摘する。

第五に、我が国朝野の人々はビニロン・プラント問題をめぐって抗議と忠告を行って来たが、頑迷固陋な池田内閣には、もはや期待が出来ないことを強調する。他方で、「義」を立国の精神としている我々は、引き続きねばり強く長

期的奮闘を継続する。また、日本朝野の識見ある人々が、最後には日本政府の利敵行為を覆すことを確信しているとする。

第六に、「各新聞単位」が上述の要点に基づいて宣伝を行う際には、以下の諸原則に注意する。①道理について多く語り、日本を罵倒することは避ける、②対日ボイコットや報復の具体的な内容を軽々しく主張しない、③非難の対象を池田内閣と財閥に限定し、日本人全体を攻撃して反感を招くことは回避する。

上述の宣伝方針は、冒頭から明らかなように、日華間で現在懸案となっている問題を過去と関連づけて論じたものであり、重点は過去そのものよりも現在にあった。池田勇人は、あたかも戦前の「軍閥」と同列の政治家のように論じられたが、その理由は、彼が歴史修正主義的な言動を行ったからではなく、中共に接近するという過ちを犯したことに求められた。実際には、池田は米国のケネディ（John F. Kennedy）大統領に対して、日本人の多くは中国大陸での戦争に関する罪悪感を抱いていると述べるなど[13]、日中戦争を日本の過ちと考える点では中華民国側と認識を共有していた。しかし、池田のそうした面は、とりたてて注意を払うに値するものとはされなかったのである。

明示的に説明されてはいないが、同じ年の光復節（10月25日）に関して定められた宣伝方針も、時期的に考えて、やはり同じ目的を有するものであったと考えられる。外交部所蔵の『時事週報』という資料によれば、9月23日、国民党中央委員会第四組は、各種党部と政府の文教行政関連部門、さらに中央通訊社、中央日報、中華日報、新生報、新聞報、中国広播公司、電視公司などからも人員を招集し、1963年度の光復節に関する宣伝をどのように強化するか検討した。会議では、この年の光復節においては、「光復」前後での台湾民間における生活状況の比較対照を宣伝の重点とし、それによって民衆の「愛国観念」と「民族精神」を強化することが定められる。会議を主催した第四組主任の謝然之は総括挨拶の中で、こうした比較対照の宣伝は、「本省同胞」をして過去の日本統治時代に存在した各種の束縛について認識させると同時に、「光復」後に政府が民生と文化・教育の改善に費やした努力とその成果について理解させることが目的であると述べていた。より具体的には、中年以上の

「本省同胞」には過去の苦痛に満ちた記憶を呼び起こさせ、青年達には積極的に「反共工作」に参加するよう鼓舞するという効果が、宣伝には期待されていたのである[14]。

　1964 年 1 月の『中央日報』には、上述の二つの宣伝方針が統合されたような随筆が掲載されている。君傑という名の作者は、ある朝周鴻慶が中国大陸に送還されたという報道に接し、強い憤りを覚えつつ出勤した。オフィスに到着すると、そこでも話題の中心は日本政府の対応であり、ある者は即時国交断絶を主張し、またある者は、日本のような道義を顧みない国家には何を話しても無駄であり、報復するべきであると話していた。

　そのような中、ある年輩の同僚による一言が、作者を激怒させる。その同僚は、ため息と軽蔑が入り混じったような調子で、「怒ったからといって、どうなると言うのだ？」と漏らしたのである。作者は、この五十過ぎの同僚は、この土地で生まれ育ち、幼少の頃から「奴隷化教育」を受けているから、国家の概念が希薄で、日本による侮辱にもこのような「雅量」を示せるのだと思い立つ。そこで、普段は彼とおしゃべりをし、囲碁将棋を指すこともあるのだが、一日中彼を無視することに決めた。その晩、不審に思った同僚が自宅を訪ねて来るにおよび、作者の怒りは爆発する。そこで作者は、かつて中国大陸で日本軍閥の砲火が自宅を爆破したこと、八年間の抗戦で「皇軍」の「恩賜」を受け尽したこと、数多くの同胞の生命が犠牲になったことなどを「噴水のように」同僚にまくし立てた。

　すると、その同僚は、「確かに君は辛すぎる目に遭って来た」と同調する。だが、続けて彼が発した言葉が、作者の怒りを和らげた。「しかしね、私は母親の胎内にいた時から、すでに亡国奴になることを運命づけられていたのだよ。私の苦難の歳月は、三十四年間におよんだのだ。」続けて、同僚は言う。私は君より二十歳年上だが、お互いに苦難の中で成長して来たのだ。こうした血と涙の教訓は、すべての中国人と日本人が忘れてはならない。それなのに、彼らが今回また過ちを犯そうなどとは、誰が想像出来ただろうか。

　「それは、彼らの偏狭な民族性のためだ」と作者は声を上げた。それに対し、同僚は言う。我々が、憤慨したり不平を抱いたりする以外に最もなすべきこと

は、まず我々の国家を強くすること（＝自強）だ。もし我々が台湾という一隅に逼塞している状態でなかったら、日本人とて、今回のように公然と道義を無視することがあっただろうか。公理や道義といったものは、現在でも存在する。しかし我々は、それを守るだけの力量を持たなければならない。力量がなく、義憤を覚えているだけでは何にもならない。我々中国人一人一人が、今この時から徹底的に自覚を高めることこそ、必要なことではないだろうか。作者は、この発言を聞いてしばし沈黙するが、心の中では新しい力のようなものが湧きあがって来るのを感じていた[15]。

この随筆は、池田政権の非友好的態度に対して、省籍に関係なくあらゆる「中国人」が憤りを覚え、それぞれが過去に受けた被害を想起するべきであるとしながらも、日本批判よりももっと重要なのは、国家の「自強」を図ることであるとの結論を導いている。こうした論調は、戦争と被植民地統治という二つの経験を、台湾に居住する住民全ての記憶として統合し、国民の一体感を醸成することを目的としていたものと言えるだろう。

（2）　記憶動員の背景

こうした中で、政府はさらに張厲生駐日大使の召還や、日華間の資本・技術協力等に関する決定の引延しを決定する。また、戒厳令下であるにもかかわらず、大使公邸、日航支店、日本人小学校、大使館員などへの投石事件が発生した他、抗議ビラの配布や反日スライドの上映なども行われたという[16]。プラントの輸出という些細な案件と、一通訳の亡命事件に対してここまで強硬な態度をとることについて、元首相の吉田茂は、「蔣介石ニモ幾分病的ニ相成ル」との感想を池田勇人に送っている[17]。

中華民国側は、なぜこれほどまでに強硬な姿勢を見せたのだろうか。直接的には、池田政権の中共寄りと見える態度への警戒感から、反共という旗幟を鮮明にするよう日本政府に要求するという意味があっただろう。池田勇人とその側近達は、前任の岸信介とは異なり、首相外遊の訪問先に台湾を加えなかったし、日華協力委員会に参加していた台湾と関係の深い議員達の多くは、池田政権下で反主流派に転じていた。さらに池田は、1963 年 9 月 17 日に米国のハー

第6章　公的記憶の変容と未完の関係清算　295

スト系新聞の代表と会見した際には、「大陸反攻」は望みがないという趣旨の発言を行い、中華民国側の反発を招いてもいた[18]。

　対華関係の悪化を懸念した日本側は、釈明のために自民党副総裁の大野伴睦と、同党衆議院議員の船田中の台湾派遣を申し入れた。張群の回想録によれば、10月27日、蔣介石は張に宛てた書簡の中で、大野と船田に対し、次のように伝えるよう指示したという。

　　　日華両国の関係は永遠のものであり、一時的なものではありません。だからこそお互いに誠意をもって大切に育てることが必要なので、表面的形式的な儀礼で解決しようというのは間違っています。すなわち周鴻慶を大陸に送還するかどうかは、日本の中華民国に対する政策の試金石であり、私はけっしてなおざりにすることはできないのです。[19]

　また、日本に対する強硬姿勢を見せることには、自由主義陣営の国々に対して、中華民国の立場を改めて示すという思惑もあったものと考えられる。蔣介石は、9月に記した日記の中で、米国が共産主義陣営との通商やソ連への食糧輸出を主張しつつ、中共との通商を再三にわたって否定したのは、自分が日本と中共間の通商に強硬に反対したことが間接的に影響したのではないかと推測している[20]。

　しかし、このような外交政策上の動機が存在したことを指摘するだけでは、政府当局が満洲事変や日本の植民地統治時代に関する記憶の動員にまで踏み切った理由を十分に説明出来るとは思われない。おそらく、政府の対応の背景には、国際情勢が不利に働くことによって軍民の士気が低下することへの懸念があり、強硬姿勢を見せることで、求心力低下を防止するという狙いがあったと考えられる。実際、この時期の国際環境は、中華民国にとって好ましくない傾向が目立つようになって来ていたのである。

　その第一は、米国の態度である。1961年に成立した米国のケネディ政権は、発足前から中華民国が統治している金門・馬祖（福建省）の戦略的価値を否定し、米軍の防衛範囲から両島を除外することを主張した[21]。また、発足後には

モンゴルの国連加盟を支持し [22]、台湾独立運動家である廖文毅の入国を許可し、国連においても中国・台湾にそれぞれ議席を獲得させるという「二重代表方式」での代表権問題解決を模索するなど、その態度は、中華民国政府の掲げる様々な原則に抵触するものだったのである [23]。モンゴルの国連加盟問題と中華民国の国連代表権問題については、結局ケネディが国連で中華民国の議席維持を支持することと、中華人民共和国の加盟反対を声明し、同時に蒋介石に対して、中国の国連加盟には拒否権を行使するという非公式の保障を与える見返りに、蒋介石はモンゴルの国連加盟への拒否権不行使を確約するという形で収拾する [24]。しかし、その後も中華民国政府は、米国が「大陸反攻」を抑制することに対し、不満を抱いていた [25]。

　第二に、国際社会において、中華民国を「中国」の正統政府とする見方が、次第に支持を失いつつあった。そのことをよく表したのが、「中国」の国連代表権問題に対する国際社会の反応である。米国は 1950 年代に、「中国」代表権問題に関する提案を国連総会では討議しないという「審議棚上げ方式」を可決させていたが、1960 年になると、中国支持の傾向が強い多数のアフリカ諸国が国連に加盟した。さらに同年、英国、カナダ、ブラジルなど西側陣営の諸国も、翌年の「審議棚上げ方式」不支持を表明したのである [26]。前述のように、結局同問題は、米国が中華民国支持を鮮明にすることで、ことなきを得る。米国は、「中国」代表権の変更に関するいかなる決定にも総会の三分の二の賛成を必要とするという「重要事項指定方式」を採用して、中華民国の議席を保護したのである。しかし、この間の過程は、中華民国が「中国」を代表する政府であるという主張が、国際社会からの理解を得られなくなりつつあったことを物語るものであった。

　第三に、中央政府の台湾移転から 10 年以上が経過したにもかかわらず、「大陸反攻」実現の見通しが一向に立たなかった。蒋介石は、1950 年には「一年準備、二年反攻、三年掃討、五年成功」というタイムスケジュールを発表しており [27]、あたかも中国大陸への復帰が短期間で達成されるかのような印象を人々に与えていた。しかし、周知のように、50 年代を通じて「大陸反攻」は小規模なゲリラ活動を除いて、本格的には実施されなかった [28]。1960 年元日

第6章　公的記憶の変容と未完の関係清算　297

の告示で蔣は、昨年（1959 年）は共産党政権の崩壊が決定した年であり、本年こそは「反攻復国に勝利する年」であると呼びかけている[29]。だが、翌年元日の告示でも、1961 年は「共産主義漢奸傀儡が総崩壊し、三民主義国民革命が勝利する年」と位置づけられており[30]、結局いつになれば「大陸反攻」が成功するのか、誰にとっても定かではなかった。1962 年の第四次全国教育会議の席上で蔣は、「今日我々の大陸反攻と同胞救済という任務は、ただ軍事力にのみ頼って出来るものではなく、文化教育こそが大陸反攻の最重要な主力である」とすら述べている[31]。この発言は、教育会議の席でなされたものという背景を差し引いたとしても、武力による短期間での中国大陸への帰還を望む人々にとって、失望を禁じ得ない内容であったと考えられる。

　こうした種々の情勢が台湾にもたらしたのは、士気（morale）の低下であった。国連軍事参謀委員会中華民国代表の王叔銘は、1963 年に米国の国務副次官ジョンソン（U. Alexis Johnson）と会談した際に、「大陸反攻」が破壊的な結果をもたらすというジョンソンの観察に同意した上で、指導部の間で絶望的な心理が高まりつつあり、その危険性にもかかわらず、今年こそが軍事反攻の最後の機会であり、これを逃したら後はないとの感覚が存在することを強調している[32]。1965 年に、米国の国家安全保障会議（National Security Council）のスタッフは、中国大陸から移転して来た人々が故郷に帰る見通しを立たられずにいること、貧困と腐敗、国民党上層部の奢侈と党の体力低下、大学卒業生の米国流出、公務員の過剰雇用、省籍矛盾などの問題により、島内の士気が低下していることを報告していた[33]。

　このような背景を考えると、日華紛争発生後に当局が展開した宣伝は、単に日本への非難を強めることで外交当局を後援するという目的にとどまるものではなく、より広範な意味で中華民国による統治の正当性を国民に再認識させる意図があったものと推測される。現在、日本の政府・財閥は中国に接近する構えを見せ始めたが、それは終戦後に蔣介石が示した「以徳報怨」という徳義を顧みない行為であると語られた時、政府が現時点で採用している外交戦略や対日政策に問題があったかもしれないという可能性は捨象され、むしろ蔣介石の道義性の高さと、中華民国の被害者としての面が強調された。そして、「光復」

前後で「本省同胞」の状況がいかに改善・進歩したかを宣伝することで、1945年以来の台湾統治が正当化された。さらに、宣伝の受け手に対して、過去から現在に至るまでの対日関係を教訓として、「反共工作」や国家の「自強」に従事するよう促し、団結を呼びかけたのである。これらはいずれも、対日外交を有利に進めるための演出であると同時に、国民の士気を向上させることを目的にしていたと考えられるだろう。

　もっとも、『宣伝週報』に示された方針が、日本から直接受けた損害ではなく、中共の台頭に対する日本の責任を非難していた点からは、こうした宣伝が基本的に平時の戦争の語り方の延長線上に展開されていたことが分かる。「光復」前後での台湾の生活状況を対照させることも、大規模な宣伝工作の対象とはされていなかったが、学校教科書や官製メディア等の歴史叙述の中に見られるものであった。台湾において閉塞感が蔓延する中で、対日紛争に直面した政府当局は、従来の歴史叙述を質的に変化させるよりは、宣伝量を拡大することによって、内外の問題への対応を試みたのである。そのことは、対日関係の公的記憶が、現在の日華関係を合理的に説明するために運用されて来たことを改めて裏付けたと同時に、日本との外交的摩擦の発生によってもその構造に変化を来さないだけの、一定の耐久性を備えたものであったことを示していた。

（３）　日華紛争の収束
　日華間の紛争は、結局、1964年2月に吉田茂元首相が訪台し、7月には大平正芳が現職外相として初めて訪台することで収束した。大平来台を解説した『中央日報』7月5日の社説は、日華両国は地理的に近隣に位置し、文化的には同源であり、自由と平和のための努力という面ではさらに利害を共有して苦楽を共にする関係であると論じて、紛争勃発以前の同紙の論調に復帰している[34]。

　対日関係の悪化からその修復に至る過程で当局は、過去の日本に関する記憶を意識的に動員する一方で、蔣介石の「以徳報怨」という態度が戦後日華関係の起点であり、日本の対華政策はそれに対する応答であるべきだという前提は崩さなかった。衆議院議員の船田中は、大野伴睦と共に日華紛争収拾のために

第 6 章　公的記憶の変容と未完の関係清算　299

訪台した際、「陳誠副総統が終戦当時のことを約一時間半にわたって詳細にお話しました」と、回想録で証言している[35]。中華民国側の記録によれば、「終戦当時のこと」として陳誠が話したエピソードは、天皇制の擁護、軍民の送還、そして、50 年代末に新しく登場した「分割占領阻止」の三点であった。この際に陳は、総統がこのような「以徳報怨」政策をとったのは、ひとえに日本の迅速な戦後復興を助け、日華関係が 19 世紀以来の独仏両国のような代々の仇という関係にならないようにするためであったとも述べている[36]。

　こうした議論は、一部の日本人に対してある程度の説得力を持つものではあったが、日本の外交当局者にまで影響を及ぼすものではなかったと考えられる。外務省の中国課が 1964 年 1 月 17 日に作成した「国民政府における日本進駐問題と天皇戦犯論について」という文書は、そのことをよく示している。文書は、「最近中華民国政府とわが国との関係が微妙になつている折から、終戦時にさかのぼり、国府のわが国に対する寛容政策を強調し、現下のわが国の対国府政策を批判する論調が多く見受けられる」と前置きし、具体例として「分割占領阻止」と「天皇制擁護」という二つの逸話を挙げていた。そして、「上記問題は一般世論に与える影響大と考えられ」るため、資料を用いて当時の事実を再確認した結果、前者は不正確であり、後者についても、国民党員を含め終戦当時の中華民国では、天皇制廃止論が圧倒的多数だったと結論づけたのである[37]。

　また、このような実証的な理由だけではなく、世代的な要因によっても、日本が中華民国に対して道義的な負債を抱えているとする議論の説得力には限界があった。当時官房長官を務めた黒金泰美は、親台湾派として有名な自民党衆議院議員の賀屋興宣が総理訪台を勧めたことに関して、池田が以下のように漏らしたことを証言している。

　　　総理は――これは冗談に私に言ったのですが、賀屋さんは開戦詔書に署名した閣僚であるから、それは台湾に対して蔣介石総統に多少贖罪の意識があるかもしれないが、俺はその当時課長だったのでそんな偉い人間でないんだから、何もそんな所に行く必要はないではないかというよう

なことを言って、頑としてこれを受けつけなかったわけです。[38]

　他方、日本側は中華民国との関係改善にあたっては、日本人が容共的ではなく、対華関係を尊重しているという釈明に説得力を持たせるため、＜起源の物語＞を擁護する姿勢をアピールした。吉田茂と蒋介石の会談に備えて外務省が作成した要領案には、次のように記されている。

　　　総統は日本特に現内閣が中国に対して忘恩の徒と云っているが日本は決して戦争中、中国に迷惑をかける^{ママ}ことを、及び終戦時総統が日本に対して非常に好意を示されたことを忘れてはいない。〔中略〕日本は日華平和条約において約束された台湾における日本政府及び日本国民の残置財産約30億米ドルに達する請求権の解決が中国政府の現状においては、極めて困難なる事を承知しおるが故にこれは関する話合いを50万にのぼる台湾引揚げ国民の強い要請にかかわらずこれを延期し居ることは日本政府が恩義を忘れていない一つの証左である。[39]

　吉田自身は、会談の場で在台湾の残置財産に言及することはなかったが、出発前に昭和天皇に謁見した折、天皇が「以徳報怨」に対して感謝の意を表明していたことを蒋に伝えた[40]。また、次いで訪台した大平外相も蒋介石主催の晩餐会の席で、世論調査では多数が中華民国に好意を抱いているというデータを引用しつつ、日本は「忘恩の徒」ではないと述べていた[41]。日本の政治指導者達は、蒋介石の「恩義」について一部相対化するような試みが外務省内部で行われていたにもかかわらず、中華民国側の感情をやわらげ、信頼を回復するためには、やはり＜起源の物語＞に言及することが必要であると考えていた。それは結局、日本側が日華間の紐帯を、その他の言葉によって語ることが出来なかったことの表れであったと言えよう。

　その一方で、紛争収束後、日華関係は速やかに修復されて行った。池田勇人が病気で退陣した後、1964年11月に成立した佐藤栄作政権は、対中関係改善を模索しつつも、政権の支持基盤が自民党内右派であったことや、沖縄返還に

第6章　公的記憶の変容と未完の関係清算　301

中華民国政府の同意を得る必要があったことなどから、対華関係を重視した。1969年11月に出された佐藤首相とニクソン（Richard M. Nixon）大統領による共同声明の中で、日本は「台湾地域における平和と安全の維持も、日本の安全にとって極めて重要な要素である[42]」と表明し、台湾の安全保障に関与する姿勢を表明する[43]。中華民国側も、1967年に蒋経国国防部長を訪日させることで、日華関係の緊密さを演出した[44]。

　日華関係の改善を象徴した出来事の一つが、中国が展開した佐藤栄作政権に対する「反日本軍国主義」キャンペーンへの中華民国政府の態度であった。中国は、日本政府のベトナム戦争支持、日韓国交正常化、中国の核実験実施と文化大革命の発生などの要因により、1960年代後半から日本への態度を硬化させていた。さらに1970年から71年にかけては、「日本の軍国主義はすでに復活した」と位置づけ、強い言葉で対日非難を展開したのである[45]。それに対し1971年2月の『中央日報』社説は、日本の現行憲法と民主的な政体の下では、軍国主義復活の可能性は低いと断言した。社説は、中華民国と「中国国民」は蒋総統の「以徳報怨」という「大方針」の下、日本と協力して東アジアの自由と平和のために努力して来たとし、この方針の下、日本の軍備については客観的・公正に判断しなくてはならないが、現在の日本を軍国主義と認定することは出来ないと主張したのである[46]。

　また、60年代末から存在が注目されるようになった尖閣諸島をめぐっても、中華民国の対応は抑制的なものであった。1968年秋、日本、韓国、台湾の科学者を中心として、国連アジア極東経済委員会（ECAFE）が東シナ海一帯にわたって調査を行った結果、台湾のほぼ北東約20万キロ平方キロメートルの改定区域に石油資源が豊富に埋蔵されている可能性が指摘される[47]。中華民国の尖閣問題への対応を研究した任天豪によれば、当初政府内部では、歴代中国政府が尖閣諸島を施政下に置いた経験がないことから、同地域に対する主権の主張は困難であると認識されていた。そのため尖閣諸島については、主権問題としてよりも、資源開発問題としての側面の方が重視されていたのである。その後、1969年11月に沖縄の日本返還が発表されると、返還される沖縄の範囲に尖閣諸島が含まれるか否かという問題が、一部の学者や青年達の間で注目さ

れるようになる。1970年11月、台湾大学哲学研究科の王暁波と政治学研究科の王順という二人の大学院生が、連名で「釣魚台を守る（＝保衛釣魚台）」という一文を『中華雑誌』誌上に発表したことで、いわゆる「保釣運動」が幕を開けた。こうしたメディアや民間の動きに推される形で、政府も尖閣諸島に対する主権を明確に主張する路線へと転換して行く[48]。

しかし、その後も政府の同問題への態度は強硬なものではなかったし、日本に関して扇情的な宣伝を行うこともなかった。1970年9月、日華協力委員会の中心メンバーであった矢次一夫や堀越禎三らによって、東シナ海の大陸棚を日本、韓国、台湾で共同開発するという構想が打ち出されると[49]、中華民国政府も関心を寄せ、同年11月に開催された三国連絡委員会（日華、日韓両協力委員会の調整機関）において、東シナ海の石油資源を日、韓、台の民間によって共同開発することが合意された[50]。さらに、12月21日には、東京のホテルニューオータニで日本、韓国、台湾の政財界人による会合が開かれ、尖閣列島開発のため「海洋開発研究連合委員会」の設立が決定される[51]。

このような構想に対して、中国は12月3日、新華社の報道を通じて、「中国に属する一部の島と海峡を日本の版図に入れようと企図している」と非難した。中国政府が尖閣諸島の領有権を主張したのは、この声明が初めてである[52]。さらに、1971年1月には台湾と香港の留学生が、中華民国政府の決定は国土を日本に売り渡すものとして、ワシントン、ニューヨーク、シカゴ、シアトル、ロサンゼルス、ホノルルなどの諸都市で抗議活動を行った[53]。同年4月には、台湾大学に「保釣委員会」が結成され、台湾でも抗議活動が開始される。当時、台湾大学法律系の学生であった馬英九は、最も熱心にデモ行進に参加した一人であったという[54]。

学生達の街頭活動は政府の許可を得たものであり、戒厳下にある台湾で当局がその種の活動を公式に容認したのは、初めてのことであった[55]。だが、そのことは、運動が官製デモであったことを意味するものではない。台湾内外で起こった抗議運動に対して当局は、主権問題と共同開発問題は別であるとの立場を崩さなかったし[56]、学生運動は、純真な学生が「陰謀分子によって煽動」されたものに過ぎないと否定した[57]。結局、東シナ海の共同開発案が日の目を見

ることはなかったが[58]、このように1970年代初頭になっても、公式に発表される言説の中で日本は、「中国」の正統政権という中華民国政府の立場と抵触しない限り、批判的に論じられることはなかったのである。

そして、このような日本に対する融和的な態度こそが、台湾の学生達を刺激し、運動の引き金になったものでもあった[59]。学生達は、海外の「保釣運動」では当局に対し、「内には腐敗、外には弱腰」という厳しい批判が展開されたことを伝え聞くと、大いに興奮し、「それまでの鬱屈が吹き飛ばされ」たような気分を抱いたという[60]。

2　公的記憶の基盤の動揺

（1）　国際環境の変化

これまで見て来たように、1960年代から70年代初頭にかけての対日関係の公的記憶は、50年代のものから、大きくその内容を変化させることはなかった。池田政権との対立時に行われた宣伝も、基本的には従来の歴史叙述と質的に異なるものではなかったし、第四章で確認したような学校における歴史教科書の叙述の傾向は、60年代においても一貫したものであった[61]。第五章で見たように、日華間に歴史的・文化的な紐帯が存在するという言説も、引き続き展開されていた。

また、蒋介石が寛大な戦後処理を行ったという「物語」も、依然として日華関係の＜起源の物語＞として機能し続けていた。1967年に蒋経国国防部長が訪日した際に作成された報告書には、部長訪問によって日本国内では蒋総統の徳に対する認識がさらに高まり、両国の関係が強固なものになったとの観察が記されている[62]。また、1972年4月、宣伝外交綜合研究組内部では、蒋介石の総統職が五期目を迎えるのに先立ち、就任式で総統の業績を称えるために何を展示するかが討論されたが、そこで決定されたのは、「第二次大戦後、総統が日本に対してとった以徳報怨政策は、世界平和への大きな貢献であり、展覧資料の中に加えること」であった[63]。

しかし、1960年代の台湾における「日本」に関する言説を詳細に検討する

と、公的記憶を成立させていた国際環境や社会環境は、徐々に変化を来し始めていたことが分かる。以下では、それらについて順に見ていこう。

　国際環境の変化については、まず、「内戦の国際化」という言説戦略が、60年代前半には成立しなくなっていたことが挙げられる。中ソ関係は、1956年のフルシチョフ（Nikita Sergeevich Kvrushchyov）によるスターリン批判を機に隙間風が吹きつつあったが、1962年に入り、ついに対立の存在が双方によって公然と語られるようになった。「中ソ論争」の時代の始まりである。蔣介石は、1963年前半においてはまだ、毛沢東とフルシチョフの論争は個人間のものであり、中ソ間の分裂には至らないとの見方を示していた[64]。しかし、同年末の講演では、中ソ対立は決定的になったとの見解を語り、もし1961年に中華民国が大陸反攻を行っていたら、かえって中ソ間が団結するという結果を招いただろうから、軍事行動を起こさず「毛匪」を今日のような孤立状態に追い込んだのは、戦略的成功であると自賛したのである[65]。

　蔣介石のこのような発言は、中共政権をソ連の傀儡と見なしてその自立性を否定し、中国大陸が過去のどの敵よりもさらに悪辣な帝国であるソ連によって侵略されているとする、従来の位置づけの放棄を意味するものであった。それによって、中国大陸の惨状について語る際に、ソ連という外国勢力から同胞が虐待を受けているという構図で語られることはなくなったのである。こうした変化によって、加害者としての日本の描写にまで具体的な変更が生じたわけではなかったが、外国勢力の内、「中国」に対して直近の被害をもたらした国として、日本が浮かび上がることになる。さらに、日本による加害の程度が相対的に向上することもあった。蔣は、1964年に行った演説の中で、もし中国大陸を「光復」出来なければ、それは二十年前、帝国主義者による植民地統治下にあった台湾の、あの不自由で不平等な生活が大陸で再演されることを意味するのであり、その点に十分な認識を持つ必要があると述べている[66]。第四章でも触れたように、1951年の光復節に発表された布告の中で蔣は、中国大陸の同胞がソ連と「共匪」による二重の搾取に遭い、その苦痛は五十年間日本統治下にあった台湾をはるかに上回ると位置づけていた[67]。それに対し、上述した1964年の演説では、中国大陸の現状と日本の植民地統治の悲惨さが、同程度

第6章　公的記憶の変容と未完の関係清算　305

のものと論じられたのである[68]。

　第二の変化は、敗戦国であった日本の国際的地位が、戦勝国であった中華民国の地位を明らかに上回るようになったとの見解が広範に語られるようになったことである。日本の国内総生産（GDP）は、1955年から70年にかけて、5年ごとに約2倍となっていた。この間の年平均成長率は、実に15.6%に達したのである[69]。1961年に日本を訪問したジャーナリストの于衡は、帰国後『文星』誌に発表した見聞記の中で、60年代の日本は商工業の黄金期に入ったと記し、その経済発展は朝鮮特需を利用した面もあったが、日本人自身の努力も肯定しなければならないと評価していた。日本の復興に強い印象を受けた于は、見聞記の末尾を、戦後日本の進歩を目の当たりにするにつけ、祖国の荒廃ぶりを想起して涙をそそられずにはいられなかったとの言葉で結んでいる[70]。1965年からは、日本からの対華円借款が始まり[71]、日本の経済的な躍進が台湾にいても感じられるようになっていた。

　また、経済成長だけにとどまらず、国際社会における日本の存在感が大幅に向上したとの見方が、台湾で一般的になっていった。60年代に入ると、米国が中華民国よりも日本を厚遇していると指摘し、問題視する声が登場するようになって来る[72]。この頃、南アフリカ政府が、華僑を差別する一方で日本人に対しては白人並みの待遇を行っているとの報道が流れたことも、中華民国の地位が敗戦国日本にも及ばないものになっているとの観測を裏付けることとなったのである[73]。

　日本の国際的地位の向上は、敗戦国に対して「憐憫」を示し、寛大な処理を行う一方で、日本国民が自らの過誤を反省出来るよう導くといった、中華民国の優位を前提とした「物語」の基盤を揺るがすものであった。1960年2月の『自由中国』社説は、日米安保条約が改定されたことに対し、韓国政府が関心と憂慮を表明したにもかかわらず、『中央日報』は祝意を示したことを取り上げて、同紙社説は日本が再び極東の盟主になることに満足しているのか、あるいは我々の国際的地位が再度低落したことを喜んでいるのかと難詰していた[74]。また、于衡は前述のエッセイの中で、日本が復興に向かうことで、日本人の中には従来の卑屈な感情を棄て、アジア人に対して優越感を抱くものが出

て来たと観察している[75]。このような観察に加えて、1960年代に「新左派」の社会科学者達が提唱した「従属理論」が流行し始めたことは[76]、台湾経済が日米両国によって従属させられているというイメージを台湾の若い知識層に植え付ける結果となった[77]。

　日本の抬頭を警戒する見方は、政権内にも存在した。1970年に国防研究院が「日本と七十年代のアジア」というタイトルでまとめた報告書は、日中両国が接触を拡大する危険性と、米英の勢力がアジアから撤退した後に、日本が「大東亜共栄圏」の再現を図る可能性について警告していた。同研究院主任は、50年代に教育部長を務め、「中日文化合作」を提唱していた張其昀である。この文書は対策として、日本の若手エリートとの関係を強化すると同時に、日本を牽制する手段も模索するべきだと献策していた。すなわち、韓国、タイ、ベトナムなど過去に侵略を受けた国々では今でも日本への遺恨が存在する他、その経済進出に対しても警戒心が持たれており、この点において我が国とは「利害が一致し、立場を同じく」している。それゆえ、主導的にこれらの国々と連携し、文化・経済面での合作を促進するべきである[78]。

　第三の変化は、戦争体験を持たない新しい世代が日本で増加しつつあったことである。そのことは、日本人の内、中華民国の戦後処理の寛大さに感謝の念を抱く人々の数を少なくさせていた。上述した、「日本と七十年代のアジア」が若手エリートとの関係強化を提言した理由は、上の世代の日本人には戦後の「寛大政策」に対する崇敬の念があるが、新興の世代にはこうした「恩徳の観念」がすでに薄れているということであった[79]。東洋思想研究者の南懐瑾も、1969年に『中央日報』に掲載した日本人宛ての公開書簡の中で、日本の那智山で開催された「東方文化座談会」に参加中、ある日本人が蒋介石の「以徳報怨」に対する感謝を熱弁していたが、中年以上の知識分子を除いて、一般の人々、特に若い世代は関心を示さないばかりでなく、おそらくこの演説を鼻で笑っていただろうとの観察を記している[80]。当局による公式な論説の中で、日本人の蒋介石に対する感謝の念が減少しつつあると説明されることはなかったが、戦後日華関係の＜起源の物語＞について、単にそれが日本政府の政策決定に影響を及ぼし得ないばかりでなく、社会的な支持基盤すら失われつつあると

第6章　公的記憶の変容と未完の関係清算　307

の認識が、公然と語られるようになっていたのであった。

（2）　社会環境の変化

　前述したように、池田政権との紛争収束後、日華関係は速やかに修復され、対日関係に関する公的記憶の構造にも大きな変化は生じなかった。しかし、60年代後半の台湾においては、日中戦争に関する社会的な記憶を喚起するため、種々の措置がとられてもいた。例えば、1965年に国民党中央常務委員会は、「抗日戦史」の編纂と出版を決定している。その後、国防部史政局が、『中日戦争史略』四冊と『抗日戦史（全史）』三十六冊を出版した。また、国防部の指導により、『中国の雄叫び〔＝中国之怒吼〕』（1965年）、『揚子江風雲』（1968年）という二本の記録映画が作成されている。映画撮影の目的は、抗日戦争に対する中共の貢献は少なく、国難を利用して地盤拡張に勤しんでいたに過ぎなかったことを国民に知らしめ、「反共復国」の決心を強固にさせることであった[81]。

　これら一連の施策がとられたのは、1965年に入り、中国大陸や香港において、抗日戦争勝利の功績を中共に帰する宣伝が行われ始めたとの危機意識が、政権幹部の間で生じたためであった。この問題について最も早く警鐘を鳴らしたのは、総統府戦略顧問委員会主任の何応欽である。何は、1965年10月4日に開催された国民党中央聯合紀念週の席上、中共が抗日戦争を彼らの「人民戦争」の勝利と呼び、中国大陸の同胞と世界の人々を欺こうとしていると非難した[82]。それを受けて、翌日の『中央日報』も、中共が自らの抗日戦争に果たした役割を誇示する一方、国軍の功績を抹殺していることを批判し、こうした謬論に対しては厳しく指弾して反駁しなければならないとの社説を掲載した[83]。その5日後、蔣介石も国慶節（10月10日）に行った演説の中で、中共が厚顔無恥にも抗日戦争中で彼らが「偉大な貢献」を果たしたという歴史の捏造を行ったと批判している[84]。こうして、台湾において日中戦争の記憶は、書籍や映画などによって従来よりも強く喚起されるようになった。それは、日本に対する警戒感を高めるためではなく、「中国」を代表する政権の座をめぐる、中共との宣伝戦に勝利するためにとられた措置だったのである。

また、国民党による一党独裁体制維持のために言論統制が強化されたこと
は、日本に対する多様な見方を抑圧することになった。60 年代に入り、自由
主義的な知識人の中には、日本の自由化や民主化の達成度を高く評価する人々
も登場していた。最も多くそのような論説が掲載されたのは、『文星』誌であ
る。例えば、李聲庭による論考は、作家の三島由紀夫が、その小説『宴のあ
と』は有田八郎元外相に対するプライバシーの侵害であると訴えられて敗訴し
た事件を紹介し、基本的人権の擁護や司法の独立という点で日本は文明国の一
員であると高く評価していた[85]。また、黄雪邨による論説は、孔子の「学んで
思わざれば則ち罔し、思うて学ばざれば則ち殆し」という言葉を引用して、日
本人は単に学ぶだけでなく、思考するがゆえに、迅速な復興、さらには明治維
新以来の急激な進歩を果たしたと称賛した[86]。

　同誌は、日本の文芸の紹介にも熱心で、日本で流行している小説を紹介する
他[87]、日本の短編小説やエッセイを多数翻訳して掲載していた[88]。映画につい
ても、簡志信による論考は、日本映画の観衆は本省人がほとんどであるという
見方を退け、外省人や日本語を解さない人々も同様に日本映画を楽しんでいる
し、かつては反日的な「愛国観衆」同様、日本映画を拒絶していた著者自身、
三船敏郎の「無法松の一生」を見て以来、認識を改めたと記していたのであ
る[89]。

　「『自由中国』事件」で投獄されていた雷震の獄中日記には、公表が前提とさ
れていなかったためか、より率直な日本論が記述されていた。もっともそれ
は、日本そのものに対する関心というよりは、国民党政権を批判する文脈で言
及したものであった。ビニロン・プラント問題と周鴻慶事件により日華関係が
悪化していた頃、雷は度々、日本の対応よりも政府の対日政策を非難してい
る。

　1963 年末の日記において雷は、中国大陸に送還された周鴻慶はしっかりし
た意志を持たない人物であって、このような人間をめぐって対日関係を悪化さ
せる必要はないと記していた。雷の考えでは、当時日本外務省の後宮虎郎アジ
ア局長が釈明のため来台しており、そのことは中華民国の面子を立てたもので
あるから、それを以て矛を収めるべきであるし、日本が中華民国を尊重しない

のは、今日の台湾で自由が重視されず、法律が蔑視され、人権が重んじられていないためであった[90]。翌年 1 月の日記では、対日外交に関連して、今日まだ「以徳報怨」のような話を用いているのは、実に智慧の足りないことだと批判している[91]。

雷は一方で、日本の司法と報道が進歩していることを称揚し、その国際的地位が日増しに向上しつつあると記すなど、戦後日本の発展を肯定的に認識していた[92]。また、64 年 1 月の日記では、反共という点で中華民国と立場が一致しているように見える日本人の中には、矢次一夫のように戦前には中国大陸への侵略を促していた人間もいたと記し、日本の民主思想を持った知識階級は彼らを軽蔑しており、戦後日本で矢次のような人々には居場所がないため、中国（台湾）に来て活動しているのだと喝破したのである[93]。

これらの言説の存在は、国民党政権の内外政策に関する権威と信頼が低下する中で、台湾における日本論が多様化する可能性を示すものでもあった。だが、1960 年代に萌芽したこうした可能性は、政権が実施した言論統制の強化により、忘却されることになる。その結果、台湾の言説空間において日本は、もっぱら反共とナショナリズムの観点からのみ論じられることになった。70 年代初頭の学生運動は、このような社会的文脈の中で発生したのである。

3　日華断交と未完の関係清算

（1）　日本の対中接近

台湾における対日関係の公的記憶が、表面的には従来の構造を保つ一方、それを成立させていた内外の環境が徐々に変化を来していたまさにこの頃、二十年間にわたる日華間の国交は終わりを迎えようとしていた。きっかけとなったのは、1971 年 7 月の「ニクソン・ショック」である。7 月 15 日、ニクソン大統領が、キッシンジャー（Henry A. Kissinger）国家安全保障担当補佐官が北京で周恩来首相と会見したこと、および、翌年にニクソン自らが訪中することを発表したこのテレビ放送は、世界中で大きな反響を巻き起こした。米国政府が、日本政府と事前の協議なしに大統領の中国訪問を発表した上に、その通報

がテレビ会見開始の三十分前であったことは、日本に深い影を落とすことになる[94]。10月25日には、中華人民共和国の国連加盟と中華民国の脱退という事態を迎え、日本国内では、中国との国交正常化を求める声が澎湃として起こるようになった。

翌年7月5日、退陣した佐藤栄作の後継を決める自民党総裁選挙は、田中角栄が大平正芳、三木武夫らの支持を得て、当選した。三者の間では、対中国交正常化を推進することで合意が結ばれていたという[95]。しかし、田中政権が発足後直ちに国交正常化に取り組むためには、未解決の問題が多く残されていた。外相に就任した大平が、「中国問題というのは、つまり台湾問題」であると喝破していたように、その内の多くが、台湾との関係をどう処理するかという問題と関連していた[96]。そして、それは単に承認先を切り替えるという問題にとどまらず、日本政府が実施して来た戦後処理とも関連する問題であった。

第一の問題は、日華平和条約の位置づけである。周恩来は、1971年6月に訪中した公明党の竹入義勝委員長に対し、「復交五原則」を提示していたが、その第三項は、「『日台条約』は不法であり、破棄されなければならない」というものであった[97]。しかし、日本政府としては、正式に締結され、国会で批准もされて二十年が経過した日華平和条約を今になって不法なものであったと宣言することは、「過去二〇年にわたって、国民と国会をだまし続けたという汚名をうけねばならない」ため、受け入れ難いものであった[98]。

第二は、日華平和条約で「中国」が放棄したことになっている賠償の問題である。1955年8月16日、中国外交部のスポークスマンは、「日本軍国主義者が中国侵略戦争の期間中に、1000万以上の中国人民を殺戮し、中国の公私の財産に数百億米ドルにのぼる損害を与え、また何千何万もの中国人を捕えて日本に連れていき、奴隷のようにこき使ったり殺害したりした」として、賠償を要求する権利があることを主張したことがある。

しかし、1960年代に入って中国の指導部は、日本との国交樹立を視野に入れながら対日賠償請求問題の検討を開始し、64年1月には、賠償請求権の放棄を正式決定した。当時の関係者にインタビューをした朱建栄によれば、そのような決定に至った理由は四つあったという。①台湾も米国も日本に賠償を求

めなかったので、中国もそれに劣らぬ善意を日本国民に示すべきである、②東南アジアの一部の国は日本に賠償を請求したが、賠償金で経済が著しく伸びる結果にはならなかった。社会主義中国は、なおさら賠償金を頼りに経済建設をするわけにはいかない、③戦前の日本軍国主義者が加えた損害の賠償を次世代の日本国民に求めることは、日本の国民と軍国主義者を区別するという毛沢東の思想に反する。また、日本国民の対中感情が悪化すれば、対日友好促進の基本方針にもとる、④賠償金を求めた場合、金額が問題になる。少額では意味がないが、高額だと交渉が長期化し、両国関係に有害である。

　その後、中日友好協会会長の廖承志や同秘書長の趙安博らが、訪中した日本の人士に対し、賠償請求の考えがないことを折に触れて表明していた[99]。岸政権の藤山愛一郎外相も、1959年11月5日の衆議院外務委員会において、賠償が「中共から請求されることはないと考えております」と答弁したことがある[100]。

　だが、国交樹立にともなって、本当に賠償が請求されないか、日本国内で確信が持たれていたわけではなかった。例えば、国際政治学者の永井陽之助は、1966年に発表した論文「日本外交における拘束と選択」の中で、対中国交回復を日本外交の中期目標に据え、その実現のために、迂回的アプローチとしてソ連に接近するよう提唱したが、彼がこうした「北方枢軸の外交路線」に説得力を持たせるために挙げた理由の一つは、「対中国賠償問題ひとつとっても、中国に対するバーゲニング・パワーを強化するという重要な利点がある」ということであった[101]。賠償問題が未解決であるという認識は、中国側の否定にもかかわらず、日本人の間に広く抱かれていたのである。そして、大平正芳の側近が述べたように、「もし賠償を請求されたら日中国交正常化はあきらめなければいけないというくらい、大きな問題」であると、日本政府は認識していた[102]。

　第一と第二の問題点の存在が示すのは、日華平和条約によって日本と「中国」間の戦後処理がどの程度決着したかをめぐる、日本側の錯綜したイメージである。もし、日華講和によって戦後処理が決着したのであれば、中国に賠償金を支払う責任は発生しなくなる。反対に、中国に対して賠償金を払う責任が

存在するのであれば、日華平和条約は「中国」との戦後処理としてはほとんど意味のないものであったことになるのである。だが、田中角栄が3月23日の衆議院予算委員会で、「やはり日中国交正常化の第一番目に、たいへんご迷惑をおかけしました、心からおわびをしますという気持ち、やはりこれが大前提になければならないという気持ちは、いまも将来も変わらないと思います」と述べていたように[103]、全体的には後者、すなわち、日中国交樹立によって「中国」との戦後処理が完了するとのイメージが優勢を占めていた。そうした心情は、国交樹立を「正常化」と呼称した所に、何より反映されていたのである。

　日中国交正常化には、この他にも、対米関係との調整や台湾の法的地位など、様々な問題が存在した。こうした問題を、田中政権は少しずつ乗り越えて行く。まず、72年7月に訪中した竹入義勝によって、中国側は日米安保条約に異議を唱えず、賠償請求権を放棄する意向であることが日本政府首脳に伝えられた。この報告を受けて、田中は訪中を決意する[104]。次いで、8月末から9月にかけて行われた日米首脳会談で田中は、日中国交正常化の際に出される共同声明においては、「台湾は中国の不可分の一部」という中国の主張に対し、「理解し尊重する」という表現を使用する旨を説明して米側を納得させる。米国は、ニクソン訪中時の上海コミュニケの中で中国側の主張を「認識（acknowledge）」すると表明していたため、日本が米国よりも踏み込んだ態度を示すことを懸念していたのである。

　残った大きな問題は、中華民国側の反応であった。外務省のアジア局参事官であった中江要介によれば、当時、日中国交正常化が実現した場合、それに対する報復として、蒋介石が台湾海峡の封鎖による日本の補給路の遮断や、在台日本企業の財産差し押さえ、在留邦人の抑留から、果ては対日宣戦を布告する可能性まで一部では議論されていたという。こうした議論は、もっぱら親台湾派の政治家周辺で言われていたものに過ぎなかったというが、後述するように、日本政府の懸念材料の一つではあった[105]。

（2） 中華民国政府の対応

　それでは、このような状況に直面して、中華民国政府はどのように対応したのだろうか。8月8日、蔣経国行政院長は、日本国内の「国交正常化」を目指した動きを非難し、日華関係とアジア太平洋地域の安全を損なう行為を停止するよう日本政府に警告した[106]。だが、清水麗の研究によれば、こうした非難をする一方で、田中政権発足直後から日中接近への対応策が検討されていたという。蔣介石が健康を害していたため、陣頭指揮に当ったのは蔣経国であった。直接的に日本への影響力を行使する手段は限られていたため、台湾島内の動揺を抑制する一方で、米国が日本に対し影響力を行使することが期待された。

　前者については、8月10日の行政院会議で蔣経国が、①経済発展を保持し、人民の生活を増進する、②全面的な政治革新をおこない、国民のためのサービスを強化する、③社会秩序の安定、並びに進歩のなかでさらに安定を求める、④国家の安全を強固にし、国防力を充実させる、という指示を出していた。他方、後者については、日米首脳会談の際にニクソンが日中国交正常化への了解を示して、政府首脳を失望させた。そのため、この頃から政権内部では、日本との外交関係が断絶した時の具体的な対応策が検討されていた。国交断絶後、日本との文化・経済関係維持のため、「半官」の代表機構を日本に設置することも検討されていたのである[107]。

　このような中、9月17日、日本政府の中国政策について釈明するため、自民党副総裁の椎名悦三郎が特使として台湾を訪問する。ただし、田中と大平が事前に確たる方針を伝えなかったため、椎名は蔣経国との会談の際、自身の見解を伝えてしまう。椎名は、自民党内の「日中国交正常化協議会」が出した決議前文に、「『中華民国』との関係は深いので、『従来の関係』をそのまま維持することを念頭において、日中正常化の審議に臨むべきである」と書かれていたことを蔣経国に紹介し、「従来の関係」は外交を含めた意味であると説明したのである[108]。もちろん、それは田中らの意向を踏み越えた内容であった。

　実際、蔣経国も、日本政府は「日中正常化の暁には台湾とは断交する」ものと解釈していると述べ、椎名の発言を疑問視する。さらに蔣は、日中国交樹立

への反対を、過去にさかのぼって説明した。

　　蔣介石総統は日本の問題には大変関心がある。特に日中関係については
　　従来から関心が深いため、軍閥（＝一部の軍国主義者）が戦争を起こす
　　前に、中国を友と見るか敵と見るかについて注意を喚起したことがあ
　　る。天皇制を擁護し、四カ国の分割占領に反対し、「日華平和条約」を
　　結んだ。この一連の事実は歴史的観点から一貫して処理されたものであ
　　る。親「中華民国」反「共産主義」の日本政府があってこそ共同の立場
　　で日本の発展、アジアの平和も確保しうるという認識である。問題を捉
　　えるにはアジア全体の立場から、日本だけの立場からでは駄目だと蔣
　　介石は最近も述べている。
　　〔中略〕「日華平和条約」も軍閥が失敗した後の日中友好再出発のための
　　ものであり、あくまでもその基礎の上に友好関係を進めたいというのが
　　我々の考えである。[109]

　こうした論理は、従来も日華間で紛争が発生した場合に用いられていたもの
であったが、続いて蔣経国は、これまでにない種類の警告を行った。もし国交
が断絶することがあれば、それは日本と「中国」の間で実施された戦後処理
を、根本から破綻させるものであると説明したのである。

　　中共に取られて我々が大陸を失ったのは何故か。日本の軍閥が起こした
　　戦争のためである。従って、日本は既に侵略によって七億の同胞を塗炭
　　の苦しみに陥れている。過去は過去だとしても、今後日本が中共と国交
　　正常化するようなことになると、将来永久に七億の同胞を苦難に陥れ
　　る。再び、二度の大罪悪を犯すことになり、我々として看過できない。
　　現在我々は台湾にいるが、これはあくまで大陸を取り戻すための基地で
　　あり、必ずや大陸を取り戻せると固く信じている。七億の人民は決して
　　共産主義の生活方式を受け入れ得ないと思う。その日のために、日本と
　　の友好を保って行きたい。従って、もし日中正常化をするようなことに

第6章　公的記憶の変容と未完の関係清算　315

なると、宇山大使にもお話しているように、二度目の降伏になる。そし
てまた、我々が大陸を取り戻した時には三度目の降伏をすることにな
る。[110]

　上述の発言は少し分かりにくいが、日華平和条約で一度決着した戦後処理が
日中国交正常化によってもう一度行われる一方、それにともない、日華間の戦
後処理はなかったことにされるから、将来「大陸反攻」が成功した際、日本と
中華民国はもう一度戦後処理をしなくてはならなくなるという意味である。蔣
経国が「大陸反攻」後を現実的なスケジュールに入れていたかどうかは疑問で
あるし、前述したように、すでにこの時点で日華断交後の対応策も検討されて
いたから、この弁舌が日本政府に対して説得力を持つとは、本人も考えていな
かったと思われる[111]。
　ただし、ここには、日華断交に対して中華民国側が抱いていたイメージが如
実に反映されていた。日本との国交断絶は、単に政治的な関係を終了させるだ
けでなく、終戦以来実施されて来た日本との戦後処理までもが、意義を失うこ
とになるのである。それは、日中戦争という経験を公式に解釈する権利が、中
華人民共和国へと移行することをも意味していた。
　田中政権が発足した1972年7月7日は、35年前に盧溝橋事件が勃発した日
でもあったが、『中央日報』はこの日から三日間にわたって、何応欽が執筆し
た文章を掲載している。何は連載の冒頭で、中共が歴史を偽造し、抗日戦争を
彼らの功績と宣伝していると前置きし、陸軍総司令官を務めた経験から、それ
に対して反駁するとした。そこで文章は、中共が抗日戦争を利用して勢力を拡
大したこと、抗戦を妨害して国軍を攻撃さえしたこと、中共軍が重要な会戦に
参加したことがなかったこと、中共軍には日本軍に打ち勝つほどの戦力はな
かったこと、日本軍の投降の対象は国軍であったことなどを列挙した。最後に
何応欽は、現在「共匪」が日本に日華平和条約の廃棄をそそのかし、事実を無
視して史実を捏造しているが、我々は事実を米国、日本および内外の青年人士
に教えることで恥知らずな讒言を退け、我々の日華平和条約を擁護し、以て
「中日両国」の友好関係を強化しなくてはならないと結論付けた[112]。

抗日戦争を戦った主体が中華民国であることを人々に想起させる試みは、記念行事の開催という形式によっても行われた。中国戦区の日本軍が投降した9月9日の前日には、「日本投降廿七周年」記念式典が行われ、満洲事変勃発の9月18日には、東北出身者同郷会により「九一八事変四十一周年紀念大会」が開催されている。こうした式典は、例年は大きく扱われるものではなかったが、この年の『中央日報』は、開催の模様を大々的に報じたのである[113]。

（3）　日中共同声明の発出

　しかし、9月25日朝、田中首相と大平外相を乗せた日航特別機は北京へと出発した。早くも同日午後から、第一回の日中首脳会談が開始される。ここで、日本側が真っ先に提起したのは台湾との関係であり、とりわけ、日中間でこれから形成される戦後処理の「物語」の中に日華平和条約をどのように位置づけるかという問題であった。会談に同席した大平は、中国側が日華平和条約は「不法にして無効」という立場をとっていることに理解を示しつつ、同条約については、「国交正常化の瞬間において、その任務を終了したということで、中国側の理解を得たい」と切り出した。これに対し周恩来は、「戦争状態終結の問題は日本にとって面倒だとは思うが、大平大臣の提案に、完全に同意することはできない。桑港条約以後今日まで戦争状態がないということになると、中国は当事者であるにもかかわらず、その中に含まれていない」と述べ、同問題については、双方の外相同士の会談で交渉するよう提案した[114]。

　翌日午前には、大平外相と姫鵬飛外交部長の間で第一回外相会談が行われる。日本側は、前日と同じように、「今日未だに日中両国間に法的に戦争状態が存在し、今回発出されるべき共同声明によって初めて戦争状態終了の合意が成立するとしか解する余地がない表現」には同意出来ないと説明し、「これまでの日中関係に対する法的認識についての双方の立場に関して決着をつけることは必要ではなく、また、可能でもないので」、「戦争状態終了の時期を明示することなく、終了の事実を確認することによって、日中双方の立場の両立」をはかるよう提案する[115]。そこで、日本側が作成した共同声明案には、「日本国政府及び中華人民共和国政府は、日本国と中国との間の戦争状態の終了をここ

に確認する」と記されていた [116]。また、日本側は賠償問題についても、日華平和条約の合法性を明示的に否定することがないよう求めた。すなわち、日本側は賠償を求めないとの中国政府の態度を「率直に評価」する一方、戦争状態終結の問題と同様に、日華平和条約が当初から無効であったことを意味するような表現が共同声明の中で使用されることには同意出来ないとして、この点について中国側の配慮を求めたのである [117]。

　これに対して姫鵬飛は、戦争状態の終了についての日本側の提案は、「人民を納得させることができないので同意できません」と答える。姫の説明では、中国側は「中国人民に、戦争状態がいつ終了したのかをはっきりさせなければ」ならないと考えていた [118]。そこで、中国政府が準備した声明案では、「本声明が公表される日に、中華人民共和国と日本国との間の戦争状態は終了する」と規定されていた [119]。

　中国側は、賠償問題に対する日本側の態度にも異議を唱えた。同日午後の第二回日中首脳会談で、周恩来は前日よりも激しい口調で考えを述べている。

　　　日華条約につき明確にしたい。これは蔣介石の問題である。蔣が賠償を
　　　放棄したから、中国はこれを放棄する必要がないという外務省の説明を
　　　聞いて驚いた。蔣は台湾に逃げて行ったあとで、しかも桑港条約の後
　　　で、日本に賠償放棄を行った。他人の物で、自分の面子を立てることは
　　　できない。戦争の損害は大陸が受けたものである。
　　　我々は賠償の苦しみを知っている。この苦しみを日本人民になめさせた
　　　くはない。
　　　我々は田中首相が訪中し、国交正常化問題を解決すると言ったので、日
　　　中両国人民の友好のために、賠償放棄を考えた。しかし、蔣介石が放棄
　　　したから、もういいのだという考え方は我々には受け入れられない。こ
　　　れは我々に対する侮辱である。[120]

　この日夕刻の第二回外相会談で大平は、戦争状態の終了宣言に関して、二つの案を提示した。一つは、戦勝国が一方的に戦争状態の終了を宣言するという

もので、「中華人民共和国は、中国と日本国との間の戦争状態の終了をここに宣言する」という案であった。もう一つは、いつ戦争が終了したかを明確にしないもので、「日本国政府および中華人民共和国政府は、日本国と中国との間に、今後全面的な平和関係が存在することをここに宣言する」というものである。これに対する姫の反応は、「戦争状態の終了の問題について、本日、二つの日本側案を頂いたが、中国側としては、時期の問題を極めて重視している」というもので、なお終了時期明記の意向を示した。それに対し大平は、「日本側としては、なんとか国内的に defend できる線でまとめたいと考えている」と答えて、同問題に関するこの日の話し合いは平行線に終わった[121]。「国内的に defend」という大平の発言からは、日本の外務当局が日華平和条約の痕跡を完全に消滅させたくなかった理由は、中華民国への配慮ではなく、国内向けの説明に整合性を持たせるために過ぎなかったことが読み取れるだろう。

　事態を打開する知恵を出したのは、外務省中国課長の橋本恕であった。26日の夜、橋本は大平に、要旨次のように進言したという。

　　　一番大事なのは、これから両国民が仲良く隣人同士として、善隣友好関係を築いていく。そのために国交正常化するというのが大筋なので、それは中国だって当然わかっているはずです。だから、なんとか<u>過去の解釈について簡単な言葉で過去を封じ込める</u>ために、「不自然な状態」ということでどうでしょうか。[122]〔下線は筆者〕

　この提案は、中国側にも受け入れられ、最終的に出された共同声明では、第一項で、「日本国と中華人民共和国との間のこれまでの不正常な状態は、この共同声明が発出される日に終了する」と記された。これにより、日本と「中国」との戦争状態がいつ終了したかは明記しないまま、日中関係を正常化することが可能になったのである。日華平和条約締結後の二十年間を「簡単な言葉で」封じ込めることに成功したため、中国による賠償請求放棄をどのように説明するかという問題も、大きな困難をともなわず解決することになった。

　戦後処理という意味で、もう一つ共同声明の作成過程で争点となったのは、

第6章　公的記憶の変容と未完の関係清算　319

日中戦争をどのような言葉で総括するかという問題であった（日華平和条約の
中では、戦争の総括はされなかった）。この問題については、一日目の夜に開
かれた宴席で、一騒動が起こっていた。乾杯後に壇上に立った田中角栄のス
ピーチが、物議を醸したのである。

> 過去数十年にわたって日中関係は遺憾ながら不幸な経過をたどってまい
> りました。この間、わが国が中国国民に多大のご迷惑をおかけしたこと
> について、私は改めて深い反省の念を表明するものであります。[123]

　このスピーチの中の、「多大なご迷惑をおかけした」という言葉が、
「添了麻煩」
（ティエンラマーファン）
という中国語でごく軽い意味の謝罪を表す表現に翻訳されたこ
とで、中国側は日本側に抗議した。後に田中は、「ご迷惑」という言葉に「誠
心誠意をこめて、申し訳ないという心情」をこめていたと説明することで周恩
来を納得させる[124]。
　こうした中、共同声明に盛り込まれる謝罪の具体的な文言は、両国の外相会
談で詰められる。中国側の草案では、「日本国政府は、過去において日本軍国
主義が中国人民に戦争の損害をもたらしたことを深く反省する[125]」と記され
ていた。しかし、27日の非公式外相会談で大平は、「今次田中総理の訪中は、
日本国民全体を代表して、過去に対する反省の意を表明するものである。従っ
て、日本が全体として戦争を反省しているので、この意味での表現をとりた
い」と述べて、「軍国主義」という言葉を盛り込まないよう要求した。それに
対して姫は、「中国は日本の一部の軍国主義勢力と、大勢である一般の日本国
民とを区別して考えており、中国の考えは、むしろ日本に好意的である」と説
明した[126]。日本の戦争責任に対する中国の考え方は、中華民国の公式な歴史
認識と同様のものだったのである。だが、大平の側近であった森田一の証言に
よれば、日本側は、「軍国主義」という言葉には、どこまでが軍国主義者かと
いう問題が発生し、昭和天皇の問題も絡んで大きな国内問題にもなりかねない
という理由で、そうした構図で戦争責任が語られることに難色を示したのだと
いう[127]。この証言が正確なものであったとすれば、日中戦争の戦争責任に関

する日本社会の受け止め方は、日華断交とは関係なく、すでに中華民国の解釈
と食い違うようになっていたのかもしれない。

　ほどなくして中国側は、「軍国主義」という言葉を除外することに同意した。
第三回の外相会談で、双方は、「日本側は、過去において戦争を通じて中国国
民に重大な損害を与えたことについての責任を痛感し、深く反省する」との文
言を盛り込むことで合意する[128]。最終的に発出された日中共同声明でも、同
じ表現が用いられた。

　9月28日の夕刻までに日中間の交渉は全て妥結し、翌29日の午前中に、日
中共同声明の調印式が実施された。署名を行ったのは、田中角栄と周恩来の両
首相である。一方、大平外相は田中よりも華々しさに欠ける役割を引き受け
た。共同声明発表後の記者会見で、日華平和条約の終了を表明したのである。

　「なお、最後に共同声明のなかには触れられておりませんが」と大平は切り
出した。「日中関係正常化の結果として、日華平和条約は存続の意義を失い、
終了したものと認められる、というのが日本政府の見解でございます」[129]。日
華平和条約を、締結当時にさかのぼって無効とはしたくない日本政府が工夫を
こらして考案したのが、上記の表現であった。敗戦国が平和条約の失効を一方
的に宣言するというのは極めて異例ではあったが、外務官僚達は、このような
形式をとることにより、日華平和条約の終了について中華民国の同意や国会の
承認が必要なくなると判断していた[130]。そして、このような目論見は、予想
した通りの結果をもたらした。同日、中華民国政府は、対日断交を宣言したの
である。

（4）　日華断交と公的記憶の変容

　中華民国外交部が対日断交声明を発表したのは、9月29日の深夜であった。
少し長くなるが、その内容を引用する。

　　日本の田中角栄総理と中共匪偽政権の頭目が発表した「共同声明」は、
　　双方が本年九月二十九日から外交関係を樹立することを公表し、さらに
　　日本の大平正芳外務大臣は日華平和条約と中日外交関係がこれによって

終了することを声明した。

中華民国政府は、日本政府のこうした条約義務を顧みない背信忘義の行為に鑑みて、日本政府と外交関係を断絶することを宣告し、これについて日本政府が一切の責任を負うべきことを指摘する。

〔中略〕

日本軍閥は、中国征服の野心を遂行するため累次にわたって事変を起こし、ついに民国二十六年〔1937年〕から全面的な侵華政策を発動し、さらにそれを第二次世界大戦へと発展させ、ために中華民国及びアジア太平洋地域はいずれも空前の災禍をこうむった。中共匪賊は、我が政府が軍民を動員し、全力で抗日戦にあたっている機会に乗じて武力を拡充し、反乱を拡大させ、ついには大陸を不法に占拠するに至った。それによって、中国大陸の七億の人民が、今に至るまで苦難に満ちた生活を強いられるようになったのである。これは実に日本軍閥の中国侵略がもたらした深刻な歴史の過ちであり、日本はさらに逃れることの出来ない責任を負うようになったのである。

蔣総統は中日両国と全アジアの安定と平和の大計を計るため、カイロ会議において極力日本の天皇制の保存を主張し、しかも日本の投降を受け入れた後、以徳報怨の政策を採用して二百余万人の日本人を平和裏に送還し、我が政府はその上戦争損害賠償の要求と占領軍派遣の権利を放棄して日本の分割を免れさせ、迅速な国家再建を可能ならしめた。

今、田中政府はこともあろうに一方的に日華平和条約を破棄し、中共の偽政権を承認して中華民国と断交したのは、忘恩負義であるばかりでなく日本民族の恥であり、最大多数の国民の意志にも違反するものである。さらに、中日両国とアジア全体の広大な利益をも深刻に損なうものである。

〔中略〕

中華民国政府は、田中政府の誤った政策が、蔣総統の篤い徳行に対する日本国民の感謝と思慕に影響を与えるものではないことを固く信じており、我が政府は、日本のあらゆる反共人士との友誼をこれからも保持し

322

ていく。[131]

　中江要介は、この声明の最後に記された一文が、椎名特使派遣の効果であったと評価している。日華断交によって、日本に対する報復措置がとられる事態が危惧されたが、この一文が入ることによって、日本人の生命財産に危害が加えられる心配がなくなったと解釈したのである[132]。実際、断交声明発表後、懸念されていたような在台日本人への報復や暴力事件などは発生しなかった。武見敬三や清水麗による研究が指摘しているように、国交断絶後、日華両国間では、速やかに実質的な関係が再構築された[133]。そして、中華民国側はそれを、蔣介石の温情的な戦後処理に対して感謝と思慕の念を持つ人々が、日本にはまだたくさん存在するはずであるという説明によって正当化したのである。

　しかし、国交断絶後に大きく変化したものもあった。それは、台湾における対日関係の公的記憶である。もちろん、公的記憶が全面的な改変を遂げたわけではない。日華間には文化的な紐帯があり、中国文化と日本文化はいずれも「東方文化」に属するという位置づけは、1970年代を通じて変更されなかった[134]。具体的な文化政策としては、日本の文化的産品に対する規制が強化されており、1973年から84年まで、台湾の映画館から日本映画は姿を消し、テレビ局は日本のテレビ番組の放映を禁じられた[135]。しかし、書道や美術などを通じた文化交流は引き続き実施されており[136]、「中日文化合作」は、東方文化を共同で振興するという面に限って、断交後も継続されたのである。おそらく、「文化合作」の構想は、蔣介石以下の政権幹部達が提唱したものであったことに加え、断交後の声明で「我が政府は、日本のあらゆる反共人士との友誼をこれからも保持していく」と謳われていたことから、1940年代のように日本文化や日本人の民族性に対する批判を展開することは好ましくないとの判断が存在したものと考えられる。

　また、終戦直後のように、日本人が先天的に好戦性を有しており、その再起を警戒しなければならないという言説が公的なものとなることもなかった。1979年3月に日本の国防予算増加を報じた『中央日報』の記事は、国民に対して警戒を呼びかけることはせず、むしろ中華民国、日本、韓国の連携強化を

主張している[137]。

　だが、国交断絶により、中華民国が「中国」を代表して寛大な戦後処理を行ったという「物語」は、大きく損なわれることになった。蔣介石が「以徳報怨」の方針の下、日本軍民の早期送還などの処置を行ったことは依然として公的記憶の主要な内容の一つであったが[138]、日中戦争を法的に清算した日華平和条約は、敗戦国であったはずの日本側によって、無効であることが宣言されたのである。その結果、＜起源の物語＞が封じ込めていた、戦争中に日本から受けた被害の記憶が前面に押し出されることとなった。

　その経路の一つは、映画であった。国交断絶直後、前述した記録映画『中国の雄叫び〔中国之怒吼〕』が、三つのテレビ局によって数回にわたって再放送されている。『中央日報』には、『中国の雄叫び』の放映は、「八年の抗日血戦」に対する国民の怨みを呼び覚ますものであるが、放送時間がバラバラなため見逃している視聴者も多いだろうから、ゴールデンタイムに三局合同で放映してはどうかという読者からの投書が掲載されている[139]。この提案が実行に移されたかどうかは不明だが、政府は行政院新聞局に対して、同作品を無料で各県や市に配布して民心と士気を高めるよう指示し、さらに、配布を受けた県と市は、事後「使用成果」を政府に報告するように要求したという[140]。

　10月9日の『中央日報』には、『中国の雄叫び』を見た小学6年生の生徒による感想文が掲載されており、実際に本人によって書かれたものであったかはともかくとして、この年代の児童にも広く視聴されていたことをうかがわせる。李孔哲というこの生徒は、映画観覧後、全身の血が沸騰し、田中角栄という「忘恩不義」の小人への憤りを感じたとの感想を記すと同時に、八年間の抗戦中に残虐な日本軍によって無辜の人民や婦女子が殺害されたことに、どうして怒りを覚えずにいられようかとの感情も吐露していた。さらに、我々の「慈悲深く偉大な」蔣総統が、賠償を請求せず、彼らの軍民を本国に帰還させるという以徳報怨の精神を示したにもかかわらず、今日の日本が共匪と結託していることに対して、国民の憤激は極みに達していると、強い語調で非難して見せた[141]。

　映画を通して抗日戦争を想起する試みは、その後も継続的に行われた。何義

麟によれば、1970年代に入り、一連の外交上の挫折を乗り越えるため、「戦争」や「抗日」をテーマとする国策映画が数多く制作された。その皮切りとなったのは、73年に制作された、抗日戦争で戦死した実在の将軍を主人公にした伝記映画『英烈千秋』であった。その後、『八百壮士』、『筧橋英烈伝』などの作品が相次いで上映され、戦争中に命知らずの軍人たちが見せた愛国精神を宣揚したのである[142]。

　戦争時に受けた被害の記憶は、学校教科書の中でも以前より鮮明に出現した。1974年の中学歴史教科書（『国民中学　歴史　第三冊』）には、南京虐殺に関する詳細な描写が記述されている。すでに見たように、1960年代までの教科書は、南京事件に関しては「首都が陥落し、死者三十万人」というように犠牲者数のみを淡々と記すものであったが、それと比較すると、叙述のスタイルは大きく様変わりした。

　　　日本の軍閥は、南京を侵略し占領した後、狂気じみた禽獣のように血腥い大虐殺を行い、我が首都における三十万の無辜の人民は、みな日寇の残忍悪辣な仕打ちを受けた。ある者は銃殺され、ある者は生き埋めにされ、ある者は川に捨てられ、ある者は日本刀で首を斬られた。婦女は暴行を受け、財産は掠奪され、首都は空前の大惨禍にみまわれたのである。人類の文明史上、最も非人道的な一頁が記されたわけだが、これはただ我々中華民族にとってこの上もない恥辱であったというだけにとどまらず、全世界の平和を愛好する民族も、日寇の鬼畜のような残虐な行いに対し、一斉に厳しい非難の声を上げた。[143]

　戦争の記憶は、この他にも様々な手段を通して喚起された。例えば、盧溝橋事件の発生した7月7日が、抗日戦争について想起すべき日として再設定された。例年では、この日の『中央日報』に関連した社説が掲載されることはなかったが[144]、日華断交後の1973年7月7日の同紙社説は、事件発生以来「中国」が払って来た犠牲について述べ、中華民国の善意に対する田中内閣の裏切りを非難した後、国民に対して一切の犠牲を惜しまない「重慶精神」によって

第6章　公的記憶の変容と未完の関係清算　325

国家と民族の尊厳を守り、「共匪叛乱集団」打倒のために奮闘するよう呼びか
けたのである[145]。同社説の発表以後、戦時中の首都の名前を冠したこの「重
慶精神」という言葉は、国民の団結や奮起を求める際に用いられる定番の用語
となる[146]。また、抗日戦争をテーマにした演説会や展覧会の開催[147]、特集番
組の放映[148]、記念切手の発売[149]などが行われている。

　こうした一連の施策の中でも特筆すべきなのが、1974年から日本と台湾の
双方で同時期に開始された『蔣介石秘録』の連載である（台湾では『蔣総統秘
録』。以下、『秘録』）。『秘録』は、日本の『サンケイ新聞』が国民党から提供
を受けた公文書や日記、回想録など各種資料に基づいて執筆したもので[150]、
『中央日報』においてもその中国語訳が掲載された。副題が「日中関係八十年
の証言」（中国語版は「中日関係八十年之證言」）となっていることから分かる
ように、同連載は、中華民国の最も公式な対日関係史を叙述したものであっ
た。

　台湾では8月16日から掲載された『秘録』の第1回は、1945年の日本の投
降が伝えられた瞬間から始まった。連載2回目では蔣介石が天皇制を擁護し、
中国大陸にいた二百数十万人にのぼる日本の軍人と居留民を平和裏に本国に送
還したこと、3回目ではラジオ放送で日本に対する「以徳報怨」方針を呼びか
けたことが描かれた。そして4回目では、田中角栄政権が東方文化の精髄であ
る「徳の精神」を理解せず、「共匪」と結託することで、日本は再び過ちを犯
したと非難したのである[151]。このように戦後の日華関係を、その起点から国
交断絶に至るまで簡潔に描き出した後、『秘録』は辛亥革命にさかのぼり、蔣
介石の目から見た20世紀初頭からの対日関係史を詳細に叙述した。日中戦争
については、学校教科書と同様に国軍と同胞による英雄的な抵抗を賛美した
他、南京陥落後に虐殺が行われ、三十万から四十万人の死者が出たと描写して
いる[152]。『秘録』は、『中央日報』に連載されるだけではなく、その他の新聞
においても概要が掲載された他、テレビ局も国語と閩南語で要旨を放送し[153]、
高校の課外教材としても使用された[154]。全国の高校生を集めて、『秘録』から
得られた感想を述べ合う大会も開催されている[155]。1975年4月5日に蔣介石
が死去した後も[156]、『秘録』は「偉大な哲人の証言」であり、「中日民族が過

去から教訓を引き出し、未来の正しい方向を知るための羅針盤」と位置づけられていた[157]。

　以上のように、日華断交後の抗日戦争に関する公式な叙述は、戦争中に受けた被害の大きさと、蔣介石の日本に対する寛大さを強調し、それにもかかわらず中共と結託した日本政府の「忘恩負義」を非難することが、その主要な構成要素となった。そのような記憶を国民に定着させることには、中華民国の道義性の高さと被害者性・無謬性を人々に印象づけると同時に、抗日戦争を解釈する権利が、中華人民共和国ではなく中華民国にあることを内外に示す意味が込められていたのである。

　日中戦争だけではなく、植民地統治下の台湾における記憶も同時に喚起された。例えば、1972年10月の『中央日報』には二日にわたって、1915年に発生した西来庵事件の詳細が紹介されている。この記事の著者は、執筆の動機として、当時放映されていた閩南語によるドラマ「無名火（別名を西来庵風雲）」が、西来庵事件という史上最大規模で行われ、社会にも深刻な影響を与えた抗日運動を物語の背景にしたものではあったが、その描き方に失望を禁じ得なかったことを挙げていた。そこで、自ら筆をとり、ドラマを見ている人々に正確な認識を与え、先祖達による壮烈な犠牲精神の意義を彰かにすることが著者の目的であった。さらに著者は、田中内閣による「背信忘義」があった今日、日本人が無辜の人々を虐殺し、大きな犠牲が出たこの史実を再び振り返ることは、後世の人間に警鐘を鳴らすものであるとも論じていた[158]。ここからは、日華断交という事件が、官製メディアにおける歴史叙述に直接的な影響を与えたことが読み取れる。

　本章冒頭で紹介したように、1975年の立法院で台湾籍の立法委員康寧祥は、台湾における抗日運動の歴史を学校教科書の中に盛り込むよう蔣経国に提案した。蔣経国の存命中にこのような教科書改革は実現しなかったものの、この質疑が行われた前後から、台湾史研究者による座談会、抗日運動の掘り起こし、抗日史蹟の展覧などが頻繁に行われている[159]。こうした施策は、台湾「光復」の意義を強調し、中華民国による台湾統治の正当性を裏付ける他、中国大陸「光復」の必要性を強調するもので、日華断交以前と比較して、宣伝の論理に

大きな変更が生じたわけではない。しかし、かつて日本との間に敵対的な関係が存在したことや、日本との関係が犠牲をともなうものであったことが、従来よりも容易に想起されるようになったとは言えるであろう。

　また、1974 年 12 月にインドネシアのモロタイ島のジャングルで、台湾のアミ族出身で元高砂義勇兵の李光輝（日本名は中村輝夫）が発見されたことで [160]、第二次世界大戦に参戦した台湾人軍人・軍属への補償問題が社会的な関心を集めた [161]。同問題は、大日本帝国の臣民として戦争に参加した台湾人という、従来の公的記憶の中で等閑視されていた存在を浮かび上がらせたのである。

　1970 年代に入り、中国史の枠組みの中とはいえ、台湾史研究が官民の研究者によって少しずつ進展していくのと歩調を合わせるように、文学界においても、台湾の都市や農村の実態に根差した人々の生活を描こうとする、「郷土文学」という新しいジャンルが登場していた。このような知的風土の中で、対日関係を勝者と敗者という序列とは異なる構図で語る人々も現れるようになる。それをよく示すのが、1977 年に発表された本省人作家王拓による「『現実主義』文学であって『郷土文学』ではない」という論考である。社会評論を執筆する以外に、社会運動や政治活動にも積極的にたずさわった行動派の作家である王は、70 年代初頭の尖閣問題について、次のように論じていた。

　　この事件については、政府が釣魚台の主権は中国に属するという厳正な声明を出したけれども、海外の中国同胞や留学生は、帝国主義侵略者の真実の顔を、これによりはっきりとみわけ、弱国の無外交の悲しみを深く感じ、団結してたちあがり、米国、日本に対してはげしい抗議デモを展開し、政府の後ろ盾となることを誓い、国土を死守することをちかって、猛烈な釣魚台を守る運動を展開した。彼らは、往年の「五四運動」のスローガンをとり出して、おおっぴらに、声高く、叫んだ。

　　外に強権に抗し

　　内に国賊を除け！

　　この運動は、日米の、経済協力を装った経済侵略の下で長く暮らしてき

た国内同胞にとっては、非常に刺激的かつ教育的な事件であった。我々に、結託して中国を侵略する米日の醜悪な顔を見ぬかせ、長い間眠りこけていた我々の民族意識を、深くよびさましたのである！[162]

　この言説の中で「我々」は、「帝国主義侵略者」の「経済侵略」を受ける「弱国」であり、第二次大戦で日本に勝利した戦勝国という位置づけは、すでに過去のものとなっている。もちろん、この文は一知識人の筆になるものであり、政府高官の発言や官製メディアの論説ではないが、こうした見解が公然と提出される環境の中にあって、対日関係を「勝者」と「敗者」という構図で描き続けることは、人々への説得力という点で限界をはらむものであったと想像される。先述した、抗日戦争における抵抗を称えた「重慶精神」という概念についても、70年代後半には、むしろ新しく「台北精神」を樹立するべきだと提唱する言説が登場している[163]。こうして、1970年代に入り、台湾における対日関係の公的記憶は、内容においても、また社会的背景の面から考えても、一つの画期を迎えることとなったのであった。

　1980年代に入ると、台湾では自由化・民主化の進展と相まって、族群（エスニック・グループ）という要素が台湾政治の重要な文脈となっていった。党外の政論雑誌は、「台湾意識」生成の根源を探るべく、日本統治期の台湾社会の発展に着目するようになり、それによって本省人の特殊な歴史的経験とアイデンティティの存在を浮き彫りにし、「中国意識」に対する「台湾意識」の正当性を強調した。「台湾意識を提唱した党外人士たちにとって、日本の植民地統治は事実貴重な資源[164]」とされたのである。

　そして、1980年代後半から日本人は、権威主義的体制を脱却し、旧帝大出身の流暢な日本語を話す人物を総統に頂く中華民国・台湾に再度関心を寄せるようになる。そこで彼らは、「反日的」な外省人と、それに対するアンチテーゼとしての「親日的」な本省人を「発見」した。そうした構図は、70年代以降の時代背景に少なからず影響を受けて成立した面が存在したにもかかわらず、終戦以降常に一貫したものであったかのように、多くの人々から理解されたのである。また、自由化と民主化が進展した後の台湾社会で、真っ先に克服

第6章　公的記憶の変容と未完の関係清算　329

されるべき過去と位置づけられたのは、1947年の二二八事件と、1949年以降の「白色テロ」であった[165]。そのため、終戦から国交断絶に至るまでの期間、日華関係の中で戦前・戦中の対日関係史がどのように表象され、総括されていたかは、日本社会と台湾社会のどちらにおいても、関心の範囲外に置かれることになったのである。

小結

1972年10月23日の『中央日報』には、金澤潜という人物による随筆が掲載されている。金は中国大陸出身で、妻は台湾生まれであったらしく、そのことは、妻は「日本統治時代の『皇民化』の下で生まれた」という記述からうかがい知ることが出来る。金と妻は、映画『中国の雄叫び』を、都合五回見た。ところで、妻にとって不思議だったのは、「光復」以来現在に至るまで、誰も「日本鬼子」（鬼子は、外国人に対する憎悪をこめた呼称）の罪悪について彼女に宣伝したことがなく、「自由自在に」日本語を話し、日本製品を使用し、日本の歌を歌うことも出来ることだった。今回、妻は怨みを含んだ様子で金に、「私たちは結婚して十七年になるけども、あなたが今まで一度も日本鬼子のことを話したことがないのはなぜ？親日派なの？」と聞いた。金にとって「親日派」という三文字は、大いに不快にさせるものだった。妻は自分が失言したことに気付くが、続けて、「私は日本鬼子に対する理解が少なすぎるわ、あなたはどうして今まで話さなかったの？」と聞いた。すると、金は少し後ろめたさにかられながら、「私たちは、以徳報怨で深い憎しみも帳消しにしたのだ、改めて話す必要などないじゃないか」と答えた。妻がそれでも話をするよう求めるので、金は自分の体験して来たことを話す。すると、妻は感じる所があったらしく、日本が中国を侵略した期間は長く、抗戦は激烈だったのにもかかわらず、映画や小説などで抗日戦争を描いたものが少なすぎると述べ、金が自分で執筆して投稿するように勧めたという[166]。

このエッセイは、内容の真偽こそ不明であるが、第二次戦後の台湾社会で、日華断交以前に形成されていた公的記憶の実態を反映したものであったと考え

られる。本章で見て来たように、1960年代に入り、抗日戦争に関する記憶は従来よりも意識的に喚起されるようになったし、日華紛争が発生した時には、過去の日本との不幸な関係に関する記憶が動員された。日本の再台頭に対する警戒感も、民間の一部から政権内部に至るまで、少なからぬ人々によって抱かれていたのである。それにもかかわらず、1950年代と同様に60年代から70年代初頭においても、台湾の公的記憶は、過去に「我々」が受けた被害を強調することはなかった。国際的な地位を向上させた日本に軍国主義が復活しているとの見解も、官製メディアによって否定されていたのである。

　事態を大きく変えたのが、日本による中国との関係「正常化」であった。これにより日本人は、日中戦争の総括を戦後二十年以上経てから改めてやり直しただけでなく、中華民国との間で戦後処理を行った過去も「簡単な言葉で」封じ込めた。台湾海峡両岸の政府が、日本と講和を行う権利を譲らず、お互いを排斥し合った結果、国際空間での競争に敗北した中華民国政府は、一度締結した平和条約の失効を敗戦国から宣告されるという異例の事態を迎えることとなった。蔣経国が椎名悦三郎に語ったように、中華民国がもう一度「中国」の正統国家としての地位を回復すれば、日華双方は戦後処理をやり直したかもしれない。しかし、それが実現する確率は極めて低かったし、実際今日に至るまで実現していない。

　1945年8月以来積み重ねられて来た戦後日華関係の「物語」が敗戦国から否定され、封じ込められた結果として、台湾では＜起源の物語＞が封じ込めていた日本との不幸な関係に関する記憶が噴出することになる。日中国交正常化を実現させた田中政権に対する非難の中で、日本軍が戦争中にいかなる危害を「我々」に加えたかが、改めて提起されるようになった。さらに、これまであまり注目されていなかった日本統治時代の台湾で発生した武装反乱事件についても脚光が当てられるようになったのである。これらの言説の論理構造を見ると、中共ではなく中華民国こそが「抗日」の主体であったことを内外に誇示し、合わせて、加害者としての日本像を印象づけることで、日華断交という事態発生に関する「一切の責任」を田中政権に負わせるという意図を読み取ることが出来る。

第6章　公的記憶の変容と未完の関係清算　331

　このように見て来ると、冒頭で紹介した1970年代の青年知識人達による抗日運動の「発見」も、日華断交後の公式な歴史叙述の変化から大きく影響を受けていたものと考えられよう。先述したように、植民地統治に対する抗日運動の歴史が台湾の学校教科書で詳細に教えられるようになるのは90年代に入ってからだが、テレビドラマ（検閲済み）や官製メディアなどの媒体においては、すでに日華断交直後から紹介されていたのである。

　もっとも、70年代の青年知識人達の言説により、抗日運動に対する注目が集まったことは間違いない。そして、こうした「現実に回帰した」世代が社会的な発言力を高めていくにつれ、「我々」の歴史の中に中国大陸の歴史と台湾史が併存する兆しが見え始めたことは、台湾に居住する全ての住民と日本人との間で、言葉の真の意味での過去の清算が達成される条件を整えるものであった。しかし、日華断交により、日中戦争に関する清算を享受し得る主体を代表する政府は、すでに中華人民共和国政府へと移行していたのである。

　木村幹は、植民地宗主国と植民地が関係を再構築する上で、重要なのは「共通の歴史認識」よりも「和解の儀式」であると主張する。「和解の儀式」について、木村は次のように説明している。

　　かつての宗主国と植民地の人々が正常で対等、そして安定的な関係を取り結ぶ。この際に最も難しいのは、それまで支配する者とされる者、強弱、上下の関係にあった両者をいかにして対等な位置関係にするかであり、また、どうやって両者にこの新たな関係を納得させるかだ。

　　支配してきた人々には、それまでの彼らの優越的な地位を断念せざるをえないことを、そして支配されてきた人々には、彼らが真に尊敬を受けるに値する存在として認められたことを実感させ、もはやこれ以上互いに敵意を向ける必要がなくなったことを、理解させることが必要だ。そのためには、かつての強者が弱者と戦い、敗北を認めざるをえない状況に追い込まれること——これが最もわかりやすい「和解」のためのきっかけとなる。[167]

この議論は、植民地宗主国と植民地の関係についてのものであるが、和解が成立するために何らかの儀式が必要であるという指摘は、戦争状態の終結という問題に対しても同様に当てはまるものであろう。戦後の台湾には、抗日戦争を戦った人々と、日本の植民地統治を受けた人々が共に存在した。日華平和条約は、名目的には中華民国と日本の戦争状態を終わらせたが、植民地統治の清算は置き去りにされた。そうして獲得した平和条約すら、四半世紀も経ずに敗戦国の側から失効を通告されたのである。その後台湾では、島内のあらゆる族群を満足させる形で日本との象徴的な「和解の儀式」を行う機会を持たないまま、現在に至っている。中華民国は、憲政改革により部分的に「中国国家」としての性質を変容させながらも、完全な「台湾国家」とはなっていないし、他方で日本政府は、中華人民共和国政府を「中国」の代表政府として承認し続けている。さらに、日本と台湾双方で、人口のほとんどは戦後生まれの人々が占めるようになっているのである。このような中で、日台間で「和解の儀式」を行う機会が訪れる可能性は、限りなくゼロに近いであろう。

日本と台湾は、過去の清算が何らかの形で象徴的に行われたことがあるという「物語」を持たないまま、現在、そして未来の関係を運営して行かなければならない[168]。このように述べることは、日台関係の前途に対して悲観的に過ぎる印象を与えるかもしれない。しかし、それは厳然たる事実であるし、そのことが日台間で広範に意識されるならば、かえって戦前・戦中の過去が完全に忘却され、意味を失うことは抑止され得るだろう。そして、日台関係の現在と未来をこのように認識し、それにもかかわらず日台間で平和的かつ互恵的な関係を構築し、継続させることが出来たならば、それは日本と台湾の人々が、戦後というもう一つの過去の清算に成功したことを意味するのではないだろうか。

注

1　許雪姫総策画『台湾歴史辞典』(台北：行政院文化建設委員会、2004 年) 1013-1014 頁。

2　菅野敦志『台湾の国家と文化：「脱日本化」・「中国化」・「本土化」』(勁草書房、

第 6 章　公的記憶の変容と未完の関係清算　333

2011 年）212-214 頁。

3　「台湾人民自救運動宣言」については、彭明敏『自由的滋味：彭明敏回憶録』（台北：桂冠、1995 年）129-131 頁。

4　蕭阿勤『回帰現実：台湾一九七〇年代的戦後世代與文化政治変遷』（台北：中央研究院社会学研究所、2008 年）66-101 頁。

5　同上書。

6　同上書、第五章。

7　若林正丈『台湾の政治：中華民国台湾化の戦後史』（東京大学出版会、2008 年）148-152 頁。

8　『立法院公報』（第 64 巻第 19 期）12-13 頁。

9　同上、19 頁。

10　台湾の「アイデンティティ・ポリティクス」については、若林正丈、前掲書、2-4 頁。

11　以下の『宣伝週報』の宣伝方針に関する記述は、外交部に保存されていた記録を参照した。『宣伝週報』（第 341 号、1963 年 9 月 16 日）「日本維尼龍工廠設備資中共案」『外交部档案』档号 005.24/0007、台北、中央研究院近代史研究所。

12　1946 年 4 月の国民党中央執行委員会常務委員会で、盧溝橋事件発生の 7 月 7 日と満州事変勃発の 9 月 18 日については、抗戦勝利によって重要性が減じたとして、記念大会開催は無用と定められた。翌年、7 月 7 日は「陸軍節」になるが、9 月 18 日に特別の意味は付与されなかった。1955 年になると、「陸軍節（7 月 7 日）」は、「空軍節（8 月 14 日）」、「抗戦勝利紀念日（9 月 3 日）」など、軍事関係のその他の記念日と共に統合され、9 月 3 日だけが「軍人節」と名称を変えて記念されたのである。周俊宇『党国與象徴：中華民国国定節日的歴史』（台北：国史館、2013 年）90、175 頁。

13　Memorandum of Conversation, June 20, 1961, *Foreign Relations of the United States*（henceforth, *FRUS*）, Northeast Asia, vol. 22, 1961-1963（Washington, D. C.: United States Government Printing Office, 1996）, p. 681.

14　『時事週報』（第 6 巻第 14 期）「日本維尼龍工廠設備資中共案」『外交部档案』档号 005.24/0007、台北、中央研究院近代史研究所。

15　君傑「憤怒的心声」（『中央日報』1964 年 1 月 16 日）。

16　中国課「国府の対日動向の推移について」（1964 年 2 月 19 日）外務省記録マイク

ロフィルム「中華民国の抗議関係」E'-0212、東京、外務省外交史料館。

17　吉田茂発池田勇人宛書簡（1963 年 12 月 2 日）（吉田茂記念事業財団編『吉田茂書翰』中央公論社、1994 年）89 頁。

18　「『国府裏切る池田発言』陳副総統、日本を非難」（『朝日新聞』朝刊 1963 年 9 月 21 日）。

19　張群著、古屋奎二訳『日華・風雲の七十年』（サンケイ出版、1980 年）195 頁。

20　呂芳上主編『蔣中正先生年譜長編　第十一冊』（台北：国史館、国立中正紀念堂、財団法人中正文教基金会、2015 年）「蔣介石日記（未刊本）」1963 年 9 月 30 日の条、686 頁。

21　戴天昭『台湾戦後国際政治史』（行人社、2001 年）197-200 頁。

22　1945 年 2 月のヤルタ会談で、米国はソ連参戦の見返りの一つとして、外モンゴルの現状維持を承認した（ヤルタ秘密協定）。中華民国は同年 8 月 14 日、ソ連と「中ソ友好同盟条約」を調印し、ヤルタ秘密協定を受け入れ、1946 年 1 月、モンゴル人民共和国の独立を承認する。しかし、台湾移転後の 1953 年 2 月には「中ソ友好同盟条約」の廃棄を宣言し、モンゴルへの独立承認を撤回したのである。張紹鐸『国連中国代表権問題をめぐる国際関係（1961-1971）』（国際書院、2007 年）43 頁。

23　Telegram from the Embassy in the Republic of China to the Department of State, June 21, 1961, *FRUS*, Northeast Asia, vol. 22, 1961-1963, pp. 76-79.

24　石川誠人「信頼性の危機と維持：1961 年国連中国代表権をめぐる米華関係」（『中国研究月報』第 61 巻第 12 号、2007 年 12 月）。

25　例えば、蔣は、米国の大使が常に 1954 年の米華相互防衛条約に言及し、「大陸反攻」を牽制することに不満を表明している。Memorandum of Conversation, February 4, 1963, *FRUS*, Northeast Asia, vol. 22, 1961-1963, p. 342.

26　石川誠人、前掲論文、22 頁。

27　「為撤退舟山、海南国軍告大陸同胞書」（秦孝儀主編『総統蔣公思想言論総集　巻三十二』台北：中央委員会党史会、1984 年）266 頁。

28　中国相手に展開された小規模なゲリラ戦については、John W. Garver, *The Sino-American alliance: Nationalist China and American Cold War strategy in Asia* (Armonk, New York.: M.E. Sharpe, 1997) を参照。

29　「中華民国四十九年元旦告全国軍民同胞書」（秦孝儀主編『総統蔣公思想言論総集　巻三十三』台北：中央委員会党史会、1984 年）247 頁。

30　「中華民国五十年元旦告全国軍民同胞書」、同上書、273 頁。

31 「第四次全国教育会議致詞」(秦孝儀主編『総統蔣公思想言論総集 巻二十八』 台北：中央委員会党史会、1984 年) 35 頁。(以下、『総統蔣公思想言論総集 巻 二十八』)。

32 Memorandum of Conversation, April 15, 1963, *FRUS*, Northeast Asia, vol. 22, 1961-1963, p. 361.

33 Memorandum from James C. Thomson, Jr., of the National Security Council Staff to the President's Special Assistant for National Security Affairs (Bundy), April 15, 1965, *FRUS*, China, vol. 30, 1964-1968 (Washington, D.C.: United States Government Printing Office, 1998), pp. 161-162.

34 「社論 大平外相訪華之行：其成就之所在」(『中央日報』1964 年 7 月 5 日)。

35 船田中『青山閑話』(一新会、1970 年) 61-62 頁。

36 「與日本自民党副総裁大野伴睦談話記録」(1963 年 11 月 1 日)『陳誠副総統文物』 典蔵号 008-0109-007-112、台北、国史館。

37 中国課「国民政府における日本進駐問題と天皇戦犯論について」(1964 年 1 月 17 日) 外務省記録マイクロフルム「大平外務大臣中華民国訪問関係」A'-0359、東京、 外務省外交史料館。

38 日中経済協会『「日中覚書の 11 年」報告書付属資料：岡崎・黒金回顧』(日中経 済協会、1975 年) 46 頁。賀屋は日米開戦時の東条内閣で蔵相を務めており、当時 池田は大蔵官僚であった。

39 在華木村大使発後宮アジア局長宛「吉田元総理と蔣総統との会見を想定した会談 要領案送付について」(1964 年 1 月 13 日) 外務省記録マイクロフィルム「日・中 華民国関係」A'-0395、東京、外務省外交史料館。

40 「総統與日本前首相吉田茂談話紀録」(1964 年 2 月 24 日) 外務省記録 CD「吉田 元総理台湾訪問」、CD 番号 16、整理番号 04-609、東京、外務省外交史料館。

41 アジア局「大臣訪華状況」(1964 年 7 月 6 日) 外務省記録マイクロフィルム「大 平外務大臣中華民国訪問関係」A'-0359、東京、外務省外交史料館。

42 「佐藤栄作総理大臣とリチャード・M・ニクソン大統領との間の共同声明」(1969 年 11 月 21 日) 日本政治・国際関係データベース『世界と日本』http://worldjpn. grips.ac.jp/ (2018 年 11 月 4 日確認)。

43 ただし、共同声明のいわゆる「台湾条項」は米側の要望により入ったもので、日 本側は消極的だったという。井上正也『日中国交正常化の政治史』(名古屋大学出 版会、2010 年) 382-386 頁。

44　「社論　歓迎蔣部長訪日成功帰来」(『中央日報』1967 年 12 月 3 日)。

45　朱建栄「中国の対日関係史における軍国主義批判：三回の批判キャンペーンの共通した特徴の考察を中心に」(近代日本研究会編『年報近代日本研究』16、1994 年)。

46　「社論　論日本的軍備」(『中央日報』1971 年 2 月 5 日)。

47　芹田健太郎『日本の領土』(中央公論新社、2012 年) 121-122 頁。

48　任天豪「従《外交部档案》看釣魚台「問題」之由来 (1968-1970)」(呂紹理他編『冷戦與台海危機』台北：国立政治大学歴史学系、2010 年)。

49　「東シナ海大陸ダナ　日、韓、台で共同開発　協力委中心に構想」(『朝日新聞』夕刊、1970 年 9 月 25 日)。

50　「東シナ海の石油資源　日韓台共同開発で合意」(『朝日新聞』朝刊、1970 年 11 月 15 日)。

51　「尖閣列島　三国開発委を設置」(『朝日新聞』朝刊、1970 年 12 月 22 日)。

52　「尖閣列島　中国も領有主張　新華社論評日韓台の開発非難」(『朝日新聞』夕刊、1970 年 12 月 4 日)。

53　邵玉銘『保釣風雲録：一九七〇年代保衛釣魚台運動知識分子之激情、分裂、抉択』(台北：聯経出版、2013 年) 19-20 頁。

54　同上書、168-170 頁。

55　同上書、170 頁。

56　「旅美学人忠愛国家総統表示至深佩慰」(『中央日報』1971 年 3 月 19 日)。

57　「釣魚台主権政府決力争　魏外長重申立場」(『中央日報』1971 年 2 月 24 日)、「社論　共匪『釣運』陰謀敗露」(『中央日報』1971 年 11 月 28 日)。

58　三国共同開発構想が実現に至らなかった理由は不明だが、あるいは、1971 年 3 月 1 日に出された日中覚書貿易交渉のコミュニケの内容が日本政府に対して極めて厳しいものとなっていたことが、日本政府を躊躇させたのかもしれない。「日中覚書交渉コミュニケと取決めに調印」(『朝日新聞』1971 年 3 月 2 日朝刊)。

59　邵玉銘、前掲書、19-20 頁。

60　鄭鴻生著、丸川哲史訳『台湾 68 年世代、戒厳令下の青春：釣魚台運動から学園闘争、台湾民主化の原点へ』(作品社、2014 年) 92 頁。

61　中学標準教科書歴史科編輯委員会『教育部審定初級中学標準教科書　歴史　第四冊』(台北：正中等、1964 年)、中学標準教科書歴史科編輯委員会『教育部審定高級中学標準教科書　歴史　第二冊』(出版地不祥：台湾省政府教育庁、1963 年)。

62　「孔秋泉呈国防部長蔣経国以蔣部長訪問対日本之影響」(1967 年 12 月 7 日)『蔣

第 6 章　公的記憶の変容と未完の関係清算　337

経国総統文物』典蔵号 005-010100-00012-008、台北、国史館。

63　「宣伝外交綜合研究組会議報告」（1972 年 4 月 22 日）『蔣経国総統文物』典蔵号
　　005-010205-00009-015、台北、国史館。

64　「反攻復国的前途：対黒毛闘争、匪俄関係的判断」、『総統蔣公思想言論総集　巻
　　二十八』、132 頁。

65　「我們復国的精神志節和建国的目標方略：第九次全国代表大会的指示」、同上書、
　　243-244 頁。1961 年から 62 年にかけて中華民国は大陸反攻計画を策定していた。
　　石川誠人「国府の『大陸反攻』とケネディ政権の対応」（『国際政治』第 148 号、
　　2007 年 3 月）。

66　「対党務工作的検討指示」、『総統蔣公思想言論総集　巻二十八』、332 頁。

67　「台湾省光復六周年紀念告全省同胞書」（秦孝儀主編『総統蔣公思想言論総集　巻
　　三十二』台北：中央委員会党史会、1984 年）318 頁。

68　ただし、この発言以降の蔣が、中国大陸の現状が日本統治時代の台湾よりも劣
　　悪との評価をすることもあり、一貫はしていなかったようである。「台湾省光復
　　二十二週年紀念告全省同胞書」（秦孝儀主編『総統蔣公思想言論総集　巻三十四』
　　台北：中央委員会党史会、1984 年）168 頁。（以下、『総統蔣公思想言論総集　巻
　　三十四』）。

69　野口悠紀雄『戦後日本経済史』（新潮社、2008 年）74 頁。

70　于衡「東瀛雑記」（『文星』第 9 巻第 3 期、1962 年 3 月 20 日）35-36 頁。

71　円借款開始の経緯については、井上正也、前掲書、343-354 頁。

72　例えば、立法院ではある立法委員が、敗戦国の日本と米国の間ではすでに在日米
　　軍の地位協定が締結されているのに、第二次大戦中に同盟国であった米華間では地
　　位協定が未締結であることを問題視していた。『立法院公報』（第 29 会期第 2 期、
　　1962 年 3 月 2 日）16-17 頁。

73　雷震著、傳正主編『雷震全集㊱　獄中十年（一）（雷震日記）』（台北：桂冠図書、
　　1989 年）、日記 1961 年 11 月 28 日の条、283 頁、『立法院公報』（第 29 会期第 1 期、
　　1962 年 2 月 27 日）139、143-145 頁。

74　「社論（二）美日安全新約與太陽旗的重新升起」（『自由中国』第 22 巻第 4 期 1960
　　年 2 月 16 日）5 頁。

75　于衡、前掲記事、35 頁。

76　従属論とは、先進国（中央部）によって途上国が世界資本主義に従属地域（周辺
　　部）として組み込まれたことで自律的な発展が阻害されたことを強調する政治経済

理論である。猪口孝他編『国際政治事典』（弘文堂、2005 年）454 頁。

77 邵玉銘、前掲書、155 頁。

78 「国防研究院主任張其昀呈行政院長蔣経国検送該院第十一期研究員第八次時事討論『日本與七十年代亜洲』之結論及提要」（1970 年 6 月 16 日）『蔣経国総統文物』典蔵号 005-010207-00004-005、台北、国史館。

79 同上。

80 南懐瑾「致答日本朋友的一封公開信　下」（『中央日報』1969 年 12 月 1 日）。

81 徐叡美『製作「友達」:戦後台湾電影中的日本（1950s-1960s）』（新北:稲郷出版社、2012 年）262-263 頁。

82 「匪捏造抗日戦果図欺騙大陸同胞」（『中央日報』1965 年 10 月 5 日）。

83 「社論　斥匪幫篡改歴史的罪行」（『中央日報』1965 年 10 月 5 日）。

84 「中華民国五十四年国慶紀念告全国軍民同胞書」、『総統蔣公思想言論総集　巻三十四』、90-91 頁。

85 李聲庭「論個人的秘密不可侵犯権」（『文星』第 15 巻第 5 期、1965 年 3 月 1 日）。

86 黄雪邨「我們需要『想』」（『文星』第 8 巻第 1 号、1961 年 5 月 1 日）8 頁。

87 何明亮訳「日本戦後的暢銷書」（『文星』第 5 巻第 1 期、1959 年 11 月 1 日）、林柏燕「日本小説之発展及其流派」（『文星』第 7 巻第 6 期、1961 年 4 月 1 日）、徐白「柴田錬三郎及其作品」（『文星』第 13 巻第 1 期、1963 年 11 月 1 日）。

88 源氏鶏太（日）著、彭梅訳「顧客代表」（『文星』第 5 巻第 4 期、1960 年 2 月 1 日）、犬養道子（日）作、鄭清茂訳「工読記」（『文星』第 6 巻第 3 期、1960 年 7 月 1 日）、井上靖作、顔果訳「伊那的白梅」（『文星』第 11 巻第 3 期、1963 年 1 月 1 日）。

89 簡志信「由日片進口談到国片的老不長進」（『文星』第 16 巻第 3 期 1965 年 7 月 1 日）。

90 雷震著、傅正主編『雷震全集㊶獄中十年（三）（雷震日記）』（台北：桂冠図書、1990 年）、日記 1963 年 12 月 27 日の条、199-200 頁。（以下、『雷震全集㊶』）。

91 『雷震全集㊶』、日記 1964 年 1 月 5 日の条、211 頁。

92 『雷震全集㊶』、日記 1963 年 3 月 4 日の条、44 頁、日記 1964 年 5 月 3 日の条、306 頁。

93 『雷震全集㊶』、日記 1964 年 1 月 11 日の条、216 頁。

94 服部龍二『日中国交正常化』（中央公論新社、2011 年）35-37 頁。

95 同上書、47-50 頁。

96 中江要介『日中外交の証言』（蒼天社出版、2008 年）14 頁。

第6章　公的記憶の変容と未完の関係清算　339

97　古川万太郎『日中戦後関係史』(原書房、1988年) 325頁。「復交五原則」は、①中華人民共和国は中国人民を代表する唯一の合法政府である。「二つの中国」と「一つの中国、一つの台湾」に断固反対する、②台湾は中国の一省であり、中国領土の不可分の一部であって、台湾問題は中国の内政問題である。「台湾帰属未定論」には断固反対する、③省略、④アメリカが台湾と台湾海峡地域を占領していることは侵略行為であり、アメリカはそのすべての武装力を撤退しなければならない、⑤安保理事会常任理事国の地位を含めて、国連のすべての機構での中華人民共和国の権利を回復し、蔣介石グループの「代表」を国連から追い出さなければならない、というものであった。その後、ニクソン訪中と中国の国連加盟により、④⑤は日本と直接関係がなくなったため、①〜③が「日中復交三原則」になる。

98　「田中角栄首相・周恩来総理会談　第一回首脳会談（九月二十五日）」(石井明他編『記録と考証　日中国交正常化・日中平和友好条約締結交渉』岩波書店、2003年) 54頁。

99　以上の中国の対日賠償請求に関する記述は、朱建栄「中国はなぜ賠償を放棄したか：政策決定過程と国民への説得」(『外交フォーラム』1992年10月号) と、楊志輝「戦争賠償問題から戦後補償問題へ」(劉傑・三谷博・楊大慶編『国境を越える歴史認識：日中対話の試み』東京大学出版会、2006年) に依拠した。

100　北岡伸一「賠償問題の政治力学（一九四五－五九年)」(北岡伸一・御厨貴編『戦争・復興・発展：昭和政治史における権力と構想』東京大学出版会、2000年) 206頁。

101　永井陽之助『平和の代償』(中央公論社、1967年) 111-112頁。

102　服部龍二、前掲書、64頁。

103　同上書、47頁。

104　「一九七二年七月二七日　竹入・周会談（第一回)」、石井明他編、前掲書、14、206頁。

105　中江要介、前掲書、98-99頁。

106　「蔣院長昨発表談話譴責日本媚匪態度」(『中央日報』1972年8月9日)。

107　清水麗「日華断交と七二年体制の形成：一九七二－七八年」(川島真・清水麗・松田康博・楊永明著『日台関係史 1945-2008』(東京大学出版会、2009年) 99-105頁。

108　「椎名悦三郎自民党副総裁・蔣経国行政院長会談」、石井明他編、前掲書、136頁。

109　同上書、138-139頁。

110　同上書、139-140頁。

111　会談に同席した中江要介は、お互いに嘘をついているとわかっていながら、そ
　　　れをことさら言い立てずに会談を終わらせた椎名と蔣経国のやりとりは、歌舞伎の
　　　勧進帳を想起させたと回想している。中江要介、前掲書、110 頁。

112　何応欽「紀念七七抗戦再駁中共匪幇虚偽宣伝（上）」（『中央日報』1972 年 7 月
　　　7 日）、何応欽「紀念七七抗戦再駁中共匪幇虚偽宣伝（中）」（『中央日報』1972 年 7
　　　月 8 日）、何応欽「紀念七七抗戦再駁中共匪幇虚偽宣伝（下）」（『中央日報』1972
　　　年 7 月 9 日）。

113　「日本投降廿七周年各界集会紀念」（『中央日報』1972 年 9 月 9 日）、「毋忘九一八
　　　東北同郷集会紀念願再抛頭顱灑熱血」（『中央日報』1972 年 9 月 19 日）。

114　「田中角栄首相・周恩来総理会談　第一回首脳会談（九月二五日）」、石井明他編、
　　　前掲書、54-55 頁。

115　「別紙 1　日中共同声明日本側案の対中説明」、同上書、111 頁。

116　「（別添 1）　日本国と中華人民共和国との間の国交正常化に関する日本国政府と
　　　中華人民共和国政府の共同声明案」、同上書、116 頁。

117　同上、114 頁。

118　「大平正芳外相・姫鵬飛外交部長会談　第一回外相会談（九月二六日）」、同上書、
　　　85 頁。

119　「（別紙 2）」、同上書、121 頁。

120　「田中角栄首相・周恩来総理会談　第二回首脳会談（九月二六日）」、同上書、56
　　　-57 頁。

121　「大平正芳外相・姫鵬飛外交部長会談第二回外相会談（九月二十六日）」、同上書、
　　　87-90 頁。

122　服部龍二、前掲書、162 頁。

123　同上書、135 頁。

124　同上書、152-154 頁。

125　「別紙 2　中華人民共和国政府日本国政府共同声明（草案）」、石井明他編、前掲
　　　書、120 頁。

126　「大平正芳・姫鵬飛外交部長会談　非公式外相会談」、石井明他編、前掲書、92-
　　　93 頁。

127　殷燕軍『日中講和の研究：戦後日中関係の原点』（柏書房、2007 年）254 頁。

128　「大平正芳・姫鵬飛外交部長会談　第三回外相会談」、石井明他編、前掲書、104
　　　-105 頁。

129　林金莖『梅と桜：戦後の日華関係』（サンケイ出版、1984 年）302-303 頁、「大平外相の見解要旨」（『朝日新聞』夕刊、1972 年 9 月 29 日）。

130　服部龍二、前掲書、191-192 頁。

131　「対日匪聯声明本部発表厳正声明」（『外交部広報』第 37 巻第 3 号、1972 年 9 月 30 日）24 頁。

132　中江要介、前掲書、116-117 頁。

133　武見敬三「国交断絶期における日台交渉チャンネルの再編過程」（神谷不二編『北東アジアの均衡と動揺』慶應通信社、1984 年）、清水麗、前掲論文。

134　「呉俊才籲中日人士加強団結　撲滅東方文化的敵人」（『中央日報』1973 年 9 月 2 日）、「社論　加強民間交流・形成正義力量」（『中央日報』1973 年 9 月 30 日）。

135　李衣雲『台湾における「日本」イメージの変化、1945-2003：「哈日（ハーリ）現象」の展開について』（三元社、2017 年）58、66-68 頁。

136　「日本書法代表団来華参加書法展掲幕礼」（『中央日報』1973 年 1 月 3 日）、「中日交換美展深具意義」（『中央日報』1973 年 1 月 27 日）、「促進中日文化交流　張大千作品将在日展出」（『中央日報』1973 年 11 月 3 日）。

137　「日本増加国防予算」（『中央日報』3 月 30 日）。

138　蒋介石が終戦後に「以徳報怨」方針を打ち出したことは、70 年代以降の歴史教科書にも記載される。それがなくなるのは、2000 年代に入ってからである。例えば、陳豊祥、林麗月編著『高級中学　歴史（下冊）』（台北：建宏出版社、2000 年）では、日本が 8 月 14 日に投降を発表し、9 月 3 日に連合軍が東京湾で日本の降伏を受け入れたこと、9 日に駐華日本軍総司令が南京で中国に投降したことのみが記されている（131 頁）。

139　「聯播中国之怒吼」（『中央日報』1972 年 10 月 3 日）。

140　徐叡美、前掲書、263 頁。

141　「中国之怒吼観後感」（『中央日報』1972 年 10 月 9 日）。

142　何義麟『台湾現代史：二・二八事件をめぐる歴史の再記憶』（平凡社、2014 年）179-180 頁。

143　国立編訳館主編『国民中学　歴史　第三冊』（台北：国立編訳館、1974 年）95 頁。

144　7 月 7 日が「陸軍節」という名の記念日であった 1954 年までは、抗日戦争に言及した社説が掲載されていた。「社論　発揚『七七』抗戦精神」（『中央日報』1950 年 7 月 7 日）、「社論　陸軍節」（『中央日報』1951 年 7 月 7 日）、「社論　陸軍節念前線将士」（『中央日報』1952 年 7 月 7 日）、「社論　七七陸軍節」（『中央日報』

342

1953 年 7 月 7 日）、「社論　紀念第七屆陸軍節」（『中央日報』1954 年 7 月 7 日）。だが、いずれも戦争中の被害を強調したものではない。

145　「社論　為毛共弥天大謊正告日本国民」（『中央日報』1973 年 7 月 7 日）。

146　「華視今播特別節目　発揚重慶精神　紀念七七抗戦卅八周年」（『中央日報』1975 年 7 月 7 日）、「社論　発揚重慶精神，突破艱困争取勝利」（『中央日報』1977 年 7 月 7 日）。

147　「抗戦紀念演講会昨在実践同挙行」（『中央日報』1974 年 7 月 8 日）、「抗日史蹟特展今展掲幕」（『中央日報』1974 年 9 月 3 日）、「抗戦四十周年特展定明天起挙行」（『中央日報』1977 年 7 月 6 日）。

148　「回憶抗戦・万衆一心　英雄事蹟很多　電台全天播出特別節目」（『中央日報』1977 年 7 月 7 日）。

149　「紀念抗戦勝利三十周年　抗日英烈郵票九三正式発行」（『中央日報』1975 年 9 月 2 日）。

150　同連載は、後にサンケイ出版から、全 15 巻で出版されている。

151　「蔣総統秘録　中日関係八十年之證言　1」（『中央日報』1974 年 8 月 16 日）、「蔣総統秘録　中日関係八十年之證言　2」（『中央日報』1974 年 8 月 19 日）、「蔣総統秘録　中日関係八十年之證言　3」（『中央日報』1974 年 8 月 21 日）、「蔣総統秘録　中日関係八十年之證言　4」（『中央日報』1974 年 8 月 26 日）。

152　「蔣総統秘録　中日関係八十年之證言　196」（『中央日報』1976 年 6 月 28 日）。

153　「社論　『蔣総統秘録』連載両週年感言」（『中央日報』1976 年 8 月 16 日）。

154　「研読『蔣総統秘録』運動　各校均積極展開」（『中央日報』1976 年 3 月 22 日）。

155　「『蔣総統秘録』心得測験今在各地挙行複賽」（『中央日報』1977 年 10 月 15 日）。

156　「全民哀痛・挙世同悲　総統蔣公昨夜逝世」（『中央日報』1975 年 4 月 6 日）。

157　「社論（一）偉大哲人的證言：鑑往知来的南針」（『中央日報』1975 年 8 月 18 日）。

158　素叟「『西来庵抗日事件』始末　上」（『中央日報』1972 年 10 月 30 日）、素叟「『西来庵抗日事件』始末　下」（『中央日報』1972 年 10 月 31 日）。西来庵事件は、屏東の人、余清芳が主導した反乱事件である。余らは、1915 年に台南の噍吧哖（タバニイ）周辺で蜂起し、ゲリラ戦を展開するが、台南守備隊の正規軍と警察隊の合同作戦により鎮圧される。作戦の過程で、ジェノサイド的な弾圧が加えられたことで、当局は内外から非難を受けることとなる。一方で、逮捕者約 2000 名の内、死刑宣告を受けた者が 903 名に及ぶという強権的な判決が出され、台湾社会に衝撃を与えた。西来庵事件以降、台湾の抗日運動は、社会文化運動へと移行するのであ

る。戴國煇『台湾：人間・歴史・心性』（岩波書店、1989 年）74-75 頁。

159　「学者座談討論台湾光復史実」（『中央日報』1973 年 6 月 6 日）、「四台籍志士談抗日往時　陣前起義奮勇殺敵中華男児事蹟壮烈」（『中央日報』1973 年 10 月 25 日）、「台胞抗日史蹟展覧十日起挙行」（『中央日報』1976 年 10 月 6 日）。

160　「被発現的中村輝夫已證実是台湾山胞」（『中央日報』1974 年 12 月 28 日）。

161　「台胞向日索債問題政院答復立委質詢」（『中央日報』1975 年 3 月 4 日）。

162　王拓著、松永正義・宇野利玄訳「『現実主義』文学であって『郷土文学』ではない」（会心儀他『彩鳳の夢　台湾現代小説選 I』研文出版、1984 年）150-151 頁。

163　洛暁湘「樹立『台北精神』－従『夢廻重慶』談起」（『中央日報』1977 年 11 月 19 日）。

164　蕭阿勤「国民を渇望する：一九八〇〜一九九〇年代台湾民族主義の文化政治」（『中国 21』Vol. 39, 2014, 1）96 頁。

165　若林正丈、前掲書、305 頁。

166　金澤潜「中国之怒吼」（『中央日報』1972 年 10 月 23 日）。

167　木村幹『朝鮮半島をどう見るか』（集英社、2004 年）132-133 頁。

168　ただし、このように述べることは、過去に関する個別の問題に関して、日台間で何らかの取り決めが行われる可能性を排除するものではない。

結　論

1　設問への解答

　本書は序論で、大きく分けて三つの問題を設定した。以下、それらに対して、これまでの分析から得られた結論をまとめよう。

（1）　第一の設問

　第一に、終戦後の日華間の交渉において、歴史問題が表出することはあったのかという問題である。そして、もし今日の国際関係研究者や平和研究者が暗黙の裡に前提としているように、中華民国が日本側に対して歴史問題を提起することがなかったのだとしたら、それはなぜなのだろうかということも、第一の問題に含まれた。

　本書では、1945 年から 1972 年までを主な分析期間とした。その内、日華間に正式な国交があったのは 1952 年から 72 年の間であるが、この二十年間に歴史問題が争点として顕在化し、両国間の関係に負の影響を与えたことはなかった。日中戦争を法的に清算するものであった平和条約締結交渉は、条約の名称、賠償に関する規定、開戦日時、最恵国待遇、適用範囲などの問題をめぐって激しい論争が繰り広げられたが、戦争や植民地統治に関する歴史認識をめぐって双方の代表が衝突することはなかった。ビニロン・プラント輸出問題や周鴻慶事件のような、政権の正統性に関わる問題をめぐって紛争が発生した際に、過去の記憶が一時的に島内向けの宣伝内容に含まれることはあっても、歴史認識の相違に起因した日華紛争は起らなかったのである。

なぜ、日華間では歴史問題が発生することがなかったのだろうか。この問い
に対して予想される最も単純な回答は、中共政権との内戦状態にある中華民国
にとって、アジアの大国である日本との関係が重要であり、一定の対日配慮が
必要であったというものであろう。確かに、「中日合作」の必要性は蔣介石以
下多くの政治指導者が提唱していたし、台湾経済にとっての対日貿易の重要性
も議論されていた。1960年代半ば、蔣介石は米国人に対し、日本が左傾して
いるとの不満を何度か述べているが[1]、それでも、国連代表権問題を含め、中
華民国が国際的地位を保持していく上で日本の支援が重要であることは認めて
いる[2]。対日関係にこのような意義があると認識されていたことは、歴史問題
が対日交渉の場で持ち出されなかった理由を説明するものであるように見え
る。

だが、このような権力政治上の必要性だけが、歴史問題の発生を抑制したの
かどうかを判断するためには、台湾における公式な歴史解釈がどのようなもの
であったかを知る必要がある。そこで、「なぜ」という問題は保留にしたまま、
第二の問題に入ることにしよう。

（2） 第二の設問

二番目の問題は、中華民国政府は戦前、戦中および戦後の対日関係に関し
て、いかなる公的記憶を台湾において構築したのか。その構築過程は、どのよ
うなものであったのだろうかというものである。

本書は、国交が存在した期間における対日関係の公的記憶は、以下の四つの
歴史叙述の集積によって構築された、すぐれて未来志向的なものであったこと
を明らかにした。これらの歴史叙述は台湾の言説空間に大きな影響を与え、日
本との過去をどのように想起するかという問題に関する、一定の枠組みを形成
したのである。

第一の歴史叙述は、日本との間の関係清算に関するものである。中華民国に
よる対日関係の清算は、蔣介石が1945年8月15日に発表した演説の趣旨に基
づき、寛大に行われたものと説明された。8月15日演説に示された、日本の
「軍閥」は問責する一方、一般の人民に対しては寛大に臨むという方針は、「以

徳報怨」という成語で表象され、そのような方針によって戦後の関係が新しく開始されたという「語り」が、戦後日華関係の＜起源の物語（ファンデーショナル・ナラティブ）＞となったのである。

　この「物語」は、日本との関係を再構築する際に、過去の対立関係の記憶が介在するのを抑止する上で、大きな役割を果した。日華平和条約による日中戦争の戦後処理は、米国の東アジア戦略の変化と中華民国の国際的地位低下により、当初の構想からはかけ離れた微温的なものとなった。さらに、元々 8 月 15 日演説には、単に寛大な態度を示すだけではなく、日本人が「錯誤と罪悪から抜け出ること」や「徹底的な懺悔」をすることも求められていたが、平和条約を締結する頃になると、講和の条件として日本側にそうした態度を要求することもなくなっていた。しかし、1945 年 8 月から 1952 年 4 月までの間に中華民国が示して来たこれらの大幅な譲歩は、寛大さを美徳とする「物語」によって隠蔽され、政府の対日政策は、首尾一貫した戦略に基づいたものであったかのように説明されたのである。8 月 15 日演説そのものは、中共との内戦に備えて在中国大陸の日本軍や日本人留用者を懐柔したいという思惑や、侵略に対する日本人の改心をうながすという意図が見えるものであったが、そこから派生した＜起源の物語＞に備わっていた最も重要な機能は、政府の対日政策を説明可能なものに合理化することであった。

　だが、この「物語」は、中華民国が戦勝国であって、経験的・道義的に日本に対して優位にあることを前提とするものであり、その点で、政権の正統性を揺るがすものではなかった。終戦後、中国戦線の日本軍が投降すべき対象が「蔣介石大元帥」だったことは、国際的にも承認された事実であった。勝者が敗者に対して寛大に振る舞い、過去を問わず、厳格な戦後処理を手控えた（ように見せた）ことは、戦果や補償を期待していた人々を失望させたかもしれないが、政権の正統性自体に打撃を与えるものではなかった。

　こうした点は、日韓関係と大きく異なるところである。木村幹によれば、大韓民国の正統性は、大韓帝国の正統性を引き継いだとされる大韓民国臨時政府の存在の上に置かれていた。朝鮮半島の人々は、大韓民国臨時政府とともに、植民地支配下で日本に対する抵抗を続け、最終的に勝利したという法的な擬制

の上に位置づけられていたのである。大韓民国の正統性も、このような「物語」の上に基盤を置くものであった。だが実際は、日本は連合国に対する敗戦を理由に朝鮮半島から撤退したのであり、朝鮮半島の人々が独立を回復して自らの国家を保有するに至った時、自らの寛大さとプライドを見せつけるべき日本は、不幸にして彼らの目の前に存在しなかった。そうした中で締結された日韓基本条約は、韓国併合が国際法的に合法であったかという日本の植民地統治の根幹に関わる問題の解釈を曖昧にしたままであった。そのような条約に賛成することは、日本の植民地支配の正統性を容認し、翻っては、大韓民国に繋がる大韓民国臨時政府の正統性を自ら否定し、韓国のナショナリズムの根幹となる論理を断念することを意味していたのである。したがって、日韓基本条約は、韓国人のアイデンティティに危機をもたらすものであり、韓国国内で締結反対運動を引き起こすことになった[3]。対照的に日華平和条約は、日本の加害責任を不問に付したに等しいという点では日韓基本条約と大差なかったが、戦勝国というアイデンティティだけは、どれほど内容で日本側に譲歩しようと、揺らぐことはなかった。

　＜起源の物語＞は、また、戦後日本の繁栄が蔣介石の温情のおかげであったという結論も引き出した。それによれば、蔣総統は早くからソ連と中共の危険性を認識し、アジアの反共陣営構築のため日本の再建に手を貸すとともに、日華両国は敵対すべきでなく、両国にとって真の敵は共産主義陣営であることを自覚するよう日本側に促したのである。こうした論理は、日本の復興を危険視する見方を否定し、日華両国が戦前・戦中の敵対関係を止揚して、「合作」することを正当化した。

　重要なことに、中華民国の政治指導者達を作者とするこうした「物語」は、彼らの独力で完成したわけではない。「物語」が成立するためには、蔣介石の温情に対して謝意を表明する日本人の存在が不可欠であった。そうでなければ、日本に対して寛大であったことに意義があったとする宣伝は、ずっと空虚なものとなっていただろう。昭和天皇をはじめ、吉田茂、岸信介、大野伴睦など、日本の責任ある立場の人々の中に、蔣介石の「以徳報怨」という態度に感謝する声があることは、度々報道された。日本におけるこうした声は、実際に

蔣介石への尊敬の念に基づいていることを想像出来るものもあれば、中華人民共和国と距離をとることの正当化に過ぎないことを疑わせるものもあった。例えば、日華平和条約締結をめぐる国会審議で、岡崎勝男外相は「吉田書簡」発出の経緯について次のように説明しているが、本当にこのような心情が外交政策を左右するほどのものであったかは、疑問が残る。

　　我々は前々から、国民政府に対して特別のシンパシイを持っており、国
　　民政府も当時〔中略〕日本の降伏による俘虜に対して怨みに報ゆるに暴
　　を以てする勿れという立派な言明をして、そして日本人を無事に帰還さ
　　してくれた。こういうような関係もあり、特に中華民国政府に対しては
　　深い感情を持っておって、その気持を表わしたのがこの吉田書簡、吉田
　　書簡は新しくこういう方針を決定したのではなくして、前々から持って
　　いる考え方をこの書簡に直しただけの話です。[4]

　また、池田政権期の外務省のように、「慈悲深い蔣介石」というイメージに虚像が含まれていることを認識しつつも、やはり中華民国への外交辞令の中に寛大な戦後処理への感謝を盛り込むというケースも存在した。そのため、戦後日華関係の「物語」に対する読解は、日華両国で必ずしも常に一致していたわけではない。しかし、真意がどうであれ、蔣介石の「以徳報怨」という態度に謝意を表す人々は、日本人の中に多数存在した。そして、こうした人々が存在するという事実が、台湾で実施された宣伝の中で、日本との「歴史的な積怨を払拭」したものと位置づけられたのである。その意味で、戦後日華関係の「物語」は、日華両国が共同で構築したものであったと言えるだろう。

　対日関係の公的記憶を構成した第二の歴史叙述は、「中国」に対する史上最大の侵略者・加害者として、ソ連とその「傀儡」である中共を名指ししたことである。それは、「内戦の国際化」により形成された評価であった。「内戦の国際化」は、本来は国民党と共産党というイデオロギーや支持層を異にする政治集団間の国内闘争であった国共内戦を、中国大陸を舞台とした自由主義陣営と共産主義陣営の国際的な角逐と再設定することで、自由主義陣営の盟主である

米国から支援を引き出そうという国民党政権の戦略であった。こうした戦略の結果、中共政権はソ連の「傀儡」とされ、毛沢東は汪兆銘になぞらえられたのである。

　この「内戦の国際化」は、間接的に対日関係史の描き方にも影響を及ぼすこととなった。「中国」に対する侵略者の中で史上最も悪辣であったのは、現在大陸に蟠踞しているソ連であるとされ、日中戦争を戦った日本の影は後景へと退いたのである。1960年代に中ソ対立が顕著になると、「ソ連による侵略」という描写は影をひそめるが、ソ連がいなくなった後でも、大陸の同胞は中共政権から虐待されているという叙述が引続き採用されたから、50〜70年代初頭を通じて、公式な言説の中における日本は、「中国」に対する加害者としては、最も重要な位置から降ろされることとなった[5]。

　公的記憶の第三の構成要素は、台湾史不在の「自国史」である。それは、「再中国化」と呼ばれる政策の結果であった。第四章で見たように、「光復」後の台湾における歴史教育は、日本統治下で「皇民化」教育を受けて来た学生に対し、「中国意識」を注入することが重要な目標として設定された。こうした目標を反映して、歴史教科書では、日本による植民地統治の実態に関してはほとんど記載されないことになったのである。

　そして、この台湾史の不在は、日本との間で歴史問題が発生する可能性を低減させるものであった。日本においては、中華民国の温情的な戦後処理に感謝するというのが公式見解であったし、贖罪すべきは中国大陸の人民を代表する中華人民共和国政府ではないかという意見はあっても、蔣介石が寛大であったということに対して正面から異議を唱える言説が、重大な影響力を持つことはなかった。しかし、日本の五十年間にわたる台湾統治が良心的なものであり、経済や衛生状況の発展・向上に大きく貢献したという、中華民国の歴史解釈と矛盾する見解を広言することは、日本人にとってさほどタブーではなかった。このような状況を考えると、もし台湾史が中華民国の「自国史」の中で大きな比重を占めていたとしたら、植民地統治の評価という問題が日華間の紛争を引き起こした可能性もあっただろう。

　第四の構成要素は、日本に関する文化史的説明である。日本文化は、1940

年代後半の台湾では、「毒素」であり価値の低いものとされていた。しかし、1950年代以降の公式な説明では、日本文化は中国文化と同様に「東方文化」に属するものとされ、その地位は大幅に向上したのである。戦後初期から実施されていた「脱日本化」政策自体が50年代に入って撤廃されたわけではなかったから、日本の文化的産品の取扱いをめぐって日華間で交渉が行われることはあったが、その際にも中華民国側は、台湾の脱植民地化の必要性を挙げることはせず、もっぱら日本の書籍や映画に「赤色毒素」が含まれているとの説明によって、輸入規制を正当化したのである。

　「東方文化」は、日本との戦後処理を事後に説明する際にも用いられた。蒋介石の8月15日演説は、彼が「東方文化」の精神を体現していることを遺憾なく発揮したものであったし、日本との文化的紐帯の存在が、寛大な戦後処理がなされた原因として論じられた。このように説明することは、中国の伝統文化を毀損している中共政権との対比で、指導者としての蒋介石の偉大さを際立たせる効果があったし、中共政権の他者性と対日関係の緊密さを強調する結果ともなったのである。

　以上のように見て来ると、台湾における公的記憶は、対日関係への配慮から、歴史問題の争点化回避を正当化するためだけに形成されたわけではなかったことが分かる。「内戦の国際化」や「再中国化」は、それぞれ国共内戦と台湾籍住民の国民統合という必要性のためにとられた措置であって、対日政策とは直接関係がなかったのである。対日関係の公的記憶がこのようなものであったなら、最後に残るのは三番目の問題、すなわち、公的記憶と日華関係の関連をどのように評価するべきかという問題である。この問題の検討を通じて、未解決のままになっている、なぜ分析期間を通じて日華間では歴史問題が発生しなかったかという疑問に対しても解答を導くことが出来るだろう。

（3）　第三の設問
　台湾で構築された対日関係の公的記憶は、日華関係、およびその中における過去の取り扱われ方とどのように関連していたのか。すでに、第二の問題の検討を通じて、公的記憶は対日関係とは直接関係のない要因からも形成されてい

たことが判明している。つまり、公的記憶は、対日政策の従属変数にとどまる
ものではなかったのである。では反対に、対日関係の公的記憶は、日華関係に
影響を及ぼすものであったと言えるだろうか。言い換えれば、歴史問題が発生
しなかった原因は、台湾における公的記憶が日本との間で論争を惹起し得る性
質のものではなかったからであるという解釈は、成り立つだろうか。

　そうした解釈は、部分的には成り立つと考えられる。すでに述べたように、
対日関係の清算と関連して、蒋介石が終戦直後に寛大な態度を説いていたとい
う経験が記憶されたことは、日本との間で過去の問題を言揚げしないという態
度をとることを容易にさせた。もし、このような記憶がなかったら、なぜ日本
の戦争責任を厳格に追及しないのかという批判に対する政府の立場は、ずっと
弱くなっていたはずである。また、先述したように、もし「自国史」の中で台
湾史が大きな比重を占めていたら、植民地統治の評価という問題が平和条約締
結交渉の際などに紛争を引き起こしていた可能性も考えられる。

　しかし、そうは言っても、公的記憶の性質が政府の対日政策のありようを完
全に規定していたと結論づけることは、正しくないであろう。政権内の会議で
は、寛大な態度を示すことが日本を味方につける上で効果的となる可能性が議
論されていたから、こうした功利主義的な認識が、外交交渉時に日本の過去を
問責するという選択肢を魅力のないものにしていたことは、十分に推測でき
る。国交断絶後、対日関係史の叙述が大きく変わり、過去に日本から受けた被
害を強調した内容のものとなったことは、公的記憶の形成に権力政治的な思惑
が関係していたことを反映したものと言えるだろう。

　したがって、未回答の問題に対する答えは次のとおりである。分析期間にお
いて、日華間で歴史問題が争点とならなかったのは、中華民国政府が反共のた
めに対日関係に配慮したことと、対日関係も含む様々な要因によって構築され
た公的記憶が、過去をめぐる論争を引き起こしにくい性質のものであったため
である。日華関係は、中華民国の意図的・非意図的な努力と、それらに対する
日本側の積極的・受動的な肯定により、国交が存在した二十年間にわたって、
歴史問題を争点化せずに運営されることになったのであった。

2 東アジアの歴史問題に対して、本研究から得られた知見

　最後に、本研究から得られた結論が、日本とその近隣諸国との間の歴史問題に関してどのような知見を提供出来るかを述べて、本書の結びとしたい。だが、その前にまず指摘しておくべきことは、本書が明らかにして来た日華間の事例を、歴史和解の成功例として考えることは出来ないということである。確かに、日華間で歴史問題は発生しなかったし、何をもって歴史和解の成功例とするかは、それ自体が稿を改めて議論すべき複雑な問題である。しかし、少なくとも日華関係において歴史問題が浮上しなかったことには、いくつもの不自然さが付きまとっていた。端的に言って、その不自然さとは、「過去に何があったかを、可能な限り、正確に知る努力」（小菅信子）が双方によって払われたとは言い難いことに根ざすものである。中華民国が台湾で構築した公的記憶は、抗日戦争中に国軍が見せた英雄的な一面を過度に強調したものであったし、1949年以降、実効支配領域内で最大の人口を占めていた本省人の経験について、ほとんど論及しなかった。さらに、日本に対して示された一見寛大な態度も、社会的な合意形成を経て打ち出されたものではなく、戦勝国であるにもかかわらず不本意な戦後処理を余儀なくされた経験を覆い隠すために作られた、虚像の部分が大きい。敵対関係の終了後にかつての加害者と実施した文化交流も、彼我の差異を尊重し、相互理解を深めることよりは、自文化の価値を再確認することに主眼が置かれていた。過去に存在した不幸な関係に起因する紛争を抱えている当事者に対して、このような方式による関係の再構築を推奨することが、歴史和解の実現に寄与するものであるとは考えにくい。

　それにもかかわらず筆者は、本研究によって得られた知見は、東アジアにおける歴史和解という課題に対して、三つの点で貢献をなし得ると考える。以下、それらについて順番に説明していこう。

　第一に、台湾に居住する人々の日本に関する集合的記憶がいかなるもので、どのように変遷して来たかという問題に対する、知識社会学的な貢献である。序論でも述べたように、第二次世界大戦と植民地統治の終焉後、台湾では過去

の日本との関係についてどのように解釈され、それに基づき人々がどのように振る舞ったかについて、これまで漠然とした印象論が先行し、統一されたイメージがなかった。本書執筆の時点で、日本と台湾の間で目立った歴史問題は発生してしないが、台湾の集合的記憶に対するイメージの曖昧さは、日本と台湾の双方で、単純化されたステレオタイプを生み出している。日本では、「親日的」な本省人と「反日的」な外省人という二分法的構図が広く浸透しており、日本の植民地統治を正当化する議論の根拠として、「親日的」本省人の存在がクローズアップされることがある。他方、台湾でも政治的・社会的論争が展開される中で、対立陣営に「親日的」あるいは「反日的」というレッテルを貼り、非難するケースが存在した。これらの議論が、その提出された時点において妥当かどうかを探究することはもちろん重要であるが、そうした議論の前提が歴史的にどのように構築されていったかを見つめることは、論争から抽象性を排除し、日本と台湾の相互理解にとって障害となるステレオタイプの成立を、より困難なものにさせる効果が期待出来る。1940年代後半から70年代の台湾にどのような社会的文脈が存在し、その中で中華民国がいかなる公的記憶を創出して来たかを検討した本書も、そのような研究の基礎としての役割を果すことが出来ると考える。

　第二に、中華民国が構築した対日関係の公的記憶が、日本との合作でもあったことを指摘した本書は、戦時中に責任ある立場にいた日本の政治指導者達が、日中戦争に関してどのような「語り」を行って来たかについての豊富な事例を提供している。従来、終戦後の長い時期にわたって日本の論壇や世論は、中国への加害責任について関心を持たずにいたとされて来た[6]。終戦直後に日本にいたある台湾人知識人も、「日本はアメリカには負けたが、中国には負けていない」という言い分をしばしば耳にしたと証言している[7]。こうした状況の背景としては、占領下で日中戦争が「太平洋戦争」の陰に隠れたことや、中国大陸に関する情報がごく限られたルートからしか入って来なかったことなどが指摘されている[8]。馬場公彦は、敗戦直後に日本軍の戦争責任を先鋭的に意識し、戦後論壇で最も早く加害責任を訴えたのは、延安の「解放区」にいた経験を持つ元日本兵捕虜や解放連盟の兵士達であったとし、日本で中国への戦争

責任論が広範に議論されるようになったのは、1971 年にジャーナリストの本多勝一が『朝日ジャーナル』にルポルタージュ「中国の旅」の連載を開始してからであったとする[9]。また、吉田裕はその著書の中で、同時期に日中国交正常化をめぐる議論が本格化したことで、戦争責任論をめぐっての論争が活発化したという内閣調査室のレポートを紹介している[10]。こうした中、国交が存在しない時期に中国への「贖罪」意識を持っていた人々は、上述の元日本兵捕虜の他は、主に日中関係改善に取り組んで来た「親中派」に限定されていたように描かれて来た[11]。

　一方で、戦後日本人の中国に対する「贖罪」意識は、過剰であったとする見方も存在する。代表的なものは、江藤淳の著書『閉された言語空間：占領軍の検閲と戦後日本』であろう。占領下の日本で米国がどのように検閲を行ったかを探究した江藤は、GHQ の CI&E（民間情報教育局）が展開した「ウォー・ギルト・インフォメーション・プログラム（戦争についての罪悪感を日本人の心に植えつけるための宣伝計画）」が、日本人の第二次大戦に対する観念を歪曲して来たと指弾する。特に、このプログラムに基づいて 1945 年 12 月 8 日から日本の各日刊紙に掲載された『太平洋戦争史』と題する連載が、日本軍の南京やマニラにおける残虐行為を強調したり、「日本の軍国主義者」と「国民」を対立するもののように描いたりして来たことが、「戦後日本の歴史記述のパラダイムを規定するとともに、歴史記述のおこなわれるべき言語空間を限定し、かつ閉鎖した」という点で、深刻な影響を与えたと江藤は論評した[12]。江藤の観察では、このような歴史記述をテクストとして教育された戦後生まれの世代が次第に社会の中堅を占めつつある「近年」（同書の初版は 1989 年）、プログラムの成果は顕著なものになりつつあったのである。

　　　なぜなら、教科書論争も、昭和五十七年（一九八二）夏の中・韓両国に対する鈴木内閣の屈辱的な土下座外交も、『おしん』も、『山河燃ゆ』も、本多勝一記者の“南京虐殺”に対する異常な熱中ぶりもそのすべてが、昭和二十年（一九四五）十二月八日を期して各紙に連載を命じられた、『太平洋戦争史』と題する CI&E 製の宣伝文書に端を発する空騒ぎ

だと、いわざるを得ないからである。そして、騒ぎが大きい割には、その、いずれもが不思議に空虚な響きを発するのは、おそらく淵源となっている文書そのものが、一片の宣伝文書に過ぎないためにちがいない。[13]

　このように、戦後日本人の中国に対する「贖罪」意識へのイメージは複雑である。いったい、「贖罪」意識は希薄だったのか、それとも過剰なほど存在したのか。そうした意識は、中国論を語る人が受けた戦後教育やGHQの宣伝、あるいは「解放区」での捕虜経験といったものからどれほど自由なのか。事態をさらにややこしくしているのは、日本と中華人民共和国が国交を樹立したのが終戦から二十年以上経過した1972年のことであり、戦時中に枢要な地位を占めていた人々が日中戦争をどう総括したか、不明瞭になったことである。例えば、2000年代に「中日関係の新思考」を提唱した馬立誠は、日本の政治指導者達がすでに中国に何度も謝罪していることを挙げ、日本側に「土下座」を求めるのは現実的ではないと主張したが、馬が列挙した事例は、72年以降のものであった[14]。

　こうした状況の中で本研究は、日中国交正常化以前、日華間の交渉の中で、「親中派」以外の日本人も日中戦争に対して反省的な弁を述べていたことを浮き彫りにして来た。蒋介石の温情に感謝を表明するという「語り」は、日本が中国に苦痛や損害を与えたことを前提としなければ成立しないものであり、多くの人々がそうした前提を受け入れたのである。衆議院議員や山形市長を歴任し、1964年に中華民国との友好親善を目的とする団体である「日華親善協会」を設立した大久保伝蔵は、著書の中で以下のように記している。

　　蒋総統の「既往をとがめず怨みに酬ゆるに徳をもってする」という放送は、連合国はもとより、世界に大きなショックを与えたが、同時に中国国民の間にも非常な衝動を与えたのである。中国国民の大部分は日本軍の侵入について非常な脅威と反感を抱いたのは事実であり、抗日戦のためには幾十万の兵士、民衆が犠牲となっており、その遺族にとっては日本はまさに鬼畜の如く思われ、恨み骨髄に達していることは想像に余り

あるのである。遠く日清戦争の屈辱はともかくとして、満州事変以来十数年間にわたる戦争の被害は生々しい記憶として残っており、それを戦い抜いてようやく勝利の栄冠を得たのである。今こそ日本に対してその償いをさせるべきであり、日本に残っているだけの力は徹底的に取りあげ、さらに将来においても日本人は再び立ち上ることのできないように叩きのめしてやらねばならぬ、と考えるのは、中国の国民感情として当然のことであったろうと推察される。[15]

　大久保は、1946年に戦後初の総選挙で衆議院議員に当選し、国会では同胞愛護会副会長、また進歩党の海外引揚対策特別委員長等の役職を務めていた。当時、南方や満洲、朝鮮からの引揚者は裸同然で帰還したにもかかわらず、中国本土からの引揚者は一通りの荷物を持って帰ったことを奇異に感じ、事情を調べたところ、中華民国政府の配慮によるものとの消息を知って感銘を覚えたという[16]。

　日華関係の中で、日本人が日中戦争への見解を述べたのは、蔣介石への感謝を表明する時だけに限られたわけではない。第三章で触れたように、1951年、中国広播公司総経理の董顕光が個人の資格で訪日し、吉田茂と会談した。その際吉田は、日中戦争が日本側による侵略であったことを自明のこととして語ったのである[17]。

　　吉田：私がダレス氏に述べたのは、日本は中国が侵略するとは思っていないということです。日本は島国であり、日本は中国を侵略したが、中国は一度も日本を侵略したことがないことは、歴史が述べているところです。私はまたダレス氏に、中共といえども日本に進攻はしないでしょうと言いました。ダレス氏は「それは自らを欺く話だ」と言いましたが、私はなおも意見を譲らなかったのです。日本には中共が進攻して来るという恐怖はありません。
　　董：平時なら、私もあなたの意見に同意したでしょう。しかし、現在の情勢では、私もダレス氏の意見を支持します。機会さえあれば、中共は

日本に進攻するでしょう。なぜなら、中共には自立性がなく、ソ連に盲従し、その命令には絶対に服従するからです。[18]

それゆえ、日本人の日中戦争に関する言説を社会思想史的に検討する際に、従来の研究は日中関係の進展に積極的な人々の著作や、対中交渉時のやりとりを主に分析対象として選択し、その他に世論調査による統計データなども参照しては来たが、それだけでは不十分であり、対華関係に熱心だった人々や、日華交渉時に現れた日本側の発言をも加味することで、初めてその全体像を把握出来るものと筆者は考える。重要なことに、日華間に国交があった時代、対華交渉に携わった人々は地位的・世代的な背景から、占領期にGHQから宣伝を受けたとしても限定的な影響しか受けていなかったと考えられるため、彼らの言説を分析することは、戦後日本の「言語空間」が米国から大きく制約されて来たという江藤の主張がどの程度妥当なのかを判断する上での重要な基準となるであろう。

　第三に、本書の分析は、歴史和解という課題に対する文化本質主義的な悲観論への反証となっている。集合的な暴力を経験した被害者が加害側と和解を達成出来るかについて、思想家達は、「赦し」という概念が重要な鍵となることを指摘して来た。アンドリュー・シャープ（Andrew Shaap）は、和解の可能性を決めるのは「赦し」への意志であると述べる。シャープによれば、「赦し」は他者を、過去に彼や彼の同調者達がとった行為のみによって認識することを止めさせるものである。すなわち、「赦し」とは、他者のとった行為が彼のアイデンティティを決するものとの観念を放棄し、彼の行ったこと（what）を、彼が誰（who）であるかのみに依拠して赦すことである。そして、このような「赦し」への意志こそが、和解の政治を可能にし、過去が現在の可能性をも左右することを拒み得るものなのである[19]。

　こうした見解は、平和や和解の問題に関心を持つ多くの人々によって支持されて来た。しかし同時に、「赦し」は世界で普遍的に存在して来た概念ではなく、ユダヤ－キリスト教に起源を持つものであることも度々指摘されている。例えば、ハンナ・アーレント（Hannah Arendt）は、「人間事象の領域で許し

が果す役割を発見したのは、ナザレのイエスであった」と述べた。「赦し」とは神ではなく人間の営為であり、キリスト教は、「愛」だけがそれを可能にすると説く。「愛」こそが、その人の「正体」を完全に受け入れ、その人が何を行ったにせよ、常にその人を進んで許す力を与えるものなのである[20]。ジャック・デリダ（Jacques Derrida）も、第二次大戦以降、職業団体、聖職位階制の代表者、君主や国家元首らが「赦し」を求める姿が見られるが、それらは「アブラハム的な言葉遣い」でなされており、「この言葉遣いは、（例えば日本と韓国の場合）それを行っている人々の支配的な宗教の言葉遣いではありません」と指摘している[21]。また、「赦しはただ赦しえないもののみを赦す」というデリダの主張に異議を唱えるエドガール・モラン（Edgar Morin）も、「赦し」の文化的背景に関しては、やはり、「あらゆる文明において、過ちや冒瀆、自己羞恥、罪責といったものが現実に存在するにもかかわらず、また、多くの文明において、仁徳や寛大さを実践することが推奨されているにもかかわらず、許しそれ自体はユダヤ教世界の内部から出現するのです」と述べている[22]。

　本書が何度も言及して来た蒋介石の８月15日演説も、こうした見方を裏付けるかのような内容である。1945年８月15日に彼が発表した演説は、キリスト教と中国の伝統思想（『論語』と『孟子』）を折衷することで、論理を補強したものであった。終戦後、日本の一般人民に対して報復しないよう国民に呼びかける時、蒋は中国の伝統思想からのみでは十分な語彙を獲得出来ないと考えたのかもしれない。彼は、再婚相手の宋美齢がクリスチャンだった影響で、キリスト教を信仰していたのである[23]。

　　　ここまで語って来て、私はまたキリストが垂訓の中で述べた「人にしてもらいたいと思うことは何でも、あなた方も人にしなさい」と「汝の敵を愛せよ」という二つの言葉に思い至り、感慨が限りなく湧き起って来る。我が中国の同胞は、「旧悪を念わず」[24]と「人に善をなす」[25]が我が民族伝統の高く貴い徳性であることを知らねばならない。我々は一貫して、日本の人民を敵とせず、ただ日本の好戦的な軍閥のみを敵とする

と公言して来た。今日、敵軍はすでに我々連合軍の共同により打ち倒された。我々は当然、彼らがあらゆる降伏の条項を忠実に執行するよう督励しなければならない。しかし、我々は報復してはならず、まして敵国の無辜の人民に汚辱を加えてはならない。我々は、ただ彼らがそのナチス的軍閥によって愚弄され、駆り立てられたことに憐憫を示し、彼らが自ら錯誤と罪悪から抜け出ることが出来る様にするのみである。もし、暴行を以てかつての敵の暴行に応え、奴隷的屈辱を以て彼等の従来の誤った優越感に応えるなら、仇討は仇討を呼び、永遠に終ることはない。これは決して、我々仁義の師の目的ではない。[26]

　東アジアにおいて「赦し」が伝統的な観念ではないとすれば、この域内ではどのような観念が支配して来たのだろうか。古田博司は、東アジアの政治に通底する思想として「中華思想」を挙げ、それが歴史問題解決への障碍になっていると指摘する。古田によれば、「中華思想」の根本の核となるものは礼教であった。礼教とは中国古代の行動規範であり、身体技法であり、作法のようなものであるが、これを身に着けた文化圏が「中華」とされ、その周辺は野蛮人（夷狄）の諸国となる。「中華」と「夷狄」のどちらが道徳的に優れており、どちらが上位者になるかは、「中華」のマナー・コスチューム・セレモニーをどれだけ実践しているかという公式に転換されるが、このようにして峻別された上下関係を「華夷秩序」という。ただし、こうした公式には合理性・論理性があるわけではなく、自己の方を上位に置きたいとの願望が先にあり、その基準として「中華」の礼が恣意的に選ばれ、それを美徳と規定したのである。実際、近代に入り、時代遅れとなった礼教は次々に放棄されたが、「徳ある者が上位である」という規定だけは残った。そうして、「道徳は戦術となり果て、つねに上位者でありたいという動機は背後に秘められた」のである。

　古田は、こうした思想のありようが、東アジアの歴史問題の原点であると言う。日韓教科書問題をめぐって、韓国が「道徳的に劣った日本人を叱責するという構図を作りたがる」こと、あるいは、日本の首相による靖国神社参拝をめぐる問題で、中国の唐家璇外交部長が「やめろと言明しました」と、上位者が

下位者を叱るように「厳命」したのも、おそらく「道徳的な上位者と下位者に関わる関係の強調というのが、その隠された意図」であろうと古田は解釈する。他方、最新の日本政治思想史の成果によれば、日本には「中華思想」はあっても、その基準は礼教や徳ではなく、江戸時代の商業的繁栄であった。したがって、そこには道徳で上下を競うという戦術的規範がないため、日本人には、「韓国や中国がなぜ道徳的に劣った日本人を叱責し、自らを上位におきたがるのか、その理由が今もってわからない」のである[27]。

　このように、和解において重要な役割を果す「赦し」という概念が東アジアで希薄であり、あるのは華夷秩序の構築を願望する「中華思想」だけであるなら、この地域に位置する諸国は、蔣介石のようにユダヤ－キリスト教の伝統を取り入れることなしには、和解の言葉を語ることが出来ないような印象を受ける。そして、そうした言葉は、地域の伝統に根ざすものではないため、空虚に響くしかないという悲観的な結論だけが残されているように思われるだろう。

　だが、戦後日華関係の経験が示唆しているのは、中国の伝統思想自体は、和解の言葉を語る上で決して障碍になるものではないということである。確かに、蔣介石はユダヤ－キリスト教の伝統を８月15日演説に盛り込んだ。しかし、第五章で見たように、後に中華民国の人々は、蔣の「寛大」な精神は純然たる「東方文化」の発露であると読み替えたのである。張其昀教育部長による以下の言説は、その代表的なものである。

　　　第二次大戦が終了した時、蔣総統が日本国民に対してラジオ放送を行い、寛大を旨とする政策を公表したのは、東方の王道文化による伝統精神が新たな光芒を放ったものです。中日両国の有識者が、今後文化交流を基礎に、経済的相互協力を手段とし、政治的連合を目的として誠実に合作を行えば、東アジア最大の安定勢力を構成するだけでなく、太平洋全域の平和と安全をも保障することになるでしょう。[28]

　もちろん、このような言葉の背景には「反共」という思惑があったし、中華民国政府が作成した戦後日華関係の「物語」も、自己を道徳的上位に置こうと

する意図が垣間見えることは否定出来ない。しかし、どのような思惑や意図が
あるにせよ、他者に対して寛大になり、彼が過去に犯した罪を問わないという
理念の根拠を、中国の伝統思想の中から見出すことは出来たのである。確か
に、中国の伝統思想の中にユダヤ－キリスト教的な「愛」に相当するものはな
かったが、何らかの必要性があれば、「愛」に基づく「赦し」に極めて近い形
で過去を総括出来るように中国の伝統思想を読解し直すことは、十分に可能な
のであった。

　そのことは、次のような結論に我々を導く。東アジアの伝統的な国際秩序を
「華夷秩序」と形容することは適切であるし、「中華思想」というキーワード
で、現在の事象を説得的に解釈することも出来る。しかし、思想の不変性や、
その現実への影響力を過大に評価するべきではない。思想は、現実的な必要性
や、現状を説明したいという欲求からも影響を受けることがあるのであり、少
なくとも中華民国において、中国の伝統思想の用いられ方にはそのような傾向
が見られた。東アジア諸国間の歴史和解は困難な事業であり、21 世紀前半の
今日、その困難さはますます多くの人々によって認識されるようになってい
る。だが、東アジアの伝統的な政治思想のありようを根拠にして、歴史和解を
本質的に不可能なもののように解釈することは、国家の行動を説明する変数と
しての思想の役割を、不確かな根拠のままに高く評価したものである[29]。この
ように指摘することは、歴史和解の実現に直接寄与するものではないが、歴史
和解という課題に対する過度に悲観的な見方に対し、修正を迫ることは出来る
だろう。

　戦後の日本と中華民国、ないし台湾との関係は、日中関係の「裏面史」とし
て取り上げられることが多かった[30]。もちろん、日華・日台関係史にそのよう
な面があることは否定出来ないが、それだけが全てではない。被害者と加害者
が、過去をどのように解釈し、その過去といかに折り合いをつけるかという課
題に関し、日華・日台間で蓄積されて来た経験は、一般的な歴史和解の模範と
なることは出来なくても、参照に値するだけの興味深い事例となっている。

　戦後日本の台湾との関係性については、「〔日本の〕左派の台湾無視・黙殺と
保守派の利用主義の構図が大きな特徴をなしてきた」と批判する声がある[31]。

台湾においても、国民党政権下で、本省人と結びつく可能性がある日本に対する研究をあまり奨励しないという状態が長く続いていた[32]。戦後日華・日台関係の歩みを丹念に掘り起こし、理解することは、このような相互の無関心が長く続いた損失を克服するばかりでなく、より一般的で二者間にとどまらない問題に対しても多くの示唆を与え得る可能性を持っていると、筆者は考えている。

注

1　Telegram from the Embassy in the Republic of China to the Department of State, January 29, 1964, *Foreign Relations of the United States*, China, vol. 30, 1964-1968 (Washington, D. C.: United States Government Printing Office, 1998), p. 21; Memorandum of Conversation, April 16, 1964, *Ibid.*, p. 51.

2　*Ibid.*, p. 54.

3　木村幹『民主化の韓国政治：朴正熙と野党政治家たち 1961-1979』（名古屋大学出版会、2008 年）120-121 頁、木村幹『朝鮮半島をどう見るか』（集英社、2004 年）135-140 頁。

4　参議院外務委員会（1952 年 6 月 18 日）。「国会会議録検索システム」http://kokkai.ndl.go.jp/cgi-bin/KENSAKU/swk_dispdoc.cgi?SESSION=27583&SAVED_RID=2&PAGE=0&POS=0&TOTAL=0&SRV_ID=1&DOC_ID=54188&DPAGE=1&DTOTAL=1&DPOS=1&SORT_DIR=1&SORT_TYPE=0&MODE=1&DMY=27957（2019 年 6 月 10 日確認）。

5　ただし、学校教育の現場で、日本を加害者と位置づける授業が行われた事例も存在したようである。例えば、戦後日本国籍を保持したまま台湾に残留し、仁愛国民小学校に通っていた下山家の子供たちの証言によれば、外省人の教員が抗日戦争の「におい」を教室に持ち込み、「反日的」な教育が行われていた。授業では、教員が「日本鬼」と怒声を飛ばし、あるいは、「敵は誰か」と教室で問い、それに対し生徒達がいっせいに「日本、共産ゲリラ」と答えるといった状況が出現していたという。だが、本書の検討からは、こうした授業内容は当局の方針に基づいて行われたものではないと考えられる。柳本通彦『台湾・霧社に生きる』（現代書館、1996 年）64 頁。

6　赤澤史朗「東京裁判と戦争責任」（歴史学研究会、日本史研究会編『日本史講座

第 10 巻　戦後日本論』東京大学出版会、2005 年）。

7　楊威理『ある台湾知識人の悲劇：中国と日本のはざまで　葉盛吉伝』（岩波書店、1993 年）189 頁。

8　波多野澄雄『国家と歴史：戦後日本の歴史問題』（中央公論新社、2011 年）26-27 頁。

9　馬場公彦『戦後日本人の中国像：日本敗戦から文化大革命・日中復交まで』（新曜社、2010 年）100、374-393 頁。また、大沼保昭『東京裁判から戦後責任の思想へ』（東信堂、1997 年）174-178 頁も参照。

10　吉田裕『日本人の戦争観：戦後史のなかの変容』（岩波書店、2007 年）148 頁。

11　例えば、若宮啓文『和解とナショナリズム：新版・戦後保守のアジア観』（朝日新聞社、2006 年）。

12　江藤淳『閉された言語空間：占領軍の検閲と戦後日本』（文藝春秋、2007 年）261-271 頁。

13　同上書、272 頁。

14　馬立誠著、箭子喜美江訳『謝罪を越えて：新しい中日関係に向けて』（文藝春秋、2006 年）。

15　大久保伝蔵『忘れてはならぬ歴史の一頁：徳をもって怨に酬ゆる』（時事通信社、1969 年）116 頁。

16　同上書、137-138 頁。

17　日本創新党党首山田宏は 2011 年に雑誌誌上で行われた対談の中で、こうした前提に異議を唱えている。「新進党の国会議員の頃に中国に行った時にはこんなこともありました。中国の国際局長と称する人が、日本は悪い国だとさんざん言っていました。ちょうど『盧溝橋事件は日本の侵略のスタートであった』と話していたので私は手を挙げまして、『盧溝橋事件は中国が侵したんじゃないですか』と反論したんです。当時の地域政府が日本政府に謝罪した電文があって、国際的に日本ではないと決着がついているはずですが、あなたはどう思いますかと。向うは絶句してしまいました。〔中略〕『満州事変が問題だ』って言えば、『満州事変は後から結ばれた搪沽協定で全部決着がついているのに、あなたはまだそれを持ち出すのですか』と返せばいい。『盧溝橋事件の軍隊が……』といえば、『あれは義和団の乱の時に条約をもって駐留した軍隊です。現地の法人を保護するために派遣したのに、違法というのですか』と反論する。そうやって一つひとつやっていけば相手は何も言えなくなります。」山田宏、染谷和己「国家としての日本を取り戻せ」（『致知』2011 年 1 月）101-102 頁。

18　「王世杰呈蔣中正董顕光與日本首相吉田茂関於対日和約等問題談話摘要」（1951 年 5 月 7 日）『蔣中正総統文物』典蔵号 002020400053035、台北、国史館。

19　Andrew Shaap, *Political Reconciliation* （London: Routledge, 2005）, chapter 7.

20　ハンナ・アレント著、志水速雄訳『人間の条件』（筑摩書房、2011 年）374-386 頁。

21　ジャック・デリダ著、鵜飼哲訳「世紀と赦し」（『現代思想』2000 年 11 月号）90 頁。

22　エドガール・モラン著、大﨑晴美訳「許すこと、それは世界の残酷さに抵抗することである」、同上雑誌、111 頁。

23　もちろん、キリスト教が引用された背景には、この演説が国外向けにも発せられたものであったことから、欧米の反応を意識していた可能性もある。

24　「旧悪を念はず」の出典は『論語』である。子曰、伯夷叔斉、不念旧悪、怨是用希（先生がいわれた、「伯夷と叔斉とは、〔清廉で悪事をにくんだ人だが〕古い悪事をいつまでも心にとめなかった。だから怨まれることも少なかった。」）金谷治訳注『論語』（岩波書店、1987 年）72 頁。

25　「人に善をなす（與人為善）」の出典は『孟子』である。取諸人以為善、是與人為善也、故君子莫大乎與人為善（かように他人の善を学びとってはすぐ実行にうつすのは、つまり人々といっしょに善を行うというもの。だから、君子の徳としてこれより偉大なことはないのである。）小林勝人訳注『孟子（上）』（岩波書店、2003 年）144-145 頁。

26　「抗戦勝利告全国軍民及全世界人士書」（秦孝儀主編『総統蔣公思想言論総集　巻三十二』台北：中央委員会党史会、1984 年）123 頁。

27　古田博司『東アジア・イデオロギーを超えて』（新書館、2003 年）165-171 頁。

28　張其昀『張其昀先生文集　第十九冊　文教類（四）』（台北：中国国民党中央党史委員会、国史館、中国文化大学、1989 年）10367 頁。

29　アイディアやアイデンティティといった概念を、物質秩序と同様に経験的或いは計量的に測定可能だと捉えることの方法論的脆弱性については、大賀哲「国際関係論と歴史社会学：ポスト国際関係史を求めて」（『社会科学研究』第 57 巻 3/4 号、2006 年）を参照。

30　川島真・松田康博「戦後日華・日台関係を概観する」（川島真・清水麗・松田康博・楊永明著『日台関係史 1945-2008』東京大学出版会、2009 年）2 頁。

31　森宣雄『台湾／日本：連鎖するコロニアリズム』（インパクト出版会、2001 年）18 頁。

32　川島真・松田康博、前掲論文、3 頁。

あとがき

　本書は、2014 年 9 月に青山学院大学大学院国際政治経済学研究科に提出した博士論文「戦後台湾における対日関係の公的記憶——1945 〜 1970s」を元に、その後新たに収集した資料をふまえて加筆・修正したものである。序論、第二〜第四章および第六章の元になる論文は、学術雑誌等に発表しているため、以下に出典を記す。

「戦後初期における台湾の政治社会と在台日本人：蔣介石の対日『以徳報怨』
　　方針の受容をめぐって」（『日本台湾学会報』第 14 号、2012 年 6 月）（第
　　二章）
「対日講和会議参加問題と中華民国政府の対応：1950 〜 1952 年」（『中国研究
　　月報』第 67 巻第 6 号、2013 年 6 月）（第三章）
「戦後台湾における『対日関係史』叙述と『歴史問題』：1945 〜 1959 年」
　　（*Aoyama Journal of International Studies*, Number 1, 2014）（序論、第四章）
「中華民国の公定歴史認識と政治外交：一九五〇——一九七五年」（『国際政治』
　　第 187 号、2017 年 3 月）（第四章、第六章）

　多くの地域研究者が経験することだと思うが、筆者もこれまでに何度となく、なぜある特定の地域に対して、それを研究の対象にするほどの強い思い入れを抱くようになったのかという趣旨の質問を受けて来た。台湾を研究していると言うと、よほど台湾がお好きなのでしょうね、と聞かれたこともあった。確かに、筆者は台湾とそこに住む人々が好きであり、だからこそ研究を継続することが出来たと思うが、実のところ元々台湾に関心があったから研究を始めたというわけではなかった。どちらかと言えば、研究をし始めたのが先で、後

から台湾に愛着を抱くようになったのであり、あるいは地域研究者の中では、このようなパターンは少数派かもしれない。

　大学時代に筆者が関心を抱いていたのは、日本人が世界や外国をどう認識して来たかという問題であった。その頃に読んで強い印象を受けたのが、竹内好の「日本のアジア主義」(『日本とアジア』ちくま学芸文庫、1993年所収)という論文である。連帯を図るにせよ、連帯の名の下に侵略をもくろむにせよ、アジアとの関わり方を大きな思想的課題とした一群の人々がいたという事実は、日本の近代史を、それまでにイメージしていたよりもはるかに陰影に富んだ興味深いもののように感じさせた。そこで、アジア主義的な発想が戦後どのように継承されたのかという問題に関心を抱きながら、大学院に進学した。

　結果として、筆者はアジア主義と戦後思想の問題に正面から取り組むことはしなかった。その代わりに興味をひかれたのは、日本の政治家や知識人が中国政策を議論する際に、しばしば「中国派」と「台湾派」に分かれて対立して来たという現象であった。なぜこのような現象が発生するのかという疑問を持ちつつ、「中国派」に関する先行研究はいくつか存在したので、「台湾派」と呼ばれた人々に注目して、修士論文のテーマとした。

　博士後期課程では、修士論文の延長線上で、戦後日本における台湾認識をテーマに論文をまとめようと考えていたが、研究の糸口を見つけることが中々出来なかった。転機となったのが、2009年から10年にかけての国立政治大学台湾史研究所への留学である。そこで大学院の授業に参加し、様々な資料を読む中で、台湾における日本認識をテーマに論文を書くという本書の構想がまとまっていった。何より、台湾社会と台湾史の面白さに、すっかり魅せられていったのである。

　こうした歩みから分かるように、筆者の学生生活は行き当たりばったりの無計画なもので、修業年限をほぼ使い果たすまで大学院に居座り続けることになってしまった。それでも、まがりなりにも研究の成果を形に出来たのは、多くの方々のご指導とご助力の賜物である。すべてのお名前を挙げることは出来ないが、とりわけお世話になった方々に謝意を述べさせて頂きたい。

　まず、修士課程時代からの指導教員であった高木誠一郎先生である。高木先

あとがき　369

生には、問題意識の立て方や、研究の良しあしを判断する基準について教えを受けた他、何よりもまず日本語を徹底的に直して頂いた。それにもかかわらず、本書の叙述に不明瞭さが残っていたとしたら、それは筆者の責任である。高木先生の退職後は、押村高先生に主査をお願いした。政治思想史を専門とされる押村先生との対話は常に示唆に富んでいて、まとまったものを書き上げるたびに研究室を訪れるのが楽しみであった。

　副査の労をとって頂いた五人の先生にも感謝を申し上げたい。陳継東先生には、公私ともに大変お世話になり、その温顔で何度も励ましのお言葉を頂いた。林載桓先生の授業に参加させて頂き、中国政治の基礎を勉強出来たことは、台湾研究を行う上でも大いに役に立った。菊池努先生と山影進先生にも、様々なアドバイスを頂戴した。また、台湾の史料館で初めてお目にかかって以来、常に憧れの存在であった松田康博先生に外部審査員をお引き受け頂けたのは、望外の喜びであった。

　慶應義塾大学をご退職後、青山学院に出講されていた池井優先生には、博士後期課程への進学を考えた時に、最初に相談にのって頂いた。井出静先生の中国文化論の授業は、筆者が中国に関心を持つきっかけであった。飯島渉先生のゼミで史学史の論文を読み込んだことは、本書の分析のバックボーンになっている。また、飯島先生のご紹介により、第十回両岸三地歴史学研究生論文発表会に参加出来たことは、おそらく一生続くだろうと思われる貴重な人間関係を筆者にもたらしてくれた。深く感謝申し上げたい。

　学外でも、多くの方々にお世話になった。財団法人交流協会（現日本台湾交流協会）の日台青年交流事業（2006年度）に参加させて頂き、台湾各地の史料館を見学した他、日台の大学院生たちと交流したことで、筆者の視野は一気に広がった。引率をして下さった川島真先生（東京大学）と張力先生（中央研究院近代史研究所）には、深い学恩を感じている。久保亨先生（信州大学）、黄英哲先生（愛知大学）、清水麗先生（麗澤大学）、三澤真美恵先生（日本大学）、若林正丈先生（早稲田大学）には、学会などでお世話になる他、そのご研究から多くの示唆を頂いた。天児慧先生と菅野敦志先生（名桜大学）には、本書の草稿に対して貴重なコメントを頂戴した。

学生時代から先達や友人として、筆者を啓発してくれた諸氏にもお礼を申し上げたい。家永真幸、石川誠人、伊藤丈人、井上正也、大澤武司、岡部大祐、角崎信也、佐橋亮、杉浦康之、竹茂敦、西海洋志、平野達志、福田円、松村史紀、森田健嗣、若松大祐の各氏には、研究や教育など多くの場面でお世話になった。劉曙麗氏には、筆者が中国語で問題を抱えるたびに助けて頂いている。また、高池宣彦氏をはじめとする青山学院図書館本館参考係の皆様のおかげで、各種文献の収集が可能になった。

　何より、本書は台湾で知り合った多くの方々のご助力がなければ完成しなかった。国立政治大学では、薛化元先生、陳翠蓮先生、陳文賢先生、劉維開先生に特にお世話になった。新井雄、王文隆、金東建、黒木信頼、侯彦伯、黄仁姿、蔡蕙頻、周俊宇、戴振豊、陳冠任、唐屹軒、Matthew Hehn、余佩真、劉冠麟、林果顕の各氏と過ごした時間は、筆者にとってかけがえのないものである。政治大学で学んだ縁で知遇を得た尤淑君先生（浙江大学）には、筆者の研究に関心を示して頂き、「戦後蒋介石研究」のシンポジウムで報告する機会を頂いた。これらの方々のご厚情に感謝すると共に、いつか恩返しが出来ればと思っている。

　本研究を行う上では、独立行政法人日本学生支援機構、公益財団法人松下幸之助記念財団、および公益財団法人りそなアジア・オセアニア財団から助成を受けた。また、本書の刊行は独立行政法人日本学術振興会の 2019 年度科学研究費助成事業（科学研究費補助金）「学術図書」（課題番号：19HP5141）の交付を受けて可能になったものであり、記して謝意を申し上げたい。国際書院の石井彰社長には、本書の刊行をお引き受け頂き、大変ありがたく思っている。

　最後に、研究者を目指すという決断を理解し、支援してくれた家族にも心から感謝したい。私的なことではあるが、筆者の母方の祖母は中国からの引揚者であった。生前にその経験を十分に聞き取れなかったことを、今でも残念に思っている。祖母のように国境を越え、異境に暮らし、戦争を経験して、ついには大日本帝国の崩壊を目の当たりにした人々が、日本にも台湾にも、あるいは他の国々にも多数存在した。彼らや彼女たちの経験をどのように遺産として継承するべきか。今後の課題にしたい。

2019 年 6 月

横浜の寓居にて

深串　徹

参考文献

1 未公刊資料

国史館（台北）

『蔣経国総統文物』

『蔣中正総統文物』

『陳誠副総統文物』

中央研究院近代史研究所（台北）

『外交部档案』「件名」（档号）

「対日宣伝」（003/0001）

「中日間関於日與中共第 4 次民間貿易協定交渉之説帖」（005.24/0002）

「日本維尼龍工廠設備資中共案」（005.24/0007）

「日本維尼龍工廠設備資中共案」（005.24/0010）

「周鴻慶事件」（005.7/0003）

「周鴻慶事件」（005.7/0020）

「対日工作及館務」（010.1/0001）

「対日工作及館務」（010.1/0002）

「駐日大使魏道明赴任前後」（010.13/0002）

「駐日大使館工作報告」（010.15/0013）

「中日関係」（012/0023）

「張群秘書長訪日」（012.21/0044）

「吉田茂訪華」（012.22/0069）

「吉田茂訪華」（012.22/0070）

「吉田茂訪華」（012.22/0071）

「吉田茂訪華（参考資料）」（012.22/0073）

「韓崔新外長訪華」（012.22/0073）

「中日和約参考資料」（012.6/0003）

「中日和約第 3 条」（012.6/0004）

「中日和約第 3 条」（012.6/0005）

「中日和約意見」（012.6/0006）

「中日和約意見」（012.6/0007）

「中日和約説帖」（012.6/0008）

「美提対日和約初稿我方修正案」（012.6／0023）

「対日和約」（012.6／0033）

「対日和約」（012.6／0034）

「対日和約」（012.6／0035）

「対日和約」（012.6／0037）

「対日和約」（012.6／0038）

「対日和約」（012.6／0039）

「対日和約」（012.6／0040）

「対日和約」（012.6／0041）

「対日和約」（012.6／0042）

「対日和約」（012.6／0043）

「対日和約」（012.6／0044）

「対日和約」（012.6／0045）

「対日和約」（012.6／0046）

「対日和約」（012.6／0048）

「対日和約」（012.6／0054）

「対日和約」（012.6／0055）

「対日和約」（012.6／0056）

「対日和約」（012.6／0059）

「対日和約」（012.6／0060）

「対日和約」（012.6／0061）

「対日和約」（012.6／0062）

「対日和約」（012.6／0090）

「中日合作策進委員会」（031.1／89004）

「中日合作策進委員会」（031.3／0034）

「中日合作策進委員会」（031.3／0035）

「中日合作策進委員会」（031.3／0036）

「中日合作策進委員会」（031.3／0037）

「中日合作策進委員会」（031.3／0038）

「中日合作策進委員会」（031.3／0039）

「中日合作策進委員会」（031.3／0040）

「中日合作策進委員会」（031.3／0041）

「中日合作策進委員会」（031.3／0042）

「中日合作策進委員会」（031.3／0043）

「中日合作策進委員会」（031.3／0044）

「中日合作策進委員会」（031.3／0045）

「中日合作策進委員会」（031.3／0046）

「有関中日合作」（031.3／0102）

国民党党史館

「中改会第二五〇次会議紀録」

「中改会第二六五次会議紀録」

「中改会第三二三次会議紀録」

「総動員運動会文化組第 31 次会報紀録」

「第七屆中委会工作会議第 54 次会議紀録」

「第七屆中央委員会常務委員会第二六三次会議紀録」

「第七屆中央委員会常務委員会第二七五次会議紀録」

「第七屆中央委員会常務委員会第三〇二次会議紀録」

「第七屆中央委員会常務委員会第三〇三次会議紀録」

「第七屆中央委員会常務委員会第三一六次会議紀録」

「第七屆中常会第三七〇会議紀録」

「第八屆中央委員会常務委員会第三十四次会議紀録」

「第八屆中央委員会常務委員会第三十九次会議紀録」

「第八屆中央員会常務委員会第六十六次会議紀録」

「第八屆中央委員会常務委員会第七九次会議紀録」

「第八屆中央委員会常務委員会第三七八次会議紀録」

「第八屆中央委員会常務委員会第四四四次会議紀録」

「第八屆中央委員会常務委員会第四七四次会議紀録」

「第八屆中常会第 476 次会議紀録」

「第九屆中央委員会常務委員会第九次会議紀録」

「第九屆中央委員会常務委員会第十九次会議紀録」

「第九屆中央委員会常務委員会第二十三次会議紀録」

「第九屆中央委員会常務委員会第二〇六次会議紀録」

外務省外交史料館（東京）

戦後期外務省記録 「件名」（マイクロフィルム／ CD 番号）

「本邦対外調査研究関係雑件」（A'-0122）

「連合軍の本土進駐並びに軍政関係一件」（A'-0095）

「日本・中華民国間外交関係雑件」（A'-0356）

「日本・中共関係雑件」（A'-0133）

「日本・中共関係雑件」（A'-0356）

「本邦特派使節及び親善使節団アジア、大洋州諸国訪問関係雑件」（A'-0389）

「岸総理第一次東南アジア訪問関係一件（1957. 6）携行参考資料」（A'-0153）

「佐藤総理中華民国訪問関係（1967. 9）」（A'-0389）

「大平外務大臣中華民国訪問関係（1964. 7）」（A'-0359）

「アジア諸国使節及び親善使節団本邦訪問関係雑件　中華民国の部」（A'-0139）

「中華民国要人本邦訪問関係雑件」（A'-0391）

「中華民国要人本邦訪問関係　蔣経国国防部長関係」（A'-0392）

「中華民国の対外政策関係雑件」（A'-0156）

「諸外国亡命関係雑件　周鴻慶（中共）事件」（A'-0366）

「諸外国亡命関係雑件　周鴻慶（中共）事件　中華民国の態度」（A'-0367）

「中国内政並びに国情関係雑件」（A'-0226）

「中華民国（国民政府）内政並びに国情関係雑件」（A'-0226）

「中華人民共和国内政並びに国情関係雑件」（A'-0230）

「中華民国（国民政府）内政並びに国情関係雑件（立法院関係）」（A'-0227）

「中華民国（国民政府）内政並びに国情関係雑件（国民党大会関係）」（A'-0227）

「中華人民共和国内政並びに国情関係雑件」（A'-0228）

「中華人民共和国内政並びに国情関係雑件　調査、資料」（A'-0230）

「日・中華民国関係」（A'-0423）

「日華平和条約関係一件」（B'-0033）

「本邦対中共貿易関係　民間貿易協定関係　中華民国の抗議関係」（E'-0212）

「本邦における文化団体関係　日華協力委員会関係」（I'-0101）

「吉田元総理台湾訪問」（16）整理番号：04-609

「その他」

Strategic Service Unit, *A Report on Formosa（Taiwan）—Japanese Intelligence and Related Subjects*,（RG59, Department of State Decimal File 1945-1949, Box7385, in The U.S. National Archives and Records Administration）

Wellington Koo Papers（Rare Book & Manuscript Library, Columbia University, New York）.

―――「対日和約一冊」B-210-I、Box 151.

2　公刊資料、資料集、辞典など

（1）中国語（五十音順）

何鳳嬌編輯『政府接収台湾史料彙編』（新店：国史館、1990 年）

魏永竹主編『抗戦與台湾光復史料輯要』（南投：台湾省文献委員会、1995 年）

許雪姫総策画『台湾歴史辞典』（台北：行政院文化建設委員会、2004 年）

黄自進主編『蒋中正先生対日言論選集』（台北：財団法人中正文教基金会出版、2004 年）

国立編訳館主編；薛化元編『《公論報》言論目録暨索引』（台北：文景書局有限公司、
　　2006 年）

Hsu Fleming, Nancy 著、蔡丁貴訳『狗去猪来：二二八前夕美国情報档案』（台北：前衛
　　出版社、2009 年）

周琇環編『戦後外交部工作報告（民国三十九年至四十二年）』（新店：国史館、2001 年）

周婉窈主編『台籍日本兵座談会記録并相関資料』（台北：中央研究院台湾史研究所籌備処、
　　1997 年）

秦孝儀主編『総統蒋公思想言論総集　巻三、八、二十二～三十四』（台北：中央委員会
　　党史会、1984 年）

秦孝儀総編纂『総統蒋公大事長編初稿　巻五　下冊～巻七　下冊』（台北：出版社不明、
　　1978 年）

―――『総統蒋公大事長編初稿　巻九～十三』（台北：財団法人中正文教基金会，2002 年
　　～ 2008 年）

薛化元『戦後台湾歴史閲覧』（台北：五南図書出版、2010 年）

薛月順編『台湾省政府档案史料彙編：台湾省行政長官公署時期（一）』（台北：国史館、
　　1996 年）

蘇瑤崇主編『最後的台湾総督府 1944-1946 年終戦資料集』（台中：晨星出版、2004 年）

―――主編『台湾終戦事務処理資料集』（台北：台湾古籍出版有限公司、2007 年）

台湾省文献委員会編『台湾省通志稿　巻九　革命志　抗日篇』（台北：台湾省文献委員会、
　　1954 年）

中華民国外交問題研究会編『中日外交資料叢編（七）日本投降與我国対日態度及対俄交渉』
　　（台北：中華民国外交問題研究会、1966 年）

中華民国外交問題研究会編『中日外交史料叢編（八）金山和約與中日和約的関係』（台北：
　　中華民国外交問題研究会、1966 年）

中華民国重要史料初編編輯委員会『中華民国重要史料初編—対日抗戦時期　第七編　戦後中国（四）』（台北：中国国民党中央委員会党史委員会、1981 年）

中国共産党中央文献研究室『毛沢東年譜（下）』（北京：人民出版社、1993 年）

中国陸軍総司令部編『中国戦区中国陸軍総司令部処理日本投降文献彙編　下巻』（台北：編者印行、1969 年）

張其昀『張其昀先生文集　第十九冊　文教類（四）』（台北：中国国民党中央党史委員会、国史館、中国文化大学、1989 年）

張群『日本視察報告（極機密）』（出版地不祥：出版社不祥、出版年不祥）

李雲漢主編『中国現代史資料叢編第十七編　中国国民党党務発展史料：中央常務委員会党務報告』（台北：中国国民党中央委員会党史委員会、1995 年）

呂芳上主編『蔣中正先生年譜長編　第八～十二冊』（台北：国史館、国立中正紀念堂、財団法人中正文教基金会、2015 年）

（2）日本語

朝海浩一郎『初期対日占領政策（上）』（毎日新聞社、1978 年）

――『初期対日占領政策（下）』（毎日新聞社、1979 年）

石井明他編『記録と考証　日中国交正常化・日中平和友好条約締結交渉』（岩波書店、2003 年）

猪口孝他編『国際政治事典』（弘文堂、2005 年）

江藤淳編『占領史録（上）』（講談社、1995 年）

外務省（http://www.mofa.go.jp/mofaj/）

外務省外交史料館日本外交史辞典編纂委員会『新版　日本外交史辞典』（山川出版社、1992 年）

外務省中国課監修『日中関係基本資料集』（霞山会、1970 年）

外務省特別資料部編『日本占領及び管理重要文書集　第 2 巻』（日本図書センター、1989 年）。

外務省編纂『平和条約の締結に関する調書　第一冊』（巌南堂書店、2002 年）

鹿島平和研究所編『日本外交主要文書・年表　第 1 巻　1941 ～ 1960』（原書房、1983 年）

――『日本外交主要文書・年表　第 2 巻　1961 ～ 1970』（原書房、1984 年）

河原功監修・編集『台湾引揚・留用記録　巻 1 ～ 10』（ゆまに書房、1997 ～ 1998 年）

国会会議録検索システム（http://kokkai.ndl.go.jp/）

台湾協会編『台湾引揚史：昭和二十年終戦記録』（台湾協会、1982 年）

台湾引揚記編集委員会編『琉球官兵顛末記』（台湾引揚記刊行期成会、1986 年）

竹内実・21 世紀中国総研編『［必読］日中国交文献集』（蒼蒼社、2005 年）

日本政治・国際関係データベース『世界と日本』

（http://www.ioc.u-tokyo.ac.jp/~worldjpn/）

浜井和史編集『復員関係史料集成　第1巻　支那派遣軍復員本部の歴史』（ゆまに書房、
　2009年）

──『復員関係史料集成　第3巻　支那派遣軍終戦に関する交渉記録綴』（ゆまに書房、
　2009年）

──『復員関係史料集成　第4巻　支那関係復員処理に関する記録綴』（ゆまに書房、
　2009年）

──『復員関係史料集成　第5巻　支那派遣軍に関する兵団長・幕僚の手記綴』（ゆま
　に書房、2009年）

（3）英語

U. S. Department of State, *Foreign Relations of the United States*（Washington, D. C.:
United States Government Printing Office）

── 1943, Conferences at Cairo and Tehran（1961）

── 1948, The Far East: China, vol. 8.（1973）

── 1950, East Asia and The Pacific, vol. 6.（1950）

── 1950, Korea, vol. 7.（1976）

── 1951, Asia and the Pacific, vol. 6, part 1.（1977）

── 1951, Asia and the Pacific, vol. 6, part 2.（1977）

── 1952-1954, East Asia and the Pacific, vol. 12, part 1.（1984）

── 1952-1954, China and Japan, vol. 14, part 1.（1985）

── 1952-1954, China and Japan, vol. 14, part 2.（1985）

── 1955-1957, China, vol. 2.（1986）

── 1955-1957, China, vol. 3.（1986）

── 1958-1960, China, vol. 19.（1996）

── 1961-1963, Northeast Asia, vol. 22.（1996）

── 1964-1968, China, vol. 30.（1998）

── 1969-1976, China, vol. 17.（2006）

3　教科書

（1）中国語（出版年順）

台湾省行政長官公署編印『国民学校暫用歴史課本』（台北：台湾省行政長官公署教育処、
　1946年）

台湾省行政長官公署教育処編印『中等学校暫用中国歴史課本』（台北：台湾省行政長官
　公署教育処、1946 年）

王徳昭・李樹桐編『初級中学歴史　第六冊』（台北：正中書局、1952 年）

夏徳儀編『初級中学新世紀教科書　歴史　第五冊』（台北：世界書局、1952 年）

董作賓・労榦・姚従吾・夏徳儀編『初級中学歴史　第六冊』（台北：台湾中華書局、
　1953 年）

労榦編『初級中学歴史　第六冊』（台北：勝利出版、1953 年）

中学標準教科書歴史科編輯委員会編『初級中学標準教科書　歴史　第四冊』（台北：台
　湾省政府教育庁、1955 年）

中学標準教科書歴史科編輯委員会編『高級中学標準教科書　歴史　第二冊』（台北：台
　湾省政府教育庁、1955 年）

中学標準教科書歴史科編輯委員会『教育部審定高級中学標準教科書　歴史　第二冊』（出
　版地不祥：台湾省政府教育庁、1963 年）

中学標準教科書歴史科編輯委員会『教育部審定初級中学標準教科書　歴史　第四冊』（台
　北：正中等、1964 年）

国立編訳館主編『国民中学　歴史　第三冊』（台北：国立編訳館、1974 年）

陳豊祥、林麗月編著『高級中学　歴史（下冊）』（台北：建宏出版社、2000 年）

（2）日本語

国立編訳館主編、蔡易達・永山英樹訳『台湾国民中学歴史教科書：台湾を知る』雄山閣
　出版、2000 年）

4　新聞、雑誌、定期刊行物など

（1）中国語（五十音順）

『解放日報』

『国民政府公報』

『公論報』

『自由中国』

『自立晩報』

『人民導報』

『人民日報』

『政経報』

『宣伝週報』

『全民日報』

『総統府公報』

『大公報』

『台湾省行政長官公署公報』

『台湾省政府公報』

『台湾新生報』

『中央日報』

『文星』

『民主中国』

『民主潮』

『民報』

『立法院公報』

（2）日本語

『朝日新聞』

『大阪毎日新聞』

『経団連月報』

『台湾新報』

『文藝春秋』

『毎日新聞』

『読売新聞』

『読売報知』

5　日記、回想録、オーラル・ヒストリーなど

（1）中国語（五十音順）

許雪姫編註『灌園先生日記（十七〜廿一）一九四五〜一九四九年』（台北：中央研究院
　台湾史研究所・中央研究院近代史研究所、2010〜2011年）

許雪姫、張隆志、陳翠蓮訪談・頼永祥、鄭麗榕、呉美慧、蔡説麗紀録『坐擁書城：頼永
　祥先生訪問紀録』（台北：遠流、2007年）

許曹徳『許曹徳回憶録』（台北：前衛出版社、1990年）

龔選舞『一九四九国府垮台前夕：龔選舞回憶録』（新北：衛城出版、2011年）

顧維鈞著・中国社会科学院近代史研究所訳『顧維鈞回憶録　第9分冊』（北京：中華書局、
　1989年）

呉新栄『震瀛回憶録：清白交代的台湾人家族史』（台北：前衛出版社、1989年）

呉濁流『無花果』（台北：草根出版、1995年）

黄自進訪問・簡佳慧紀録『林金莖先生訪問紀録』（台北：中央研究院近代史研究所）

黄天才『中日外交的人與事：黄天才東京採訪実録』（台北：聯経、1995 年）

蔡孟堅『蔡孟堅伝真集』（台北：伝記文学出版、1981 年）

朱昭陽口述、呉君瑩紀録、林忠勝撰述『朱昭陽回憶録：風雨延平出清流』（台北：前衛
　　出版社、2009 年）

周宏濤口述、汪士淳執筆『蒋公與我：見證中華民国関鍵変局』（台北：天下遠見、2003 年）

邵毓麟『勝利前後』（台北：伝記文学、1967 年）

鍾逸人『辛酸六十年』（上）（台北：前衛出版社、1993 年）

銭復『銭復回憶録・巻一：外交風雲動』（台北：天下遠見、2005 年）

沈雲龍、林泉、林忠勝訪問・林忠勝紀録『齊世英先生訪問紀録』（台北：中央研究院近
　　代史研究所、1990 年）

張良澤主編『呉新栄全集 6：呉新栄日記』（台北：遠景出版、1981 年）

陳逸山『陳逸山回憶録：日拠時代編』（台北：前衛出版社、1994 年）

彭明敏『自由的滋味：彭明敏回憶録』（台北：桂冠、1995 年）

雷震著、傅正主編『雷震全集㊱、㊲、㊶～㊹　獄中十年（一）～（六）（雷震日記）』（台
　　北：桂冠図書、1989 ～ 1990 年）

呂芳上、黄克武訪問・王景玲紀録『楚崧秋先生訪問紀録：覧尽滄桑八十年』（台北：中
　　央研究院近代史研究所、2001 年）

（2）日本語

有馬元治『有馬元治回顧録　第 1 巻』（太平洋総合研究所、1998 年）

池田敏雄「敗戦日記」Ⅰ（台湾近現代史研究会編『台湾近現代史研究』第 4 号、1982 年）

稲葉正夫『岡村寧次大将資料（上）』（原書房、1970 年）

大久保伝蔵『忘れてはならぬ歴史の一頁：徳をもって怨に酬ゆる』（時事通信社、1969 年）

賀屋興宣『戦前・戦後八十年』（経済往来社、1976 年）

岸信介、矢次一夫、伊藤隆『岸信介の回想』（文藝春秋社、1981 年）

塩見俊二『秘録・終戦直後の台湾：私の終戦日記』（高知新聞社、1979 年）

張群著、古屋奎二訳『日華・風雲の七十年』（サンケイ出版、1980 年）

陳立夫著、松田州二訳『成敗之鑑：陳立夫回想録　上下巻』（原書房、1997 年）

鄭鴻生著、丸川哲史訳『台湾 68 年世代、戒厳令下の青春：釣魚台運動から学園闘争、
　　台湾民主化の原点へ』（作品社、2014 年）

湯恩伯記念会『日本の友湯恩伯将軍』（湯恩伯記念会、1954 年）

中江要介『日中外交の証言』（蒼天社出版、2008 年）

船田中『青山閑話』（一新会、1970 年）

吉田茂記念事業財団編『吉田茂書翰』（中央公論社、1994 年）

李登輝『台湾の主張』（PHP 研究所、1999 年）

6　著作、論文

（1）中国語（五十音順）

王景弘『強権政治與台湾：従開羅会議到旧金山和約』（台北：玉山社、2008 年）

欧素瑛「戦後初期在台日人之遣返」（『国史館学術集刊』第 3 期、2003 年 9 月）

何義麟「《政経報》與《台湾評論》解題：従両份刊物看戦後台湾左翼勢力之言論活動」（『《政
　経報》一巻一期～二巻六期　台湾旧雑誌覆刻系列④之④』（台北：呉三連台湾史料基
　金会；伝文出版；聯経総経銷、1998 年）

――『跨越国境線：近代台湾去殖民化之歴程』（板橋：稲郷出版社、2007 年）

柯喬治（George Kerr）著、陳榮成訳『被出売的台湾』（台北：前衛出版社、2007 年）

管美容・王文隆「蔣中正與遷台初期的教育改造（一九四九‐一九五四）：以『課程標準』
　與『大学連考』為例」（王克武主編『遷台初期的蔣中正』中正紀念堂、2011 年）

許世銘「戦後留台日僑的歴史軌跡―関於渋谷事件及二二八事件中日僑的際遇」（『東華人
　文学報』第 7 期、2005 年 7 月）

龔宜君『「外来政権」與本土社会：改造後国民党政権社会基礎的形成（1950-1969）』（板橋：
　稲郷出版社、1998 年）

呉半農「有関日本賠償帰還工作的一些史実」（中国文史資料研究会『文史資料選集』総
　72-74、中国文史出版社、1979 年）

呉密察、張炎憲等著『建立台湾的国民国家』（台北：前衛出版社、1993 年）

黄英哲「去日本化」「再中国化」：戦後台湾文化重建設（1945-1947）』（台北：麥田、城
　邦文化出版、2007 年）

蔡慧玉「台湾民間対日索賠運動初探：『潘朵拉之箱』」（『台湾史研究』第 3 巻第 1 期、
　1996 年 6 月）

黄智慧「台湾的日本観」（『思想』第 14 期、2010 年）

周谷『一九六〇年代台北華府外交秘辛』（台北：聯経出版社、2006 年）

周俊宇『党国與象徴：中華民国国定節日的歴史』（台北：国史館、2013 年）

周夢江、王思翔著『台湾旧事』（台北：時報、1995 年）

徐叡美『製作「友達」：戦後台湾電影中的日本（1950s―1960s）』（新北：稲郷出版社、
　2012 年）

蕭阿勤『回帰現実：台湾一九七〇年代的戦後世代與文化政治変遷』（台北：中央研究院
　社会学研究所、2010 年）

邵玉銘『保釣風雲録:一九七〇年代保衛釣魚台運動知識分子之激情、分裂、抉択』(台北:聯経出版社、2013 年)

薛化元『《自由中国》與民主憲政:1950 年代台湾思想史的一個考察』(板橋:稲郷出版社、1996 年)

曾健民『1945 年破暁時刻的台湾:八月十五日後激動的一百天』(台北:聯経出版社、2005 年)

趙佳楹編著『中国現代外交史 1919-1949』(北京:世界知識出版社、2005 年)

張志坤、関亜新『葫蘆島日僑遣返的調査与研究』(北京:社会科学文献出版社、2010 年)

張淑雅『韓戦救台湾?:解読美国対台政策』(新北:衛城出版社、2011 年)

陳光興『去帝国:亜洲作為方法』(台北:行人、2006 年)

陳翠蓮『派系闘争與権謀政治:二二八悲劇的另一面相』(台北:時報文化出版社、1995 年)

──「去殖民與再殖民的対抗:以一九四六年『台人奴化』論戦為焦点」(『台湾史研究』第 9 巻第 2 期 2002 年 12 月)

──『台湾人的抵抗與認同(1920 ～ 1950)』(台北:遠流出版社、2008 年)

陳芳明『台湾新文学史 上』(台北:聯経出版社、2011 年)

陳幼鮭「戦後日軍日僑在台行蹤的考察(上/下)(『台湾史料研究』第 14 / 15 期、1999 年 12 月/ 2000 年 6 月)

陶涵(Jay Taylor)著、林添貴訳『台湾現代化的推手:蔣経国伝』(台北:時報文化出版、2000 年)

──著、林添貴訳『蔣介石與現代中国的奮闘 上下巻』(台北:時報文化出版、2010 年)

任育德『向下紮根:中国国民党與台湾地方政治的発展(1949-1960)』(板橋:稲郷出版社、2008 年)

任天豪「従《外交部档案》看釣魚台「問題」之由来(1968-1970)」(呂紹理他編『冷戦與台海危機』台北:国立政治大学歴史学系、2010 年)

葉栄鐘『台湾人物群像』(台中:晨星出版、2000 年)

楊鴻儒、李永銘『張群伝』(武漢:湖北人民出版社、2006 年)

楊秀菁『台湾戒厳時期的新聞管制政策』(板橋:稲郷出版社、2005 年)

葉龍彦「日片進口問題之探討」(『台北文献』直字 125 期、1998 年 9 月)

李筱峰『林茂生・陳炘和他們的時代』(台北:玉山社、1996 年)

劉維開『蔣中正的一九四九:従下野到復行視事』(台北:時英出版社、2009 年)

──「蔣介石與『中日和約』」(黄克武主編『遷臺初期的蔣介石』台北:中正記念堂、2011 年)

劉維開、蔣永敬著『蔣介石與国共和戦(一九四五～一九四九)』(台北:台湾商務、2013 年)

龍応台『大江大海：一九四九』（台北：天下雑誌出版、2011 年）

劉鳳翰、何智霖訪問・何智霖紀録『梁粛戎先生訪談録』（新店：国史館、1995 年）

呂東熹『政媒角力下的台湾報業』（台北：玉山社、2010 年）

廖鴻綺『貿易與政治：台日間的貿易外交（1950-1960)』（板橋：稲郷出版社、2005 年）

廖風德『台湾史探索』（台北：台湾学生、1996 年）

林果顕『「中華文化復興運動推行委員会」之研究（1966-1975)：統治正統性的建立與転変』
　　（板橋：稲郷出版社、2005 年）

――「欲迎還拒：戦後台湾日本出版品進口管制体系的建立（1945-1972)（『国立政治大
　　学歴史学報』45（2016 年 5 月）。

――『1950 年代台湾国際観的塑像：以党政宣伝媒体和外来中文刊物為中心』（新北：稲
　　郷出版社、2016 年）。

林満紅『獮巫、叫魂與認同危機：台湾定位新論』（台北：黎明文化、2008 年）。

廉徳瑰『美国与中日関係的演変（1945-1972)』（北京：世界知識出版社、2005 年）

（2）日本語

アイケンベリー , G・ジョン著、鈴木康雄訳『アフター・ヴィクトリー：戦後構築の論
　　理と行動』（NTT 出版、2004 年）

青山瑠妙『現代中国の外交』（慶應義塾大学出版会、2007 年）

アンダーソン , ベネディクト著、白石さや・白石隆訳『増補　想像の共同体：ナショナ
　　リズムの起源と流行』（NTT 出版、1993 年）

赤川学『構築主義を再構築する』（勁草書房、2006 年）

浅田正彦「日華平和条約と国際法（1）～（5）」（『京都大学法学論叢』第 147 巻第 4 号、
　　第 151 巻第 5 号、第 152 巻第 4 号、第 156 巻第 2 号、2000 ～ 2004 年）

荒井信一『歴史和解は可能か：東アジアでの対話を求めて』（岩波書店、2006 年）。

アレント , ハンナ著、志水速雄訳『人間の条件』（筑摩書房、2011 年）

家近亮子『日中関係の基本構造―2 つの問題点・9 つの決定事項』（晃洋書房、2004 年）

――「中国における『戦争責任二分論』の系譜：蔣介石・毛沢東・周恩来、日中戦争の
　　語り方」（添谷芳秀編『現代中国外交の六十年：変化と持続』慶應義塾大学出版会、
　　2011 年）

――『蔣介石の外交戦略と日中戦争』（岩波書店、2012 年）

五百旗頭薫、小宮一夫、細谷雄一、宮城大蔵、東京財団政治外交検証研究会編『戦後日
　　本の歴史認識』（東京大学出版会、2017 年）

伊香俊哉「中国国民政府の日本戦犯処罰方針の展開（上）（下）」（『季刊　戦争責任研究』
　　第 32 ／ 33 号、2001 年夏季／秋季号）

386

五十嵐真子・三尾裕子編『戦後台湾における＜日本＞：植民地経験の連続・変貌・利用』
（風響社、2006 年）

五十嵐惠邦『敗戦の記憶：身体・文化・物語　1945-1970』（中央公論新社、2007 年）

池井優「日華協力委員会：戦後日台関係の一考察」（『法学研究』第 53 巻第 2 巻、1980
年 2 月）

――『三訂　日本外交史概説』（慶應義塾大学出版会、2002 年）

石井修『国際政治史としての二〇世紀』（有信堂、2010 年）

石井明「中国と対日講和：中華民国政府の立場を中心に」（渡辺昭夫・宮里政玄編『サ
ンフランシスコ講和』東京大学出版会、1986 年）

――「中国の対日占領政策」（『国際政治』第 85 号、1987 年 5 月）

――「中国に負った無限の賠償」（『中央公論』1987 年 8 月）

――「中ソ・CIS 関係」（岡部達味編『中国をめぐる国際関係』岩波書店、2001 年）

――「1960 年代前半の日台関係：周鴻慶事件から反共参謀部設立構想の推進へ」（『国際
法外交雑誌』第 101 巻第 2 号、2002 年 8 月）

石川誠人「信頼性の危機と維持：1961 年国連中国代表権をめぐる米華関係」（『中国研究
月報』第 61 巻第 12 号、2007 年 12 月）

――「国府の『大陸反攻』とケネディ政権の対応」（『国際政治』第 148 号、2007 年 3 月）

――「国府の地域的集団安全保障組織創設の模索：ケネディ政権の登場と『太平案』の
提出」（『立教法学』第 76 号、2009 年 3 月）

石田雄『記憶と忘却の政治学：同化政策・戦争責任・集合的記憶』（明石書店、2000 年）

伊藤潔『台湾：四百年の歴史と展望』（中央公論新社、1993 年）

井上正也『日中国交正常化の政治史』（名古屋大学出版会、2010 年）

殷燕軍『中日戦争賠償問題：中国国民政府の戦時・戦後対日政策を中心に』（お茶の水
書房、1996 年）

――『日中講和の研究：戦後日中関係の原点』（柏書房、2007 年）

植野弘子・三尾裕子編『台湾における＜植民地＞経験：日本認識の生成・変容・断絶』（風
響社、2011 年）

江藤淳『閉された言語空間：占領軍の検閲と戦後日本』（文芸春秋、2007 年）

袁克勤『アメリカと日華講和』（柏書房、2001 年）

王育徳『台湾海峡』（日中出版、1987 年）

王拓著、松永正義・宇野利玄訳「『現実主義』文学であって『郷土文学』ではない」（会
心儀他『彩鳳の夢　台湾現代小説選 I』研文出版、1984 年）

大江志乃夫〔ほか〕編『岩波講座近代日本と植民地 8　アジアの冷戦と脱植民地化』（岩

波書店、1993 年）

大賀哲「国際関係論と歴史社会学：ポスト国際関係史を求めて」（『社会科学研究』第 57
巻 3/4 号、2006 年）

太田修『日韓交渉：請求権問題の研究』（クレイン、2003 年）

大沼保昭『東京裁判から戦後責任の思想へ』（東信堂、1997 年）

奥山哲『中国の現代史：戦争と社会主義』（青木書店、1999 年）

押村高『国際政治思想：生存・秩序・正義』（勁草書房、2010 年）

何義麟『二・二八事件：「台湾人」形成のエスノポリティクス』（東京大学出版会、2003 年）

――『台湾現代史：二・二八事件をめぐる歴史の再記憶』（平凡社、2014 年）

加々美光行「日中国交正常化 20 周年と戦争責任：賠償問題を中心に」（『愛知大学国際
問題研究所紀要』通号 97、1972 年 9 月）

加藤聖文「台湾引揚と戦後日本人の台湾観」（台湾史研究部会編『台湾の近代と日本』、
中京大学社会科学研究所、2003 年）

――『「大日本帝国」崩壊：東アジアの 1945 年』（中央公論新社、2009 年）

加藤邦彦『一視同仁の果て：台湾人元軍属の境遇』（勁草書房、1979 年）

金谷治訳注『論語』（岩波文庫、1987 年）

川島真「台湾の光復と中華民国」（佐藤卓巳、孫安石編『東アジアの終戦記念日』筑摩
書房、2007 年）

――「戦後初期日本の制度的『脱植民地化』と歴史認識問題：台湾を中心に」（永原陽
子編『植民地責任』論』青木書店、2009 年）

川島真・清水麗・松田康博・楊永明『日台関係史 1945-2008』（東京大学出版会、2009 年）

菅英輝『米ソ冷戦とアメリカのアジア政策』（ミネルヴァ書房、1992 年）

菅英輝編『東アジアの歴史摩擦と和解可能性：冷戦後の国際秩序と歴史認識をめぐる諸
問題』（凱風社、2011 年）

ギアーツ , C. 著、吉田禎吾ほか訳『文化の解釈学Ⅱ』（岩波現代選書、1987 年）

菊池一隆『東アジア歴史教科書問題の構図：日本・中国・台湾・韓国、および在日朝鮮
人学校』（法律文化社、2013 年）

北岡伸一「賠償問題の政治力学（一九四五 – 五九年）」（北岡伸一・御厨貴編『戦争・復興・
発展：昭和政治史における権力と構想』東京大学出版会、2000 年）

木畑洋一『イギリス帝国と帝国主義：比較と関係の視座』（有志舎、2008 年）

貴船八郎「蔣介石総統と日本人」（『自由』第 28 号、1986 年 6 月）

木村幹『朝鮮半島をどう見るか』（集英社、2004 年）

――『民主化の韓国政治：朴正煕と野党政治家達 1961-1979』（名古屋大学出版会、2008

年）

金美景、B・シュウォルツ編、千葉眞監修、稲正樹、福岡和哉、寺田麻佑訳『北東アジアの歴史と記憶』（勁草書房、2014 年）

黒沢文貴、イアン・ニッシュ編『歴史と和解』（東京大学出版会、2011 年）

呉瑞雲『戦後中華民国の反共連合政策：台日韓反共協力の実像』（台北：中央研究院東北亜区域研究、2001 年）

呉密察・黄英哲・垂水千恵編『記憶する台湾：帝国との相克』（東京大学出版会、2005 年）

黄智慧「台湾における『日本文化論』に見られる対日観」（『アジア・アフリカ言語文化研究』No. 71, 2006, 3）

黄文雄『韓国人の「反日」台湾人の「親日」：朝鮮総督府と台湾総督府』（光文社、1999 年）

小島晋治、伊藤昭雄、光岡玄共著『中国人の日本人観 100 年史』（自由国民社、1974 年）

小菅信子『戦後和解：日本は＜過去＞から解き放たれるのか』（中公新書、2005 年）

小林勝人訳注『孟子（上）』（岩波書店、2003 年）

小林よしのり『新ゴーマニズム宣言 SPECIAL　台湾論』（小学館、2000 年）

──「わしの『台湾論』が投げかけた波紋」（『正論』通号 345、2001 年 5 月）

近藤伸二『反中 vs. 親中の台湾』（光文社、2008 年）

崔吉城『「親日」と「反日」の文化人類学』（明石書店、2002 年）

蔡焜燦『台湾人と日本精神：日本人よ胸を張りなさい』（日本教文社、2000 年）

坂部晶子『満州経験の社会学：植民地の記憶のかたち』（世界思想社、2008 年）

司馬遼太郎『台湾紀行　街道をゆく 40』（文藝春秋、1997 年）

清水麗「蔣経国時代初期の対日政策：日台断交を一事例として」（『筑波大学地域研究』17、1999 年）

──「『第二次吉田書簡（1964 年）をめぐる日中台関係の展開」（『筑波大学地域研究』19、2001 年）

──「台湾の国連脱退をめぐる政治過程の一考察」（『アジア・日本研究センター紀要』1、2004 年）

シャラー, マイケル著、立川京一・原口幸司・山崎由紀訳『アジアにおける冷戦の起源：アメリカの対日占領』（木鐸社、1996 年）

朱建栄「中国はなぜ賠償を放棄したか：政策決定過程と国民への説得」（『外交フォーラム』1992 年 10 月号）

──「中国の対日関係史における軍国主義批判：三回の批判キャンペーンの共通した特徴の考察を中心に」（近代日本研究会編『年報近代日本研究』16、1994 年）

朱徳蘭『台湾総督府と慰安婦』（明石書店、2005 年）

蕭阿勤「国民を渇望する：一九八〇～一九九〇年代台湾民族主義の文化政治」（『中国21』Vol. 39, 2014, 1）

庄司潤一郎「戦後日本における歴史認識：太平洋戦争を中心として」（『防衛研究所紀要』第4巻第3号、2002年2月）

所澤潤・林初梅編『台湾のなかの日本記憶：戦後の「再会」による新たなイメージの構築』（三元社、2016年）

菅野敦志『台湾の国家と文化：「脱日本化」・「中国化」・「本土化」』（勁草書房、2011年）

スキナー，クェンティン著、半澤孝麿・加藤節編訳『思想史とはなにか：意味とコンテクスト』（岩波書店、1990年）

芹田健太郎『日本の領土』（中央公論新社、2012年）

戴國煇『台湾：人間・歴史・心性』（岩波書店、1989年）

戴天昭『台湾戦後国際政治史』（行人社、2001年）

竹中信子『植民地台湾の日本女性生活史4（昭和編下）』（田畑書店、2001年）

竹前栄治『占領戦後史』（岩波書店、2002年）

武見敬三「台湾をめぐる危機の原型」（小此木政夫、赤木完爾編『冷戦期の国際政治』慶應通信、1987年）

──「国交断絶期における日台交渉チャンネルの再編過程」（神谷不二編『北東アジアの均衡と動揺』慶應通信社、1984年）

田中正明『「南京事件」の総括』（小学館、2007年）

ダワー，ジョン・W.著、猿谷要監修、斉藤元一訳『容赦なき戦争：太平洋戦争における人種差別』（平凡社、2001年）

張宏波「『戦争責任』問題の出発点：戦後中日関係の原点から」（『中帰連』30、2004年秋）

張紹鐸『国連中国代表権問題をめぐる国際関係（1961-1971）』（国際書院、2007年）

張原銘「台湾の歴史教科書における日本認識の一考察：『歴史』と『認識台湾』を中心に」（『立命館産業社会論集』第38巻第3号、2002年12月）

陳芳明著、森幹夫訳『謝雪江・野の花は枯れず：ある台湾人女性革命家の生涯』（社会評論社、1998年）

デリダ，ジャック著、鵜飼哲訳「世紀と赦し」（『現代思想』2000年11月）

富永望『象徴天皇制の形成と定着』（思文閣出版、2010年）

永井陽之助『平和の代償』（中央公論社、1967年）

中川昌郎「日中関係における台湾」（増田弘、波多野澄雄編『アジアの中の日本と中国』山川出版社、1995年）

中村元哉「国民党政権と南京・重慶『中央日報』」（中央大学人文科学研究所編『民国後

期中国国民党政権の研究』中央大学出版部、2005 年）

成田龍一『「戦争体験」の戦後史：語られた体験／証言／記憶』（岩波書店、2010 年）。

野家啓一『歴史を哲学する：七日間の集中講義』（岩波書店、2016 年）

野口悠紀雄『戦後日本経済史』（新潮社、2008 年）

野嶋剛『ラスト・バタリオン：蔣介石と日本軍人たち』（講談社、2014 年）

ノラ，ピエール編、谷川稔監訳『記憶の場：フランス国民意識の文化＝社会史　1 対立』（岩波書店、2002 年）

馬立誠著、箭子喜美江訳『謝罪を越えて：新しい中日関係に向けて』（文藝春秋、2006 年）

バーガー，P．L．＝ルックマン，T 著、山口節郎訳『日常世界の構成：アイデンティティと社会の弁証法』（新曜社、1977 年）

長谷川仁「日本を見つめる台湾（ルポルタージュ）」（『改造』第 32 巻第 10 号 1951 年 9 月）

秦郁彦『南京事件：「虐殺」の構造』（中央公論新社、2004 年）

波多野澄雄『国家と歴史：戦後日本の歴史問題』（中公新書、2011 年）

服部龍二『日中歴史認識：「田中上奏文」をめぐる相克　一九二七‐二〇一〇』（東京大学出版会、2010 年）

――『日中国交正常化』（中央公論新社、2011 年）

馬場公彦『戦後日本人の中国像：日本敗戦から文化大革命・日中復交まで』（新曜社、2010 年）

原朗「戦争賠償問題とアジア」（三谷太一郎他編『岩波講座　近代日本と植民地　八』岩波書店、1993 年）

哈日杏子著、小島早依訳『哈日杏子のニッポン中毒：日本にハマった台湾人トーキョー熱烈滞在記』（小学館、2001 年）

東アジア文史哲ネットワーク編『＜小林よしのり『台湾論』＞を越えて：台湾への新しい視座』（作品社、2001 年）

姫田光義「追補　敗戦後の日本軍による蔣介石支援をめぐって」（中央大学人文科学研究所編『日中戦争』中央大学出版部、1993 年）

平野健一郎『国際文化論』（東京大学出版会、2000 年）

福島安紀子『紛争と文化外交：平和構築を支える文化の力』（慶應義塾大学出版会、2012 年）

福島啓之「戦後日本の関係修復外交と近隣諸国の対日認識：援助、謝罪とナショナリズム」（『国際政治』第 170 号、2012 年 10 月）

福田円『中国外交と台湾：「一つの中国」原則の起源』（慶應義塾大学出版会、2013 年）

船橋洋一編『いま、歴史問題にどう取り組むか』（岩波書店、2001 年）

参考文献　391

古田博司『東アジア・イデオロギーを超えて』（新書館、2003 年）

古川万太郎『日中戦後関係史』（原書房、1988 年）

細谷千博『サンフランシスコ講和への道』（中央公論社、1984 年）

ボドナー，ジョン著、野村達朗ほか訳『鎮魂と祝祭のアメリカ』（青木書店、1997 年）

本田善彦『台湾総統列伝』（中央公論新社、2004 年）

松岡完、広瀬佳一、竹中佳彦編『冷戦史：その起源・展開・終焉と日本』（同文舘出版、
　　2003 年）

松田春香「東アジア『前哨国家』による集団安全保障体制構想とアメリカの反応：『太
　　平洋同盟』と『アジア民族反共聯盟』を中心に」（『アメリカ太平洋研究』5、2005 年 3
　　月）

松田康博『台湾における一党独裁体制の成立』（慶應義塾大学出版会、2006 年）

──「米中接近と台湾：情報統制と政治改革」（増田弘編『ニクソン訪中と冷戦構造の
　　変容：米中接近の衝撃と周辺諸国』慶應義塾大学出版会、2006 年）

松村史紀『「大国中国」の崩壊：マーシャル・ミッションからアジア冷戦へ』（勁草書房、
　　2011 年）

丸川哲史『台湾における脱植民地化と祖国化：二・二八事件前後の文学運動から』（明
　　石書店、2007 年）

マンハイム，カール著、高橋徹・徳永恂訳『イデオロギーとユートピア』（中央公論新社、
　　2006 年）

三澤真美恵「『戦後』台湾での日本映画見本市：一九六〇年の熱狂と批判」（坂野徹・慎
　　蒼健編著『帝国の視角／死角：〈昭和期〉日本の知とメディア』青弓社、2010 年）

水羽信男「上海のマスメディアとナショナリズム：1946-7 年の新聞・雑誌論調を中心と
　　して」（姫田光義編『戦後中国国民政府史の研究』中央大学出版部、2001 年）

三好徹『評伝　緒方竹虎：激動の昭和を生きた保守政治家』（岩波書店、2006 年）

三浦陽一「サンフランシスコ体制論」（吉田裕編『日本の時代史 26　戦後改革と逆コース』
　　吉川弘文館、2004 年）

村上陽一郎、千葉眞編『平和と和解のグランドデザイン：東アジアにおける共生を求めて』
　　（風行社、2009 年）

モーリス＝鈴木，テッサ著、大久保桂子訳「グローバルな記憶・ナショナルな記述」（『思
　　想』第 890 号、1998 年）

本橋哲也『ポストコロニアリズム』（岩波書店、2006 年）

モラン，エドガール著、大﨑晴美訳「許すこと、それは世界の残酷さに抵抗することで
　　ある」（『現代思想』2000 年 11 月号）

森宣雄『台湾／日本：連鎖するコロニアリズム』（インパクト出版会、2001 年）

森田健嗣「1950 年代台湾における『敵』認識教育」（『中国研究月報』第 68 巻第 9 号、2014 年 9 月）

山田宏、染谷和己「国家としての日本を取り戻せ」（『致知』2011 年 1 月）

楊威理『ある台湾知識人の悲劇：中国と日本のはざまで　葉盛吉伝』（岩波書店、1993 年）

楊志輝「戦争賠償問題から戦後補償問題へ」（劉傑・三谷博・楊大慶編『国境を越える歴史認識：日中対話の試み』東京大学出版会、2006 年）

楊子震「帝国臣民から在日華僑へ：渋谷事件と戦後初期在日台湾人の法的地位」（『日本台湾学会報』第 14 号 2012 年 6 月）

楊大慶「中国に留まる日本人技術者―政治と技術のあいだ」（劉傑・川島真編『1945 年の歴史認識：＜終戦＞をめぐる日中対話の試み』東京大学出版会、2009 年）。

吉田裕『日本人の戦争観：戦後史のなかの変容』（岩波書店、2005 年）

ラムズボサム , オリバー、ウッドハウス , トム、マイアル , ヒュー著、宮本貴世訳『現代世界の紛争解決学：予防・介入・平和構築の理論と実践』（明石書店、2009 年）

藍適齊著、安倍由紀子訳「台湾における『大東亜戦争』の記憶　一九四三〜五三年：当事者の不在」（『軍事史学』第 45 巻第 4 号）

李衣雲『台湾における「日本」イメージの変化、1945-2003：「哈日（ハーリ）現象」の展開について』（三元社、2017 年）

リクール , ポール著、久米博訳『記憶・歴史・忘却（上）』（新曜社、2004 年）

李宗川・庄司春子「台湾」（中村哲編『東アジアの歴史教科書はどう書かれているか：日・中・韓・台の歴史教科書の比較から』（日本評論社、2004 年）

林金莖『梅と桜：戦後の日華関係』（サンケイ出版、1984 年）

歴史学研究会編、日本史研究会編『日本史講座 8　戦後日本論』（東京大学出版会、2005 年）

若林正丈『台湾：分裂国家と民主化』（東京大学出版会、1992 年）

――『台湾の台湾語人・中国語人・日本語人：台湾人の夢と現実』（朝日新聞社、1997 年）

――『台湾：変容し踟躇するアイデンティティ』（筑摩書房、2006 年）

――「台湾の重層的脱植民地化と多文化主義」（『鈴木正崇編『東アジアの近代と日本』慶應義塾大学東アジア研究所、2007 年』）

――『台湾の政治：中華民国台湾化の戦後史』（東京大学出版会、2008 年）

若宮啓文『和解とナショナリズム：新版・戦後保守のアジア観』（朝日新聞社、2006 年）

和田英穂「国民政府による対日戦犯裁判の終結と日華平和条約」（『愛知論叢』第 74 号、2003 年）

（3）英語

A-chin Hsiau, *Contemporary Taiwanese Cultural Nationalism* (London; New York: Routledge, 2000)

Berger, Thomas U., "The Politics of Memory in Japanese Foreign Relations," in Thomas U. Berger, Mike M. Mochizuki and Jitsuo Tsuchiyama (eds.), *Japan in International Politics: The Foreign Politics of an Adaptive State* (Boulder, Colorado: Lynne Rienner, 2007)

Ching, Leo T.S., *Becoming "Japanese": Colonial Taiwan and the Politics of Identity Formation* (Berkeley, University of California Press, 2001)

Chu, Yun-han and Lin, Jih-wen, "Political Development in 20th-Century Taiwan; State-Building, Regime Transformation and the Construction of National Identity," *The China Quarterly*, 165, 2001

Confino, Alon, "Collective Memory and Cultural History: Problems of Method," *American Historical Review*, vol. 102, Issue 5, Dec 1997.

Fell, Dafydd, *Government and Politics in Taiwan* (Abingdon: Routledge, 2012)

Freeden, Michael, *Ideologies and Political Theory: A Conceptual Approach* (Oxford: Oxford University Press, 1996)

He, Yinan, *The Search for Reconciliation: Sino-Japanese and German-Polish Relations since World War II* (Cambridge: Cambridge University Press, 2009)

Jovchelovitch, Sandra, "Narrative, Memory and Social Representations: A Conversation Between History and Social Psychology," *Integrative Psychological & Behavioral Science*, Vol. 46, Issue 4, Dec , 2012

Lind, Jennifer, *Sorry States: Apologies in International Politics* (Ithaka, N.Y.: Cornell University Press, 2008)

Phillips, Steven E., *Between Assimilation and Independence: The Taiwanese Encounter Nationalist China, 1945-1950* (Stanford, Calif.: Stanford University Press, 2003)

Shaap, Andrew, *Political Reconciliation* (London: Routledge, 2005)

Wang, Zheng, *Never Forget National Humiliation: Historical Memory in Chinese Politics and Foreign Relations* (New York: Columbia University Press, 2012)

Wendt, Alexander, *Social theory of international politics* (Cambridge: Cambridge University Press, 1999)

Westad, Odd Arne, *Decisive Encounters: The Chinese Civil War, 1946-1950* (Stanford: Stanford University Press, 2003)

White, Hayden, *The Content of the Form: Narrative Discourse and Historical Representation*（Baltimore: Johns Hopkins University Press, 1987）

7　未公刊論文

（1）中国語

朱彦碩「『台湾光復』論述的建構：以《中央日報》「台湾光復節」特刊（1949-1987）為中心的分析」（国立政治大学歴史学系九十七年度碩士学位論文、2008年）

陳俊傑「戦後台湾国民教育社会科教科書與国家形塑（1952-1987）」（国立政治大学歴史学系九十八年度碩士学位論文、2009年）

劉冠麟「1960年代前期中華民国対日外交之研究」（国立台湾師範大学歴史学系九十九年度碩士学位論文、2010年）

（2）日本語

佐藤晋『戦後日本外交とアジア秩序構想：「経済外交」・安全保障・ナショナリズム』（慶應義塾大学大学院法学研究科博士学位論文、2000年）。

清水麗『戦後日中台関係とその政治力学：台湾をめぐる国際関係』（筑波大学大学院国際政治経済学研究科博士学位論文、2002年）

徐年生『戦後日本の中国政策の模索と日華関係の研究：1950年代を中心に』（北海道大学法学研究科博士学位論文、2007年）

事項索引

ア 行

アジア人民反共会議　206, 207, 209
以徳報怨　15, 16, 57, 69, 94, 104, 108, 112,
　　129, 134, 151, 197, 208, 218, 219, 224,
　　229, 276, 291, 297-303, 306, 309, 321,
　　323, 325, 329, 348, 349

カ 行

戒厳令　80, 125, 288, 294
外交部　11, 26, 49, 130, 134, 135, 139, 153,
　　257, 269, 292
外省人　12, 13, 17, 58, 101, 106, 108, 125-
　　128, 204, 287, 288, 308, 328, 354
『解放日報』　42, 52, 63
カイロ会談　15, 40, 216, 226
カイロ宣言　130, 131, 135, 206
漢奸　94, 100, 188, 191, 192, 193, 297
韓国併合条約　13, 205
＜起源の物語＞　27-29, 69, 70, 79, 112, 219,
　　220, 223-225, 227, 228, 276, 290, 300,
　　303, 306, 323, 330, 347, 348
教育処→台湾省行政長官公署教育処　81
教育部　263, 272
行政院　26, 95
　　——内政部　125
行政長官公署→台湾省行政長官公署
　　78-81, 92-93, 95, 98-101, 106-109, 111,

112, 248
郷土文学　327
極東委員会　49, 53, 56, 134, 135
警備総司令令部　92, 99, 100, 125, 126, 248
抗戦勝利告全国軍民及全世界人士書　15,
　　43
公的記憶　18, 20, 23-25, 28, 29, 185, 287,
　　289, 303, 304, 307, 309, 322, 328, 329,
　　330, 346, 351, 352, 353, 354
抗日運動　199, 288, 289, 326, 331
抗日戦争　13, 27, 41, 63, 143, 145, 188, 198,
　　249, 250, 307, 315, 316, 323, 324, 326,
　　328-330, 332, 353
黄埔系　81
皇民化　78, 83, 194, 242, 243, 246-248, 251,
　　329, 350
『公論報』　127, 149, 151, 201, 213-215, 224,
　　287
国防最高委員会　40, 42, 250
国防部　145, 307
国民党　12, 20, 26, 40, 41, 80, 81, 126, 170,
　　191, 211, 216, 222, 297, 325, 349, 363
　　——中央委員会　26, 225, 257
　　——中央委員会第四組　126, 186, 292
　　——中央改造委員会　186, 259
　　——中央（委員会）常務委員会　186,
　　257, 275
　　——中央宣伝部　80, 81, 126
国共内戦　55, 60, 62, 68, 70, 113, 124, 189,
　　226, 241, 349, 351

サ 行

再中国化　78, 242, 244, 248, 350, 351

サンフランシスコ講和会議　140, 142, 146, 151, 159, 166

サンフランシスコ平和条約　19, 123, 142, 153, 155-163, 166, 206

CC 派　129

渋谷事件　102-107, 111, 112, 113

重慶精神　324, 325, 328

集合的記憶　17, 23, 288, 353, 354

従属理論　306

『自由中国』　126, 127, 147, 150-152, 169, 209, 287, 305, 308

出版法　80, 125, 126

『蒋介石秘録』　325

省籍矛盾　12, 79, 107, 113, 243, 297

『自立晩報』　128, 150, 169, 201, 202, 223, 224

『人民導報』　81, 94-96, 98, 107

『人民日報』　42

政学系　81

『政経報』　81, 86, 91, 95

西来庵事件　95, 326

赤色の毒　255, 256, 259

尖閣諸島　12, 288, 301, 302

宣伝委員会　80

『宣伝週報』　186, 192, 200, 204, 217, 258, 259, 290, 298

族群　125, 328

タ 行

『大公報』　42, 51, 62

対日講和七原則　132

対日理事会　53, 57

台北精神　328

第四次日中民間貿易協定　223, 225

大陸反攻　130, 149, 221, 295-297, 304, 315

台湾警備総司令　77

台湾光復慶祝大会　88

台湾省行政長官公署　77, 80, 194, 277

　　──教育処　194

台湾省政府　109, 256, 277

台湾省前進指揮所　86

『台湾新生報』　80, 88, 92, 93, 95, 96, 102, 103, 105-107, 109, 111, 113, 124, 127, 245, 247, 249, 253

『台湾新報』　80, 83, 88

台湾総督府　80, 83, 87, 89

台湾中立化宣言　130, 166

台湾ナショナリズム　288

脱植民地化　78, 79, 113, 185, 277

脱日本化　78, 243, 244, 248, 260, 263, 278, 290, 351

ダレス・モリソン了解　139, 140, 145, 146

『中央日報』　26, 39, 40, 41, 48, 124, 143, 144, 146, 163, 187, 193, 215, 252, 269, 275, 293, 301, 305, 315, 325, 326, 329

『中華雑誌』　302

中華民族　13, 69, 109, 111, 188, 191, 193,

198, 203, 229, 258

『中華日報』 81

中国青年党 80, 127

中国ナショナリズム 288

『中国白書』 68, 190

中国民主社会党 127

中国民主党 287

中ソ対立 191, 304, 350

中日合作策進委員会 269

中日文化経済協会 215, 259, 260, 262, 266

朝鮮戦争 130, 190, 206, 220

同文同種 254, 266, 278

東方文化 260-264, 266, 273, 275, 278, 322,
322, 325, 351

ナ 行

「内戦の国際化」 189, 190, 201, 221, 228,
304, 349-351

南京事件 197, 324

日華協力委員会 226, 269-271, 273, 275,
294, 302

日華平和条約 26, 28, 123, 164, 166, 204,
215, 229, 260, 278, 310-312, 315-318,
320-323, 332, 347, 348

日韓基本条約 348

日清戦争 192, 194, 196, 199, 254, 357

日中共同声明 320

日中国交正常化 28, 312, 313, 315, 330

日中戦争 14, 145, 193, 195, 196, 228, 229,
292, 307, 319, 323, 325, 330, 345, 354,
356, 357

二二八事件 58, 78, 107, 111, 124, 243, 249,
277, 329

日本文化 15, 28, 242-244, 248-251, 256,
261, 264, 276-279, 290, 322, 350

ハ 行

賠償 54, 132-134, 137, 149, 226, 310-312,
317, 345

白色テロ 125, 329

8月15日演説 46-48, 50-52, 60-62, 64, 65,
69, 70, 79, 83, 84, 93, 107, 110, 112,
144, 145, 185, 241, 346, 347, 351, 359,
361

哈日族 17

反共抗ソ 143, 145, 148, 254, 255, 256, 259,
263

「反米扶日」運動 62, 63, 66, 70, 144

引揚者 96

文化合作 245, 263-265, 271, 273, 276, 322

文化触変 262

『文星』 287, 305, 308

米華相互防衛条約 207, 221

ポツダム宣言 39, 42, 46, 65, 135

本省人 12-14, 101, 106, 108, 128, 204, 242,
287, 288, 308, 328, 353, 354, 363

マ 行

満洲事変 49, 137, 143, 150, 195, 290, 295,
316

『民主中国』 127, 148, 150, 152, 208

『民主潮』　127, 150, 223

『民報』　81, 93, 94, 106, 107

ヤ　行

吉田書簡　142, 153, 349

四六事件　125

ラ　行

立法院　20, 26, 126, 129, 162, 164, 168, 207, 288

留用者　91, 98, 100-102, 105, 111, 112

歴史教科書　15, 186, 193, 196, 198, 229, 288, 303, 324, 350

歴史問題　9-13, 16-19, 29, 171, 345, 346, 351-354, 360

歴史和解　9, 17, 19, 20, 353, 358, 362

盧溝橋事件　42, 95, 187, 195, 315, 324

ワ　行

和解の儀式　331, 332

『和平日報』　81, 103, 106, 107

人名索引

ア 行

アイゼンハワー，ドワイト　221
朝海浩一郎　49
芦田均　58, 59
足立正　227
アチソン，ディーン　55, 129
アチソン，ジョージ　57
井口貞夫　268, 270
池田敏雄　85, 93
池田勇人　274, 290, 292, 294, 300
諫山春樹　82
石井光次郎　266
石橋内蔵助　85
石原莞爾　51, 82
石母田武　47
伊藤正　83
犬養健　151
今井武夫　47, 48
岩佐直則　103
于衡　305
後宮虎郎　308
宇野哲人　263
江藤淳　355
王育徳　13
王暁波　302
汪公紀　268
王淑銘　297
王順　302

王世杰　54, 58, 61, 65, 131-133, 135, 153
王拓　327
汪兆銘　82, 193, 350
王白淵　81, 97, 98
王撫洲　268
大久保弘一　82
大久保伝蔵　356
大野伴睦　218, 295, 298, 348
大平正芳　298, 310, 320
岡崎勝男　142, 349
岡崎嘉平太　148
緒方竹虎　261, 278
岡村寧次　47, 60, 90, 146, 148

カ 行

何応欽　46, 50, 145, 146, 260, 266, 268, 307, 315
柯遠芬　92, 248
何世礼　136, 139
夏濤聲　80
郭国基　287
春日由三　266
片山哲　60
葛敬恩　86, 99
上砂勝七　85
賀屋興宣　299
河田烈　142, 154-157, 160, 164, 216
簡志信　308
簡朗山　100

魏廷朝　287

姫鵬飛　316, 317

魏道明　109, 124, 125, 127

岸信介　218, 223, 270, 294, 348

キッシンジャー，ヘンリー　309

木村四郎七　153, 158, 162

邱永漢　210

丘念台　100

許寿裳　249

許世英　59

許曹徳　82

許丙　100

瞿絡琛　99

久保田貫一郎　171, 206

黒金泰美　299

ケナン，ジョージ　54

ケネディ，ジョン・F　292, 295

顧維欽　129-132, 134, 137-142

胡慶育　132, 135, 141, 158

胡健中　207

胡秋原　66

呉鴻森　103

呉国禎　135

呉三連　287

呉俊昇　268

呉新栄　82

辜振甫　100

顧培根　128

呉濁流　82

胡適　126, 210, 211

胡光泰　268

黄季陸　257

高玉樹　287

黄再寿　100

江杓　268

黄春明　13

黄少谷　131, 132, 135

黄雪邨　308

黄朝琴　103, 260, 268

康寧祥　288, 326

高良佐　249

谷正綱　226, 227, 268

サ　行

蔡英文　12

斉世英　129, 260

蔡培火　103

佐藤栄作　300, 301, 310

椎名悦三郎　313, 330

塩谷温　227

塩見俊二　89, 93, 96, 101, 104

重光葵　51

司馬遼太郎　11

渋沢敬三　148

清水董三　211-214

謝娥　103

謝雪紅　81

謝然之　292

謝聡敏　287

朱世明　57, 58, 59, 60

朱徳　46, 191

周恩来　62, 221, 309, 310, 316, 317, 320

周鴻慶　274, 275, 290, 293, 308

周宏濤 131

周樹聲 167

徐坤泉 100

邵毓麟 90, 260

蔣渭川 103

鍾逸人 82

蔣介石 14-16, 26, 27, 40-42, 46, 64, 69, 79,
　　82, 96, 107, 131, 136, 139, 141, 153, 163,
　　187-189, 199, 200, 207, 208, 218, 224,
　　226, 229, 244, 250, 253, 255, 261, 268,
　　287, 295, 296, 304, 307, 325, 346-348,
　　351, 356, 359, 361

蔣経国 217, 288, 289, 301, 303, 313-315,
　　326, 330

昭和天皇 215-217, 300, 319, 348

ジョンソン, アレクシス 297

沈覲鼎 267

沈昌煥 268, 273

スターリン, ヨシフ 220, 304

詹天馬 100

蘇新 81, 91

宋越倫 276

宋斐如 81

宋美齢 359

孫鐵齊 150

孫文 143, 144, 163, 170, 191, 192, 254

タ 行

高橋亀吉 266

竹入義勝 310, 312

辰野高 98

立石鐵臣 86

田中角栄 310, 312, 319, 320, 323, 325

種田鉄馬 266

ダレス, ジョン・フォスター 129, 130,
　　132, 137, 138, 139, 140, 141, 142, 357

趙安博 311

張其昀 263, 266, 268, 276, 306, 361

張群 67, 110, 131, 135, 146, 153, 161, 167,
　　215-217, 252, 259, 260, 262, 268, 274,
　　295

張道藩 168, 225

張伯謹 268

張厲生 132, 294

陳逸松 82, 86

陳旺成 94

陳儀 78, 80, 88, 96, 101, 107-109, 124, 194

陳炘 100

陳水扁 12

陳誠 125, 131, 132, 135, 164, 165, 208, 217,
　　227, 259, 268, 299

陳雪屏 268

陳博生 59

陳布雷 40

程潜 50

湯恩伯 147, 148

陶希聖 132, 135, 259

唐景崧 194

董顕光 138, 357

鄧志雲 152

トルーマン, ハリー 55, 130, 166, 189

ナ 行

永井陽之介　311
中江要介　312, 322
成田一郎　83
南懐瑾　306
ニクソン，リチャード　301, 309
根本博　227
ネルー，ジャワハルラール　221

ハ 行

バーンズ，ジェームズ　54
白崇禧　108
橋本恕　318
橋本文男　266
長谷川清　227
鳩山一郎　151, 222
速水國彦　102, 103
馬英九　12, 302
馬石痴　94, 97
藤山愛一郎　148, 207, 268, 311
船田中　295, 298
フルシチョフ，ニキータ　304
方治　260
彭徳懐　46
彭明敏　287
彭孟絹　127
ボートン，ヒュー　56
ポーレー，エドウィン　53
細川隆元　266

堀越禎三　266, 302
堀内次雄　104

マ 行

マーシャル，ジョージ　55
前田多門　210, 263, 278
松岡駒吉　266
マッカーサー，ダグラス　56, 59, 61
松木虎太　104
マレンコフ，ゲオルギー　220
三木武夫　310
御手洗辰雄　270
宮田重雄　266
毛沢東　63, 191, 193, 350
モリソン，ハーバート　138
森田一　319
モロトフ，ヴャチェスラフ　54

ヤ 行

安岡正篤　148
矢次一夫　266, 268, 302, 309
矢部貞治　266
兪鴻鈞　207
楊雲竹　49, 268
葉栄鐘　82
葉公超　130-132, 134, 135, 139, 140, 153,
　　154, 156, 157, 160, 161, 167, 225, 267
芳澤謙吉　208, 216, 217, 227
吉田茂　51, 136, 138, 142, 151, 153, 167,
　　216, 294, 298, 300, 348, 357

余蒼白　151

ラ　行

雷震　126, 260, 287, 308

ラスク，ディーン　139

ラティモア，オーウェン　54

羅萬俥　268

ランキン，カール　139-141

李惟果　134

李玉階　128

李光輝（中村輝夫）　327

李承晩　205, 206, 208, 224, 225

李聲庭　308

李登輝　11

李万居　81, 127, 214, 287

劉永福　194

劉泗英　150

廖承志　311

梁西岩　148

廖文毅　92, 210, 296

林献堂　79, 82, 85, 88, 97, 108

林語堂　252

林茂生　81, 94, 107

林熊祥　100

林熊徴　100

ルーズベルト，フランクリン　40

〈著者紹介〉

深串　徹
1982 年　埼玉県生まれ
2004 年　青山学院大学国際政治経済学部卒業
2014 年　青山学院大学大学院国際政治経済学研究科国際政治学専攻博士後期課程修了。
　　　　博士（国際政治学）
専修大学、東京女子大学非常勤講師、公益財団法人日本国際問題研究所若手客員研究員などを経て
現在　二松学舎大学非常勤講師、立教大学アジア地域研究所特任研究員
［主要論文］
「中華民国の公定歴史認識と政治外交：一九五〇－一九七五年」『国際政治』第 187 号（二〇一七年三月）ほか

戦後台湾における対日関係の公的記憶：
1945-1970s

著者　深串　徹

2019 年 10 月 20 日初版第 1 刷発行

・発行者——石井　彰　　　　　　・発行所
印刷・製本／モリモト印刷
株式会社

KOKUSAI SHOIN Co., Ltd.
3-32-5, HONGO, BUNKYO-KU, TOKYO, JAPAN.
株式会社 国際書院
〒113-0033 東京都文京区本郷 3-32-6-1001
TEL 03-5684-5803　　FAX 03-5684-2610
Eメール：kokusai@aa.bcom.ne.jp
http://www.kokusai-shoin.co.jp

Ⓒ 2019 by Fukagushi Toru
（定価＝本体価格 6,400 円＋税）
ISBN978-4-87791-301-4 C3031 Printed in Japan

本書の内容の一部あるいは全部を無断で複写複製（コピー）することは法律でみとめられた場合を除き、著作者および出版社の権利の侵害となりますので、その場合にはあらかじめ小社あて許諾を求めてください。

国際政治

武者小路公秀／浦野起央監訳

地域の平和と安全保障の構図

906319-09-2　C3031　　　　　A5判　213頁　3,398円

[紛争と平和の世界的文脈②] マイケル・ハメル グリーン／S・K・B・アサンテ／ヘクトール・ ファウンデス・レデスマ／坂本義和／オウンディ バ・ンオリ／クロビス・ブリガガオ。各々が地域 の内側から分析する。　　　　　　　　(1989.12)

武者小路公秀／浦野起央監訳

国際危機と地域紛争の焦点

906319-10-6　C3031　　　　　A5判　189頁　3,398円

[紛争と平和の世界的文脈③] カミングス／ピー ター・D・ジョーンズ／モハメド・アユーブ／イ ボ・マンダーザ／コルドバ／ビヨルン・ヘットネ。 朝鮮半島、太平洋、中東、南部アフリカ、中米にお ける紛争をとり上げる。　　　　　　　(1989.12)

宇野重昭／朱通華編

農村地域の近代化と内発的発展論
—日中「小城鎮」共同研究

906319-21-1　C3036　　　　　A5判　532頁　12,134円

各々の地域の人々がその自然的生態系に適合し、 それぞれの伝統と文化遺産に基づいて自立的に人 類共通の目標に至る経路をつくり出すことを主 張する。内発的発展論の対象に中国の江蘇省と日 本の大分県がとり上げられる。　　　　(1991.6)

三鷹市／ICU社会科学研究所編

市民・自治体は平和のために何ができるか(絶版)
—ヨハン・ガルトゥング平和を語る

906319-20-3　C1031　　　　　四六判　196頁　1,942円

人々が「国」から「街」へ帰ることを提唱する。 「自治体」は本来、人々自身が自分達の生活をどう するか決定するところであり。どこか遠いところ へ行ってしまった「政治」をもう一度人々の身近 なところへ取り戻すことを主張。　　　(1991.7)

ロニー・アレキサンダー

大きな夢と小さな島々
—太平洋島嶼国の非核化にみる新しい安全保障観

906319-24-6　C1031　　　　　A5判　267頁　3,107円

太平洋地域におけるミニ国家は、大国の大気圏核 実験場となってきた。それぞれの民族・文化に とってかけがえのない海・島・空気を守るための 「反核ナショナリズム」の運動は「内発的安全保障」 論へと方向づけられていくことを論じた。
　　　　　　　　　　　　　　　　　　(1992.9)

武者小路公秀編

新しい世界秩序をもとめて
—アジア・太平洋のゆくえ

906319-31-9　C1031　　　　　A5判　245頁　3,107円

民主主義と人権、非覇権的な地域システムの構築、 国家と社会運動、少数民族や宗教集団など総合的 に議論を展開し、危機に満ちたこの過渡期の世界 の実相を明らかにし、アジア・太平洋地域の平和 秩序形成のための原理と政策を探る。　(1992.8)

石村　修／小沼堅司／古川純編

いま戦争と平和を考える

906319-32-7　C1031　　　　　A5判　257頁　3,107円

歴史、法制度、人間そして現在の日本と世界の現 実を見つめ直すことが本書全体のモチーフであ る。日本国憲法の平和条項の意義を探り、ヨー ロッパ、アジアとの比較憲法的、国際法的考察を 行い、国際社会での紛争解決策を模索する。(1993.1)

天児　慧

日本の国際主義
—20世紀史への問い

906319-57-2　C1031　　　　　四六判　265頁　2,524円

[国際関係シリーズ⑩] 今日に至る日本を国際社 会の中で捉え直し、その過程での日本人の国際認 識を論ずる。明治維新、1945年の敗戦、80年代後 半から90年代初頭の冷戦崩壊の三つの転換期を 各々検証し、未来への歴史的見取り図を探る。
　　　　　　　　　　　　　　　　　　(1995.3)

中嶋嶺雄／清水　透編

転換期としての現代世界(絶版)
—地域から何が見えるか

906319-29-7　C1031　　　　　A5判　349頁　3,107円

[東京外国語大学・海外事情研究所叢書①]グロー バルな視点と地域からの視点の双方向から現代史 に接近する。現代国際社会を、普遍的価値と地域 性の視座から捉え、変わりゆく世界を跡づけなが ら社会科学と歴史学の役割をも論ずる。(1993.1)

国際政治

中嶋嶺雄編
変貌する現代世界を読み解く言葉
906319-67-X C1036　　　　　　A5 判　217 頁　2,800 円

［東京外国語大学・海外事情研究所叢書②］現代世界の変貌の歴史的要因を探究する視座として、言語、民族、風土、文化を捉えた。煉獄としての民族、文化多元主義、風土から心象地理へ、亡命の精神・喪失の言語が語られる。　　　(1997.12)

日本国際政治学会編
21 世紀の日本、アジア、世界
―日本国際政治学会・米国国際関係学会合同国際会議からの展望
906319-82-3 C3031　　　　　　A5 判　813 頁　4,800 円

歴史的転換とは何かについて刺激的な考察がなされ、冷戦終焉以降の新しいパラダイムが提示される。さらに、「文明の衝突」論と「アジアの世紀」論とが重ね合わされて、欧米研究者の「アジア・太平洋」観も示される。　　　(1998.5)

清水　透編
グローバル化の時代へ
906319-91-2 C1031　　　　　　A5 判　255 頁　2,800 円

［フェリス社会人大学講座①］21 世紀を目前にして私たち個々人が国家や地球上の自然や他者とどのような新たな関係を取り結ぶのか、いわゆる「グローバリゼーション論」を批判的に検討しながら追求した。

森本　敏／横田洋三編著
予防外交
906319-68-8 C1031　　　　　　A5 判　237 頁　2,718 円

予防外交の究極の目標は世界平和の実現である。戦争や武力紛争が発生する前にその悪化を阻止し、また紛争そのものを防止することが予防外交の本質である。平和の創造・強制・維持・構築の角度から現代国際社会に課題を提起する。　　　(1996.8)

NIRA ／横田洋三共編
アフリカの国内紛争と予防外交
87791-105-7 C3031　　　　　　A5 判　543 頁　5,800 円

東アフリカ、中部アフリカ、西アフリカ、南部アフリカなど各地の国内紛争の国際的・地域的・国内的要因を具体的・事例的に検討し、紛争解決へ向けての予防外交の現状と課題を提起する。
　　　(2001.3)

NIRA ／中牧弘允共編
現代世界と宗教
87791-100-6 C3014　　　　　　A5 判　295 頁　3,400 円

グローバル化、情報化の進展、紛争に関わる「宗教」現象といった今日の国際社会において、宗教学を始め、政治学や社会学、文化人類学など様々な領域から新しい世紀の「宗教」を巡る動向のゆくへを探る。　　　(2000.9)

中園和仁
香港返還交渉
―民主化をめぐる攻防
906319-85-8 C3031　　　　　　A5 判　270 頁　2,800 円

イギリスの植民地統治は終わりを告げ香港は中国に返還された。「香港問題」が形成された歴史的背景をたどり、香港の特殊な地位および返還交渉の舞台裏を検討することによって、香港の「民主化」が持つ意味を探る。　　　(1998.7)

堀江浩一郎
南アフリカ
―現代政治史の鳥瞰図
906319-55-6 C1031　　　　　　A5 判　345 頁　3,398 円

南アのコミュニティ運動、対外関係などの政治分析を通して、南ア社会の変革と民主化へのダイナミズムを考察する。第三世界の壮大な実験である「市民社会」の建設へ向けての運動は、現代国際社会の課題に示唆するものも大きい。　　　(1995.4)

宇佐美　慈
米中国交樹立交渉の研究
906319-64-5 C3031　　　　　　A5 判　601 頁　8,252 円

1979 年のアメリカ合衆国の中華人民共和国との国交樹立と中華民国との断絶について、その政策決定と交渉過程に影響を及ぼした内外の様々な要因及び国交樹立後の様々な関連事項の処理について、主として米国の側から分析した。
　　　(1996.1)

国際政治

泉 淳

アイゼンハワー政権の中東政策

87791-110-3　C3031　　　　　A5判　309頁　4,800円

中東地域政治の特質を踏まえ米国の政策形成・決定過程さらに米国の冷戦政策を顧み、「アイゼンハワー政権の中東政策」の再評価を試みた本書は現在の中東地域政治、米国の中東政策を理解する上で大きな示唆を与える。　　　　　　（2001.6）

鈴木康彦

アメリカの政治と社会

906319-89-0　C1031　　　　　A5判　233頁　2,800円

アメリカ特有の政治、経済、法律、社会制度、国の成り立ち、文化に亘る、内部から見た解説書である。滞米年数30年を越す筆者のアメリカ的思考を加味しながらの記述はアメリカの全体像を知る上で格好の書である。　　　　　　（1999.4）

岩下明裕

「ソビエト外交パラダイム」の研究

906319-88-2　C3032　　　　　A5判　263頁　3,200円

本書は、「ソビエト国家」の対外関係をめぐる数々の「説明原理」の変遷を、「国家主権」と「社会主義体制」の概念に焦点を当てて分析し、ソ連外交史あるいは国際関係史の研究を進める上で有用である。　　　　　　（1999.7）

宮本光雄

国民国家と国家連邦
—欧州国際統合の将来

87791-113-8　C3031　　　　　A5判　361頁　3,800円

「連邦主義的統合論」及び「政府間主義的統合論」を軸に、第一次世界大戦後に始まる欧州国際統合運動を分析し、21世紀における欧州国民国家とEUの将来が検討され、アジアとの地域間関係も分析される。　　　　　　（2001.7）

宮脇 昇

CSCE人権レジームの研究
—「ヘルシンキ宣言」は冷戦を終わらせた

87791-118-9　C3031　　　　　A5判　333頁　3,800円

冷戦期の欧州国際政治史の中でそのターニングポイントとなったCSCE（欧州の安全保障と協力に関する会議）の人権レジームに見られる東西間の対立と協調が織りなす国際関係の研究書である。　　　　　　（2002.2）

武者小路公秀

人間安全保障論序説
—グローバル・ファシズムに抗して

87791-130-8　C1031　　　　　A5判　303頁　3,400円

グローバル覇権の構造と行動、人間安全保障と人間安全共同体、文明間の対話による共通の人間安全保障という三つの角度から本書は、「人民の安全保障」へ向けて「もうひとつの世界」への道筋を探る作業の「序説」である。　　　　　　（2003.12）

篠田英朗／上杉勇司

紛争と人間の安全保障
—新しい平和構築のアプローチを求めて

87791-146-4　C3031　　　　　A5判　307頁　3,400円

「人間の安全保障」に纏わる、論点が持つ意味と可能性の探究、紛争下での争点の提示、実践上での限界を超える可能性、外交政策における課題などを示しながら、「人間の安全保障」が「現実」の要請であることを明らかにする。　　　　　　（2005.6）

田畑伸一郎・末澤恵美編

CIS：旧ソ連空間の再構成

87791-132-4　C1031　　　　　A5判　253頁　3,200円

独立国家共同体CISを、旧ソ連空間に形成されたひとつの纏まりとして捉えようとする本書は、その多様化を見据え、国際関係の観点からも分析する。類例のないこの共同体は今世紀のひとつの行方を示唆している。　　　　　　（2004.3）

赤羽恒雄・監修

国境を越える人々
—北東アジアにおける人口移動

87791-160-×　C3031　　　　　A5判　319頁　6,000円

ロシア極東への中国人移民、日本のロシア人・中国人・コリアンコミュニティ、朝鮮半島とモンゴルにおける移民などを通して北東アジアの人口動態傾向と移民パターンを探り、越境人流が提示する課題を明らかにする。　　　　　　（2006.6）

国際政治

M・シーゲル／J・カミレーリ編

多国間主義と同盟の狭間
—岐路に立つ日本とオーストラリア

87791-162-6　C3031　　　　　A5判　307頁　4,800円

アジア太平洋地域に属する日本とオーストラリアは超大国アメリカとの同盟関係を基盤に安全保障政策を築いてきた。これまでの同盟政策を批判的に検討し、日豪が地域と世界の平和に貢献できる道を多国間主義に探る。　　　　　　　（2006.9）

山本吉宣・武田興欣編

アメリカ政治外交のアナトミー

87791-165-0　C1031　　　　　A5判　339頁　3,400円

冷戦後「唯一の超大国」となったアメリカをわれわれはどう理解すればよいのか。国際システム、二国間関係、国内政治過程に注目し、政治学者、国際法学者、地域研究者が複雑なアメリカの政治外交を解剖する書（アナトミー）。　（2006.12）

ピーター・H・サンド　信夫隆司／髙村ゆかり訳

地球環境管理の教訓

906319-44-O　C1031　　　　　四六判　187頁　2,136円

地球環境管理にとってこれまで蓄積されてきた経験と制度上のノウハウを詳細に検討し、地球環境問題を解決するための効果的なルール、国際社会制度を如何に構築するか、どのように世界に普及させ、遵守させるかを論ずる。　　　（1994.5）

信夫隆司編

地球環境レジームの形成と発展

87791-092-1　C3031　　　　　A5判　288頁　3,200円

地球環境問題に国際政治理論がどのような解決の枠組みを提示できるのか。国家間の相克、国際機関、NGOといったアクターを通しての「地球環境レジーム」の形成プロセス、維持・発展過程を追究する。　　　　　　　　　　　　（2000.5）

山内　進編

フロンティアのヨーロッパ

87791-177-5　C3031　　　　　A5判　317頁　3,200円

歴史的意味でのフロンティアを再点検し、北欧、バルト諸国、ウクライナなどとの関係およびトラフィッキングの実態にも光を当て、内と外との「EUのフロンティア」を多岐にわたって考察する。　　　　　　　　　　　　（2008.3）

堀内賢志吾

ロシア極東地域の国際協力と地方政府
—中央・地方関係からの分析

87791-179-9　C3031　　　　　A5判　323頁　5,400円

北東アジアの国際協力に大きな期待が寄せられているロシア。極東地域での対外協力に消極的な姿勢から変化が生まれている背景を、中央・地方関係の制度的側面から分析し、政治学的なアプローチを試みる。　　　　　　　　　（2008.3）

上杉勇司・青井千由紀編

国家建設における民軍関係
—破綻国家再建の理論と実践をつなぐ

87791-181-2　C1031　　　　　A5判　341頁　3,400円

民軍関係の理論的考察をおこない、文民組織からおよび軍事組織からの視点でみた民軍関係の課題を論じ行動指針を整理する。そのうえに立って民軍関係の課題に関する事例研究をおこなう。　　（2008.5）

大賀哲・杉田米行編

国際社会の意義と限界
—理論・思想・歴史

87791-180-5　C1031　　　　　A5判　359頁　3,600円

「国際社会」を、規範・法・制度あるいは歴史、思想、文化といった分野との関連で広く政治学の文脈で位置づけ、個別の事例検証をおこないつつ「国際社会」概念を整理・体系化し、その意義と限界を追究する。　　　　　　　　　　　（2008.6）

貴志俊彦・土屋由香編

文化冷戦の時代
—アメリカとアジア

87791-191-1　C1031　　　　　A5判　283頁　2,800円

新たなアジア的連帯を形成するうえで、20世紀半ばの文化冷戦の歴史的考察は避けて通れない。世界規模で進められた米国の広報・宣伝活動のうち、本書では日本、韓国、台湾、フィリピン、ラオスでのその実態を考究する。　　　　　（2009.2）

国際政治

小尾美千代

日米自動車摩擦の国際政治経済学
―貿易政策アイディアと経済のグローバル化

87791-193-5　C3031　　　　　A5判　297頁　5,400円

経済のグローバル化、国際化論をベースに、輸出入・現地生産・資本提携など自動車市場の変化、その調整過程を分析し、これまでの日米自動車摩擦の実態を国際政治経済学の視点から政治・経済領域での相互作用を追跡する。　　　　（2009.3）

黒川修司

現代国際関係論

87791-196-6　C1031　　　　　A5判　313頁　2,800円

大学のテキスト。事例研究から入って理論的思考ができるようにし、国際関係政治学の基礎的な概念、理論、歴史的な事実を把握できるようにした。多様なテーマが物語りのように書かれ、親しみやすい書になっている。　　　　（2009.6）

吉村慎太郎・飯塚央子編

核拡散問題とアジア
―核抑止論を超えて

87791-197-3　C1031　　　　　A5判　235頁　2,800円

日本、韓国、北朝鮮、中国、インド、パキスタン、イラン、イスラエル、ロシアなど複雑な事情を抱えたアジアの核拡散状況を見据え、世界規模での核廃絶に向けて取り組みを続け、取り組もうとする方々へ贈る基本書。　　　　（2009.7）

佐藤幸男・前田幸男編

世界政治を思想する　Ⅰ

87791-203-1　C1031　　　　　A5判　293頁　2,800円

「生きる意味」を問い続ける教科書。国際政治理論の超え方、文化的次元での世界政治の読み解き方、歴史的現代における知覚の再編成、平和のあり方を論じ日常の転覆を排除せず「生きること＝思想する」ことを追究する。　　　　（2010.1）

佐藤幸男・前田幸男編

世界政治を思想する　Ⅱ

87791-204-8　C1031　　　　　A5判　269頁　2,600円

「生きる意味」を問い続ける教科書。国際政治理論の超え方、文化的次元での世界政治の読み解き方、歴史的現代における知覚の再編成、平和のあり方を論じ日常の転覆を排除せず「生きること＝思想する」ことを追究する。　　　　（2010.1）

永田尚見

流行病の国際的コントロール
―国際衛生会議の研究

87791-202-4　C3031　　　　　A5判　303頁　5,600円

人間の安全保障、国際レジーム論・国際組織論、文化触変論の視点から、さまざまなアクターの関与を検討し、国際的予防措置の形成・成立を跡づけ、一世紀に亘る国際衛生会議などの活動が各国に受容されていく過程を追う。　　　　（2010.1）

浜田泰弘

トーマス・マン政治思想研究 [1914-1955]
―「非政治的人間の考察」以降のデモクラシー論の展開』

87791-209-3　C3031　　　　　A5判　343頁　5,400円

「政治と文学という問い」に果敢に挑戦した文学者トーマス・マンの政治論は、二度の世界大戦、ロシア革命とドイツ革命、ファシズムそして冷戦を経た20世紀ドイツ精神の自叙伝として21世紀世界に示唆を与える。　　　　（2010.7）

美根慶樹

国連と軍縮

87791-213-0　C1031　　　　　A5判　225頁　2,800円

核兵器廃絶、通常兵器削減の課題を解決する途を国連の場で追求することを訴える。通常兵器・特定通常兵器、小型武器などについて需要側・生産側の問題点をリアルに描き出し核兵器・武器存在の残虐性を告発する。　　　　（2010.9）

鈴木　隆

東アジア統合の国際政治経済学
― ASEAN地域主義から自立的発展モデルへ

87791-212-3　C3031　　　　　A5判　391頁　5,600円

国際システム下における途上国の発展過程、とりわけASEANを中心に国家・地域・国際システムの三つのリンケージ手法を用いて分析し、「覇権と周辺」構造への挑戦でもある東アジア統合の可能性を追う。　　　　（2011.2.）

国際政治

金　永完
中国における「一国二制度」と その法的展開
―香港、マカオ、台湾問題と中国の統合
87791-217-8　C3031　　　　　　　　A5判　363頁　5,600円

北京政府の「「一国二制度」論について、香港、マカオ問題の解決の道筋をたどりつつ、法的諸問題に軸足を置き、国際法・歴史学・政治学・国際関係学・哲学的な視点から文献・比較分析をおこない解決策を模索する。
(2011.3.)

宮本光雄先生
覇権と自立
―世界秩序変動期における欧州とアメリカ
87791-219-2　C3031　　　　　　　　A5判　377頁　5,600円

発展途上諸国の経済発展および発言権の増大という条件のなかで欧州諸国では欧米間の均衡回復が求められており、「均衡と統合」、「法の支配」を柱とした「全人類が公正に遇され」る世界秩序を求める模索が続いている。
(2011.3)

鈴木規夫
光の政治哲学
―スフラワルディーとモダン
87791-183-6　C3031　　　　　　　　A5判　327頁　5,200円

改革・開放期における市場経済化を契機とする農村地域の社会変動に対応して、基層政権が下位の社会集団、利益集団といかなる関係を再構築しつつあるかを跡づけ、農村地域の統治構造の再編のゆくへを考察する。
(2006.3)

鈴木規夫
現代イスラーム現象
87791-189-8　C1031　　　　　　　　A5判　239頁　3,200円

1967年の第三次中東戦争から米軍によるバグダッド占領までの40年に及ぶ「サイクル収束期」の位置づけを含め、20世紀後半の〈イスラーム現象〉が遺した現代世界における被抑圧者解放への理論的諸課題を探る。
(2009.3)

森川裕二
東アジア地域形成の新たな政治力学
―リージョナリズムの空間論的分析
87791-227-7　C3031　　　　　　　　A5判　435頁　5,400円

東アジア共同体を遠望することはできるのか。方法論的理論の探求、定量研究、事例研究をとおして地域形成と地域主義がどのような関係をもつのか、地域協力によって積み上げられてきたこの地域の国際関係論を探求する。
(2012.5)

水田愼一
紛争後平和構築と民主主義
87791-229-1　C3031　　　　　　　　A5判　289頁　4,800円

世界各地では絶えず紛争が発生している。紛争後における平和構築・民主主義の実現の道筋を、敵対関係の変化・国際社会の介入などの分析をとおして司法制度・治安制度・政治・選挙制度といった角度から探究する。
(2012.5)

上杉勇司・藤重博美・吉崎知典編
平和構築における治安部門改革
87791-231-4　C3031　　　　　　　　A5判　225頁　2,800円

内外の安全保障、国内の開発を射程に入れた紛争後国家再生の平和支援活動の工程表を展望した「治安部門改革」における理論と実践の矛盾を率直に語り、鋭い問題提起をおこないつつ平和構築を追求した。
(2012.8)

野崎孝弘
安全保障の政治学
―表象的次元から見る国際関係
87791-235-2　C3031　　　　　　　　A5判　249頁　5,000円

横領行為や悪用に対抗する意志を持たない「人間の安全保障」。表象分析によって特定の表象や学術的言説が現行の権力関係や支配的な実践系を正当化し、常態化している姿を本書は白日の下にさらす。
(2012.9)

大賀　哲編
北東アジアの市民社会
―投企と紐帯
87791-246-8　C1031　　　　　　　　A5判　233頁　2,800円

日本・中国・韓国・台湾などの事例研究を通して、国家の枠内における市民社会形成と国家を超えた北東アジアにおけるトランスナショナルな市民社会との相互作用を検討し、「アジア市民社会論」を展開する。
(2013.5)

国際政治

今田奈帆美

大国の不安、同盟国の影響力
―ベルリン危機をめぐる米独関係

87791-245-1　C3031　　　　　　　　A5判　267頁　5,600円

大国と同盟関係にある相対的弱小国が一定の条件の下で大国の外交政策に影響力を持つことを、冷戦下でのベルリン危機をめぐる米独関係を1次、2次、3次にわたる経緯をつぶさに追って検証する。
(2013.5)

本多美樹

国連による経済制裁と人道上の諸問題
―「スマート・サンクション」の模索

87791-252-9　C3031　　　　　　　　A5判　319頁　5,600円

国連が、集団的安全保障の具体的な手段である「非軍事的措置」、とりわけ経済制裁を発動し継続して科していく際にどのようなモラルを維持し、国際社会に共通する脅威に取り組んでいくのか、その過程を考察する。
(2013.9)

岩佐茂・金泰明編

21世紀の思想的課題
―転換期の価値意識

87791-249-9　C1031　　　　　　　　A5判　427頁　6,000円

近世、近代から現代にかけての世界の歴史を、こんにち、グローバルな転換期を迎えている世界の思想的な挑戦と捉え、日本、中国の哲学研究者が総力をあげて応える手がかりを見出す試みである。
(2013.10)

鈴木規夫編

イメージング・チャイナ
―印象中国の政治学

87791-257-4　C3031　　　　　　　　A5判　245頁　3,200円

〈中国〉は未だ揺らいだ対象である。21世紀においてこの〈中国〉というこの名辞がどのようなイメージに変容していくのか。本書では、「印象中国」から視覚資料・非文字資料への分析・批判理論構築の必要性を追究する。
(2014.4)

永井義人

国家間対立に直面する地方自治体の国際政策
―山陰地方における地方間国際交流を事例として

87791-256-7　C3031　　　　　　　　A5判　199頁　4,800円

北朝鮮江原道元山市との友好都市協定に基づく経済交流をおこなっていた鳥取県、境港市における国際政策・政策決定過程をつぶさに見るとき、国家間対立を乗り越えるひとつの道筋とその方向性を示唆している。
(2014.4)

武者小路公秀

国際社会科学講義：
文明間対話の作法

87791-264-2　C1031　　　　　　　　A5判　347頁　2,500円

現代世界の問題群・存在論的課題の解明のために「螺旋的戦略」を提起する。技術官僚的パラダイム偏向を正し、形式論理学を超えた真理を求めるパラダイム間の対話、声なき声を聞きここに新しいフロンティアを開く。
(2015.2)

鈴木規夫編

エネルギーと環境の政治経済学：
「エネルギー転換」へいたるドイツの道

87791-266-4　C3031　　　　　　　　A5判　424頁　4,600円

ドイツのエネルギー政策の転換を生み出すに至る第二次世界大戦後の政治的・経済的・法制的・社会的プロセスな分析し、再生可能エネルギーの供給体制確保を中心に、将来エネルギーの全体像を明らかにする。
(2015.11)

大隈宏

ミレニアム・チャレンジの修辞学：
UN-MDGs-EU

87791-281-9　C3031　　　　　　　　A5判　488頁　6,400円

現在進行中のSDGs（持続可能な開発目標）の前提としてのMDGs（ミレニア開発目標）の「人間開発」という人類の包括的核心をなす作業をEUの積極的関わりを通して追求した本書は人類に大きな示唆を与える。
(2017.3)

細野ゆり

フィリピンの保健医療改革研究：
新制度論アプローチから

87791-295-6　C3031　￥4600E　　　A5判　287頁　4,600円

「すべての人への医療」という目標達成には、西欧近代的な行政改革の手法は、フィリピンという深い歴史の文脈を受け継いだ政治・行政構造のもとでは医療サービスの受診システムさえ整備されなかった。
(2019.3)

国際政治

宮島美花

中国朝鮮族のトランスナショナルな移動と生活

87791-284-0　C3031　　　　　A5判　247頁　3,400円

国際的な社会保障の枠組みの不在・不備を補うために国境を越えて移動先を自ら選び取り日常を生きる移動者・移民の実態を中国朝鮮族のトランスナショナルな移動と生活を通して追究する。

（2017.9）

宇野重昭／鹿錫俊編

中国における共同体の再編と内発的自治の試み
—江蘇省における実地調査から

87791-148-0　C3031　　　　　A5判　277頁　2,800円

現代中国における権力操作との関係のなかで、民衆による自治・コミュニティというものの自発的・内発性がどのように成長しているか、合同調査チームによる江蘇省における実地調査を通して追跡する。

（2004.6）

江口伸吾

中国農村における社会変動と統治構造
—改革・開放期の市場経済化を契機として

87791-156-1　C3031　　　　　A5判　267頁　5,200円

改革・開放期における市場経済化を契機とする農村地域の社会変動に対応して、基層政権が下位の社会集団、利益集団といかなる関係を再構築しつつあるかを跡づけ、農村地域の統治構造の再編のゆくへを考察する。

（2006.3）

張　紹鐸

国連中国代表権問題をめぐる国際関係（1961-1971）

87791-175-1　C3031　　　　　A5判　303頁　5,400円

東西冷戦、中ソ対立、ベトナム戦争、アフリカ新興諸国の登場などを歴史的背景としながら、蒋介石外交の二面性に隠された一貫性に対し、アメリカ外交政策の決定過程を貴重な一次資料にもとづいて跡付けた。

（2007.12）

宇野重昭・別枝行夫・福原裕二編

日本・中国からみた朝鮮半島問題

87791-169-3　C1031　　　　　A5判303頁　3,200円

課題を歴史的・世界的視野からとらえ、軍事的視点より政治的視点を重視し、理念的方向を内在させるよう努めた本書は大胆な問題提起をおこなっており、こんごの朝鮮半島問題解決へ向けて重要なシグナルを送る。

（2007.3）

宇野重昭／増田祐司編

北東アジア地域研究序説

87791-098-0　C3031　　　　　A5判　429頁　4,500円

北東アジア地域の経済開発と国際協力の促進を目ざし、出雲・石見のくにから発信する本書は、全局面でのデモクラシーを力説し社会科学を中心に人文・自然諸科学の総合を実践的に指向する北東アジア地域研究序説である。

（2000.3）

増田祐司編

21世紀の北東アジアと世界

87791-107-3　C3031　　　　　A5判　265頁　3,200円

北東アジアにおける国際関係の構造、世界経済、経済開発と中国、豆満江開発の事例研究さらに市民交流・文化交流などを論じ、21世紀における北東アジアの地域開発と国際協力の具体的可能性を探る。

（2001.3）

宇野重昭編

北東アジア研究と開発研究

87791-116-2　C3031　　　　　A5判　581頁　5,800円

北東アジア研究、中国研究、開発研究、国際関係・国際コミュニケーション研究といった角度から、本書ではグローバリゼーションの開放性とローカリゼーションの固有性との調和・統合の姿を追究する。

（2001.6）

宇野重昭編

北東アジアにおける中国と日本

87791-121-9　C3031　　　　　A5判　273頁　3,500円

日本、中国それぞれのナショナル・アイデンティティ及び北東アジアを中心とした国際的責務を再認識する観点から日中間を、世界史・人類史の一環として位置づけることが重要となる視点を様々な角度から提示する。

（2003.3）

国際政治

宇野重昭／勝村哲也／今岡日出紀編
海洋資源開発とオーシャン・ガバナンス
—日本海隣接海域における環境

87791-136-7　C1031　　　　A5判　295頁　3,400円

海の環境破壊が進む今日、本書では「オーシャン・ガバナンス」として自然科学はもとより社会科学の諸分野も含め、課題をトータルに取り上げ、人間と海との共存という変わらない人類のテーマを追究する。　　　　　　　　　　　　（2004.6）

宇野重昭・唐　燕霞編
転機に立つ日中関係とアメリカ

87791-183-3　C3032　　　　A5判　375頁　3,800円

中国の台頭により、北東アジアにおける旧来からの諸問題に加え、新たな諸課題が提起され再構成を迫られている今日の事態を見すえ、アメリカの光と影の存在を取り込んだ日中関係再構築の研究である。　　　　　　　　　　　　（2008.5）

宇野重昭編
北東アジア地域協力の可能性

87791-199-7　C3031　　　　A5判　273頁　3,800円

日中の研究者により、「グローバライゼーション下の『北東アジア地域協力の可能性』を模索する」。「歴史認識問題」認識の重要性を確認し、アメリカの存在を捉えつつ「国際公共政策空間の構築の可能性」を探る。　　　　　　　　　（2009.10）

飯田泰三・李暁東編
転形期における中国と日本
——その苦悩と展望

87791-237-6　C3031　　　　A5判　321頁　3,400円

東アジアにおける近代的国際秩序を問い直し、中国の市場主義の奔流・日本の高度成長の挫折、この現実から議論を掘り起こし「共同体」を展望しつつ、日中それぞれの課題解決のための議論がリアルに展開される。　　　　　　　（2012.10）

環日本海学会編
北東アジア事典

87791-164-2　C3031　　　　A5判　325頁　3,000円

国際関係、安全保障、共同体秩序論、朝鮮半島をめぐる課題、歴史問題とその清算、日本外交、学術交流、局地経済圏構想、市場経済化と移行経済、人の移動と移民集団、文化・スポーツ交流など現代北東アジアが一望できる。　　　（2006.10）

飯田泰三編
北東アジアの地域交流
—古代から現代、そして未来へ

87791-268-0　C3031　　　　A5判　299頁　3,800円

文明論的論争・歴史認識など、歴史と現在について具体的知恵が創出されてくる具体的事例から学びつつ、グローバル・ヒストリーとしての現在・未来への鍵を見出し、北東アジアの今後の協力・発展の道をさぐる。　　　　　　（2015.7）

宇野重昭・江口伸吾・李暁東編
中国式発展の独自性と普遍性
—「中国模式」の提起をめぐって—

87791-273-4　C3031　　　　A5判　391頁　3,800円

国家と市民社会および市場経済と格差といった視角から、「中国模式論」の独自性・普遍性を探究する。人民を組織して当事者にできるのか、さらに国際秩序との相互作用によってどのように荒波を乗り切るのか。　　　　　　　（2016.3）

佐藤　壮・江口伸吾編
変動期の国際秩序と
グローバル・アクター中国:外交・内政・歴史

87791-288-8　C3031　￥3500E　A5判　323頁　3,500円

国際政治理論・中国政治論・東アジア国際政治史の角度から、中国の「大国外交」に内在する論理および外交政策の基盤となる内政上の諸課題、東アジアの大国の興亡の歴史的教訓を明らかにしようと試みる。　　　　　　　（2018.3）

新藤宗幸監修、五石敬路編
東アジア大都市のグローバル化と二極分化

87791-163-4　C3031　　　　A5判　237頁　3,200円

[東京市政調査会都市問題研究叢書⑩] 東京、ソウル、香港、上海を素材に低所得住民個々の生活実態に着目し、二極分化に至る多様性の追究をとおして、グローバル化というものが東アジアに与える影響だけでなく本書は、世界が二極分化する警鐘を乱打する。　　　　　（2006.10）

国際政治

三宅博史・五石敬路編

膨張する東アジアの大都市

―その成長と管理

87791-174-4　C3031　　　　　A5判　291頁　3,600円

[東京市政調査会都市問題研究叢書⑪] 東アジアの大都市での人口変動の推移、不動産価格の変動などによる住民生活への影響を検討し、政府・自治体による対応を整理する。さらにインナーエリアの実態、環境改善、コミュニティーの対応などを課題として提起する。　　　　　　　(2007.11)

五石敬路編

東アジアにおける公営企業改革

87791-187-4　C3031　　　　　A5判　345頁　3,800円

[東京市政調査会都市問題研究叢書⑫] 水不足が深刻化されはじめた今日、本書では水道事業における中国・韓国・プノンペン・マニラ・日本での改革の変遷を主に扱いながら、近年登場した民営化論とのかかわりで、公営企業の今後の展開を追究する。　　　　　　　　　　　　　　　(2008.9)

五石敬路編

東アジアの大都市における環境政策

87791-200-0　C3031　　　　　A5判　281頁　3,800円

[東京市政調査会都市問題研究叢書⑬] 住宅、食べ物、リサイクル、景観といった課題に、それぞれ利害関係を持ちながら地域住民や自治体が法的・制度的・財政的にどのように対応しようとしているのか、東京、ソウル、上海などを事例に論ずる。　　　　　　　　　　　　　　　(2009.10)

五石敬路編

東アジアにおける都市の貧困

87791-214-7　C3031　　　　　A5判　264頁　2,800円

[東京市政調査会都市問題研究叢書⑭] 自立を促す福祉の仕組みを考慮しつつ中国・上海に注目しその貧困と社会保障のあり方を論じ、稼働層と非稼働層の違いに着目しつつ日本、韓国、台湾における貧困問題および社会保障の特徴と有効性について分析する。　　　　　　　(2010.12)

五石敬路編

東アジアにおける都市の高齢化問題

―その対策と課題

87791-223-9　C3021　　　　　A5判　203頁　2,800円

[東京市政調査会都市問題研究叢書⑮] 高齢化問題にかかわり都市行政、介護の課題、所得分配に及ぼす影響、税法との関連さらに少子高齢化などの対策、中国における戸籍人口・常住人口の高齢化、流動革命と都市「郡祖」現象など事例研究をとおして論ずる。　　　　　　　(2011.12)

五石敬路編

東アジアにおける ソフトエネルギーへの転換

87791-251-2　C3033　　　　　A5判　233頁　3,200円

[東京都市研究所都市問題研究叢書⑯] 新エネルギー問題を共通テーマに、日本からは原発問題から自然エネルギーへの模索を、韓国では温暖化防止の観点から、中国は産業化に伴う環境問題に焦点を当て論じている。

宇野重昭

北東アジア学への道

87791-238-3　C3031　　　　　A5判　395頁　4,600円

[北東アジア学創成シリーズ①] 北東アジアという表現は「地域」に表出される世界史的課題を改めて捉え直そうとする知的作業である。その上で北東アジアの現実的課題を浮き彫りにするきわめて現代的作業なのである。　　　　　(2012.10)

福原裕二

北東アジアと朝鮮半島研究

87791-270-3　C3031　　　　　A5判　267頁　4,600円

[北東アジア学創成シリーズ②] グローバル化した世界状況にあって普遍性を追究する立場から、「朝鮮半島問題」としての韓国・北朝鮮における秩序構想・統一・民族主義を論じ、竹島/独島問題を通して課題解決への展望を模索する。　(2015.7)

李　暁東

現代中国の省察： 「百姓」社会の視点から

87791-290-1　C3021　￥4600E　A5判　389頁　4,600円

[北東アジア学創成シリーズ③] 中国史を原理的・構造的に問い返し、中国における基層社会の百姓（ひゃくせい）をはじめとする民の「自治」に応えるための「法治」。この「自治」「法治」の多元的取り組みを追究する。　　　　　(2018.7)

国際政治

松村史紀・森川裕二・徐顕芬編

東アジアにおける二つの「戦後」

87791-225-3　C3031　　　　　A5判　285頁　2,800円

[WICCS 1] 総力戦および冷戦という二つの戦後が東アジア地域につくり上げた構造を、アジア太平洋国家としての米・ロ・中・日をはじめとした東アジアの政策変容を追究し国際政治学の原点に立ち返って考察した。　　　　　　　　(2012.3)

鈴木隆・田中周編

転換期中国の政治と社会集団

87791-253-6　C3031　　　　　A5判　255頁　2,800円

[WICCS 2] エリートと大衆、都市と農村の断層などを抱えながら、中国は劇的変化を続けている。本書ではさまざまな専門領域・問題意識から集団の変化の実態を明らかにしながら、社会の側から国家・社会関係の変容を考察する。　　(2013.10)

中兼和津次編

中国経済はどう変わったか
―改革開放以後の経済制度と政策を評価する

87791-255-0　C3033　　　　　A5判　467頁　4,800円

[WICCS 3] 市場制度・多重所有制への転換による高度成長によって、経済制度・政策、社会組織、政治体制はどのような変化をし、そうした政策・制度の新展開をどう評価すればよいのか。本書はその本質に迫る。　　　　　　　　(2014.2)

新保敦子編

中国エスニック・マイノリティの家族
―変容と文化継承をめぐって

87791-259-8　C3036　　　　　A5判　285頁　2,800円

[WICCS 4] 中国におけるモンゴル族、回族、朝鮮族、カザフ族、土族など少数民族における民族文化の伝承あるいは断絶といった実態を教育学の視点から実証的に検証した。アンケート調査、口述史をもとにした調査・研究である。　(2014.6)

松田麻美子

中国の教科書に描かれた日本：
教育の「革命史観」から「文明史観」への転換

87791-280-2　C3031　　　　　A5判　355頁　3,800円

[WICCS 5] 中国における歴史教科書の記述内容の変遷を年代別に整理し、抗日戦争および戦後日本を分析。中国の教科書に描かれた日本を素材に、教育の世界での「革命史観」から「文明史観」への転換を検証する。　　　　　　　(2017.3)

阿古智子・大澤肇・王雪萍編

変容する中華世界の教育とアイデンティティ

87791-282-6　C3031　　　　　A5判　307頁　4,800円

[WICCS 6] グローバル、地域、国際、国家、文化などに関わるアイデンティティおよびナショナリズムを中国はどのように形成しているのか、それらは相互にどのように関連付けられているのか。歴史と現在を見据えて追求する。　(2017.3)

村上勇介編

「ポピュリズム」の政治学：
深まる政治社会の亀裂と権威主義化

87791-287-1　C3031　　¥3500E　　A5判　297頁　3,500円

[アジア環太平洋研究叢書①] 政党政治の力学を創造することが民主主義体制を発展させ、ポピュリズム勢力の台頭を抑制する道を拓くことに繋がる。本叢書は学問的営為の軌跡を記し21世紀世界のありようを構想する。　　　　　(2018.3)

浜口伸明編

ラテンアメリカ所得格差論：
歴史的起源・グローバル化・社会政策

87791-291-8　C3031　　¥3500E　　A5判　257頁　3,500円

[アジア環太平洋研究叢書②] ラテンアメリカが抱える「構造的問題」としての"所得格差論"を前提として、各国における歴史的起源、グローバル化、社会政策を再検討し、政府と市民社会との連携・創造的発展を模索する。　　(2018.8)

佐藤幸男編

世界史のなかの太平洋

906319-84-×　C1031　　　　　A5判　290頁　2,800円

[太平洋世界叢書①] 本叢書は、太平洋島嶼民の知的想像力に依拠して、太平洋世界における「知のあり方」を描く。第一巻の本書では、16世紀からの400年に亘る西欧列強による植民地支配の歴史を明らかにし、現代的課題を提示する。　(1998.7)